한불자전
연구

글쓴이

강이연(姜利燕 Kang, Yi-yon) 덕성여자대학교 불어불문학과 강사
윤애선(尹愛善 Yoon, Ae-sun) 부산대학교 불어불문학과 교수
이상현(李祥賢 Lee, Sang-hyun) 부산대학교 점필재연구소 HK연구교수
이은령(李恩姈 Lee, Eun-ryoung) 부산대학교 인문학연구소 HK조교수
조현범(趙顯範 Cho, Hyeon-beom) 한국학중앙연구원 종교학과 조교수
채 완(蔡 琓 Chae, Wan) 동덕여자대학교 국어국문학과 교수
허재영(許在寧 Heo, Jae-young) 단국대학교 교육대학원 조교수
홍윤표(洪允杓 Hong, Yun-pyo) 전 연세대학교 교수

부산대학교 인문학연구소 지능형 개화기 한국어사전 연구 총서 02

한불자전 연구

초판인쇄 2013년 5월 20일 **초판발행** 2013년 5월 30일
글쓴이 이은령 외 **엮은이** 부산대학교 인문학연구소
펴낸이 박성모 **펴낸곳** 소명출판 **출판등록** 제13-522호
주소 서울시 서초구 서초동 1621-18 란빌딩 1층
전화 02-585-7840 **팩스** 02-585-7848 **전자우편** somyong@korea.com **홈페이지** www.somyong.co.kr

값 35,000원

ISBN 978-89-5626-882-8 93700
ISBN 978-89-5626-880-4 (세트)

이 책은 2007년 정부(교육과학기술부)의 재원으로 한국연구재단의 지원을 받아 수행된 연구임 (NRF-2007-361-AM0059).

부산대학교 인문학연구소
지능형 개화기 한국어사전 연구 총서 02

한불자전 연구

Studies on Dictionnaire Coréen-Français

이은령 외
부산대학교 인문학연구소 편

소명출판

일러두기

- 이 책에서 옛한글로 표기된 사전명은 모두 현대한국어로 표기한다. 예컨대 다음과 같다.
  예) 한불ᄌᆞ뎐 → 『한불자전』, 한영ᄌᆞ뎐 → 『한영자전』

- 그 외 다음의 이개어사전의 이름은 아래와 같이 통일하여 표기한다.
  노(로)조사전 → 『노조사전』

- 사전에 대한 용어 통일에 관하여 이 책에서는 사전용어를 아래와 같이 통일해서 쓴다.
  외말어사전 → 단일어사전
  두말어사전, 이중어사전 → 이개어사전
  세말어사전, 네말어사전 → 다국어사전

- 위와 같은 용어 통일로 인해 원 글의 제목이나 본문의 내용을 수정한 경우가 있다.

책머리에

크든 작든 사전을 만들어 본 경험이 있다면, 체계적인 사전을 "짓는" 것이 얼마나 많은 노력과 시간을 필요로 하는 일인지 쉽게 이해할 수 있을 것입니다. 어떤 어휘를 표제어로 선택할지, 표제어를 어떤 방식으로 풀이할지, 풀이말은 무엇으로 사용할지, 사전의 내용은 어느 정도로 담을지 등등, 많은 일이 꼬리에 꼬리를 물고 일상을 점령합니다. 집필진이 세워 놓은 절차와 과정에 따라 뚜벅뚜벅 한 항목 한 항목을 기술하는 것만으로는 어림없는 일입니다. 가던 길을 뒤돌아보고 수없이 고쳐 쓰는 일은 마치 매번 굴러 떨어져 버리는 돌을 또다시 굴려 올리는 시지프의 형벌과 다름이 없습니다. 영원히 끝나지 않을 것만 같습니다. 컴퓨터와 데이터베이스라는 개발 도구를 사용하는 현재에도 사전을 편찬할 때마다 위와 같은 생각이 듭니다.

제가 프랑스 선교사들이 지은 『한불자전』을 처음 펼쳐본 것은 불과 5년 전입니다. 세부 전공을 깊이 연구하겠다는 작은 핑계로, 제가 얼마나 많은 분야에 얕은 지식조차 없었던지 자신의 과문을 책망하는 또 하나의 계기였습니다. 부산대학교의 인문한국 [고전번역 + 비교문화학연구단에서 인문학의 네 분야인 문학 · 사학 · 철학 · 언어학이 상호 소통하기 위한 다양한 경계 넘기 시도를 하였습니다. 그중 서로 다른 언어, 사상, 문화를 번역하고 비교하고 이해하는 데 가장 기초적인 요소를 제공하는 것이 사전임을 새삼 인지하고, 서양 문물을 처음으로 접촉하던 19세기 한국의 이개어 및 다국어 사전부터 초점을 맞췄습니다. 19세기 초중반에 소수의 서양인들이 우리 땅에 들어와 우리 문화를 맞닥뜨린 첫 시기였고 우리 말과 우리 글로 소통하고자 했던 흔적이 19세기 중후반부터 사전과 문법서의 형태로 간행되기 시작했습니다. 그간 국어학의 연구 성과를 따라가며, 이 시기에 편찬된 대역 사전들(이 책 183쪽 〈표 1〉의 목록 참조)을 상세히 살펴보던 중 가장 눈에 띄는 것이 『한불자전』이었습니다. 1874년에 간행된 푸칠로(M.P. Pucillo)의 『노조사전』과 같은 단순한 어휘집 양상을 완전히 탈피하여, 약 27,000개에 달하는 표제어를 담고, 체계적이고 정교한 미시구조를 가질 뿐 아니라, 풀이말과 예도 당시로는 매우 상세하게 제시했습니다. 최석우 선생님이나 강이연 선생님의 연구를 통해, 리델(F.C. Ridel)을 포함해 초기에 입국한 프랑스 선교사들과 조력자들이 이 사전을 얼마나 처절하고 가혹한 조건에서 집필했는지 알게 되자, 그 노력에 머리 숙이지 않을 수 없었습니다.

무엇보다도 이 사전이 중요한 이유는 언더우드(H.G. Underwood)의 『한영사전(*A Concise Dictionary of the Korean Language*)』(1890), 스코트(J. Scott)의 *English-Corean Dictionary : Being a Vocabulary of Corean Colloquial Words in Common Use*(1891), 게일의 『한영사전(*A Korean-English Dictionary*)』(1897 · 1911 · 1935)의 모델이 되었고, 그 내용이 발췌 수록되었다는 점입니다. 세 저자의 영한

사전류는 한국어 사전사에 큰 영향을 끼쳤으니, 그 모델인 『한불자전』을 상세히 살펴본 연구가 많이 있었으리라고 생각했습니다. 하지만 이러한 예상은 빗나갔습니다. 『한불자전』은 국어학, 프랑스어학, 가톨릭교에서 관심을 받았지만, 국어학자는 프랑스어 해독력이 떨어져서, 프랑스어학자는 한자나 19세기 한국어 해독력이 낮아서, 가톨릭교단의 연구자는 사전의 내용 자체보다는 사전외적 요소에 더 큰 의의를 두어, 이 사전의 내용은 그리 잘 연구되지 못했습니다. 더구나, 표제어를 '가나다' 순서가 아니라 한국어의 음을 알파벳으로 표기하고 'ABC' 순서로 제시하는 거시구조 때문에, 특정한 표제어를 찾기가 정말 어려웠습니다. 구체적인 어휘와 풀이말을 연구했던 채완 선생님이나 조현범 선생님이 이러한 고충을 실감 나게 토로하셨습니다. 마치 접근을 불허하는 무성한 가시덤불 숲에 가려진 커다란 유적 같았습니다. 개별 연구자가 유적을 들여다보려고 해도 유적에 다가가기도 전에 가시덤불을 헤치느라 기진맥진하기 일쑤입니다.

우리는 앞으로 다양한 연구자의 접근성을 확보하기 위해 이 가시덤불을 제거하는 것이 반드시 필요하다고 생각했습니다. 첫 단계로 『한불자전』을 데이터베이스화하여 2008년 웹(http://corpus.fr.pusan.ac.kr/dicSearch/)에서 서비스하여 우선 표제어 검색의 어려움을 해결했습니다. 두 번째 단계로 프랑스어로 된 풀이말에 한국어 번역을 추가하고, 동시에 많은 연구자에게 더 익숙한 책으로도 출간하기로 했습니다. '가나다' 순으로 표제어가 배열된 1권 『현대 한국어로 보는 한불자전』이 출판된 배경입니다.

차제에 이 사전을 중심으로 인문한국 [고전번역 + 비교문화학연구단] 과 교류해왔던 연구자의 논문을 한 곳으로 모아 2권 『한불자전 연구』를 펴내게 되었습니다.

1부는 『한불자전』를 비롯한 당시 프랑스 선교사의 한국어 관련 저작의 소개와 함께, 집필 과정을 기술한 「19세기 조선 파견 가톨릭 선교사의 한국어 연구 흐름 일편 : 최초의 한 · 불 이개어사전과 문법서를 중심으로」(강이연), 『한불자전』이 형태적인 측면과 내용적인 측면에서 이후 국내에서 출간되는 이개어사전의 전범이 되었는지 그 과정을 밝히는 「한국어사전의 '전범(典範)'과 '기념비(記念碑)' : 『한불자전』의 두 가지 형상 그리고 19C 말~20C 초 한국의 언어-문화」(이상현), 구체적으로 『한불자전』과 이를 모델로 했던 게일의 『한영자전』을 구조를 상세히 비교한 「19세기 이개어사전 『한불자전』(1880)과 『한영자전』(1911) 비교 연구」(이은령), 현재에도 근대 한국어의 모습을 담은 사전의 필요성을 역설한 「근대 계몽기 교과서와 근대어 사전 편찬의 필요성」(허재영)을 담았습니다.

2부는 21세기에 들어서서 종이 사전에 완전히 모습과 생산-유통 방식을 가져온 정보화와의 관계를 조명했습니다. 「국어정보화와 사전」(홍윤표)는 사전을 포함한 언어자원(language resource)의 정보화가 왜 중요한가를 역설하고 현재 한국어 사전의 정보화 실재를 설명해 주었습니다. 그런데, 단순히 문서를 전산 입력하는 것과 정보화를 혼동하는 경우가 많습니다. 「지식베이스 구축을 위한 『한불자전』(1880) 어휘부의 미시구조 분석」 와 「LEXml을 이용한 『한영자전』(1911)의 지식베이스 설계 : 『한불자전』(1880)과의 통합적 지식베이스 구축을 위하여」(윤애선)은 『한불자전』과 게일의 『한영자전』이 어떤 방식으로 정보화되어야, 사전 자체와 후속 연구에 새로운 프레임워크를 제공할 수 있는지 그 정보 구조를 제안하였습니다.

3부에서는 『한불자전』에 실린 어휘의 내용을 구체적으로 분석한 논문을 모았습니다. 『한불자전』에 실린 어휘나 문장이 19세기 한국어의 모습을 모두 담고 있지는 못하지만 중요한 모습을 포착하는 충분한 단서를 제공합니다. 「19세기 한국어의 친족어 연구 : 『한불자전』 등재어를 중심으로」(채완)과 「선교와 번역 : 『한불자전』과 19세기 조선의 종교 용어들」(조현범)는 각각 『한불자전』에 등재된 친족어와 종교 용어를 통해 해당 분야의 어휘와 문화를 재구성하고 때로는 비판적 관점에서 이 사전의 내용을 관찰하였습니다. 「이개어사전으로 본 문화번역 : 『한불자전』(1880)의 뜻풀이를 중심으로」(이은령)은 이개어사전 등이 다른 언어 간의 단순한 등가적 어휘의미를 그치는 게 아니라, 각각의 언어를 뒷받침하는 이질적 문화 간의 번역이라는 점을 『한불자전』의 구체적인 예를 통해 보여주었습니다.

사전을 편찬한 외적 환경이 아무리 힘들었다 하더라도, 또 당시 한국어 관련 사전으로는 가장 체계적인 미시구조를 가졌다 하더라도, 『한불자전』에는 당연히 오류도 있고 비판받아야 할 점도 있습니다. 마찬가지로 『현대 한국어로 보는 한불자전』도 후속 연구자의 많은 질책을 기다리겠습니다. 다만, 『한불자전』으로 가는 길의 가시덤불을 헤쳐 놓은 『현대 한국어로 보는 한불자전』이 더 많고 다양한 후속 연구를 촉진하게 되길 바랍니다.

『한불자전』 데이터베이스와 『현대 한국어로 보는 한불자전』을 편찬하는 데는 수많은 학인들이 노력을 기울였습니다. 가장 먼저 이은령 선생님은 『한불자전』을 열심히 연구하는 것은 물론 같은 소재로 연구하는 방방곡곡의 연구자들과 교류하며, 가시덤불을 제거하는 모든 일을 계획하고 구체적인 결과물로 실현해 낸 주역입니다. 다음으로 김영주 선생님은 초벌 번역한 원고에서 수많은 오역을 수정하고 용어와 형식의 일관성을 부여하여, 명실상부하게 『현대 한국어로 보는 한불자전』으로 재탄생시켰습니다. 『한불자전』과 게일의 『한영자전』을 데이터베이스화를 함께 했던 부산대학교의 인문한국 [고전번역 + 비교문화학연구단]의 김인택 선생님과 서민정 선생님이 아니었다면, 『현대 한국어로 보는 한불자전』을 기획할 수 없었을 것입니다. 이 밖에도 데이터베이스를 설계하고 유지한 정휘웅 씨와 김정호 씨, 이 책이 나오도록 다양한 형태로 결과를 제공해준 남 웅 군, 『한불자전』을 전산 입력하고 풀이말을 초벌 번역한 많은 인문학도가 없었다면 가시덤불 없애기는 어려웠을 것입니다. 또한, 이 결과물이 나올 수 있도록 지난 6년간 지원해준 부산대학교의 인문한국 [고전번역 + 비교문화학연구단]에 이 기회를 빌려 심심한 감사의 인사를 전합니다.

금정산 기슭에 흩뿌리는 찬란한 벚꽃 비를 바라보며
윤애선

차례

제1부

『한불자전』과 근대 사전의 탄생

19세기 조선 파견 가톨릭 선교사의 한국어 연구 흐름 일편*

최초의 한·불 이개어사전과 문법서를 중심으로

강이연

1. 서론

최초의 한국어사전과 문법서에 대한 존재적 물음은 최초의 불-한, 한-불 이개어사전, 그리고 프랑스어로 쓴 최초의 한국어문법서에 대한 그것과 통한다고 할 수 있다. 또한 이 문제의 근원지에는 19세기 조선에 입국한 파리외방전교회 선교사들이 있고, 『한불자전(*Dictionnaire Coreen-Francais*)』, ***Grammaire Coréenne***(한어문전),[1] ***Dictionnaire Français-Coréen***(불한사전)[2] 등 그 역사적 업적들이 실증적으로 존재한다.

그러나 이들 존재의 무게와 의미를 제대로 규명하는 작업이나 연구물은 드물었다. 『한불자전』과 *GC*(한어문전)의 존재는 그나마 일부 학계에

* 이 글은 필자의 2004 · 2005 · 2008년의 논문의 상당 부분을 내용과 문장 차원에서 발췌하고 인용하되, 여러 관련 자료를 참고하며 현 시점에 맞춰 첨삭 · 수정하여 재작성한 것이다.

1 이하 *DFC*(불한사전)으로 약칭한다.

2 이하 *GC*(한어문전)로 약칭한다.

알려져 있었다. 그러나 적어도 2004년 이전까지는 문헌에 의거한 존재의 규명에 오류가 있었고 언어학적 연구물도 희박하여 *GC*(한어문전)와 관련된 연구물은 거의 찾아볼 수 없었다. 더욱이 *DFC*(불한사전)는 비록 필사본이지만 존재 자체가 거의 알려져 있지 않았다.[3] 한국교회사연구소 고문서고에서 소장해 왔으나 어두운 곳에 묻혀 그 존재를 알릴 기회가 없었다. 그런데 2004년에 연구소의 설립 40주년을 맞이하여 기념사업의 일환으로 *DFC*(불한사전) 필사본 중 하나를 영인본으로 발간하는 기획을 하게 되었다. 이에 당 연구소의 책임연구원으로서 필자가 선교사들의 서한과 관련 문서들에 대한 문헌학적 고찰을 통해서 이 연구물들의 제작자와 제작 시기, 제작 배경과 과정 등을 새롭게 규명하는 연구 논문을 쓰게 되었고, 그 내용의 개요가 영인본의 해제로 실리게 되었다.

이제 이들 역저들의 역사적 의미와 현재적 과제들에 대한 숙고는 어느 정도 시작되었다고 할 수 있다. 하지만 최근의 관련 서지 현황을 볼 때 기대만큼 썩 앞으로 나간 느낌은 없다. 그런 의미에서 부산대 인문학연구소의 근대 한국어 이개어사전에 관한 심포지엄 개최와 같은 일련의 노력은 아주 중요하다. 이 글에서는 이들 역저들의 탄생 배경과 의미를 다시금 되새기고 사전학과 번역학, 그리고 교수법적인 측면에서 의미 있는 현재적 과제를 찾아 고민해 보는 것으로 하겠다.

---

3 몇몇 국어학자 혹은 교회사학자에 의해 그 존재의 발견이 언급된 적은 있으나 그 수가 한 손으로 꼽을 정도이다. 또한 언급을 하더라도 사전 자체에 대한 연구이기보다는 더욱 포괄적인 주제 속에 한두 단락 삽입했거나 각주로 처리한 정도이며, 그나마 프랑스어 판독이나 번역에서 오류를 범하여 곡해한 경우들이 있다. 더구나 프랑스어학 쪽에서는 관련 논문을 찾아볼 수 없다. 관련 연구에 대해서는 1987년 이전의 것은 송민(1987), 그 이후 것은 졸고 강이연(2004)의 참고문헌 목록 참고.

2. 19세기 조선 파견 선교사의 한국어 연구 흐름 일편

220년의 한국 가톨릭 역사에서 서양인 선교사들이 출현하는 것은 1836년 이후이다. 로마 교황청의 명으로 조선 포교를 파리외방전교회가 맡게 되면서 1831년 제1대 조선 대목구장으로 임명 받은 브뤼기에르 주교가 조선 입국을 시도했으나 긴 여정 중에 겪은 갖은 고난 끝에 끝내 그 뜻을 이루지 못하고 마가자에서 병사하자, 모방 신부가 헌종 1년(1836) 겨울, 샂갓에 상복차림으로 얼음 위를 건너서 입국한 것이 그 시발점이다. 이어서 샤스탕 신부와 제2대 조선 대목구장으로 임명 받은 앵베르 주교가 각각 1837년 1월과 12월에 서울로 들어왔고, 계속하여 새로운 선교사들의 입국은 이어졌다. 이들의 삶을 돌이키면 그 치열하고 처절했던 포교와 순교만이 떠오르기 십상이다. 하지만 시선을 돌리고 넓혀 한국의 근현대사 차원에서 볼 때, 그들의 영향은 정치, 외교, 사회 등 여러 분야에서 지대하며, 특히 한국어 연구에 끼친 영향을 언급하지 않을 수 없다. 그들은 *Histoire de l'Eglise de Corée*(조선천주교회사)를 비롯하여 여러 가톨릭 관련 저서와 역서들을 낳았고, 사전과 문법서 편찬 등, 한국어학사에 엄청난 업적을 남겼다. 당대에 화마를 만나고 박해와 전쟁을 거치는 등, 모질고 긴 세월이 흐르면서 많은 업적과 자료들이 소실되어버리기도 하였으나 아직 연구가 부족해서 그 존재와 의미를 세상에 드러내지 못한 것들도 많이 있다.[4]

선교사들은 조선 파견의 본 목적인 가톨릭의 전교를 위해 빠르게 조

4 이상 졸고 강이연(2004)에서 발췌 또는 요약 · 인용하였다.

선의 민중들에 다가가야 했고, 이를 위해서는 한국어 습득을 가장 시급하고도 근본적이며 유효한 수단으로 삼았다고 할 수 있다. 입국을 개척하던 시기의 선교사들은 중국에서 선교 활동을 하다 왔기 때문에 이미 다소간 한문을 익힌 상태였다. 그래서 이들이 처음 우리말, 우리글을 익히는 데는 한문이 중요하고 유용한 매개체 역할을 하였다. 그러나 신임 파리외방전교회 선교사들이 중국을 거치지 않고 직접 조선에 입국하기 시작하면서는 외국어로서 한국어 관련 (이개어)사전이나 문법서가 절실하게 필요했다.

1854년에 다블뤼 주교(M. N. A. Daveluy, 安敦伊, 1818~1866)[5]는 "사전도 없이 조선역사를 힘겹게 번역했다"는 보고를 상부에 한 적이 있다. "당시 조선에는 아직 국어사전이 출판된 적이 없"[6]었다. 이런 상황에서 관련 자료 조사와 연구의 선봉장이었던 다블뤼 주교의 서한을 보면, 그가 '한국어-중국어-프랑스어-라틴어' 다국어사전을 기획한 것으로 나타난다. "모든 단어를 다 수집하려면 한참 멀었지만 그것들만 갖고도 '조선어-중국어-프랑스어-라틴어 사전' 한 권을 초벌 작업하는 데 석 달이 걸렸다", "아직 완성되려면 멀었다", "이 작업에 한 고명한 조선 고관 학자의 도움을 받고 있다", "조선어 작업을 하면서 시간을 보내고 있다"(이상 1855 서한), "여기저기서 튀어 나오는 많은 일들에 눌려 완성했어야 할 사전에 눈길 한 번 주지 못한지도 2년이 흘렀다(1859 서한)"[7] 등

5 1845년 입국하여 1866년 병인박해로 순교할 때까지 많은 저서와 번역서를 냈고, 『조선 순교비망기』를 완성했으며, 무엇보다 *Histoire de l'Eglise de Corée*(조선천주교회사)와 한국어사전 편찬의 바탕을 마련하였다.

6 「다블뤼 문서 II」(1994 : 185~186 · 484~486); 졸고 강이연(2004 : 178) 참고.

7 위의 글 참고.

위의 다국어사전 관련 작업 과정을 유추할 수 있는 기록이 있다. 그러나 안타깝게도 그 열매는 오늘날 전해지지 않는다.

이렇게 기획된 한국어를 포함한 여러 말 사전 및 한국어문법서의 작업 기간 및 출판 과정은 시기적으로 크게 1866년, 즉 병인박해가 발생한 시기를 기준으로 해서 전기와 후기로 나눌 수 있다.

우선 인적 자원 측면에서 봤을 때, 병인박해로 다블뤼 주교가 순교하기 전까지는 다블뤼 주교가 직접 많은 자료 조사와 연구 작업을 축적했고 후배 선교사들의 작업을 진두지휘했다. 그의 등 뒤에서 본격적인 작업을 명하고 열렬히 지원한 제4대 대목구장 베르뇌 주교(S. F. Berneux, 張敬一, 1814~1866)의 힘이 컸다. 그리고 다블뤼 주교의 힘을 덜며 그 계획을 구체적으로 실행한 이들로 프티니콜라 신부(M. A. Petitnicolas, 朴德老, 1828~1866), 푸르티에 신부(C. Pourthié, 申妖案, 1830~1866) 등을 들 수 있다. 그러나 1866년 병인박해가 일어나 이들이 순교하자, 중국 땅으로 망명하면서까지 그 작업을 이어간 이들이 리델 주교(F. C. Ridel, 李福明, 1830~ 1884), 페롱 신부(S. Féron, 權, 1827~1903), 리샤르 신부(P.E. Richard, 蔡, 1842~ 1880), 코스트 신부(E. J. G. Coste, 高宜善, 1842~1896), 블랑 주교(G. M. J. Blanc, 白圭三, 1844~1890) 등이다. 그런데 다블뤼 주교가 걸어서 엿새나 걸려 찾아가 언어와 철학을 논하며 1855년 여름을 같이 보낸 조선의 학자(박사)이자 현자라고 부른 사람이 있다. 다블뤼 주교는 다국어사전의 기초를 닦은 것이 바로 이 시기라고 부모에게 서한을 보낸 바 있다. 이 조선 학자가 구체적으로 누구를 가리키는지, 좀 더 세부적인 문헌 조사를 통해 밝혀낼 수 있다면 그 당시 한국어 연구 성과에 기여한 조선사람의 존재와 무게를 알 수 있을 터인데 현재로서는 아쉬운 부분이다.

조사 연구 작업적인 측면에서는 우선 다블뤼 주교의 선에서 상당 부분이 이뤄진 것으로 나타난다. 병인박해 훨씬 이전에도 이미 많은 조사와 노트가 축적되어 있었던 상태였는데 그 소중한 자료들이 사라질 위기를 여러 차례 넘겼던 것으로 보인다. 다블뤼 주교의 보고 서한을 보면, 1850년에 배신자의 고발로 다블뤼 주교의 짐과 자료들을 보관해 놓았던 한 교우의 집에 포졸들이 들이닥쳐서 '노략질'을 해갔으나 교우의 기지로 자료짐을 빼낼 수 있어서 한국어 관련 자료들이 살아났다는 내용이 있으며, 최소 두 차례(1863 · 1865)나 화재가 발생했는데 일부 가까스로 보존된 것도 있었고 1865년 화재가 워낙 큰 불이어서 많은 것을 잃은 것으로도 여겨진다.[8] 결정적으로 1866년 병인박해로 인해 많은 자료가 소실되었다. 다블뤼 주교가 교우의 집에 숨겼다고는 하나 이후 찾았다는 이야기가 없다.

리델 주교[9]와 페롱 신부의 서한[10]을 보면, 망명 이전에 조선에서 그들 사이에서 사용하던 작은 사전류가 있었던 흔적이 보인다. 먼저, 리델 신부가 1861년 조선 입국 전에 체푸에서 "고작 교리문답책과 작은 사전 한 권으로 조선어를 공부했다"는 서한 내용이 있다. 여기서 '작은 사전'이라 함은 리델 신부가 라틴어 어휘 목록을 만들고 신학생 신분의 이바울리노라는 사람이 어휘풀이를 하여 작은 필사 사전으로 엮은 정도로 보면 될 듯하다.[11] 그러나 한국어는 "문법도 규칙도 없다"며 "실제 생활

8 위의 책.

9 당시 신분은 '신부'였다.

10 「페롱 서한」; 「리델 문서 I」(1867).

11 교회사 관련 문헌을 보면, 이바울리노는 당시 페낭신학교 학생이었음. 리델 신부는 당시 이 학생을 "notre petit coréen(우리 꼬맹이 조선사람(학생))"이라고 묘사하였음. 위의 글 참고.

언어와 책에 나온 조선어"의 차이점을 매우 푸념하기도 한다. 또한 병인박해 이후 망명지에서 조선을 그리워하며 한국어 학습과 연구를 지속하는 가운데 쓴 1867년 1월과 2월의 리델 서한과 페롱 서한에는 조선어 책을 가지고 온 것이 아무 것도 없어서 망명지에서 사전과 문법서 작업을 한다는 게 매우 힘이 들며, "아마도 (조선에서) 우리가 소지하고 있던 사전들은 모두 소실되었을 것"이라고 판단되는바, 그렇다면 더 나은 연구로 매진해야 한다는 내용도 나온다. 기록을 보면,[12] 여기서 소실되었을 것으로 판단되는 사전류에는 베론 성요셉 신학교 교장인 푸르티에 신부가 편찬한 『羅韓漢사전』, 교수 프티니콜라 신부가 편찬한 『羅韓사전』 등이 포함되는 것으로 추정된다. 실제로 조선 제4대 교구장인 베르뇌 주교는 1859년 서울에 목판인쇄소를 설립했고 1864년에 한 곳을 증설했으며, 교리 문답, 기도서, 의식서, 신심생활입문서 등 각종 교회 서적을 간행했다는 기록이 있다. 병인박해로 인해 당시 귀한 자료들이 소실된 것은 우리 언어 연구사적으로 큰 유감이 아닐 수 없다.

이상과 같은 시공간적 환경 속에서 매진한 작업은 결국 1880년에 이르러 『한불자전』이, 1881년에 *GC*(한어문전)이 출판되는 결과로 이어지며, *DFC*(불한사전)은 비록 출판되지는 못했어도 출판본이나 다름없는 형태의 필사본으로 남겨진다. 조사 작업부터 연구, 출판에 이르기까지 전 과정에서 생각보다 많은 조선사람이 학자로서 또는 조교로서 작업에 관여하고 도움을 준 것으로 추측된다. 우선 무명의 천주교우들과 신학생들이 있었던 것으로 여겨진다. 이름이 거론되는 사람으로는 최지

12 최석우(1982); 졸고 강이연(2004 : 177).

혁(요한), 박영식(바오로), 김여경, 권치문, 이바울리노, 남종삼(요한) 등이 선교사들의 작업을 곁에서 보좌한 것으로 추정된다.[13] 그중에 최지혁은 특히 중요하게 언급되는 인물로서 우리나라의 인쇄 역사에서도 중요하게 거론된다. 『한불자전』과 *GC*(한어문전)의 한글체가 바로 그의 궁체 글자본에서 비롯된 것이기 때문이다.

다블뤼 주교가 활약하던 시점의 기획부터 리델 주교와 페롱 신부의 결과물에 이르기까지 과정을 살펴보면, 한국어 학습의 기틀을 마련하고자 하는 파리외방전교회 선교사들의 노력이 아래에 상술할 위의 세 가지 역저로 국한되는 것이 아님을 잘 알 수 있다. 이 세 가지가 열매를 잘 맺어 오늘까지 전승되어 오는 의미가 있는 것인 한편, 소중한 연구 업적들이 많이 소실되었고, 결실을 맺지 못하고 중단된 것들이 있음을 상기시켜준다. 그중에서 특별히 유감스러운 부분은 리델 주교의 조선어 단일어사전[14]이다. 『한불자전』의 완성 소식을 실었던 1873년 11월 8일자 서한에서 리델 주교는 "순 조선어사전을 준비하고 있다"고 한다.[15] 특이한 것은 자신은 "이번에는 감독만 할 뿐, 실제 작업 진행은 한 조선인에게 시키고 있다"는 것이다. 그러나 이후 어디에서도 그 결과물을 찾아 볼 수 없는바, 유감스럽게도 또 하나의 '최초'가 될 수 있었던 한국어 단일어사전은 제대로 진행되지 못하고 계획으로만 남은 것으로 짐

---

13 김완진(1984); 박진호(2002); 「영인본 서문」, *GC*(한어문전)(1985); '1866년 4월', 「리델 서한」 등 참고.

14 우리나라 최초의 국어사전은 1911년에 주시경, 김두봉, 이규영, 권덕규 선생이 편찬에 착수한 『말모이』로 알려져 있음. 하지만 주시경 선생의 사망과 김두봉 선생의 망명 등으로 인해 편찬이 이뤄지지 않았으며, 현재 제1권에 대해서만 알려져 있다.

15 "Maintenant je fais un dictionnaire tout coréen, ou plutôt je le fais faire par un coréen, je ne fais que surveiller le travail (…중략…) et après……" 「리델 문서」(1991 : 655); 「리델 문서 I」(1994 : 381).

작된다. 리델 주교의 같은 서한에서 조선 선교지에서 유배되어 다시 입국해 보지도 못하고 죽는 것은 고통이라며 쇠약해진 심정을 드러낸 것을 보면, 수년간의 유배 생활에서 심신이 약해진 주교가 추진력을 잃은 것도 그 이유 중 하나가 아닐까 한다. 그러나 이 부분 역시 앞으로 풍부한 사료들을 가지고 실증할 일이다.

3. 『한불자전(*Dictionnaire Coréen-Français*)』[16]

『한불자전』은 현재 그 활판본들이 꽤 여럿 남아 있고, 또 20세기 후반에 알리앙스 프랑세즈(Alliance Française)와 한국교회사연구소에 의해 비공식적이면서 불규칙적으로 영인된 적이 있어서[17] 비교적 알려져 있는 편이다. 그런데 가톨릭교회 관계자들이나 교회사학자, 몇몇 국어학자에게 중요한 역사적 업적으로 비춰졌던 이 사전이 국내 프랑스어학계의 주목을 끌지는 못한 것 같다. 이런 학계의 무심함 속에서 이렇다 할 관련 논문이 전무하다시피 하던 차, 1996년 박성숙 선생이 그 내용과 구조에 대해서 상술한 것이 진지한 사전학적 관점의 접근으로는 처음이었던 것으로 여겨진다.[18]

16 이 단원은 졸고 강이연(2005)의 해당 부분을 부분적으로 첨삭 · 수정하여 인용하였다.

17 영인이기보다는 필요할 때마다 간단히 복사본을 간행했다고 할 수 있다.

18 자세한 내용은 박성숙(1996) 참고.

1) 저자와 제작 시기

『한불자전』의 표지에는 '파리외방전교회 소속 조선 파견 선교사들'이 저자로 표기되어 있다. 그러나 사전의 저자, 그 실질적 완성자는 따로 있다. 바로 리델 주교이다. 이 사실은 문헌학적으로 증명된다. 1864년 리델 주교의 서한을 보면, 이 사전의 작업은 이미 시작되었고, 1873년에 그의 육필본 최종고가 완성되었다.[19] 그 과정에서 초고 집필을 1868년에 끝냈다는 기록이 리델 주교의 학문적 라이벌[20]이었던 페롱 신부의 서한에 나온다.[21] 최종고를 완성한 후에 리델 주교는 출판업자를 찾아 헤맸고, 결국 7년 세월이 더 흐른 후인 1880년에 드디어 일본의 요코하마에서 활판본으로 인쇄 출판되었다.[22]

그렇다면 초고의 완성에서 출판에 이르기까지 꽤 긴 세월이 흘렀다는 것인데, 그동안 선교사들은 이 사전을 활용하지 못했는가? 활용을 했다면 과연 어떻게 활용할 수 있었는가? 그들은 직접 필사하여 소지했던 것으로 보인다. 필사본에서 활판본에 이르는 시간이 길었기 때문에 『한불자전』은 지속적인 보강과 수정을 거치면서, 필사자와 필사시기에

---

19 졸고 강이연(2004 : 179~180) 참고. "Quelques maigres travaux sur cette pauvre langue coréenne etc (…중략…) Mon dictionnaire coréen-français est achevé; la grammaire coréenne aussi est terminée. Si vous pouviez me trouver un éditeur et les fonds nécessaires." '1873년 11월 8일자', 「리델 서한」; 「리델 문서」(1991 : 655); 「리델 문서 I」(1994 : 381). 밑줄－인용자.

20 사전 집필자로서 그렇다는 의미임. 전해 오는 서한을 보면, 특히 페롱 신부 쪽에서 리델 주교에 대한 경쟁적 심리를 드러내는 부분이 많이 보인다. 이 글의 5절에서 상술하겠다.

21 "M. Ridel a terminé son dictionnaire Coréen français, ce n'est encore qu'une ébauche, mais c'est déjà beaucoup. le mien est moins avancé, parceque* je le fais sur un plan beaucoup plus tendu (français-Coréen). Il me faudrait encore deux mois de travail assidu, je ne les aurai pas tout à fait. Adieu." '상하이발 루세이유 신부 앞(1868년 2월 17일자)', 「페롱 서한, 1404쪽(판독본). 밑줄－인용자.

22 졸고 강이연(2004 : 179~180) 참고.

따라서 여러 필사본들이 다소 모양을 달리 했을 것으로 추정된다. 오늘날 남아있는 『한불자전』의 필사본이 그것을 증명한다. 먼저 현재 국내에는 활판인쇄본의 원형으로 짐작되는 필사본 한 권이 한국교회사연구소 고문서고에 소장되어 있다. 이것은 한글 표제어와 나란히 병기한 한자의 출현 빈도 등에서 어느 정도 차이를 보이기는 하지만 인쇄본과 거의 유사하다. 또 다른 필사본 한 권이 발견되는데, 1898년이라고 추기된 이 필사본은 뮈텔(G. Mutel, 閔德孝, 1854~1933) 주교의 것이다. 제목은 『한불자전』으로 동일하지만 구성과 편집이 좀 다르다. 내용의 순서가 바뀌어 있을 뿐만 아니라, 특히 표제어의 정보 항목이 아주 간략하게 처리되어 있다. 활판본 『한불자전』과는 꽤 차이를 보인다. 이 필사본은 시공간적으로 인쇄 출판이 되기 전 수정 과정 중의 것으로서 완성본과 내용을 달리하는 면도 있겠지만, 비교적 절도가 없고 간략함을 추구한 그 형식과 내용에서 미루어 판단컨대 필사자 뮈텔 주교가 개인 참조용으로 리델 주교의 원본을 변형 필사했다는 추측도 조심스럽게 해 볼 수 있다. 이외에도 필사자가 서로 다른 두 권의 필사본이 파리외방전교회에 소장되어 있다고 한다.

2) 형식과 내용

『한불자전』은 4×6배판으로서, 겉표지 2쪽, 속표지 1쪽, 저작권 표시면 1쪽,[23] 서문 8쪽, 본문 615쪽, 부록 I 60쪽(부록 서문 4쪽 포함), 부록 II 23쪽(부록 서문 2쪽 포함), 추보 1쪽, 정오표 1쪽 해서 총 713쪽이며, 서문과 부록 서문 등 서술 부분을 제외하고는 2단 조판이 되어 있다. 서문은 프랑스어로 되어 있으며, 이 부분은 현대적 사전의 일러두기에 해당된다. 표제어 배열순서,[24] 표제어 선정 기준, 약호 해설, 그리고 한글의 제자 원리와 우수성에 대한 언급도 들어 있다. 표제어와 사전항목의 기술 양상을 살펴보면, 한글 표제어와 나란히 해당 알파벳 발음이 표기되고, 이어서 한자어들의 경우에는 한자를 병기한 후, 대역이 이어진다. 이따금 동의어나 반의어, 자구역어[25] 등이 약호와 함께 첨가되기도 한다. 총 표제어 수는 총 26,866개이며, 그중에는 '그리스도', '예슈' 같은 외래어도 있고 '우유'와 같은 약간의 신문명어도 보인다. 집필 배경상 많은 기독교 관련 용어가 실려 있는데 그 대부분이 한자어이며, 표제어들 중 한자어가 총 22,346개나 되는 점이 조금 아쉽다.

23 오늘날의 인지처럼 하나의 서명으로써 저작권을 표시하고 있다. 이 서명은 코스트 신부(E. J. G. Coste, 高宜善, 1842~1896)의 신부의 것으로 추정됨. 그의 서한에 나오는 서명과 일치함

24 음절별 배열이 아니라 자모순 배열임. 한글의 소리를 유럽어 알파벳으로 옮기고 나서, 모음군을 먼저, 자음군을 이어서 유럽어 알파벳순으로 배열했기 때문에 오늘날 한글 자모의 배열 방식에 따라 사전 검색을 할 수가 없다.

25 가령, 표제어가 '**범붓처**'라는 식물인 경우, 대역 말미에 'litt.'라는 약호와 함께 'éventail de tigre'라는 자구역어를 덧붙였다.

4. *Dictionnaire Français-Coréen*(불한사전)[26]

1) *DFC*(불한사전)

『한불자전』과 달리 최초의 불한사전인 *DFC*(불한사전)는 사실상 인쇄 출판된 적이 없다. 필사본 형태로 남아 있을 뿐이다.[27] 게다가 이 필사본들마저도 최근 한국교회사연구소에서 영인본으로 발간하기 전까지는 각 해당 기관의 고문서고 깊숙이 묻혀 있었기 때문에 *DFC*(불한사전)는 2004년의 새로운 발견이라고 해도 과언이 아니다.[28] 기존의 가톨릭사학 혹은 국어학계 논문에서 *DFC*(불한사전)의 존재에 대한 언급이 전혀 없었던 것은 아니지만 지극히 부분적이고 극소수일 뿐더러, 그나마 『한불자전』과 혼동하는 등, 문서 판독과 번역의 오류와 곡해 때문에 내용이 사실에 어긋난다. *DFC*(불한사전)의 존재를 인식하면서도 이에 대한 문헌학적 증거 없이 직관에 의지하는 바람에 두 사전의 선후를 근거 없이 언급한다거나, 어떤 하나가 다른 하나의 참고 자료가 되었을 것이라는 무리한 추측을 하는 경우들이 있었다.

---

26 이 절은 졸고인 강이연(2004)과 강이연(2005)의 해당 부분을 부분적으로 발췌하고 첨삭 · 수정하여 인용하였다.

27 최초의 불한사전 *DFC*(불한사전)는 현재 국내에 세 권, 프랑스 파리외방전교회에 한 권, 이렇게 여러 선교사들의 열정과 손때가 묻고 변색되고 부서지고 떨어져나간 네 권의 필사본 형태로 남아 있다. 원본 육필본을 필사한 것을 또 다른 이가 필사하고 또 다른 필사가 이어진 것으로 보인다. 20세기 중반까지도 이 필사 작업은 후배 선교사들에 의해 계속되었던 사실을 르장드르(Le Gendre)를 비롯한 몇몇 선교사들의 서한에서 확인할 수 있다.

28 이 글의 1절 '서론' 참고.

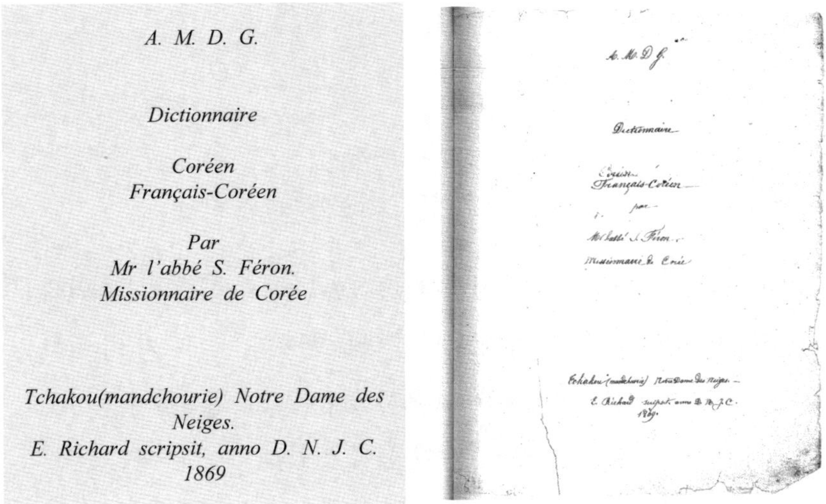

〈그림 1〉 *DFC*(불한사전) 리샤르 신부 필사본 표지

(1) 저자와 제작 시기

현존하는 *DFC*(불한사전) 필사본들의 표지에는 그 저자를 공히 페롱 신부로 표기하고 있다. 그럼에도 현존 필사본들 중의 하나를 상기 연구소의 고문서고에 입수한 장본인이면서 교회사학계의 수장격인 최석우 신부[29]는 오래 전부터 저자에 대해서 의문을 가져왔다. 페롱 신부의 정치적 성향이나 전후 상황을 미루어 추측컨대 페롱 신부 홀로 *DFC*(불한사전)의 저자로 간주하기는 무리가 있다는 것이었다. 『한불자전』의 표지에 '파리외방전교회 소속 조선 파견 선교사들'이 저자로 적혀있는 것도 그런 추측에 한 몫을 거든 것으로 보인다. 그러나 페롱 신부는 집필 당시 서한에서 단수 1인칭을 써서 스스로를 사전 집필 당사자로 표명할 뿐더러 『한불자전』의 저자인 리델 주교도 그의 서한에서 단수 3인칭 대명사

29 한국교회사연구의 대부라고 할 수 있는 최석우 몬시뇰은 2009년 7월에 선종하였다.

를 사용하여 페롱 신부를 *DFC*(불한사전)의 저자로 지칭한다.[30] 그러므로 비록 복수 저자로 표기된 『한불자전』의 저자가 실상은 리델 주교이듯, 현존하는 모든 필사본의 표지에 저자를 페롱 신부로 명기하고 있는 *DFC*(불한사전)의 저자는 더욱 의심의 여지없이 페롱 신부라고 규명할 수 있다.

그런데 『한불자전』의 제작 시기와 출판연도가 비교적 분명한 기록으로 증명되는 반면, *DFC*(불한사전)는 그렇지 못하다. 현재 남아 있는 페롱 신부의 서한에는 당시 정치 외교적 상황이 많이 언급되는 한편, 사전 집필에 대한 언급은 드물게 나온다. 그래서 사전의 작업을 시작하는 시점이나 완성 시점을 명시하는 내용은 찾을 수 없다. 하지만 페롱 신부의 서한과 현존하는 몇 개의 필사본에 기록된 날짜들, 그리고 관련 서한들의 몇 가지 내용들을 대조 분석해 보건대, 대략 그 완성 시기를 1868년 2월 이후 1869년 2월 이전으로 좁혀서 추정할 수는 있다. 1868년 2월 17일자 서한[31]에서 페롱 신부는 "아직 두 달 정도 분량의 작업이 남았으나 여의치 않다"고 한다. 불행하게도 이 작업이 정확하게 언제 끝났는지를 증명할 수 있는 근거는 아직 발견하지 못하고 있다. 다만 차쿠의 성모설지전 성당 리샤르 신부의 손에서 나온 필사본 완성일이 이로부터 약 1년 후인 1869년 3월 26일인 것을 보면, 원본 육필본은 확실히 그전에 완성되어 있었다는 추론이 나온다. 그리고 한국교회사연구소 소장본인 드브레 주교(E.A.J. Devred, 兪世埈, 1877~1926)의 필사본 하단에는 1869년 2월 7일자로 되어 있는 블랑 주교의 육필본에 대한 언급이 나온다. 그렇다면 *DFC*(불한사전)는 육필본 상태로나마 최소한 1869년 2월 이전에 완성이 된

30 리델 주교와 페롱 신부의 상기 인용 서한 내용 참고.

31 위에서 인용한 '상하이발 루세이유 신부 앞(1868년 2월 17일자)', 「페롱 서한」, 1404쪽(판독본).

것이다. 그리고 이 육필본은 이후로도 계속 후임 선교사들에 의해 필사되었음이 현존하는 나머지 두 권의 필사본을 통해서 알 수 있다.[32]

DFC(불한사전)의 제작 시기와 관련하여 교회사학계나 국어학계에서는 그간 오해를 하고 있었다. 가령, 송민(1987 : 143)에서는 "다블뤼, 푸르티에, 프티니콜라의 여러 사전과 함께 이 필사본 불한사전 또한 『한불자전』(1880)의 간접적인 토대가 되었을 것"이라는 잘못된 추측성 언급이 나온다. 하지만 저자들의 서한에 근거하면, 『한불자전』과 *DFC*(불한사전)가 공히 조선 선교지 재입국을 기원하며 서로 다른 두 저자에 의해 같은 시기에 나란히 집필되고 있었다[33]는 것을 알 수 있다. 다만 한 권은 활판본으로 인쇄 출판되는 행운이 있었던 것이고, 다른 한 권은 그대로 필사본으로 묻혀버리는 운명으로 갈리었을 뿐이다.

(2) 형식과 내용[34]

DFC(불한사전)는 『한불자전』과는 달리 따로 일러두기도 부록도 없다. 활판본 인쇄로 이어지지 못했기 때문일 것이다. 필사본에 따라서 겉표지 장정과 크기, 조판, 그리고 쪽수도 각각 다르다.[35] 오늘날 A4 크기 정도를 오가면서 약간씩 서로 다른 크기를 보이며, 1단 혹은 2단으로 조판되어 있다. 하지만 이런 사항만을 제외하면 *DFC*(불한사전)는 활판본 『한불자전』과 비교해도 손색이 없을 정도로 모든 면에서 사전 한 권으로서의 형식을 잘 갖추고 있다. 그리고 이 필사본들은 필사자와 필사 시기가

32 졸고 강이연(2004 : 184~185) 참고.

33 원고의 완성 시점에 있어서는 전자가 후자보다 약간 앞섬. 1868년의 「페롱 서한」 참고.

34 사전의 거시구조와 미시구조에 대한 자세한 내용은 졸고 강이연(2004) 참고.

35 자세한 내용은 졸고 강이연(2004 : 191) 참고.

달라서 빚어진 미미한 차이[36]를 제외하고는 거시구조와 미시구조가 서로 동일하다. 그 뻗어 나온 가지들이 시작된 곳에 하나의 같은 육필본, 즉 페롱 신부의 것이 있었음을 말해준다.

DFC(불한사전)는 총 10,328개의 표제어[37]에 다양한 대역어와 용례를 싣고 있고, 면주까지 올리는 세심함을 보인다. 표제항은 8품사를 모두 다루고는 있으나, 분해된 형태소나 접사, 그리고 단어보다 큰 단위들은 따로 표제어로 등장하지 않는다. 합성어도 쉽사리 눈에 띄지 않는다. 다만 "Jus de viande"나 "Nulle part" 등의 연어들을 합성어 처리하여 표제어로 등재한 것은 *DFC*(불한사전)가 학습사전의 성격이 짙어서 표제어마저 랑그 차원을 벗어나서 담화 차원으로 확장된 탓인 듯하다. 동사의 표제어 처리에 있어서는 통일성이 결여되어 있지만, 사용 빈도에 따라서 독립 표제어로 삼거나 부표제어로 종속시키거나 아예 누락시켜버린다는 점에서는 나름대로 일관적이다.

미시구조 차원에서는 현대의 이개어사전만큼은 아니라고 하더라도, 표제어의 성격에 따라 대역어, 숙어나 연어, 관용구, 용례, 등을 통해서 어휘 결합적 정보, 문법 정보와 구문 정보, 문화적 정보, 등을 선별적으로 제공한다. 단의적인 대역이 이뤄지는 경우부터 대역어가 10개 이상으로 나열되는 경우[38]까지, 대역어 제공으로 그치는 경우부터 풍부한

36 가령, 표제어 배열에 있어서 어떤 필사본은 동음이의어로, 다른 것은 다의어로 처리를 했다거나, 맞춤법에 있어서 어떤 필사본은 '모론다', 다른 것은 '모로다' 등으로 차이를 보인다거나, 대역을 함에 있어 어떤 필사본은 'indifféremment', 다른 곳에서는 'presque indifféremment'이라고 하면서 미묘한 번역의 차이를 둔 것 등이다.

37 리샤르 신부 필사본 *DFC*에 근거한다.

38 예 : Etourdiment 가바야이, 가바얍게, 경솔히, 볌연이, 마고, 마련업시, 쑥쑥, 쏙쏙, 함부곡, 짐작업시.

용례를 통해서 문체적 주석을 거쳐 문화적 정보를 제공하는 경우까지, 사전항목의 기술은 다양하고 자유로우면서도 사용자의 요구에 맞춰 최선의 정보 항목들을 제시한다.

만일 *DFC*(불한사전)가 활판본으로 인쇄 출판되었다면『한불자전』처럼 모든 형식을 잘 갖춘 사전으로 편집되었을 것이다. 사실상 현존하는 필사본 가운데 원본 육필본을 가장 가까이서 필사한 것으로 추정되는 리샤르 신부의 것은 그대로 내놓아도 인쇄본에 못지않을 정도로 치밀하게 만들어져 있다. 사전유형학적인 관점에서 보면, 사전의 사용자인 선교사에게『한불자전』은 외국어에서 모국어로 가는 번역사전이며 수동사전이고, *DFC*(불한사전)는 모국어에서 외국어로 가는 작문사전이며 능동사전이다. 그러므로 사용자로서 선교사의 입장에서 보았을 때는 아무래도 전자의 출판이 후자보다 급선무였을 것이다. 그런 이유로 전자가 먼저 인쇄 출판되었던 것이고, 후일을 기약한 *DFC*(불한사전)는 끝내 출판 기회를 놓쳤던 것으로 보인다. 또한 조선 선교를 향한 끈질긴 열정으로 조선과 중국, 일본을 오가던 리델 주교와 사정상 본국 송환 후 인도의 퐁디셰리로 파견되는 바람에 조선 선교를 포기해야만 했던 페롱 신부의 대조적인 상황도 작용했을 듯하다.『한불자전』과 함께 *DFC*(불한사전)도 활판본으로 인쇄 출판되었다면 좀 더 일찍이 더욱 풍부한 한국어와 한국문화 관련 정보를 대중에게 입체적으로 제공할 수 있었을 것이다.

그런데『한불자전』의 저자 리델 주교와 *DFC*(불한사전)의 저자 페롱 신부는 과연 어떻게 사전의 자료들을 수집하고 집필하였을까? 이 점에 대해서는 현재로서는 실증적이고 종합적 기술이 불가능하다. 관련 선교사들의 서한이나 문서에서는 구체적인 내용이 발견되지 않는다. 사전 제작을 위한 자료의 결핍 상태를 호소하는 리델 주교나 페롱 신부의 서한 문구를 통해서 집필 상황이 지극히 열악했다는 것을 확인할 수 있는 정도이다.[39] 앞으로 이 두 사전의 자료 수집 과정과 집필 과정 등에 대해서 문헌학적으로 규명하는 일에 노력을 기울일 필요가 있다.

2) 『법한자전(*Petit Dictionaire Francais-Coréen*)』[40]

위에서 기술한 두 개의 사전이 '최초'인 것은 부인할 수 없을 것이다. 다만 한-불, 불-한 이개어사전의 '최초'를 말하면서 빼놓을 수 없는 사전이 하나 있다. 바로 『법한자전』이다. 이 사전은 선교사가 아니라 프랑스 상인으로 알려진 샤를르 알레베크(Charles Alévêque)라는 사람이 조선을 드나들며 필요에 의해 만든 것으로 여겨진다. 1901년 'Seoul Press'에서 출판하였다.[41] 인쇄본임에도 제목에서 철자의 오류를 보이는 허술함이 있으나 나름대로 실용성을 추구한 사전이다. 프랑스어-한국어-발음표기 기둥을 갖춰 한 쪽당 3단으로 조판되어 있다. 프랑스어와 한국어가 일

---

39 다블뤼 주교와 후배 선교사들의 자료 수집과 연구가 정점에 이르렀을 때 병인박해가 터졌고, 모든 자료는 사장되었으며, 조선땅 밖으로 피신한 선교사들은 그 자료들을 제대로 챙기지 못했다는 내용의 서한들이 발견되기 때문이다.
"c'est assez difficile car je n'ai apporté aucun livre coréen et les dictionnaires que nous avions seront probablement perdus!(조선어 책을 한 권도 가져오지 않아서 작업하기가 좀 어렵습니다. 우리가 갖고 있던 사전들은 없어져 버렸겠지요)" 「리델 서한」, 1867.2.20; 「리델 문서」(1991 : 386); '1867년 4월 9일자', 「페롱 서한」, 1313쪽; 졸고 강이연(2004) 참고.

40 출판본 원제를 그대로 적은 것으로서 'Dictionaire' 철자에 오류가 있음. 이 단원은 졸고 강이연(2005)의 해당 부분을 부분적으로 첨삭·수정하여 인용하였다.

41 이 사전은 1901년 'Seoul Press'에서 인쇄된 것으로 되어 있음. 1909년 2월 23일의 「뮈텔 서한」에 1909년 당시 'The Seoul Press'라고 하는 일본 신문이 서울에 있었다는 말이 나오는데, 상통하는 곳인지 여부를 알기 위해서는 앞으로 더 많은 문서를 검토할 필요가 있다.

대일로 대역되어 있고 한국어 발음이 병기되어 있는 것이다. 한 뼘 정도의 작은 크기에 총 374쪽이며, 쪽당 14개에서 21개 정도의 표제어들이 배치되어 있다. 쪽당 최대 두세 개 정도씩 표제어 활용 및 용례가 당 표제어 아래 항에 들여쓰기로 붙어 있는 경우를 제외하고는 표제어 정보 항목이 단의어적으로 처리되어 있다. 사전의 형식과 내용이 매우 단순한 어휘집 수준으로서, 사전의 앞뒤로 한국어 사용과 관련된 실용성 있는 부록이 실려 있는 것을 보면 오늘날의 실용포켓사전 정도로 이해할 수 있다.

『법한자전』은 구성과 내용의 소박함과 허술함에도 불구하고 출판된 것으로서는 최초의 불한사전이기 때문에 역사적 의미가 있다. 현재 서울대 중앙도서관과 프랑스 파리외방전교회 고문서고, 그리고 하버드대학 엔칭도서관에 원본이 한 권씩 소장되어 있는 것으로 파악되며, 국립중앙도서관은 후자의 것을 1995년에 마이크로필름으로 영인하여 보관 중이다.

5. *Grammaire Coréenne*(『한어문전』)[42]

『한어문전』은 과연 최초의 한국어문법서인가? 결론부터 말하자면, 문법서의 품격과 면모를 갖춘 『한어문전』은 오늘날 사학자들과 언어학자들이 공인하는 최초의 한국어문법서이다.

---

42 이 절은 졸고인 강이연(2005)와 강이연(2009)의 해당 부분을 부분적으로 첨삭 · 수정하여 인용하였다.

포괄적으로 본다면 한국어 연구의 시초는 1832년에 네덜란드에서 출판된 지볼트(J. Philipp Franz von Siebold)의 *Nippon : Archiv für Beschreibun von Japan*이다. 지볼트는 독일인 의사로서 일본에 파견되어 일본 문화 일반을 연구했던 사람인데, 이 책 속에 삽입되어 있는 제7장 부분에서 조선의 언어와 문자에 대해 기술하는 등, 한국어문법의 대체적 윤곽을 제시하였으나 근본적으로 치명적인 오류들이 많다.[43] 다음은 일본어와 중국어에 능통했던 프랑스인 동양학자 로니(L. de Rosny)의 *Aperçu de la langue coréenne*이다. 1864년에 나온 이 저술에서 로니는 지볼트의 문법 기술을 좀 더 언어학적 관점에서 체계화하는 것을 시도했으나 지볼트의 내용을 그대로 답습한 것이어서 여전히 내용은 부실하다.[44] 그러므로 이 시기까지 서양인의 한국어에 관한 지식은 지볼트에서 조금도 발전된 것이 없으며, 오히려 왜곡되기까지 하였다.[45]

그러다가 1877년, 만주에서 조선사람으로부터 직접 한국어를 배우고 성경 번역을 시도하던 개신교 선교사 로스(J. Ross)가 *Corean Primer*를 간행하면서 서양인들의 한국어 연구가 새로운 전기를 맞이한다. 앞서 한국어를 연구했던 로니가 1878년에 로스의 상기 저서에 대한 서평을 내면서, 한국어에 대한 전혀 새로운 정보를 제공한다고 감탄하며, 그 전의 한국어에 대한 개념을 혁신적으로 바꿔야 함을 일깨웠을 정도이다.[46] 하지만 로스의 업적도 지볼트의 것과 마찬가지로 방언 자료에 의존한 국부적 서술에 불과하다는 점, 그리고 그 체계가 불완전하며 회화를 익

43 고영근(1994 : 254~256) 참고.

44 위의 책, 257~259쪽 참고.

45 위의 책, 260쪽 참고.

46 위의 책, 260~261쪽 참고.

히기 위한 도입적인 서술에 지나지 않다는 점에서 엄밀한 의미의 문법서라고 할 수 없다.[47]

그런데 로스의 것에 앞서 1874년에 달레(Ch. Dallet) 신부의 이름으로 파리에서 출판된 *Histoire de l'Eglise de Corée*은 서설 부분 제7장 전체를 '조선어'라는 제목으로 한국어 개괄에 할애하고 있다. 이것은 사실상 다블뤼 주교가 생전에 수집한 관련 자료들을 파리로 보냈던 것을 달레 신부가 종합하여 정리한 것으로서, 파리외방전교회 선교사들의 한국어 관련 연구의 신호탄이라고 할 수 있다. 그리고 로스의 전환적 연구가 발표된 지 몇 년 지나지 않은 1881년, 드디어 한국어 연구에서 획기적인 사건이 일어난다. 바로 『한어문전』이 출판된 것이다. 표지에 명기된 바에 따르면 저자는 조선에 파견된 파리외방전교회 선교사들이다. 이전의 한국어 연구물들이 지극히 부분적이고 단편적이며, 직접적으로 한국어를 접촉해 보지도 않고 간접적인 지식을 옮겨 놓았거나 토대 없는 유추에 의한 것이거나 방언을 다루는 등 불완전하고 치우쳐 있었던 것에 반해, 『한어문전』은 서울 공용어를 기반으로 하여 한국어문법 전반을 체계화한다. 과연 그 형식과 내용이 매우 풍부하고 치밀하며 종합적이라서 '최초'라는 최고의 수식어를 받을 만하다. 무엇보다도 『한어문전』은 '조선어문법서'라는 제목을 단 최초의 저서이며, 이 사실은 『한어문전』의 서설에도 명시되어 있다.[48]

---

47 위의 책, 245 · 262쪽 참고.

48 그런데 『한어문전』에 대한 국내 연구 상황을 보면, 교회사 관련 자료에 외형적인 정보가 간단히 언급된 정도, 그리고 한두 명의 국어학자가 간략하게 개괄한 정도이며, 언급이 되었다고 하더라도 불완전하게 파악되어 있음. 『한어문전』이 프랑스어로 되어 있어서 국어학자들의 접근이 용이하지 않으며, 한국어문법서이기 때문에 국내 프랑스어학자들의 연구 주제 제1선에서 누락되고 외면당해 온 탓일 것이다.

1) 저자와 제작시기

『한어문전』의 공식 출판년도는 1881년이다. 서양식 문법서 기술 방식을 보여주는 유길준의 필사본 『朝鮮文典』 혹은 활판본 『大韓文典』보다 제작 시기가 최소 15년에서 최대 30년이나 앞선다. 저자는 『한불자전』과 마찬가지로 '파리외방전교회 소속 조선 파견 선교사들'이라고 명시되어 있다. 그러나 기록에 의하면 그 원고는 리델 주교의 손에서 일찌감치 완성되어 있었다. 집필 과정에서 자료의 궁핍함을 토로하지만, 주어진 상황에서 현지에서 동행한 조선사람들의 도움을 받으며 작업을 진행했던 것이다. 병인박해로 인해 실질적으로 다블뤼 주교와 그의 후배 선교사들이 마련해 두었던 모든 자료들은 그들과 함께 조선땅에서 소실되었지만, 다블뤼 주교 생전에 연구하고 수집하여 프랑스로 보냈던 자료들[49]은 리델 주교가 파리로부터 직접 제공받을 수 있었으리라 짐작할 수 있다.

1867년 1월의 리델 서한에는 박해를 피해 상해로 피신해 있으면서 조선 선교지를 그리며 생각을 가다듬는 의미에서 조선어문법책을 시작했는데 거의 완성해가고 있으며 『한불자전』 작업도 시작했다[50]는 내용, 1867년 2월 20일자 서한에는 자신이 비로소 조선어문법책 집필을 끝냈다[51]는 말이 나오며, 그 시기의 페롱 신부의 서한에도 이를 뒷받침하는 내용이 여러 차례 등장한다.

---

49 이 자료들을 기반으로 해서 정리한 한국어 개요가 1874년 파리에서 출판된 달레(Ch. Dallet)의 *Histoire de l'église de Corée*(조선천주교회사)에 실려 있다.

50 「리델 문서 I」(1994 : 181).

51 "J'ai terminé ma grammaire coréenne, je travaille maintenant à faire un dictionnaire coréen-français, il est déjà avancé mais loin d'être parfait……" 「리델 문서 I」(1994 : 193); 「리델 문서」(1991 : 386).

실제로 리델 주교의 첫 번째 육필본으로 추정되는 *Grammaire Coréenne* 이[52] 현존한다. 이 필사본의 서문을 보면 활판본이 전 외국인을 겨냥하는 것과는 달리, 독자를 후배 선교사로 한정한다. 내용과 형식에 있어서도 활판본보다 부실하고 목차 구성도 많이 다르며, 특히 후반부의 연습편이 없는 것에서 큰 차이를 보인다. 그럼에도 이 조선어문법서 육필본이 차후 활판본의 모델이 된 것은 분명해 보인다. 이것이 이후 14년의 세월과 함께 형식과 내용이 많이 보강되고 정리되어 출판된 것이다. 1873년 11월 8일자 차쿠 발 리델 주교의 서한에서 조선어문법서를 끝냈다는 언급이 다시 한 번 나오는 것을 보면, 과연 주교 스스로 꾸준히 초고를 교정한 듯하다. 코스트 신부의 손에 의해 1881년 요코하마에서 활판본으로 인쇄되어 세상의 빛을 보기까지 『한어문전』 육필본은 지속적으로 교정의 과정을 거쳤을 것이다.

2) 형식과 내용

『한어문전』은 1년 앞서 출판된 『한불자전』처럼 4×6배판 활판본이다. 두꺼운 겉표지를 넘기면 'GRAMMAIRE CORÉENNE ET EXERCICES GRADUÉS'라는 제목을 실은 첫 번째 속표지가 나오고, 그것을 넘기면 겉표지의 내용과 똑같은 속표지가 배치되어 있다. 이어서 출판인쇄 표시 1쪽, 이어서 『한불자전』과 마찬가지로 코스트 신부의 서명으로써 저

52 파리외방전교회 소장. 마이크로필름 인쇄복사본은 한국교회사연구소에 소장되어 있다. 이 육필본에 대해서는 좀 더 치밀한 자료 연구와 규명이 요망된다.

작권을 표시한 1쪽이 붙어 있다.[53] 다음으로 'GRAMMAIRE CORÉENNE(한국어문법편)'이[54] 본격적으로 『한어문전』의 문을 연다. 서설 4쪽(v-viij), 서문 22쪽(I-XXII),[55] 제1부 160쪽, 제2부 27쪽, 부록 11쪽에[56] 이어서 'EXERCICES GRADUÉS(점진적 연습편)'이[57] 『한어문전』 제2의 문을 연다. 이 부분은 모두 100쪽으로[58] 되어 있다. 그리고 차례 5쪽, 정오표 1쪽이 책의 마지막을 장식한다. 이렇게 해서 『한어문전』은 겉장들을 제외하고 총 332쪽 분량이다.

『한어문전』는 크게 문법편과 연습편, 두 부분으로 나뉜다. 총 332쪽 중 2/3가 조금 넘는 양이 전자에, 나머지는 후자에 할애되어 있다. 먼저 문법편은 서설(avant-propos)과 서문(introduction)을 앞세운다. 서설에서는 문법편과 연습편을 실은 『한어문전』를 전반적으로 개괄한다. 1년 앞서 편찬된 『한불자전』 언급과 함께 한국어 학습에 있어서 이개어사전의 기능과는 다른 문법서의 필요성을 역설한다. "정연하고 명징하고 엄격한 방식으로" 조선어 문법 규칙을 정리할 필요가 있다는 것이다. 또한 독자를 프랑스 선교사뿐만 아니라 한국어를 배우고자 하는 외국인 전체라는 대중으로 확대한다. 조선어가 외국인에게 아직 알려지지 않았기 때문에 서문 Introduction을 붙임으로써 조선어에 대한 기초적인 내

53 前述.

54 이하 '문법편'으로 약칭한다.

55 서설과 서문의 쪽번호 매김은 연속적으로 되어 있지 않다. 즉 로마자 소문자로 쪽번호 매김이 되어 있는 서설에 이어 서문이 편집되어 있는데, 여기서 다시 처음부터 로마자 대문자로 쪽번호 매김이 되어 있다.

56 부록 맨 마지막에는 한국의 가족 관계를 나타내는 두 장의 커다란 그림이 접혀진 채로 끼워져 있다.

57 표지 내지에는 'Cours d'exercices gradués'를 제목으로 달았지만, 해당 부분 제목 면에는 'EXERCICES GRADUÉS'라고만 나온다. 이하 '연습편'으로 약칭한다.

58 마지막 40쪽은 韓裝의 양식을 써서, 뒤쪽에서 앞쪽 방향으로 쪽 매김이 되어 있다.

GRAMMAIRE

CORÉENNE

PRÉCÉDÉE

D'UNE INTRODUCTION

sur le caractère de la langue coréenne, sa comparaison

avec le chinois, etc.

SUIVIE

D'UN APPENDICE

sur la division du temps, les poids et mesures, la boussole,

la généalogie

AVEC

UN COURS D'EXERCICES GRADUÉS

pour faciliter l'étude pratique de la langue

PAR LES MISSIONNAIRES DE CORÉE

DE LA SOCIÉTÉ DES MISSIONS ÉTRANGÈRES DE PARIS

+

ME

YOKOHAMA

IMPRIMERIE DE L. LÉVY ET S. SALABELLE

1881

〈그림 2〉『한어문전』 표지

용을 담은 개요를 싣노라고 언급하는 것을 보면 알 수 있다. 서설 내용 중 특이 사항으로서는 자구적 번역과 진정한 번역[59]을 구분한 것이다. 일찍이 번역에 대한 지론이 확고했음을 엿볼 수 있다. 저자는 저서 전체에서, 특히 점진적 번역 작문 연습 과정을 실은 연습편에서 이런 관점을 집중적으로 반영하여 실천한다.

서문에서는 '조선어문의 일반 원칙'이라는 제목을 달고 크게 세 장으로 나누어서, 한국어와 중국어의 차이, 한국어가 속한 어족, 한글과 한국어의 서법(書法), 발음, 단어의 형성 등 한국어문에 대해 체계적으로 정리해 놓았다.

문법편의 제1부는 품사론, 제2부는 통사론을 다룬다. 문법편 말미에는 일주월년 시간 단위, 64절기, 12간지, 60갑자, 도량형, 방위, 가족 관계 등 1 · 2부 본문에서 소홀했다고 여기는 점들을 네 개의 장으로 나눠서 구성하여 부록으로 붙였다.

『한어문전』는 한국어에서 9개 품사를 구별하여, 관사, 실사, 형용사, 대명사, 동사, 부사, 전치사, 접속사, 감탄 · 의문사의 순서로 기술하며, 각 항목별로 여러 세부 항목을 둔다. 이는 고대로부터 내려오는 서양어의 8품사 혹은 9품사 이론에 한국어문법을 끼워 맞춰 해석하여 분류한 것으로 보이며, 이후 한국인으로서는 최초로 한국어의 품사 분류를 시도했던 유길준 선생의 8품사 이론[60]이나 주시경 선생의 9품사 이론, 현

59 실제로 'le mot-à-mot'와 대조적으로 'la vraie traduction'이라는 말을 사용하였다. 「Avant-propos」, 『한어문전』, p.vj.

60 유길준은 『조선문전』에서 『일본문전』의 8품사 분류를 그대로 한국어에 적용시켰다가 이후 고쳐 쓰기를 반복하여 완성한 『대한문전』에서는 여전히 8품사 이론을 유지하되 품사의 이름, 벌림 차례, 범위 등을 조정하여 다르게 구성하였다. 최낙복(1995 : 107~113) 참고

재 정립된 학교문법의 9품사 이론의 내용과는 상당한 거리가 있다.

2부 통사론에서 가장 시선을 끄는 부분은 문장의 조합과 연계를 다루는 제6장이다. 먼저 복합문 구성 원칙 일반을 기술한다. 이어서 한국어의 구두점과 기타 복합문을 형성하는 부호체계에 대한 설명을 통해 문장 간 접속방법, 즉 발화에 있어 필요한 연계기법을 가르친다. 나아가 구술화법에서 나타나는 언어층위 문제와 같은 문체적 요소, 가령 양반과 상민으로 대별되는 계층의 화법까지 예로써 제시한다. 의사소통을 할 수 있는 수준으로 한국어를 이해하고 구사하기 위해서 반드시 알아야 할 매우 중요한 요소들을 다루고 있다. 오늘날의 화용론적 접근법까지 닿아 있는 것이다.

『한어문전』 서설에서 저자는 '이론은 그 자체로 의미가 없다'고 강조한다. 말하고 쓰는 규칙을 적용하여 실제로 잘 말하고 잘 쓸 수 있어야 한다는 의미에서 저자는 연습편을 실었다. 이름하여 "Cours d'exercices gradués(점진적 연습 강의)"이다.[61] 음소에서 구절, 문장, 나아가 텍스트 단위에 이르기까지 점층적으로 반복적 연습을 통해 한국어를 익힐 수 있는 구조주의적 학습의 장을 마련한 것이다. 학습 텍스트를 제시 방식에 있어서는 어휘, 관용어구를 넘어서 격언, 대화문, 직 · 간접화법을 이용한 이야기체, 서술체 형식의 전래이야기 등의 다양한 담화 형식이 실려 있고, 길이와 양으로써 난이도를 높여 간다. '점진적 연습 과정'은 서설에서 밝힌 '진정한 번역' 이론을 실습하는 장이다. 가령 아래의 예를 들 수 있다. 한국어 문장에 대응될 수 있는 자구적 프랑스어구를 병렬하여 1차로 제공한 후 하단에 완성된 '진정한 번역'문을 따로 제시한다.

61 「Avant-propos」, *GC*(한어문전), p.vj.

무 어 ᄉᆞ ᄅᆞ 힝 ᄒᆞ ᄂᆞ 냐
Par quoi voyages-tu ?

Comment voyages-tu ?

—『한어문전』 연습편, 11쪽

무 졍 ᄒᆞᆫ 셰 월 이 물 흐 롬 ᄀᆞᆺ ᄒᆞ 니 라
Insensible (aveugle) temps de l'eau au cours semblable

Le temps est insensible, il passe comme un cours d'eau.

—『한어문전』 연습편, 19쪽

또한 연습편의 텍스트는 이야기의 소재나 주제가 현실과 밀착되어 있다. 하루의 일상에서 개인에게 쉬이 혹은 규칙적으로 벌어지는 일이나 현상들, 주변 인간관계에서 발생할 수 있는 일들, 당시 사회 문화 주류를 반영한 이야기들을 담았다. 선교사들 주변의 경험을 바탕으로 엮은 이야기, 선교사들이 들었던 군신 혹은 주종 간에 벌어지는 재미있는 이야기, 재물로 신분 상승을 꾀하는 당시 사회 분위기를 담은 이야기, 위기 상황을 극복하기 위해 재치와 꾀를 내는 지혜 넘치는 사람들의 이야기들을 해학적으로 묘사한 한국의 전래이야기, 효와 가족 간의 사랑과 우정 등 진정한 삶의 가치를 전하는 소박한 이야기나 권선징악과 같이 삶에 있어 교훈적인 이야기들이 실려 있다. 한국의 문화를 실감 나게 투영하고 반영해냈다. 한국어를 실생활에서 활용케 한다는 제1목표를 잘 실천하고 있는 것이다.

연습편은 중세의 라틴어 학습에 기원을 두는 문법-번역법을 교수법의 기저로 삼는다. 다만 한결같이 외국어 한국어에서 모국어 프랑스어

로 번역하는 방향으로 설정되어 있고, 프랑스어에서 출발하여 한국어로 도착하는 작문 생산 과정은 앉히지 않았다. 전체적으로 구조주의적 학습을 유도하고 있고, 실제 현장에서 만날 수 있는 현상을 기술하거나 대화에 쓰일 수 있는 문장들을 인용하고 있어서 오늘날 화용론에 바탕을 둔 의사소통적 접근법의 원형을 엿볼 수 있다는 점에서 교수법적 차원에서 의미 있는 연구의 장이 될 수 있다.

『한어문전』는 문법서로서, 외국인이 체계적으로 한국어를 습득하는 데 있어 기본적인 도구로 쓰이는 것을 목표로 삼았고, 구체적인 한국어 교습 과정은 분석적이면서 점진적인 번역학습이었으며, 나아가 다양한 유형과 내용의 텍스트를 통한 한국문화 학습서로서 역할까지 수행하였다. 단순히 한국어 자체의 학습에만 치중한 것이 아니라 일찌감치 인문학적 사유를 바탕에 두고 출발언어인 한국어 텍스트에 대한 다각적인 탐구와 이해의 노력을 담았고, 번역을 통한 한국(어문화)의 재현과 전파를 지향하였다.

6. 사전과 문법서와 번역과 교수학습 : 결론을 대신하여

"조선(어)에는 사전도 없고 문법도 규칙도 없다"며 토로하고 푸념하던 19세기 조선 파견 가톨릭선교사들. 결국 그들의 '필요'는 '창조'를 낳았다. 없던 것을 만들어냈다. 정작 모국어 화자와 학자들은 외면하고 있는 것을 이방인들이 필요에 의해 다가가 사명과 열정, 그리고 헌신으로 과정을 이겨내고 학문적 업적 수준의 성과를 이끌어낸 것이다.

여기서 그들의 '필요'는 물론 전교활동을 위한 통로 개척과 수단 마련이다. 한국어문화 학습은 선교사에게 매우 시급하고 중요한 문제였음에도 기존 사전과 문법서가 없거나 설령 있다고 하더라도 아주 소박한 이개어 어휘집 수준으로서 신통치 않으니, 최소 한국어-프랑스어 이개어사전 제작의 필요성으로 이어졌고, 종교적 차원으로 봤을 때 라틴어를 빼놓을 수 없었으며, 사회 · 지리적 차원에서 중국어를 병렬하면 더욱 좋았으니, 결국 다국어사전으로 애초에 기획됐던 것은 충분히 논리적이다.

'열정'은 대를 이어 시대의 고난을 넘은 선교사들의 활동과 업적에서 충분히 읽어낼 수 있다. 그런데 '열정'과 관련하여 신부들의 서한에서는 재미있고도 애교스럽기까지 한 점을 읽을 수 있다. 바로 학문적 열정에서 비롯한 집필자 간 선의의 경쟁이다. 특히 페롱 신부의 서한에 그러한 내용이 꽤 등장한다. 가령, 1868년 2월 17일자 상해발 서한에서는 리델 주교가 『한불자전』 집필을 끝낸 반면 아직 자신의 것은 초벌 상태일 뿐이지만, 이는 자신의 작업 *DFC*(불한사전)이 훨씬 확장된 범위에 대한 것이기 때문이라고 덧붙인다. 1870년 1월 28일자 달레 신부 앞으로 보내는 파리발 서한을 보면, 페롱 신부는 리델 주교의 한국어 실력에 대한 의심을 노골적으로 표명하면서, 그의 언어 층위에 대한 분별력 결핍을 비판한다. 한국어에 있어서 구어체와 문어체가 황당하게 다르다는 것에 대해 인식이 없다며 심한 우려를 나타낸다. 이개어 간 번역도 매우 신중하게 다뤄야 함을 상기시킨다. 사전이라는 것이 언제 일반 사람들의 손에 떨어질지도 모르는데, 리델 주교가 『한불자전』에 실어서도 출판해서도 안 될 그런 단어들을 전혀 분별없이 싣고 있으며, 사전이 이럴 정도니 문법서는 오죽하겠느냐는 것이다. 그러면서, 쓸데없이 무례하다 싶을 정도의 욕설도 꽤 들어 있는 욕설표까지 실은 것은 매우 잘못된 일임을 설파한다.[62] 이로써 우리는 페롱 신부가 언어와 언어 연구에 대해 얼마나 꼼꼼하게 학문적 의식을 갖고 임했는지를 알 수 있다. 이개어사전과 문법서를 단순히 선교의 방편으로 쓰려고만 했던 것이 아니라 조선사람을 포함하여 더 많고 다양한 대중도 그 수요자로 염두에 두었음도 엿볼 수 있다. 하지만 이 모든 비판은 부정적 비판이기보다는 발전적 우려이며, 리델 주교의 것을 자신의 작업으로 보강하고 공동작업을 지향하자는 뜻을 표현한 것임도 알 수 있다.[63] 한편 페롱 신부는 다블뤼 주교가 남긴 연구 작업에 대해서도 언급한 바 있다. 몇몇 구문과 표현에서 프랑스 표현에 맞지 않는 것이 있다며 구체적이면서도 완곡어조를 써서 말한 것이 대조적이다. 리델 주교의 작업에 대해 말할 때와는 다른 어조로써 다블뤼 주교의 연구에 나타난 극도의 치밀성에 경의를 표하기도 한다.[64]

그리고 업적을 넘어선 '성과'. 비록 상황이 여의치 않아서 다국어사전이라는 종합적 열매를 맺지는 못하였으나 단일어, 이개어 혹은 다국어사전 형태[65]로 집필되거나 이미 편찬된 흔적이 있고, 『한불자전』, *DFC*(불한사전), 『한어문전』 등 현재까지 전해오는 것만으로도 한국어학사에서 매우 중요한 사건을 만들었다. 출발 목적이 '수단'이라는 실용적 차원의 것이었으나 도착 목적은 이론과 실용의 조화를 추구하는 차원의 '미래 지향적 규범 정리'로 성취되었다.

62 '1870년 2월 26일자', 「페롱 서한」, 1722~1725쪽(판독본) 참고.

63 '파리발 달레 신부 앞(1867년 5월 15일자)', 「페롱 서한」, 1355~1336쪽 참고.

64 위의 글 참고.

65 前述. 「푸르티에 서한」, 『羅韓漢사전』, 『羅韓사전』 등.

다블뤼 주교부터 리델과 페롱 신부에 이르기까지, 이들은 모두 무언가를 '번역'하고자 했다. 즉 '소통'하고자 했다. 번역을 통해 언어와 문화를 교환하고 소통하고자 했다. 기술적으로는 '단어 대 단어', 즉 '자구적' 번역보다는 '진정한' 번역을 추구했다. 『한어문전』 이전에 일찌감치, 1859년 9월의 다블뤼 서한을 보면, 리브와 인쇄소에서 신약성서 이야기를 새롭게 번역 출판하는 과정을 보고 다블뤼 주교가 한국어와 중국어 간 직역으로 발생한 오류를 크게 우려하며 그래서는 안 된다고 단호하게 지적하는 부분이 나온다. 그렇듯 번역의 수월성을 추구하며 교수학습법에도 심혈을 기울였다. 구조적인 교수법은 음소 차원의 작은 단위의 발음부터 어휘 단위를 거쳐 텍스트 차원의 큰 단위까지 단계적이고 점진적이며 반복적으로 한국어 학습을 인도했다. 입말언어의 드라마틱한 양상 때문에 의도적으로 대화문들을 끌어들여서 연습 텍스트를 구성했다. 오늘날의 화용론에 바탕을 둔 교수법과 의사소통적 접근법을 벌써 시행하고 있었다고 해도 과언이 아니다.[66]

위 세 개의 역저 각각의 존재를 규명해 왔으니, 앞으로는 이것들을 더욱 가까이, 나아가 상관적으로 만지작거릴 필요가 있다. 실제로 다양하고도 많은 데이터 작업이 가능할 것으로 보이며, 결과 또한 흥미로울 것으로 예상된다.

DFC(불한사전)에서는 단독으로 등장하는 명사, 형용사, 동사 등 어휘 단위부터 용례에 이르기까지 절제 속에서도 당시 일상 언어의 실제성과 풍요로움을 적절하게 담아내려는 노력을 읽을 수 있다. 따라서 *DFC*(불

66 *GC*(한어문전) 내용을 중심으로 한 관련 세부 기술은 졸고 강이연(2008) 참고.

한사전)의 대역어들과 『한불자전』의 표제어들을 적절히 조합하고 분류하면 꽤 풍성한 19세기 한국어사전의 골격을 형성할 수 있을 것이다. 용례들을 모두 수집하고 재분류하면 19세기 표준 한국어 용례집을 만들 수도 있겠다. 또한 어휘의미론적 관점에서 당시 한국어의 동의어 또는 유사동의어 문제와 관련하여 목록을 만들 수도 있을 것이다. *DFC*(불한사전)의 경우, 많은 표제어가 일대일 대역으로 처리된 한편, 가능한 최대한의 대역어를 제시한 표제어들도 많기 때문이다. 또한 *DFC*(불한사전)의 표제어 "Bruit" 산하의 섬세하면서도 풍부한 의성어와 의태어 목록을 바탕으로 해서, 다른 표제어들의 등가어로 제시된 대역어와 용례 속에 등장하는 의성어와 의태어,[67] 이것들을 모두 재조합하고 분류하면 다양하고 깊이 있게 풍성한 의성어 및 의태어 목록집이 탄생할 수 있다.

『한어문전』의 텍스트에 등장하는 모든 어휘를 분류하고 입력한 뒤, 『한불자전』과 *DFC*(불한사전)에 올라 있는 표제어 혹은 대역어들과 상호 대조해 볼 수도 있겠다. 사전에서 문법서의 문법편을 거쳐 연습편으로 가는 과정, 그리고 그 역방향에 대한 고찰을 통해서, 랑그에서 담화로, 그리고 그 반대방향으로 가는 실제 이동 과정과 상관관계 등, 매우 흥미로운 연구가 기대된다.

67 예 : Moucheté 얼농덜농, 어롱어롱; Extravagant 허둥지둥ᄒᆞ다, 시롱시롱ᄒᆞ다.

참고문헌

1. 1차자료

① 사전

한국교회사연구소, 『한국가톨릭대사전』, 1993~2006.

Alévêque, Ch., 『법한자전(*Petit Dictionaire Francais-Coréen*)』, Seoul Press, 1901.

Féron, S.(?), *Dictionnaire Français-Coréen*(필사본 3권) (Richard(1869); Bouillon(1898); Devred(?))

______, *Dictionnaire Français-Coréen*(영인본), 한국교회사연구소, 2004.

Les Missionnaires de Corée de la société des Missions Etrangères de Paris, 『한불자전(*Dictionnaire Coréen-Francais*)』, Yokohama : C. Lévy, 1880.

② 문법서

Ridel, F., *Grammaire coréenne*, MEP 문서 n.1063(필사본, 마이크로필름), 1867(?).

Les Missionnaires de Corée de la société des Missions Etrangères de Paris, *Grammaire Coréenne*, Yokohama : Imprimerie de C. Lévy et S. Salabelle (Echo du Japon), 1881.

Les Missionnaires de Corée de la société des Missions Etrangères de Paris, *Grammaire Coréenne*(『한어문전』)(영인본), 한국교회사연구소, 1985(초판 1881).

③ 서한 및 일기

「다블뤼 문서 I, II, III, IV」, 한국교회사연구소, 1994.

「달레 서한」, '파리외방전교회 문서', 한국교회사연구소(원본 복사본 및 판독본).

「리델 문서 I」, 『조선교구 역대 교구장 서한집』 1집, 한국교회사연구소, 1994.

「리델 문서」, 『리델 주교 서한 및 일기』, 한국교회사연구소, 1991(판독본).

「리델 서한」, '파리외방전교회 문서', 한국교회사연구소(원본 복사본 및 판독본).

「리샤르 서한」, '파리외방전교회 문서', 한국교회사연구소(원본 복사본).

「부이용 서한」, '파리외방전교회 문서', 한국교회사연구소(원본 복사본).

「코스트 서한」, '파리외방전교회 문서', 한국교회사연구소(원본 복사본).

「페롱 서한」, '파리외방전교회 문서'(579), 한국교회사연구소(원본 복사본 및 판독본).

「푸르티에 서한」, '파리외방전교회 문서', 한국교회사연구소(원본 복사본).

2. 2차자료

(※ 여기에는 본문 중 주석으로 달린 문헌만 기재함. 나머지는 아래에 쓰인 졸고 강이연(2004; 2005; 2008)의 참고문헌 목록을 참고하기 바람)

강이연, 「19세기 후반 조선에 파견된 파리외방전교회 선교사들의 『불한사전(*Dictionnaire Français-Coréen*)』 연구」, 『교회사연구』 22, 한국교회사연구소, 2004.

______, 「최초의 한국어 연구 : 한-불, 불-한 사전들과 한국어 문법서」, 『프랑스학연구』 31, 프랑스학회, 2005.

______, 「최초의 한국어 문법서 연구」, 『프랑스어문교육』 29, 프랑스어문교육학회, 2008.

고영근, 『국어문법의 연구. 그 어제와 오늘』, 탑출판사, 1994.
김완진, 「한불자뎐 및 한어문전의 성립에 공헌한 인물들에 대한 조사 연구」, 『목천 유창균 박사 화갑 기념 논문집』, 계명대 출판부, 1984.
박성숙, 「Le Dictionnaire coréen-français du XIXe siècle et les méthodes lexicographiques」, 『한국프랑스학논집』 21, 한국프랑스학회, 1996.
박진호, 「오미나의 「『한불ᄌᆞ뎐』 연구」 토론문」, 한국교회사연구소 발표회, 2002.
송 민, 「프랑스 선교사의 한국어 연구과정」, 『교회사 연구』, 한국교회사연구소, 1987.
최낙복, 「유길준 문법의 형태론 연구」, 『언어와 언어교육』 10, 동아대 언어연구소, 1995.
최석우, 「『라선사전』」, 『교회와 역사』 82, 한국교회사연구소, 1982.

한국어사전의 '전범(典範)'과 '기념비(記念碑)'

『한불자전』의 두 가지 형상 그리고 19C 말~20C 초 한국의 언어-문화

이상현

『한불자전』은 조선어사전의 효시이며 아직까지도 그 뒤 간행되는 모든 사서의 전범이 되는 바로 공헌이 크다

—임화, 『개설 신문학사』, 1939~1941

1. 전범과 기념비, 『한불자전』의 두 가지 형상

'최초의 한국문학사가'이자 근대 초기 국학자 自山 安廓에게 『한불자전』은 오늘날 우리의 통념과 다른 형상을 지니고 있었다. 그것은 『한불자전』 이래로 출판된 이개어사전 역시 마찬가지였다. 그 이유는 무엇보다도 그가 문학사를 비롯한 초기 국학논저를 쓰던 시기, 한국에는 한국어를 한국어로 풀이하는 총체적인 형태의 국어사전(한국어사전)이 없었기

때문이다. 「辭書의 類」(『啓明』 8, 1925.5)에서의 이개어사전들에 관한 고평은 이 점을 잘 보여준다.

> 朝鮮語의 辭書라하면 韻書 玉篇 等 漢文을 主로 하고 正音을 附註한 書類 外에는 可觀할 著이 업섯다 近代에 至하야 西士學者에 依하야 비로소 正音의 順序에 依하야 言語를 排列하게 되니 於是乎 朝鮮語의 辭書는 新機軸을 發하게 되얏다.[1]

여기서 '朝鮮語'라는 어휘가 지닌 함의는 안자산이 후일 "口音語", "民衆의 格音"을 뜻하는 '諺의 문자', "表音文字로서 社會 一般에 統合한 平民的의 文字"란 의미에서 사용할 "諺文" 개념과 실상 동일한 것이었다. 즉, 안자산은 운서(韻書)나 옥편(玉篇)과 다른 정음 즉, 언문(국문, 한글) 어휘들을 담은 한국어사전의 등장 그 자체가 혁명이며 혁신적인 일이며 그것이 어디까지나 근대의 산물임을 분명히 알고 있었던 셈이다.[2] 이와 관련하여 안자산은 1880~1920년 사이 등장한 5편의 사전 — 『한불자전』(1880), 언더우드의 『韓英字典』(1890), 게일의 『韓英字典』 2종(1897 · 1911), 『朝鮮語辭典』(1920)을 중요한 한국어사전들로 지목했다. 여기서 '조선어사전'의 경계는 어디까지나 한국어가 표제어, 즉 풀이의 대상으로 존재하는 이개어사전에 한정되어 있었다. 즉, 그에게 이개어사전들은 오늘날 보다 더욱 상대적으로 한국어사전이라는 의미를 지니고 있었던 셈이다.

그 처음이자 시작이 『한불자전』이었다. 이 사전에 대하여 안자산은

---

1 安廓(1925).

2 安廓(1938). 이하 이 글에서 필자는 한글 · 국문 · 언문을 과거 안자산이 인식한 동일한 개념에서 활용한다.

"朝鮮에서 西洋人이 著述한 最高의 辭書이다. 그 內容은 자못 整然하야 實로 辭書界의 傑作이라 하갯는데 이것이 外國宣教師의 手로 成就한 것은 實로 讚歎할 外에 업갯다"라고 평했다. 그에게 『한불자전』은 한국어학사의 중요한 '기념비'였다.

> 此書는 頁數 約七百을 有한 著作인데 그 「緒言」에는 本書 使用上 注意를 述하고 次에는 正音을 羅馬字로 書하는 方法을 論하며 그 **體裁는 먼저 正音으로 語彙를 示하고 次에는 그 語彙의 發音을 佛蘭西語類의 綴字로 表示하며 最後에는 佛語로써 說明한 著**이라.

안자산에게 『한불자전』의 미시구조, 즉 "한글표제어, 로마자발음표기, 프랑스어 풀이". 여기에 일순위로 배치된 한글표제어 그 자체는, 과거 한국의 옥편, 운서와 다른 새로운 사전편찬의 역사가 시작됨을 알리는 중요한 표지였다. 『한불자전』의 이러한 의의는 비단 안자산의 견해로 국한되지 않는다. 외국인들 역시 그들의 서문을 통해 『한불자전』을 자신의 업적 이전에 놓인 선구적인 사례로 거듭 강조했기 때문이다. 그렇지만 안자산이 증언한 한국어사전(이개어사전)의 역사에는 한국어와 세 가지 다른 언어 — 불어, 영어, 일어 사이에 번역 혹은 교환관계가 형성된 서로 다른 역사적인 맥락과 층차가 분명히 존재한다. 또한 그 속에는 19~20세기 사이 한국 언어-문화의 전변이 반영되어 있다.

이미 선행연구에서 잘 조명되었듯이, 게일이 발간한 두 편의 이개어사전, 『韓英字典』(1911)과 『韓英大字典』(1931) 사이 보여주는 한글표제어의 급격한 증대양상은, 『한불자전』을 참조하여 한영사전을 발행했던

19세기 말과는 다른 서구인의 언어정리사업과 한국언어-문화의 존재를 암시해준다.[3] 이와 관련하여 『韓英字典』(1911)을 기점으로 본다면, 『한불자전』은 두 가지 다른 형상을 지니고 있었다. 첫째, 한국어에 관한 가장 중요한 동시기의 어휘자료이자 "전범"으로, 개신교 선교사들이 참조하며 영어로 번역 · 수용하려고 했던 시기이다. 안자산이 증언한 한국어사전의 역사에서 본다면, 게일의 『韓英字典』 초판본(1897)까지를 의미한다.

둘째, 한국의 급격한 언어-문화의 변모로 말미암아, 개신교 선교사들이 『한불자전』에 수록된 어휘에는 없는 新語를 사전 속에 포함해야 했던 시기이다.[4] 두 번째 시기에 이르러, 『한불자전』의 형상은 변모한다. 『한불자전』은 19세기 말 당시 한국의 언어-문화를 반영하며 그 실상을 담고 있는 중요한 자료와는 다른 모습이다. 안자산이 「辭書의 類」에서 언급한 『한불자전』의 형상 역시 20세기 초 새로운 형상에 근접하다. 즉, 한국어의 전환과 함께 『한불자전』은 동시대적인 한국어사전 전범이 아니라, 안자산이 잘 말했듯이 언문(국문 · 한글)이 사전의 표제항(혹은 학술적 대상)으로 소환된 연원이자 '기념비'가 된다. 이 글에서는 이처럼 한국어사전의 '전범'에서 '기념비'로 변모되는 『한불자전』의 형상을 중심적으로 살펴보고자 한다.[5]

---

3 윤애선(2009); 이은령(2010); 이은령(2011); 윤애선(2011).

4 이 두 번째 시기의 역사에 대해서 이미 다음과 같은 논저들이 있기에, 이 글은 첫 번째 시기에 초점을 맞춰보고자 한다. 황호덕 · 이상현(2011); 이준환(2012a); 이준환(2012b).

5 이 글에서 제시한 이러한 『한불자전』에 대한 두 가지 형상을 논증하는 데에는 사실 각 사전을 구성하는 어휘들에 대한 세밀한 비교검토가 전제되어야 할 것이다. 이 작업을 수행하지 못했고 그것이 이 글의 한계란 사실을 먼저 밝힌다. 또한 이 글이 주목하는 자료는 이개어사전 서문들 및 서구인 한국학 논저들이며, 이와 관련하여 중점적으로 다루게 될 측면은 언더우드, 게일 등의 한국어에 대한 증언들이다. "그들의 증언이 말해주는 한국어의 실상이 얼마

2. 19세기 말 『한불자전』이 지닌 '전범'으로서의 형상

1) 서구인의 초기 한국어학논저와 『한불자전』의 위치

『한불자전』의 출판시기, 한국이 미국을 비롯한 서구와 조약을 체결한 1880년경에 이르러, 한국어(한국의 구어 혹은 한글(언문 · 국문))는 한국인만의 소유라고 한정지을 수 없는 존재가 되었다. 아니 오히려 더 정확히 말한다면, 한국인보다 먼저 외국인들은 한국어를 주목하고 과거와는 다른 방식으로 이야기하고자 했다. 안자산은 훈민정음 창제이후 한국어를 연구한 인물이 오히려 외국인이었단 사실을 지적했다. 그의 초기 국학논저, 「朝鮮語의 價値」(『學之光』 4, 1915.2)에는 그 예증으로 한국어를 연구한 다수의 외국인들의 이름이 다음과 같이 거론된다.

> 西洋人에도 '**시볼트(Siebold)**', '**쌀넷(Dallet)**', '**언더우드(Underwood)**, '**께일(Gale)** 等이 此에 硏究하야 朝鮮辭典及 文法 等을 著하얏스며 日本에셔는 一八九一年 岡倉由三郎(오카쿠라 요시사부로, 1868~1936－인용자)이 京城 日語學校 敎授로 在할 時부터 硏究를 始하고 一八九八年 日本政府가 金澤庄三郎(가나자와 쇼사부로, 1872~1967－인용자) 宮崎道三郎(미야자키 미치사부로, 1855~1928－인용자) 등을 朝鮮에 留學케 하얏스니 金澤庄三郎은 『日漢兩國同系論』을 著하얏고 及 一九〇四年 日本國學院大學에 韓語科를 設

나 당시 한국의 언어실상에 부합되는 것이며 객관적인가?"라는 질문은 과문한 필자의 능력으로는 해결할 수 없는 어려운 과제이며, 이 역시 후일 해결할 숙제로 남겨놓는다.

하고 教授하며 研究하얏나니라. 英國의 外交官으로 東洋에 來한 人은 普通 外交官 試驗 以外에 其國 言語에 關한 試驗을 受하야 其 及第者는 語學留學生으로 渡來하야 三年 以上의 研究를 過한 後 更試를 受하여야 비로소 官職에 就任케 하는지라 故로 朝鮮에 來駐하얏던 英國領事 **'아스톤(Aston)'**은 朝鮮語研究에 大腦力을 費하얏고 及 其領事 **'스쿠트(Scott)'도 朝鮮語에 代하야 著書가 富하며** 及 朝鮮에 來駐하얏던 **佛國公使 쿠란트**(Courant)는 大形韓書目錄을 編纂하야 自己 本國에 送하얏더라.[6]

비록 그의 언급 속에는『한불자전』이 거론되고 있지는 않다. 또한 지볼트와 다른 인물들의 저술이 지닌 차이점 즉, 어휘목록과 사전이라는 구별이 없다. 또한 사전을 출판했던 인물들에 대한 혼동도 보인다. 사실 그의 논문이 보여주는 시기는 오히려 19세기 말『한불자전』을 언더우드 · 게일이 계승하는 기간이자 스콧 · 애스턴 · 쿠랑이 논저를 낸 시기에 근접하다. 즉,『한불자전』의 편찬 이후의 논의들이라고 정리할 수 있다. 하지만 안자산은 한국의 문법 및 음운을 연구했던 대표적인 인물을 분명히 거론하고 있다. 나아가 그의 글은 1910년대 한국의 지식인이 인식했던 근대 초기 한국어학사를 보여주는 중요한 증언이다.

그가 감지한 이 인물들이 내놓은 저술들의 공통된 함의는 무엇일까? 그것은 한국어가 근대학술의 대상이 된다는 측면 즉, 한국어가 한국 민족과 사회연구를 위해 살펴야 할 중요한 지식 중 하나로 여겨진다는 사실 그 자체이다. 이는 과거 한국인의 업적과 전례를 살펴볼 수 없는 실

6 安廓(1915). 이하 강조표시도 모두 인용자의 것이다.

천이었다. 무엇보다도 여기서 '한국어'라는 대상을 확정해준 것은 한국인들의 말과 글 그 자체가 아니었다. 그것은 오히려 안자산이 거론한 저술들, 즉 한국인들의 언어를 추상화된 하나의 실체로 상정한 학술적 논의들이었다. 이 논의들 속에서 제시되는 한국어라는 추상은 그만치 과거와는 완연히 변별되는 외연과 내포를 지닌 것이었다.

그들에게 한국어라는 추상은 언어라는 상위 개념 혹은 만국의 언어라는 얼개 속에서 한국어(=한국민족)의 계통과 연원을 새롭게 규명하는 작업이었기 때문이다. 이러한 한국어가 놓이는 외연과 함께 그 내연, 한국어 그 자체 표상해주는 의미 역시 주목할 필요가 있다. 여기서 한국어는 한국민족의 정체 · 본질과 분리된 것이 아니라 등치되는 것이었다. 이러한 관념은 향후 외국인과 한국인의 공유점이었다. 그것은 소위 모어=국어 중심의 언어내셔널리즘의 관념으로, 이미 1880년을 전후로 한 시기 이러한 관념을 통해 한국어는 새로운 의미망을 획득하고 있었다.

안자산이 개괄해주는 외국인이 내놓은 서적은 사전 · 문법서와 같은 '어학서'와 '한국어학 관련 논문'으로 나누어볼 수 있다. 서로 다른 영역으로 보이는 이 세 가지 작업은 한국어라는 추상을 향해 수렴된다. 이 수렴을 가장 잘 보여주는 것이 외국인의 한국어학 논문들이었다. 안자산이 실제 외국인의 논저를 참조하여 거론하고자 한 주제는 한국어의 계통이었다. 즉, 우랄-알타이 제어설과 같이 한국어의 어족을 탐구하는 논의들이다. 안자산이 논저와 함께 그 내용을 구체적으로 거론한 인물은 애스턴(W. G. Aston)이었다. 애스턴의 논의(1879)는 한일 양국어의 同係說과 관련된 것이었다. 특히 일본어와 한국어가 근접한 언어임을 논증한 연구사적 큰 의의를 지닌 논문이었다.[7] 즉, 그 화두는 "한국인과 한국어가 어떤 민족과 어족에 속하는가?"라는 질문이었으며, 더불어 방법론적으로는 한국어의 어휘와 문법을 다른 언어와의 비교검토를 통해 공통점 · 차이점을 밝히는 작업이었다.

물론 애스턴은 『한불자전』을 참조하지는 못했다. 그가 당시 학술적인 정통성을 지닌 저술로 지명한 책은 달레의 『한국천주교회사』「서설」(1874)의 한국어 관련 부분이었다. 애스턴은 달레의 저술과 더불어 일본인 통역관과 재한 일본인이 만들어준 한국어 자료에 의거하여, 그의 논문을 작성했다.[8] 그러나 파리외방전교회의 출판물을 참조했으며, 1891년 영한사전을 출판했던 스콧 역시 한국어의 계통에 대해서는 분명한 결론을 내 놓지 못했다. 그가 보기에 "우랄 알타이 어족", "인도 데칸 지역의 드라비아 어족"과 밀접한 연관을 말하는 논의는 증명된 사실이 아니라 하나의 주장에 가까운 것이었다. 그것은 애스턴이 문제를 제기한 일본어와 한국어의 관계에 있어서도 동일한 것이었다. 어원학적 근원이 동일함이 전혀 보이지 않는 경우, 문법 구조상 특정부분의 유사성만으로는 충분한 논증은 불가능한 것이었기 때문이다. 왜냐하면 그가 보기에 "한국 현지의 문헌은 어느 것을 막론하고 한국어와 한글 자모의 역사와 기원에 대해서 침묵으로 일관"하고 있었기 때문이며, "한국어의 문법을 체계적으로 정리하거나 어휘사전을 편찬하려는 시도는 단 한번도 없었"기 때문이다.[9]

안자산이 거론한 외국인들의 저술이 유통되던 동시기적인 지평을 보

---

7 W. G. Aston(1879).

8 Ch. Dallet(1979).

9 황호덕 · 이상현(2012b : 53 · 83~85), "Introduction", *English-Corean dictionary : being a vocabulary of Corean colloquial words in common use*, Corea : Church of England Mission Press, 1891.

여주는 사례로, 한국어에 대한 탐구가 진행되던 일종의 연구사적 검토의 성격을 지닌 논저 2편을 주목해보자. 그것은 1900년까지의 서구인 한국학 논저를 개괄적으로 검토한 모리스 쿠랑(Maurice Courant)의 논문(1898), 서구인 한국학 논저들 전반에 대한 총괄적인 집성을 수행한 러시아 대장성의 『한국지』(1900)이다.[10] 쿠랑은 1894년까지 출판된 어학서를 검토했다. "한국의 말이 글로 쓰여진 것은 15세기 이후이므로 한국어의 역사를 쓰기가 쉽지 않"으며 한국어의 계통을 쉽게 규정할 수 없지만, 애스턴의 논의 덕분에 일본어와 근접하다는 판단을 내릴 수 있음을 지적했다. 더불어 문법과 어휘에 관한 여러 결과를 함께 언급했다. 시기적으로 "매우 특이한 지볼트의 연구"(1832~1930), 『한불자전』, 『한어문전』, 스콧이 간행한 문법서와 사전, 게일의 문법서(1894)를 거론했다.

쿠랑은 달레의 저술에 대한 언급을 생략했다. 하지만 당시 유통되는 지식으로 큰 의미를 지니며, '한국어 = 한국민족'의 탐구에 있어서 시원의 위치에 놓인 저술을 따져 본다면, 달레 『한국천주교회사』 「서설」(1874)의 한국어 관련 항목이었다.[11] 이 점을 잘 보여주는 것이 1897년까지 한국어학서를 검토한 『한국지』였다. 한국어의 계통과 관련하여 본문 중에서 가장 시원적으로 거론되는 업적이 달레의 저술이었기 때문이다. 즉, 한국어의 계통 문제와 관련하여 "자료의 불완전한 상태"에서, 달레는 "가톨릭 선교사들이 수집한 자료에 의거하여" 타르타르 제어설을 제시했기 때문이다. 달레의 저술을 한국어학적 성과로 포함하지 않은 쿠랑과 마찬

10 M. Courant(2009 : 213~215), "Notes sur les études coréennes et japonaises", *Extrait des actes du congré des orientalistes*, 1898; 러시아 대장성(1984).

11 고영근(2010)과 윤애선(2013). 특히 윤애선은 세밀한 비교검토를 통하여 달레가 참조한 저술이 리델이 준비한 『韓語文典』(육필본, 1867)의 보완본이었음을 논증했다.

가지로, 애스턴, 『한국지』의 논자들은 달레의 저술이 불완전한 것이란 점을 분명히 알고 있었다.[12]

하지만 달레 역시도 이 사실을 잘 알고 있었다. 그는 한국어가 "서양에는 전혀 알려져 있지 않으므로, 약간의 설명은 주제의 참신성 때문에 모든 독자의 흥미를 끌 수 있을 것이고, 전문적인 학자들에게 무익하지도 않을 것"이라고 말했다. 그의 연구가 극히 초보적이며 개론적인 수준임을 스스로 인정한 셈이다. 달레는 그가 해결하지 못한 몫을 분명히 향후 다른 이가 대신해 줄 사실을 알고 있었다. 그는 "리델 주교와 그의 세 동료들은 그들의 선임자인 순교자들의 일한 것을 부분적으로 다시 만들어, 몇몇 박식한 본토의 천주교인들의 도움을 얻어 한국어 문법과 사전을 준비하였"고 "이 저작들은 사정이 허락하면 근간에 출판될 것이"라고 말했다.[13]

주지하다시피 달레가 말한 이 저작은 리델(Félix Clair Ridel)이 출판하게 될 사전(1880)과 문법서(1881)를 지칭했다. 즉, 달레의 저술은 안자산의 「朝鮮語의 價値」에 누락된 『한불자전』(나아가 『한어문전』)과의 연결고리였다. 또한 『한불자전』의 존재를 말해주는 중요한 자료였다. 『한국지』는 주석으로 "한국에서 다년간에 걸쳐 선교활동을 하는 기간에 한국어 연구에 귀중한 자료를 수집한 가톨릭 선교사들이 이 나라의 언어 연구에 많은 노력을 하였다는 데는 이론의 여지가 없다"고 그 공적을 분명히 말했다.[14] 즉, 파리외방전교회의 업적은 한국어 연구의 실증적인

12 러시아 대장성(1987 : 391~393); W. G. Aston(1879 : 364).

13 Ch. Dallet(1979 : 137~138).

14 러시아 대장성(1984 : 391).

자료 그 자체였다. 외국어와 비교할 한국어의 어휘와 문법을 말해줄 구체적인 자료이자 징표였기 때문이다.

또한 천주교, 개신교 선교사의 사전과 문법서는 더욱 더 각별한 의미를 지니고 있었다. 그것은 '在外'의 산물이 아니었기 때문이다. 19세기 말~20세기 초 한국의 언어-문화 속에서 한국인과 함께 거주한 체험적 산물이었으며, 더불어 한국에서의 실제 활용을 전제로 생성된 서적들이었기 때문이다. 즉, 한국어의 계통을 말하는 논의들보다 더욱 더 한국인의 말을 망라하여 총체적으로 보여주는 것이었으며, 한국어의 구체적 실상을 투명하게 재현해 주는 산물이었던 것이다.

「한국 및 일본 연구에 대한 고찰」(1898)에서 쿠랑(Maurice Courant)이 이러한 『한불자전』의 의의를 잘 지적해 준다. 파리외방전교회의 두 저술은 한국어에 관한 "실질적 연구가 가능해지면서" 출판된 것이었다. 또한 한국인들 스스로도 "한국어 문법책을 쓴 적이 없고" "부실한 청조 어휘 목록만을 갖고 있을 뿐"인 정황에서 나온 출판물이었다.[15] 또한 "실제로 최근에야 이 분야 뛰어든" 자신이 "무슨 자격으로 선교사들이 펴낸 『韓語文典』"과 "『한불자전』"과 같은 "선행 연구자들의 연구성과를 판단할 수 있겠느냐"라는 쿠랑의 언급을 주목할 필요가 있다. 이는 단순히 쿠랑의 겸사는 아니었다. 그만치 파리외방전교회의 한국어학적 성과물은 19세기 말에서 사실상 찾아볼 수 없는 독보적인 수준의 업적이자 전범이었기 때문이다.

15 M. Courant(1997 : 213~214).

2) 『한불자전』「서문」이 보여주는 한국어 이해의 수준

『한불자전』은 총 707면으로 된 1권의 서적이며, 각각 3부로 구성되어 있다. I 부는 가장 핵심적인 부분이라고 할 수 있는 어휘부이며, II~III부는 일종의 부록의 성격을 지니고 있다. II부는 알파벳순에 의거하여 대표 동사의 어미변화를 다룬 '문법부'이며, III부는 한국의 도시, 산, 강 등의 명칭, 행정구역 및 한국지도가 수록된 '지리부'이다. I ~III부에는 본문과 함께 각기 서문이 들어 있는 데, 그중에서 I 부 어휘부의 「서문」을 보면 최초의 업적이자 효시에 준하는 자신들의 사전에 대한 긍지가 잘 드러난다.

> 한국어 문자의 괴이한 생김새는 아마도 이 사전에서 가장 먼저 마주치게 되는 어려움일 텐데, 한국 외방에서 아직 미지의 것으로 남아있는 이 언어의 비밀을 알아내고 싶어 하는 정신의 소유자들은 이에[이 괴이한 생김새를 보고서] 시작부터 낙담할 수도 있으리라. 독자여, 안심하라. 이러한 첫 느낌은 이집트 상형문자, 중국 문자, 한 마디로 표의문자 공부에 접근하려는 경우라면 이해될 수도 있을 것이나, 여기서는 전혀 경우가 다르다. 서둘러 밝히자면, 한국 문자는 알파벳식이며, 25개 글자만으로 구성된다.[16]

「서문」에서 『한불자전』을 접하는 독자는 '미지의 한국어'를 대면한

---

16 황호덕 · 이상현(2012b : 17), Les Missionnaires de Corée, de la Société des Missions Étrangères de Paris, "Préface", 『한불자전(韓佛字典, *Dictionnaire Coréen-Français*)』, Yokohama : C. Levy Imprimeur-Libraire, 1880.

사람이며, '한국의 문자'를 한 번도 접해보지 못한 사람으로 가정되고 있다. 이를 반영하듯, 서문의 도입부분은 일종의 전문가로서 그들의 입장이 잘 드러난다. 『한불자전』의 편찬자들은 한국어는 25개의 글자로 구성된 표음문자로 배우기 어렵지 않은 언어라고 소개했다. 물론 언문(한글 · 국문)은 한자 · 한문에 비한다면 배우기에는 상대적으로 쉬운 글자였다. 이는 언문을 체험하고 관찰한 서구인들의 통념이기도 했다. 일례로 게일(J. S. Gale)이 향후 참조하기도 한 중영사전의 저자, 자일즈(H. A. Giles)는 "언문(諺文, vulgar script)"은 가장 무식한 남녀들조차 쉽게 익히고 읽을 수 있는 것이며 어떤 유럽인이라도 한 시간 안에 다 배워 읽을 수 있는 언어라고 말했다.[17]

그러나 『한불자전』 「서문」의 진술과 자일즈의 진술은 그 전제기반에 있어 결코 동일한 것이 아니었다. 『한불자전』 「서문」의 진술은 "단지 한국어 글씨가 입문자들을 뒷걸음질 치게 할 만한 성질의 것이 전혀 아님을 독자들에게 입증하고 싶은" 의도를 지닌 것이다. 또한 "심화된 독해"를 위해 그들은 한국어 문법부분(II부 문법부)을 사전 속에 함께 비치했다.[18] 즉, 자일즈의 단편적이며 단정적인 진술과 달리, 『한불자전』 편찬자들의 진술에는 당시 한국어에 관한 그들의 깊은 이해수준이 반영되어 있었다. 그들은 실제 한국의 언문서적과 언어-문화를 오랜 기간 체험한 인물들이었기 때문이다. 이 점은 게일 『한영자전』(1897) 「서설」의 자일즈에 대한 비판에서 잘 드러난다.[19]

17 H. A. Gile(1892 : xx).

18 황호덕 · 이상현(2012a : 9).

19 J. S. Gale(1897 : Ⅵ). 게일의 자일즈에 관한 비판은 황호덕 · 이상현(2012a : 83~84) 참조.

게일은 언문서적 역시 식별력 있게 읽기 위해서는 한문독해에 못지 않은 상당한 수준의 학습과 시간이 필요함을 주장했다. 또한 어떠한 유럽인도 한 시간은커녕 수개월이 걸려도 언문을 쉽게 습득할 수 없었음을 술회했다. 사실 한국의 구어, 한국인의 목소리를 받아 적는 방식 즉, 글자를 단순히 읽고 적는 것에도 적지 않은 많은 난점이 존재했다. 나아가 게일의 시야 속에는 '문장이상의 단위에서 의미를 파악하는 문제'가 함께 내포되어 있었다. 이러한 게일 그리고 자일즈의 견해차이 속에는 두 가지 역사적 흔적이 새겨져 있다. 첫째, 『한불자전』 또한 파리외방전교회의 한국어학적 수준이 당시 근접할 수 없는 '전범'이었던 모습이며, 둘째 파리외방전교회와 개신교 선교사들이 체험했던 한국 언어-문화의 차이점과 변모이다.

이와 관련하여 자일즈가 한국어에 구두점을 비롯한 문장부호가 없으며, 띄어쓰기가 없는 사실을 지적한 점을 주목할 필요가 있다. 게일은 "한글 문어에는 구두점, 대문자, 인용 부호 그리고 다른 부호와 같은 역할을 하는 격조사, 종결어미, 접속사, 단락 부호, 특정단어들에 띄어쓰기"가 존재한다고 말하며, 자일즈의 지적은 부합되지 않는 면도 있다고 말했다.[20] 물론 두 사람 중 게일은 보다 더 한국의 언어-문화를 깊이 체험하고 이해한 인물이었다. 하지만 한국을 체험했던 서구인에게 자일즈가 지적한 측면은 한국의 언문서적을 읽기 어렵게 하는 요소였으며, 당시 한국의 언어-문화를 잘 말해주는 지적이었다. 향후 규범화되지 않은 한국의 언문은 언더우드, 게일의 사전편찬에 있어서도 큰 난점으

20 J. S. Gale(1897 : VI).

로 존재했기 때문이다. 이 난점에 관해 애스턴은 한국의 고소설을 검토한 논문(1890)에서 다음과 같이 말했다.

> 인쇄상의 실수는 셀 수 없이 많고, 이로 인한 당혹스러움을 더 증가시키는 것은 혼란스러운 철자이다. 4백 년 전 영국에서 그러했듯이 '철자법'이라는 단어는 한국에서는 아무런 의미가 없기 때문이다. 모든 작가들은 자기 눈에 보기 좋은 대로 글자를 적고, 사람과 지방의 특이성은 언제나 추적 가능하다. 마침표도 없고, 어디서 한 단어가 끝나고 다른 단어가 시작되는지 보여주는 장치가 없다. 새로운 장이나 단락은, 인쇄상의 어떤 단절을 통해 나타나는 것이 아니라, 원이나 아니면 매우 원시적인 장치인 '각설(change of subject)'이라는 말을 삽입함으로써 구분된다.[21]

한국고소설을 통해 애스턴이 접촉했던 언문의 모습과 그의 곤경을 쉽게 상상해볼 수 있다. 서구인들에게 있어서 한국고소설은 극히 가독성이 떨어지며, 읽기 어려운 텍스트였다. 그 이유는 근대적 인쇄물에 미달된 인쇄 상태와 정서법이 미비했던 사정 때문이었다. 즉, 그것은 고소설이 새겨진 좋지 못한 종이질, 특정글자가 잘못 인쇄된 경우나 오탈자와 같은 인쇄상의 오류, 문법과 정서법과 같은 일종의 규범화되지 못했던 당시 언문 활용의 문제와 관련된다. 한국어는 그들이 보기에 근대적 인쇄어, 국민·민족어로는 미달된 대상이었던 것이었다. 하지만 이는 한국의 언어-문화 속에서 언문을 체험한 경험의 문제이기도 했다.

---

21 W. G. Aston(1890 : 104).

그 일례를 애스턴이 언문(한글, 국문)의 서체에 관해 언급한 다음과 같은 부분에서 찾아볼 수 있다.

> 사용된 글자는 몇 백 년 동안 한국에서 사용되고 있는 알파벳 형식의 글쓰기인 언문을 '초서체 형식'으로 적은 것이다. 초서체 언문은 몇몇 일본 작가들이 일본어의 기원으로 삼고 있는 초서체를 단순하게 만든 것으로, 그 모양은 '중국 전설 시대의 글자'를 닮았다. 인쇄된 책에서 사용되는 보다 뚜렷한 언문 글자 형태에만 익숙한 사람들에게 이 초서체 글자는 거의 혹은 전적으로 해독이 불가능하다. 줄여서 쓴 글자가 수도 없이 많고, 글자들이 서로 구분이 되지 않으며, 한 글자가 다음 글자로 이어지면서, 한 글자가 어디서 끝나고 다음 글자가 어디서 시작되는지를 알기 어렵다.[22]

상기 인용문이 보여주듯, '초서체'라고까지 표현한 고소설 방각본의 서체 그 자체 역시 애스턴에게는 텍스트 자체의 해독을 방해하는 장애물이었다. 사실 이는 얼마나 이 서체에 익숙하며 당시 언문에 관한 출판문화를 경험했는가의 문제였다. '초서체'를 비롯한 한국 언문서적의 서체를 읽는 것에 대하여, 『한불자전』 편찬자들의 「서문」은 다음과 같이 상반된 진술을 보여주고 있기 때문이다.

> 일본인들조차도 책에서 중국 문자를 주로 쓰고, 자기들 글자인 가나를 사용하는 것은 중국 문자들의 발음을 밝히기 위해서이거나, 그들의 언어에 고

22 W. G. Aston(1890 : 104~105).

> 유한 어미로 단어나 문장의 의미를 만들기 위해서일 뿐이다. 게다가 그들의 초서체 글자는 제각각의 변덕에 너무나 독특한 형태를 취하기에, 제 아무리 굳은 의지를 지니고 근면히 노력하는 외국인 학습자들조차 기가 꺾이고 만다. 한국 글자는 그렇지 않아서 누구나 습득할 수 있다. 중국 문자가 더 높이 평가되기는 해도 이 나라의 상용 글자이며, 초서체 형태에서도 항상 고유의 단순성을 잃지 않아서, 한국어 알파벳을 배운 사람이면 유럽 문학 텍스트만큼 쉽게 한국어 텍스트를 자유로이 접할 수 있다.[23]

『한불자전』의 이 진술은 거짓이 아니었다. 모리스 쿠랑의 『한국서지』「서설」(1894)에는 천주교의 한글문서 출판의 역사가 증언되어 있기 때문이다. 이에 따르면, 천주교는 초기 한글로 된 종교서적의 서체를 "다소 흘겨 쓴 字體로 목판에 조판했"고, 1880년경부터 "반듯한 형태"의 활자를 사용하기 시작했다.[24] 언더우드가 1886년 엘린우드에게 보내는 서간(1886.1.31)을 보면, 그는 천주교와 개신교의 한국어학적 수준과 기반의 차이를 분명히 의식하고 있었다. 개신교보다 이른 시기에 한국에 들어와 문법과 사전을 보유했던 천주교는 "한국어에 능통한 선교사", "한글 천주교 문학관련 소책자", "성당건축의 기획", "천주교 신학교와 학생들"을 지니고 있었기 때문이다. 이는 "만일 개신교가 그 의무를 수행하지 않을 경우 이교도들 대신 천주교도들을 개종시켜야 할 지경"에 이르리라고 우려할 정도의 수준이었기 때문이다.[25]

---

23 황호덕 · 이상현(2012b : 19~20).

24 M. Courant(1997 : 18~19), *Bibliographie Coréenne*, 3tomes, 1894~1896, Supplément, 1901.

25 이만열 · 옥성득(2005 : 24~25).

즉, 천주교 선교사들은 19세기 한국의 출판문화에 대한 오랜 경험을 가지고 있었다. 나아가 자신들의 서적을 이 동일한 문화 안에서 출판해 본 경험이 있었던 것이다. 즉, 이는 한국어와 불어가 관계를 맺은 40여 년의 시간이 축적된 성과였다. 이는 당시 한국어의 통·번역수준과도 긴밀히 관련된다. 일례로, 쿠랑의 「흥부전」에 대한 번역수준은 '원본에 대한 충실성'이란 기준에서 본다면 당시 알렌(H. N. Allen)의 영역본을 훨씬 웃도는 수준이었다.[26] 그 이면에는 파리외방전교회의 축적된 한국어에 대한 이해수준이 반영되어 있었던 것이다. 이와 관련하여 『한불자전』이 보여준 전범으로서의 탁월함은, 『한불자전』을 계승하고자 한 개신교 선교사들의 이개어사전 편찬과정 속에서 발견할 수 있다.

언더우드, 게일은 사전편찬의 어려움을 그들의 사전 서문에서 술회했다. 물론 언더우드·게일 등이 느꼈던 사전편찬의 어려움은 일차적으로 그들이 체험했던 당시 규범화되지 못한 한국인의 언어-문화에 있었다. 하지만 동시에 거기에는 그들에게 『한불자전』이 향후 출간할 한국어사전의 모델이며 전범이었던 사정도 분명히 존재했다. 왜냐하면 이 전범이 보여준 한국어학적 수준에 부합한 사전을 출간하기란 그리 쉬운 문제가 아니었기 때문이다. 그들이 바란 한국어사전의 이상형이자 전범의 모습이란 무엇일까? 이 점은 언더우드 사전이 간행된 이듬해 사전을 출판한 스콧(J. Scott)의 「서문」에서 발견할 수 있다.

스콧은 그가 그의 저술이 "'사전'이란 거창한 제목을 붙였지만 '개요사전'이라는 제명이 적당할 것"이라 밝혔다. 이 사전은 임시적인 것이었

26 이상현·이은령(2013 : 57~71).

다. 왜냐하면 그가 사전을 훨씬 규범적인 방식으로 이해하고 있었던 까닭이다. 그는 이 점을 「서문」에서 다음과 같이 술회하고 있다.

> 사전이라는 이름에 걸맞은 사전은 마땅히 막대한 노력과 연구의 성과여야 하며, 개인적 관찰을 통해 수집한 자료들을 바탕으로 차근차근 집필되어야만 실질적 가치를 지닐 수 있다. 나는 일부에서 사용하는 체계, 즉 현지 교육자에게 몇 가지 질문을 하고 이를 바탕으로 일련의 단어를 취합한 뒤 그 옆에 외국어의 해당 단어를 배치하는 체계를 신뢰하지는 않는다. 각 단어의 정확성은 실제 경험을 통해 시험되어야 하며, 이 시험을 통과하고 다양한 문맥에 적용해 보았을 때 그 적합성을 확인받은 용어만이 사전에 수록되어야 한다. 이런 체계는 발달 단계에 도달하는 데만도 여러 해가 걸릴 것이 명백해 보이며, 본서가 표방하는 바는 앞서 말했던 일정한 절차에 기초한 편집물(compliation)일 뿐이다.[27]

그가 자신의 사전을 '일정한 절차에 기초한 편집물'이라고 말한 까닭은 사전에 수록된 어휘의 규모를 물론 무시할 수 없을 것이다. 『한불자전』과 대비해본다면, 스콧의 사전은 언더우드의 사전과 함께 소형사전으로 분류할 수 있다. 또한 일상회화의 어휘들이 수록된 초기의 영한사전이란 특징을 전형적으로 보여주고 있기 때문이다. 안자산은 스콧의 사전을 한국어사전의 계보 속에 포함하지 않았다. 그 이유는 그의 사전이 영한사전이었기 때문이다. 스콧의 사전은 한국어 어휘를 수집한 후,

27 황호덕 · 이상현(2012b : 51), "Preface", *English-Corean Dictionary*, Corea : Church of England Mission Press, 1891.

이에 대한 영어 풀이를 수행한 사전이 아니었다.

하지만 '편집물'이라고 말할 수밖에 없었던 더욱 중요한 문제가 있다. 무엇보다 그의 사전은 수록어휘들의 정확성, 문맥 속에서의 적합성을 오랜 시간 동안 검토해서 펴낸 출판물이 아니었기 때문이다. 따라서 스콧은 그의 사전을 "한국어를 공부하는 사람 본인의 관찰 결과를 기록할 수 있는 공책"으로 생각해주기를 바랐다. 즉, 사전의 독자들이 함께 "책의 규모를 확장하고 오류를 수정할 수 있"기를 원했던 것이다. 하지만 스콧이 말한 이러한 사전으로서의 완전성과 그 정합성을 영어로 충족시켜주는 업적은 당시 존재하지 않았다. 그를 비롯한 개신교 선교사들이 상상한 한국어 사전에 가장 근접한 유일한 전범은 1897년까지 『한불자전』이었다.

3. 19세기 말 『한불자전』의 계승과 『한불자전』의 형상변화

1) 언더우드 · 게일의 한영사전 편찬과 '전범'으로서의 『한불자전』

안자산의 「辭書의 類」가 제시해주는 한국어사전의 역사에서 『한불자전』 이후에 거론된 인물은 언더우드(H. G. Underwood)와 게일(J. S. Gale)이다. 두 사람의 사전 편찬에 있어서 『한불자전』은 전범으로서의 역할을 담당했다. 먼저, 언더우드의 사전(1890)은 안자산이 잘 지적해주었듯이, 그 발행목적이 휴대용 소형사전을 편찬하는 데 있었다. 그 수록 어휘의 양은 많지 않으며 풀이도 간명한 특징을 보여준다.[28] 언더우드는 자신의 사전을 편찬하는 데, 『한불자전』을 참조했음을 「서문」에서 명시했다. 1890년에 출판된 언더우드의 사전은 한영사전과 영한사전이 각각 1부와 2부로 편제되어 있다. 언더우드는 이 중에서 1부 한영부 편찬에 있어 『한불자전』의 도움을 받았음을 다음과 같이 밝혔다.[29]

> 프랑스 선교사들의 업적인 훌륭한 사전에 대하여, 비록 철자법과 정의라는 면에서 저자와 의견을 달리하는 지점도 많았으나, 저자는 특히 한영(韓英)부의 편찬에 있어 이 사전의 도움을 받았음을 기쁜 마음으로 밝히는 바이다.

언더우드의 사전의 1부, 한영사전의 작업을 도운 인물은 게일이었다. 게일은 종국적으로 『한불자전』을 계승할 대형사전의 제작을 담당했다.[30] 1893년 2월 25일 엘린우드(Frank Field Ellinwood)에게 보내는 게일의 편지를 보면, 게일이 사전작업을 담당하게 된 이유는 프랑스어에 대한 독해능력 때문이었다. 게일은 당시 한국의 개신교 선교사 중 누구보다도 『한불자전』을 잘 활용하여 대형사전을 작업할 수 있는 능력을 지닌 자였다.[31]

---

28 H. G. Underwood(1890b).

29 황호덕 · 이상현(2012b : 44~46), "Preface", 『한영자전(韓英字典, *A Concise Dictionary of the Korean Language*)』, Yokohama : Kelly & Walsh, 1890.

30 황호덕 · 이상현(2012b : 13).

31 J. S, Gale(2009 : 57).

『한영자전』(1897)까지 『한불자전』이 한국어사전의 전범으로 지녔던 영향력을 엿볼 수 있는 것이 한글자모의 배열방식이다. 언더우드 사전의 「서문」을 보면 다음과 같이 기술되어 있다.

> 자모의 순서에 대해서도 역시, 앞서 언급한 『한불자전』의 방식을 따르는 것이 최선이라 간주하였다. 한국식 순서로 변경하는 것이 여러모로 더 나으리라 생각하였으나, 아직은 영어를 공부하는 한국인의 수가 매우 적고 한국어를 배우는 영어 사용자들이 『한불자전』에서 사용된 순서에 매우 익숙해 있는 터인지라 지금 변경하기에는 시기가 적절치 않다고 여겼다.

그의 이러한 언급은 당시 "한국어를 배우고자 하는 영어사용자"들에게 『한불자전』이 제시한 알파벳순에 의거한 표제항 배열방식이 매우 익숙해졌음을 말해주고 있다. 게일 역시 『韓英字典』 초판에서 "이 사전에 가장 관심을 지닐 법한 사람들의 요구에 따라, 『한불자전』이 따른 바의 알파벳 순서"를 따랐음을 명시했다.[32] 나아가 『한불자전』은 단순히 사전이라는 서적의 형태로만 남겨진 것이 아니었다. 사전의 편찬작업에 관여했던 인물들이 있었기 때문이다. 언더우드의 한국어 공부와 향후 사전 및 문법서 편찬에 큰 도움을 준 이, 송순용(宋淳容, 字는 德祚) 역시 그중에 한 인물이었다. 그는 "언문 활용에 대한 철저한 지식과 세심한 작업"을 통해 언더우드의 작업을 도왔다. 언더우드가 엘린우드에게 보낸 서간(1885.7.6)에서 송순용과의 만남은 다음과 같이 기술된다.

---

32 황호덕 · 이상현(2012b : 93), "Preface", 『한영자전(韓英字典, *A Korean-English Dictionary*)』, Yokohama : Kelly & Walsh, 1897.

저는 어학교사로 한 천주교인을 구했습니다. 얼마 동안은 천주교인 가운데 한 사람을 쓰는 것이 좋을지 몰라서 망설였으나, 그가 이 나라에서 가장 탁월한 교사이고 또 그가 와서 고용되기를 청했으므로 그를 채용하기로 결정했습니다.

그는 칠팔 명의 프랜시스파 신부들을 가르쳤기 때문에 외국인을 가르친 풍부한 경험이 있는 자로 『한불자전』을 편집하는 데도 관여했습니다.

저는 그를 교사로 채용한 후에도 얼마동안 그것이 현명한 행동이었는지 의심했으나 지금은 그것이 섭리였다고 확신합니다.[33]

즉, 송순용(宋淳容, 字는 德祚)은 프랑스 신부들에게 한국어를 가르쳐본 경험이 있었고, 또한 "『한불자전』의 편집에도 관여"했던 인물이었다. 언더우드는 "그를 한국어 교사로 채용한" 것을 하나님의 "섭리"라고까지 표현했다. 그렇지만 당시 송순용은 영어를 한 마디도 못했고, 언더우드 역시 한국어로 그와 신학적인 토론을 할 수 없었다. 두 사람이 함께 사전과 문법서를 발간하는 데에는 상당한 시간이 필요했다. 그 결실이 언더우드의 이개어사전이었던 셈이다. 하지만 1890년 발행한 언더우드의 사전은 『한불자전』을 온전히 계승한 것이 아니었다. 그의 사전은 『한불자전』을 대신할 수 있는 대형사전이 아니었기 때문이다.

언더우드의 소형사전은 한국어 전체를 포괄하려는 목적에서 발간한 것이 아니었다. 그의 서간(1890.5.11)과 사전의 서문을 보면, 그는 소형사전과 더불어 대형사전을 기획하고 있었음을 알 수 있다. 대형사전이 1/3 가량이 완성된 형태였고, 그는 이후 2년 정도의 시간을 통해 작업이

33 이만열 · 옥성득(2005 : 11).

마무리될 것으로 예상했다.[34] 여기서 소형 / 대형 사전이란 형태로 구분을 가능하게 했던 한국어 어휘의 전체상을 제시해준 모델이 바로 『한불자전』이었던 셈이다. 언더우드의 사전이라는 입장에서 본다면, 역학서(譯學書)의 어휘집인 유해류(類解類)와 비교하여 『한불자전』은 당시 그들에게 있어 일상생활의 구어를 포괄할만한 가장 유효한 한국어 어휘목록을 제시해주는 자료였다.[35] 실제 언더우드 사전 한영부의 표제어수 그리고 『한불자전』에서 가져온 것으로 예상되는 표제어 수를 정리해보면 다음과 같다.

구분	언더우드 韓英部 표제어 총량	『한불자전』 참조표제어	구분	언더우드 韓英部 표제어 총량	『한불자전』 참조표제어
ㅇ표제어	765	674	ㅍ표제어	128	125
ㅎ표제어	361	337	ㅅ표제어	585	553
ㄱ표제어	851	814	ㄷ표제어	468	447
ㅋ표제어	14	14	ㅌ표제어	91	89
ㅁ표제어	346	337	ㅈ표제어	468	447
ㄴ표제어	326	319	ㅊ표제어	154	145
ㅂ표제어	376	363	총계	4,910	4,637

언더우드의 사전에 수록된 어휘들의 출처는 최소 94% 이상이 『한불자전』이라 추측된다.[36] 언더우드는 그의 사전 서문에서 "즉각적인 활용

34 위의 책, 207면.

35 이지영의 논문은 서구인의 이개어사전을 사전편찬사란 관점에서 객관적이며 계량적인 차원에서 검토할 방법론과 결과물을 제시한 중요한 논문이라고 할 수 있다(이지영, 2009 : 75~79). 그의 연구에 따르면 『韓英字典』 수록 총 19,446 항목 중 11,718 항목이 공통된 한자어이며 그 일치율은 51.01%로 밝혀졌다. 이 중에서 이전 시기 유해류에 등재되지 않은 『한불자전』 수록 새로운 한자어가 9,016 항목으로 전체 한자어 중 39.25%를 차지한다.

36 일차적으로는 표제어 사이의 유사성을 가장 중요한 준거로 활용했다. 하지만 그 당시 국어정서법이 통일되지 않은 사정이 존재한다. 특히 언더우드와 리델의 사전은 동사가 큰 차이점을 보이는 데 그 이유는 '~오 / 소'란 종결어미를 기본형으로 설정한 언더우드 사전의 독특한 특성 때문이다. 이에 대하여 이지영의 선행연구는 서구인 이개어사전을 계량적으로 고찰할 좋은 방법론을 제시했다. 그것은 병기된 한자를 중심으로 언더우드가 가져온 것으로 판단되는

에 대비할 수 있도록 작고 간결한 포켓판 사전, 한국어에서 가장 유용한 단어들을 가능한 한 모두 포함하는 사전"을 발행해줄 것을 요청받았고, 이에 맞춰 "가장 흔히 사용되는 단어들(common words)을 모두 수록하는 동시에 그 분량 면에서 포켓용 사전이라는 한도를 넘지 않도록 하는 것"을 사전 편찬의 목표로 삼았던 것이다. 언더우드의 사전 1부 韓英部(한영사전)를 구성하는 가장 중요한 출처가 『한불자전』이란 사실은 역으로 그가 발견한 가장 귀중한 문헌화된 구어자료가 『한불자전』임을 반증해준다. 언더우드는 『한불자전』의 어휘군에 대한 배제와 선택 그리고 그에 대한 기록화를 통해 영어와 교환되는 가장 일상적인 어휘군을 확정했다고 말할 수 있다.

언더우드는 사전, 문법서와 관련된 업무를 마무리하며 귀국 후 포부로 "거의 모든 시간을 성경번역에 바칠 수 있기를 희망"한다고 했으며, 그 이유는 "일반 대중이 이해할 수 있는 형태로 반드시 번역해야 한다고 점점 더 느끼기 때문"이라고 하였다.(1890.5.11)[37] 그의 이러한 비전에 부합하는 도구는 의당 한문보다는 언문이었고 문법서와 사전의 집필을 통한 구어의 확정은 그 가능성을 느끼게 해주었을 것이다. 그의 이 같은 비전과 포부 속에서 성서의 언어를 번역해야 할 언문은 비록 실현된 것은 아니었지만 익명의 대중을 위한 국민어로서의 지위를 지닌 어떤 규범적인 형상을 지향하고 있었다. 또한 성서번역은 결코 그가 발행한 사

표제어 수를 측량하는 것이다. 한자가 병기되지 않았을 때에는 한국어 풀이 부분의 유사성을 기준으로 판단했다. 비일치 항목은 이러한 측면에서 『한불자전』에서 그 연원을 찾기 어려운 경우를 모두 포함한 것이다. 즉, 언더우드가 게일과 함께 수행한 작업의 대략적 윤곽은 『한불자전』의 29,026 항목의 한국어 어휘 중에서 5,000 어휘를 엄선한 셈이다

37 이만열 · 옥성득(2005 : 216).

전과 문법서가 제시한 구어의 층위에서 해결될 수 있는 사안이 아니었다. 이러한 언문을 향한 비전을 실현하려고 할 때 대면하게 된 가장 근본적인 문제는 그가 설정한 한국어 통사구조의 구문에 배치될 어휘의 부족이었다. 그것은 앞으로 만들어나갈 한글문어용 어휘를 포함한 대형사전을 요청했고, 이에 언더우드는 2개의 사전을 준비했던 것이다. 물론 전술했듯이 대형 한영사전을 준비하던 언더우드의 시도는 그의 다른 출판업무로 인해 끝끝내 실현되지 못했다.[38]

대형사전 제작의 업무를 향후 담당한 인물, 게일의 증언을 주목해 보도록 하자. 게일은 그의 사전 「서문」(1897)에서 "사전을 준비하는 작업 과정에서, 프랑스 신부들이 편찬한 단어들의 목록이 작업의 기반"으로 활용되었으며, "사전을 준비하는 6년 동안, 수천 개 이상의 단어가 유용한 자료들로부터 추가되"었다고 했다. 실제로 수록된 어휘량을 참작한다면 게일의 이러한 진술은 온당한 것이다.[39] 이는 게일의 사전이 『한

38 황호덕 · 이상현(2012b : 147~148).

39 이영희(2001)에 따르면 1부(한국어-영어)는 33,537 표제어, 2부(한자-영어)는 12,133 표제어이다. 게일은 『한불자전』에서 불필요할 정도로 동일한 말들을 반복한 것을 하나의 어휘차원으로 정리했다고 서문에서 밝힌 바 있다. 나아가 한 글자로 된 한자를 『한불자전』 역시 포함하고 있었다는 점을 감안해야 한다. 즉, 12,133 표제어에 이르는 2부의 구성 역시 당시 한국어의 전체상과 관련하여 중요한 사항이었다는 점을 간과해서는 안 된다. 한문문어를 별도로 분별함에 있어서 공헌했던 것으로는 참조했던 중영 이개어사전의 차이점이 존재한다. 언더우드와 게일이 참조했던 중영사전의 '禮'란 한자의 풀이방식을 펼쳐보면 다음과 같다.

* **언더우드 참조** : Williams 1880 禮 礼 From worship and a sacrificial vase; the character '豊' body resembles it; the contracted form is common. / A step, an act, particularly acts of worship 事神, which will bring happiness; propriety, etiquette, ceremony, rites; the decent and the decorous in worship and social life; decorum, manners; official obeisance, worship; courtesy; offering, gifts required by usage, vails.

* **게일 참조** : Giles 1892 禮 Ceremony; etiquette; politeness; Presents; offerings. Worship.

언더우드가 참조했던 윌리엄스에 비해 자일즈의 풀이는 한결 더 간결하며 어휘간 일대일 교환의 관계로 제시해주는 것이었다. 게일은 1897년 그의 사전 서문에서 "자일즈(Giles)의 사전에서 얻은 간결한 정의들은 중국에 있는 학생들에게 도움이 되는 그만큼 한국 학생들에게도 큰 도움이" 될 것이라고 했다. 그리고 자일즈의 한자풀이를 그의 사전 2부 "한자-영어"부

불자전』 수록 어휘들 전반을 검증하여 수록했으며, 『한불자전』 이상의 어휘수를 보유한 대형사전임을 나타낸다. 『한불자전』에 대한 온전한 발전적인 계승은 게일에 이르러 비로소 가능해진 셈이다.

물론 게일은 『韓英字典』 초판 서문(1897)에서 그의 사전이 『한불자전』을 비롯한 한영 이개어사전에 기반을 둔 것이라고 말했다.

> ① 나는 여기서 『韓佛字典』과 더불어 언더우드 박사와 스콧 씨의 노작들의 도움을 받은 것을 밝힐 수 있어 기쁘다.[40]

> ② 약 35,000 단어를 수록하여 1896년에 출판된 이 책(『韓英字典』 — 인용자)의 초판은, 한국어와 한국문학 분야의 영예로운 개척자들인 프랑스 신부들의 훌륭한 업적에 바탕을 두고 있었다.[41]

하지만 제3판(1931)에서는 그 근간은 어디까지나 『한불자전』에 있음을 명시하고 있었다. 상기 인용문에서 『한불자전』을 "한국어문학 분야의 영예로운 개척자"라고 기념한 『韓英字典』(1931)은, 『한불자전』(나아가 『韓英字典』(1897 · 1911))과는 완연히 변별되는 새로운 전범이었다. 이개어사전 편찬의 역사 속에서 한국사회에 급격히 증대된 어휘들이 등

에 대폭 수용했으며, 자일즈가 용례로 제시한 한자어와 그 풀이(禮義, 禮貌, 禮文, 禮法, 禮度, 禮節 등)를 1부에 수용했다. 한자를 간결한 영어풀이로 그 훈을 제시해주는 진전된 모습이 게일 사전의 어휘를 풍성한 형태로 만든 셈이다.

40 황호덕 · 이상현(2012b : 94), "Preface", 『한영자전(韓英字典, *A Korean-English Dictionary*)』, Yokohama : Kelly & Walsh, 1897.

41 황호덕 · 이상현(2012b : 97), "Preface", 『韓英大字典(*The Unabridged Korean-English Dictionary*)』, 京城 : 朝鮮耶蘇教書會, 1931.

재되어 있기 때문이다. 『韓英大字典』에 있어 『한불자전』은 분명히 뿌리이자 근원이었지만, 게일이 동시기 한국어문화를 담기 위해 참조한 일영사전과 조선총독부의 『朝鮮語辭典』(1920)과는 동일한 성격이 아니었다.[42] 여기서 『한불자전』은 동시기 한국언어문화를 담고 있는 '전범'은 아니었다. 오히려 한국어사전편찬 분야를 최초로 개척한 '기념비'로 변모되었던 것이다. 물론 『한불자전』의 형상이 '전범'에서 '기념비'로 변모되는 계기이자 과정은, 한국어 자체의 큰 변동과 관련된다. 하지만 우리는 이 변동의 시기와 한국어사전의 '전범'이었던 『한불자전』을 개신교 선교사들이 계승하던 시기. 양자가 겹쳐져 있음을 주목할 필요가 있다. 즉, 『한불자전』의 형상변화는 개신교 선교사들이 『한불자전』이 정립한 과거의 전범을 수용하는 과정이었다. 또한 이는 동시에 『한불자전』을 대신할 새로운 전범을 수립하는 과정과 맞물려 있는 것이다.

2) 개신교 선교사의 한글운동과 『한불자전』의 형상변화

(1) 개신교 선교사의 한글운동에 내재된 『한불자전』의 전범적 가치

사전 만들기는 해당 표제어 즉, 등재된 어휘를 본래의 '話用'과 '문맥'으로부터 분리하여 고립시키는 것을 의미한다. 즉, 『한불자전』에 수록된 한국어 표제어에는 그 해당어휘가 본래 놓였던 용례와 문맥이 생략되어 있는 셈이다. 『한불자전』의 성과를 계승한다는 것의 의미는 단순

42 위의 책, 110~111면, "Korean-English Dictionary Reports", 1926.9.

히 표제어를 모으고, 프랑스어 풀이를 영어로 번역하는 행위로만 제한되지 않았다. 따라서 『한불자전』의 편찬자들이 알고 있었던 지식들, 사전만으로는 제시될 수 없는 해당 어휘가 놓였을 다양한 맥락을 검토할 추가적 자료들은 의당 필요한 것이었다. 이를 『한불자전』에 '내재'된 진정한 의미에서의 전범적 가치라고 말할 수 있을 것이다.

하지만 개신교 선교사들은 파리외방전교회의 미출간 자료들을 접할 수는 없었다. 즉, 개신교선교사들에게 파리외방전교회가 남겨준 자료는 지극히 한정적이었던 것이었다. 19세기 파리외방전교회의 한국선교시기 그들이 체험했을 한국의 언어-문화를 알려줄 한국인의 구술적 증언이나 한국인이 남겨준 문헌의 결핍 역시 마찬가지였다. 이와 관련된 게일의 고민을 『韓英字典』(1897) 「서문」에서 살펴볼 필요가 있다. 그는 여전히 한국에서 사전 만들기가 "기나긴 좌절의 연속"이라고 술회하고 있었기 때문이다.

> 현재의 한국어 연구 단계에서, 사전을 만드는 일은 기나긴 좌절의 연속이다. 구어에 대한 기록이 없어서 단어를 수집하려 하자마자, 더 노력을 기울여 보려는 어떤 의욕도 사그라지게 된다. 일본인 학자들도 이와 비슷한 어려움을 겪어 왔고 수년간의 연구와 준비 끝에 완벽한 사전을 지난해(1896)에 출간하였으나, 일상적인 한국어 단어 상당수가 빠져 있는 것이 확인된다. 이를 보더라도 이 작업이 얼마나 방대한 일인지가 증명된다.[43]

43 위의 책, 92면.

게일이 보기에, 그가 수록 · 감지하지 못한 어휘 — 하지만 어쩌면 과거에도 존재했으며 현재 한국인이 분명히 알고 있는 한국어 어휘 전반을 포괄할 사전을 만드는 것은 불가능한 작업이었다. 왜 그랬던 것일까? 일차적으로 "구어에 대한 기록이 없어서 단어의 수집" 그 자체가 어려운 것이었기 때문이다. 또한 사전편찬업무를 담당할 수 있는 현지인이 부재한 측면이 사전 만들기를 어렵게 했다. 즉, 교육수준이 높은 한국의 식자층은 "적절한 문맥에서 단어를 잘 사용"할지는 모른다. 그러나 "단어만을 따로 빼내어 독립적으로 취"하고, 다른 용어를 활용하여 정의하는 작업, 사전 만들기 자체가 당시 한국인의 사고방식에 있어서 "완전히 낯선 것"이었다.[44] 언더우드에 의하면, 이점은 문법서를 만드는 과정에 있어서도 동일한 문제였다.

언더우드의 한국어 학습에 큰 도움을 준 이는 분명히 송순용을 비롯한 한국 현지인 교사와 조사(助士)들이었다. 언더우드는 그의 문법서에서 책으로만 한국어를 온전히 학습할 수 없다는 점을 강조하고, 현지인 한국어 교사 혹은 한국인들과의 대화가 필수불가결한 과정이라고 말했다. 좋은 한문학자들이기도 한 한국인 교사들은 문자를 읽는 올바른 발음법과 표현형식, 관용구들에 대해 설명해줄 수 있으며, 동의어들 간의 구분, 학생의 실수를 교정해줄 수도 있는 존재였다. 그러나 이들 중에 문법의 규칙과 철자법을 정확하게 알고 있는 자는 드물었다. 이에 따라 언더우드는 진정한 의미에서 현지인 어학 교사를 찾을 수 없다고 말했다.[45]

---

44 위의 글, 92~93면.

45 H. G. Underwood(1890a : 1~2), 김민수 · 하동호 · 고영근 편, 『歷代韓國文法大系』 제2부 제3책, 塔出版社, 1979. 이 책이 실제 선교사들의 한국어교육과정에 활용된 예는 Ross King(2005a)를 참조.

적어도 이러한 그들의 증언에 따른다면, 그들을 대신해 사전과 문법서를 쓸 수 있는 한국인이 없었으며, 또한 반대로 개신교 선교사들의 한국어에 관한 이해수준이 한국의 원어민과 동일한 수준일 것이라고 자신할 수도 없는 노릇이었다. 즉, 문제의 골자는 한국어가 규범화되어 있지 않은 정황 속에서 구어를 기록하는 방식, 즉, 국문 정서법에 대한 개신교 선교사의 고민 그리고 그에 대한 실천과 깊이 연루되어 있는 것이다. 여기서 게일이 말한 '구어'를 비롯한 당시 한국의 어문질서는 오늘날 우리의 통념과는 다른 것이었다.

게일은 『韓英字典』(1897) 「서설」에서 "언어"를 "쓰여진 단어나 분절된 음성이라는 수단에 의해 사고들을 표현하는 것"이라 정의한 후, 한국어를 구어, 한글문어 및 한문문어라는 세 층위로 구분했다. 여기서 한글문어를 지칭하는 용어는 "서적 형태(Book-form)"이다. 이는 경서언해본과 같이 서적으로 출판된 서적의 언문을 지칭하며 "구어의 어순에 의거하지만 많은 한자(어)와 형식적인 어조사를 지닌 것"으로 규정된다. 하지만 이 한글문어는 오늘날 우리가 상상하는 '구어의 온전한 재현이자 기록' 즉, '언문일치'라고 상정된 형태를 의미하는 것이 아니었다. 왜냐하면 게일이 보기에, 한국의 구어는 "문학이나 다른 어떤 종류의 문어 형태도 갖지 못한 언어"이며, "오직 소리로만 전해져 온 유물(antiquity)"이었기 때문이다.[46]

따라서 구어를 언문으로 기록하는 것은 그리 쉬운 문제가 아니었다. 이 점은 언더우드가 남긴 문법서 속에서도 발견할 수 있다. 언더우드는 그의 문법서가 어디까지나 구어표현에 초점을 맞춘 것임을 명시했다. 그

46 J. S. Gale(1897 : 4~5).

는 문어에서 쓰이는 종결어미와 몇몇의 표현들은 결코 구어에서 발견할 수 없어, 한국어의 구어와 문어는 다른 것이라고 했다. 언더우드는 한국의 문어에는 한자가 모든 공식적인 서간, 철학적 저술들과 같이 진정한 가치가 있는 곳에서 쓰이지만, '諺文'은 시시한 사랑 이야기나 동화 같은 저급한 곳에 쓰인다고 했다. 이러한 상황으로 말미암아, 외국인들에게는 "말(speech)은 언문"이란 오해가 존재했다. 언더우드는 "언문"은 단지 서기체계(a system of writing)일 뿐이기에 이는 틀린 것이라고 말했다.[47]

실제로 언더우드의 사전 속에서 '諺文'이란 표제어는 한국의 표음문자를 지칭하는 의미였다. 즉, "구어와 문어를 포함한 언어"라는 차원의 의미를 지니고 있지 않았다.[48] 언더우드의 사전에는 국문(國文)이라는 한국어가 배치되어 있지 않다. 게일의 사전에서 언문과 유사어로 배치된 "國文"은 1897~1911년까지 국자(國字) 차원의 의미("The national character-Ünmun")를 지니고 있었다. 이는 사전 속에서 한문과 대비된 용어로 언더우드의 진술과도 사실 동일한 의미였다.[49] 즉, 1890~1897년 사이 사전에

---

47 H. G. Underwood(1890a : 4~5).

48 서구인의 이개어사전을 펼쳐보면, 언문이라는 개념의 사회적 변천사를 발견할 수 있다. 언더우드의 사전에서 "The common Korean alphabet"로 풀이되던 "언문"은 게일의 『韓英大字典』(1931)에서는 "The native Korean writing; oral and written languages"로 변모된다.

49 국문(國文)이 국문학이란 어휘와 유사한 의미를 지니게 된 것(The national literature. Korean Ünmun)은 게일의 1931년판 사전에 이르러서 이다. 게일의 1911년판에서 1931년판 사이에 '언문'과 '국문'에 있어 의미전환과 함께 이개어사전에 國語("The national tongue; the language of a country")와 言文一致가 출현한다. 여기서 言文一致에 대한 풀이는 1911년판에는 "The oneness of the oral and written languages"으로 되어 있으며, 1931년판에는 "The unification of the oral and written languages"으로 되어있다. 1897~1901년 사이 한말 기독교 신문 속에서 신속한 문명개화를 위한 지식전달도구로 국문의 실용성(표음문자)이 한문의 비실용성(형상문자)과 대비하여 제시한 용례가 존재하며, 이 속에는 언문일치란 개념이 분명히 내재되어 있었다(류대영, 2008 : 19~21; 김영민, 2004 : 253~269). 이 속에서 국문 역시 아직 미정형의 대상이었다고 규정해도 좋을 것 같다. 언더우드와 게일의 초판사전은 개신교 선교사들이 신문이란 미디어를 한글을 실험한 이전 시기에 출판된 사전이란 측면을 지니고 있

배치된 언문 = 국문(諺文 = 國文)은 쓰기(표기)의 한 방식일 뿐, 그에 수반된 문학작품을 지니지 않았으며,[50] 언문일치란 관념을 통하여 구어, 한글문어라는 한국어의 모든 영역을 포괄할 수 있는 '국민어'라는 조건을 충족시켜주지 못했다.

『한불자전』과 게일 · 언더우드 한영사전의 서문이 보여주는 변별점, 게일 · 언더우드의 철자법에 관한 고민 그것은 '새로운' 전범이자 규범을 모색하려고 한 실천이기도 했다. 이와 관련하여 언더우드의 사전편찬시기 한영이란 대응관계란 측면에서 본다면, 한국의 구어는 확정된 층위를 지니지 못했고 오히려 기록됨으로 새롭게 창출되는 과정에 놓여 있었다. 즉, 우리는 리델과 언더우드 사이에는 한국의 구어가 엄선되며 기록됨으로 확정되는 역사를, 언더우드와 게일 사이에는 이 형성된 구어를 기반으로 한 새로운 한글문어가 생성된 역사를 가정해볼 수 있다.

다만 이 가설 즉, 이 두 가지 역사에 덧붙일 점이 있다. 이 두 가지 역사의 자취는 어디까지나 개신교 선교사들이 남긴 단편적인 자료를 통해서 우리가 유추해 볼 수 있는 지극히 한정적인 지점일 뿐이다. 사실 그 곤경은 『한불자전』과 『韓語文典』을 펴낸 파리외방전교회가 체험했고 해결했던 것일 수도 있다. 그 흔적을 개신교 선교사의 정서법에 대한 고민 속에서 찾아볼 필요가 있다. 언더우드는 "한글의 철자법이 매운 혼란스러운 상태"란 점을 지적하고, "한글의 철자"는 어디까지나 "순전히 발음에 의거하는 데" "사람마다 자기만의 규칙을 따른다"고 말했다.

다. 나아가 한문에 대한 서구인들의 이러한 태도도 역사적 시기에 따라 변별되는 측면이 분명히 존재한다.

50 H. G. 언더우드, 이광린 역, 『한국개신교수용사』, 일조각, 1989, 56면(*The Call of Korea*, Fleming H. revell Commpany, 1908).

소리를 단순히 옮겨 적는 것이라면 문제는 어려운 것이 아니었다. 언더우드는 구어의 발음 그대로를 전사하는 것을 결코 정서법의 기본으로 삼지 않았다. 그 까닭은 구어의 발음이 사람마다 서로 다르다는 차이, 즉 균질화되어 있지 않던 당시 구어상황의 문제 때문이었다.

언더우드의 언문표기용례는 『한불자전』을 벗어나지 않았다. 『한불자전』은, 이미 소리를 그대로 옮겨 적는 방식이 아니라, 형태음소적 표기로 언문을 활용하는 모습을 보여주고 있다. 언더우드는 『한불자전』과 달리, 로마자로 해당 한국어 어휘의 발음을 표기하지 않았을 뿐이다. "한글 자모는 배우기 쉽고, 각 문자가 나타내는 다양한 소리들은 쉽게 익힐 수" 있다고 판단했기 때문이다.[51] 즉, 그에게 언문은 단지 소리를 옮겨 적는 발음기호가 아니었다.

게일은 『韓英字典』 초판에서 발음되는 소리와 기록 · 전승된 음 사이에서 중도를 취했음을 밝혔다. 이에 따라 '형태음소적 표기'라고 할 수 있는 측면이 게일의 『韓英字典』(1897)에 오면 한층 더욱 강화된다. 게일은 비록 『한불자전』의 표제항 배열방식을 따랐지만 "미세한 차이점"이 있음을 강조했다. 『한불자전』에서 "ㅅ, ㄷ, ㄴ, ㄹ 등은 경우에 따라 하나의 문자로 취급되고 있으며, 따라서 바로 옆에 나란히 제시되"는 경우 달리, 그의 사전에서는"이들을 철저히 분리했으며, 제시된 목록 순서는 문자의 음의 변동에 관계없이 엄격히 고정시켜 제시"했음을 명백히 말했다.[52]

그렇지만 이렇듯 『한불자전』과의 변별점, 문자와 별도로 존재하는 발음, 음운현상을 언더우드, 게일을 비롯한 개신교 선교사들만이 발견한

51 황호덕 · 이상현(2012b : 45).

52 위의 책, 93~94면.

것은 아니었다. 오히려 그것은 『한불자전』보다 더욱 오래된 학술적 연원을 지니고 있었다. 언문을 구성하는 문자와 발음의 관계가 1:1 대응이 아니란 사실, 언문의 초출자와 재출자를 비롯한 제자원리, 한국어의 다양한 음운 현상 — 활음조 현상, 자음동화, 탄설음화, 두음법칙, 말음규칙, 구개음화 등은 在外에서 논의되는 서양인의 한국어학연구에서 이미 규명되었기 때문이다.[53] 하지만 문제는 한글을 구성하는 25개의 표음문자가 아니라 한국어 전체, 이를 구성하는 개별 어휘들에 있어 존재하는 모든 경우의 수였다. 이와 관련하여 『한불자전』은 29,000여 개의 한글 표제어로 한국어의 전체상을 형상화해준 셈이다. 나아가 개신교 선교사들이 탐구해야 될 번역의 단위는 한국어 어휘가 아니라 더욱 미시적인 층위, 한국어 어휘를 구성하고 있는 개별 한자의 층위를 내포하고 있었다.

그것은 또한 외국인과 한국인의 접점이기도 했다. 즉, 이 새로운 '전범' 만들기는 비단 외국인 선교사들의 고민만은 아니었던 것으로 보인다. 한국인에게도 '諺文'을 새롭게 '사용'해야 할 필요성과 관념이 출현하고 있었다. 그 흔적은 애스턴의 한국고소설 관련논저(1890)에서도 발견할 수 있다.

> <u>중국 단어로 넘치는 언어에 알파벳 글자를 사용하는 것은 일본어 표기에 로마 문자, 혹은 일본 가나를 채택하고자 진행 중인 최근의 움직임과 명백한 관계가 있다</u>. 여기서 우리는 쪽 수 매기기를 제외하곤 단 하나의 한자도 사용되지 않는 문학을 보게 된다. 이 예는 이러한 체계의 장려자에게는 고무적인 일

53 귀출라프부터 리델에 이르는 이에 대한 상세한 검토는 김인택(2013)을 참조.

인 것 같고, 그러할 것이 분명하지만, 어떤 과학적, 종교적, 기타 학문적인 작업은 이런 식으로 쓰여지거나 쓰여질 수 없다는 것을 주목해야 한다.[54]

물론 애스턴의 진술은 이 새로운 동향에 관한 분명한 한계점을 지적했지만, 그의 진술은 한국인이 역사적 전환기 속에서 언문을 새롭게 활용하려는 모습이 분명히 반영된 것이다. 그가 순수하게 언문으로 쓴 서적에 대하여 한계점을 지적했던 모습은 당시 언문이 지녔던 한계점과 긴밀히 관련된다. 그는 그의 한국어 교사로 추천받은 한국인에게 언문으로 된 한국고소설에 한자를 병기해 줄 것을 요구했다. 하지만 한국인 교사는 터무니없는 실수를 보여주었다. 그는 이 한국인 조력자가 실은 책의 절반도 이해하지 못한 것이라고 판단했다.

하지만 더욱 주목해야 할 점이 있다. 사실 애스턴의 이러한 시도는 언더우드가 사전을 편찬할 때, 정서법을 확립한 방법이기도 했기 때문이다. 이 때 그에게 기준이 되는 좌표는 어디까지나 한자라는 문자였다. 가장 근본이 되는 것은 『全韻玉篇』에 기록된 한국식 한자음이었다. 해당 한자음이 없을 경우, "나모라고도 ᄒᆞ고 나무라고도 ᄒᆞ니 모와 무를 엇더케 쓰리오 아마도 나모목ᄒᆞ니 나모라 쓰는 거시 올코"(「언문ᄎᆞ례」)라는 기술이 보여주듯, 기록되어, 한자의 훈으로 전하는 어휘였다. 그리고 그 연원을 잃어버린 구어에 대하여 그 한자어의 기원을 찾아 정서법을 명확히 하기위해서 『한불자전』을 절대적인 기준으로 삼았다고 말했다. 게일 역시도 한자의 현실음과 문헌으로 전하는 규범음 사이에서 중

54 W. G. Aston(1890 : 106~107).

도를 찾는 고민을 했음을 술회했다.

게일 『韓英字典』의 2부 한자-영어사전이 1914년에 출판된 사정, 이와 관련하여 한국인에게 있어 국어사전보다 먼저 출판된 근대적 자전(『字典釋要』(1909), 『신자전』(1915))들을 함께 주목할 필요가 있다.[55] 두 자전 모두 『전운옥편』을 전거문헌으로 삼았으며 현실 한자음에 대한 조응을 볼 수 있다. 『자전석요』는 '현실음'에 『신자전』은 『전운옥편』의 '규범음'을 제시하고자 한 서로 다른 지향점을 보이지만, '·' 음가, '치음 아래서의 j계 상향 이중모음', '구개음화'와 관련하여 이를 반영하고 있다. 이와 관련하여 게일 역시 "1) 아래아(·)의 폐기, 2) 목적격 'ᄋᆞ'를 '으'로 바꿈, 3) ㅅ, ㅈ, ㅊ + 복모음을 ㅅ, ㅈ, ㅊ + 단모음으로 전환"을 골자로 한 '신철자법'을 1902년에 주장한 바가 있다.[56]

물론 이 점이 『韓英字典』에는 반영되지 않았지만 이는 한자음에 대한 정리사업과 밀접한 관련이 있다.[57] 『新字典』(1915)이 한국의 현실음을 상대적으로 충실하게 반영하려 한 『字典釋要』와 달리, 『전운옥편』의 규범음을 존중했던 사정은 게일의 『韓英字典』 재판(1911)에서 과거와 달리 정서법에 대한 언급이 사라진 이유를 짐작할 수 있게 해준다.

---

55 이하 두 자전에 대한 기술은 이준환(2012b; 2012c)에 의거하여 진술하도록 한다.

56 그러나 북부지방 교인들의 심한 반발로 인해 이는 실현되지 못했다.(류대영 · 옥성득 · 이만열, 1995 : 59~60) 1902~1906년까지 진행된 개신교선교사들에게 정서법 논쟁에 대한 구체적인 검토는 로스 킹(Ross King)의 다음 논문들을 참조. Ross King(2005b : 17~26; 2010 : 145~150).

57 게일에게 최남선을 비롯한 조선광문회는 한국고전에 대한 자문역할을 담당했다. 실제로 최남선이 쓴 자신의 日記 「一日一件」(『청춘』 3호, 1914.12.6)를 통해 다음과 같은 그와 게일의 교류를 발견할 수 있다. "……쎄, 에쓰, 쩨일 博士가 來訪하야 圓覺寺와 및 敬天 등 塔에 關하야 問議가 잇거늘 金茂園先生으로 더부러 答說하다. / 그가 갈오대 碑文에도 잇거니와 朝鮮初期에 朝鮮匠色의 손에 製作된 것인대 精巧하기敬歎할밧게 업스니 갸륵하다하며 거긔 對한 몃가지 疑難을 提出하더라." 최남선과 당대 인사들의 인적 교류에 관해서는 임상석(2010 : 528)을 참조.

첫째, 한자음에 관한 정리가 어느 정도 이루어졌다는 전제하에 『신자전』의 발행목적이 "漢字音에 있지 않고 字釋의 풀이"에 있었기 때문이다. 나아가 둘째, 字釋을 漢文이 아닌 국문풀이로 제시하려고 한 지향점이다. 이러한 『신자전』 편찬과정 속 "한자에 대한 연구"는 실은 "국문에 대한 연구"를 겸한 것이었다.[58] 당시 국한문혼용체의 시대, '漢文'과 '國文'에 관한 지식의 겸비는 필수불가결한 것이었기 때문이다. 나아가 『신자전』이 보여주는 한자 · 한문을 국문으로 풀이하는 구도야말로, 『한불자전』을 비롯한 이개어사전이 보여주는 구도였다. 그것은 번역을 통해 생성되는 새로운 한국어의 존재를 암시해주기 때문이다.

(2) 개신교 선교사의 성서번역과 『한불자전』의 형상변화

『신자전』의 편찬과정이 개별 한자에 대한 국문풀이를 통해 새로운 어문질서의 모습을 암시해준다면, 개신교 선교사의 성서번역은 새로운 문체, 한글문어(언문 · 국문 · 한글) 그 자체를 보여주는 것이다. 양자는 『한불자전』에 수록된 표제어 자체만으로는 드러나지 않는 것, 즉 『한불자전』에 '내재'된 전범적 가치를 실현하는 공통점을 지니고 있는 것이다. 특히 후자는 상대적으로 더욱 새로운 한국어의 문체, 그 활용의 문맥을 구현하는 행위였다. 이와 관련하여 20세기 한국인, 개신교 선교사 사이에는 중요한 접점이 존재한다. 그 연원, 언더우드의 자취를 살펴보면, 개신교 선교사들은 국한문혼용시대에 동일한 고민을 담고 있었기 때문이다.

58 이준환(2012c : 127~139).

언더우드에게 그의 선교활동의 지역이 서울이었던 사정은 한국의 표준어라는 전제조건은 충족시켜주는 것이었다. 하지만 "한국어가 2개의 언어로 존재한다"는 서구인의 한국어에 대한 인식과 관련된 정황은 여전히 해결되지 않은 난제였다. "말을 하는 대상의 계층에 따라 각 표현을 세 가지 내지 다섯 가지로 변형해야" 하는 어려움이 한국어에 있다는 언더우드 부인의 편지(1888.6.2)는 이 점을 잘 말해준다.[59] 언더우드는 "길가를 지나가며 들을 수 있는 상인들, 중간계층, 머슴들"의 언어와 관리, 학자들의 언어는 다른 것처럼 들릴지 모르지만 사실 후자는 한자로부터 파생된 용어들을 사용하는 것일 뿐 틀림없는 한국어라고 말했다. 언더우드는 '한자 = 문어', '언문 = 구어'라는 인식의 허구성을 잘 알고 있었다. 하지만 향후 한글문어를 위해 양자를 어떤 방법으로 교합해야 하는가라는 문제는 여전히 남아 있었다.

사실 1890년 그의 분명한 공적이라고 할 수 있는 한영대응관계에 있어서 한국어 문법의 확립, 소형사전의 어휘만으로 성서를 번역할 새로운 한국어에 대한 비전은 충족될 수 없었다. 이와 관련하여 한문 그리고 한국인의 말 속에서 제시된 한자어는 이 어휘의 부족을 보충해주는 중요한 통로였다. 언더우드는 중국어가 "말을 외우기 잘하는 사람"에게 유리한 언어였다면, 한국어는 일본어와 함께 "모든 문제의 원인과 유래를 찾도록 훈련을 받은 사람들"에게 쉬운 언어라고 했다.[60] 이는 다분히 표의 / 표음 문자란 구분과도 관계되는 것이었다. 하지만 언더우드는 한국어, 중국어, 일본어와의 관계를 쉽게 단정하지 않았다. 그 까닭은

59 이만열 · 옥성득(2005 : 107).

60 H. G. 언더우드, 이광린 역, 『한국개신교수용사』, 일조각, 1989, 55~56면.

그가 보기에 어휘의 측면에서 한국어가 중국어(한자)와 긴밀한 영향관계를 지니고 있었기 때문이었다.

1906년 국한문혼용 성경의 발행은 이러한 측면을 여실히 보여주는 중요한 역사적 사례였다.[61] 언더우드는 "언문이나 한글"이 "기독교 교회의 필요조건으로 증명"이 되지는 않았다고 했으며, "국한문혼용성경"이 당시 미디어, 공식문서, 교육부가 출판하는 모든 책의 가장 기본적인 문체란 점을 인정했다. 한자의 상형성을 통한 의미 확립 그리고 "전치사와 시제 등을 나타내는 한글 어미와 연결사"라는 측면 즉, 한자와 언문의 상호보완을 통해 구성된 국한문혼용 성경의 발행이 요청되었던 것이다.(1903.12.23) 그에게 있어 성서번역의 이상적인 수단 언문은 한문이라는 여전히 영향력을 발휘하고 있는 한국의 문어에서 분리될 수 있는 것이 아니었다. 게일 역시도 언더우드의 이러한 견해에 동의하며, 국한문혼용 성경의 발행이 "아직 복음을 모르는 수 천 명의 학자들에게 복음을 주는 것을 의미한다고 믿"었다.[62]

한자어를 대폭 수용하는 문제는 한국어의 어휘를 증대시키는 데는 큰 도움을 주지만 큰 딜레마를 제공해주는 것이기도 했다. 성서번역에서 언더우드의 가장 큰 고민의 지점은 "수준 높은 문체"와 "통속적인 문체"라는 두 난관 사이를 헤쳐 나가는 것이었다. 그가 성서번역의 가장 이상적인 문체로 삼았던 것은 "가장 무지한 사람들이 이해할 수 있을 만큼 단순하면서도 지식인들의 마음을 끌 만큼 품위 있는 문체"였다. 이는 당시에 있어 요원한 문제였다. 언더우드에게 있어 이러한 문체 창조

61 그 경위에 대해서는 이만열 · 옥성득 · 류대영(1994 : 82~89) 참조.

62 이만열 · 옥성득(2007 : 146~151).

의 주인공은 "성경에 사용된 원어를 철저하게 공부한 한국인 학자"였다. 그러나 그들이 성경의 의미내용을 상당한 부분을 이해했을 때에도 "일반 대중이 이해할 수 없는 딱딱하고 고어체인 한자식 한국어"로 표현한다는 문제점이 존재했다. 그는 이것이 "동양 학자들의 고질적인 성향"이며, "충분히 명료하고 단순한 용어를 사용하도록 하는 것"이 거의 불가능했다고 술회했다.(1911.10)[63]

이렇듯 한문과 언문이라는 두 층위 문어 양자 사이에서 성서번역을 위한 한글문어 창출의 어려움을 표현한 근본적인 이유는, 사실 한국의 한글문어가 도달해야 하는 모델, 그들의 언어 즉, 영어라는 완성형이자 이념이 존재했기 때문이다. 게일은 성서번역과 관련하여 영어와 한국어가 지닌 차이점을 다음과 같이 이야기한 바 있다.

> 한국어는 우리의 언어처럼 **고정화된 일련의 법칙과 인쇄 문헌에 의해 인위적으로 구성된 것**이 아닌 단순한 언어이다. 한국어의 복음서 시대에 해당된다. 왜냐하면 한국어로 『로마서』와 『갈라디아서』를 표현하는 데에는 상당히 힘들지만, 복음서 표현은 아름답게 할 수 있기 때문이다. 한국어는 생활의 단순함을 가장 적절하게 표현할 수 있지만, 한국어의 경어와 중국어의 파생어(한자어 —인용자)를 배우기는 대단히 어렵다.[64]

한국어는 그들의 성서전체를 번역할 수 없는 언어였다. 성서번역과 관련하여, 예수의 일화 및 우화를 담은 복음서의 번역을 수행하기에는

63 이만열 · 옥성득(2009 : 294~296).

64 J. S. Gale(1999 : 31), *Korea in Transition*, New York : Eaton & Mains, 1909, pp.21~22.

좋지만 바울의 교리를 담은 서간을 번역하기에는 어렵다는 그의 진술은 이러한 점을 잘 보여주는 것이다. 서구의 교리 혹은 학술개념을 체현할 번역어 = 개념어를 확충하는 과정 또한 한국어가 "고정화된 일련의 법칙, 인쇄문헌에 의거한 인공어를 지향해 나가는 지점"은 한국 근대어의 등장을 의미하는 것이기도 했다. 그것은 단지 외국인이 한국어를 배워나가는 과정만을 의미하는 것이 아니었다.

왜냐하면 여기에는 근대의 언어 내셔널리즘과 함께 작동하고 있는 '언어 도구관'이란 관념이 존재했기 때문이다. 이것은 물론 『한불자전』에 내재된 것이었다. 사전과 문법서는 한국어의 형상을 한국인이 한국에서 자연스럽게 습득하게 되는 말과는 다른 모습으로 변모시켜 준다. 그 속에서 한국어는 외국인을 위한 교육과 학습의 대상, 즉 인공적인 교육과 학습을 통해 습득해야 할 의사소통의 도구로 규정되기 때문이다. 어학적 연구의 대상, 인공적인 교육과 학습의 대상이라는 한국어의 총체적 형상을 서구인 선교사들은 한국인들에게 제공해준 셈이다. 한국 어휘들을 모으며 그 의미를 확정하는 작업, 이런 어휘들을 문장 속에 배치할 정서법 및 체계적인 문법을 확립하는 작업은 자연 상태에 놓여 있던 한국어를 시각적이며 추상적인 대상으로 규범화하는 작업을 의미했기 때문이다.[65]

그것은 한국어를 서구인뿐만 아니라 한국인 역시도 인공적으로 배워야 할 지식으로 변모시켜 주는 것이며, 이는 국민을 위한 균질화된 국어를 가시화해주는 작업이었다. 또한 이러한 언어관은 개신교 선교사들에게 『한불자전』이 상속한 빚으로 여전히 남겨져 있는 것이었다. 즉, 양자

---

65 이러한 관점은 이연숙의 논의(이연숙, 2006 : 15~23)에 빚진 것이다.

는 외국인 · 한국인이 새로운 한글 활용을 향해 나아가는 과정이자 근대 한국어를 기획 · 조형해 나가는 노정이란 공통된 함의를 지닌 것이었다. 다만, 개신교 선교사들이 문법서 및 사전의 발간, 그리고 그 결실이라고 할 수 있는 성서를 완역해 가는 과정에는 하나의 차이점이 존재했다. 개신교 선교사들의 업적은 '한국인들과 공유'하며 19세기 말~20세기 초에 이루어진 새로운 한국어의 전범 만들기였다는 점이다. 이에 따라 『한불자전』은 과거의 '전범'이자 '기념비'로 그 형상이 변모된 것이다.

4. 20세기 초 『한불자전』의 새로운 형상, 한국어사전의 기념비

1925년 안자산이 증언한 한국어사전의 계보에서 마지막을 장식하는 출판물은 게일의 『韓英字典』(1911)과 조선총독부의 『朝鮮語辭典』(1920)이다. 1928년까지 김동성의 사전이 출판되기까지 한국어를 표제어로 삼은 이개어사전은 없었기에, 안자산의 정리는 적절한 것이었다. 게일 그리고 조선총독부 사전의 출판시기는 안자산이 말했던 '한국어사전 출판의 효시이자 기념비'란 『한불자전』의 형상이 등장한 시기이다. 동시에 개신교 선교사의 한국어학 출판물이 또 다른 '시원'으로 자리매김하던 시기이기도 했다. 이를 잘 보여주는 것이 게일이 쓴 언더우드의 행장이다. 게일은 과거 그 역시 동참했던 언더우드의 사전과 성서번역이 지닌 의의와 의미를 다음과 같이 평가했다.

> (언더우드－인용자) 牧師가 渡朝日에 士人 宋德祚氏를 交際ᄒᆞ야 朝鮮語를 學習ᄒᆞᆯ ᄉᆡ 古 丁若鏞, 李家煥, 南尙逵 洪鐘三 諸氏의 規定ᄒᆞᆫ 國文需用法을 採用ᄒᆞ야 英韓字典과 新舊約聖書飜譯에 着手ᄒᆞ니 國文需用法의 一枚짐이 自此爲始ᄒᆞ엿스며
>
> －奇一牧師, 「元牧師行狀」, 『神学世界』, 1916.11.

게일은 언더우드가 남긴 업적들의 의미를 단지 외국인의 번역적 성과라고 말하지 않았다. 한국인에게도 "과거 한국의 현인들로부터 채용한 국문사용법의 한 장을 연 시원"이라고 평가했다. 흥미로운 사실은 이곳에 언더우드 이전 프랑스 천주교 신부들의 선행업적이 드러나 있지 않다는 점이다. 전술했듯이 상기 인용문의 송순용(宋淳容, 字는 德祚)은 프랑스 신부들에게 한국어를 가르쳐본 경험이 있었고, 또한 "『한불자전』의 편집에도 관여"했던 인물이었다. 언더우드는 "그를 한국어 교사로 채용한" 것을 하나님의 "섭리"라고까지 표현한 바 있다. 송순용과 알게 된 것은 정약용, 이가환과 함께 했던 천주교 신부들의 유일무이한 한국어에 관한 선행업적을 언더우드가 상속하게 됨을 의미하는 것이었기 때문이다.

이 점에서 송순용이란 인물이 당시 언더우드에게 있어 "한국어의 권위 그 자체"라는 평가는 지극히 타당한 것이며, 언더우드와 게일이 사전을 편찬함에 있어 『한불자전』이 준 빛은 지대한 것이었다. 그러나 게일의 행장 속에서는 이러한 문맥이 보이지 않는다. 1916년이라는 시점에

서 한글운동의 시원을 연 주체는 엄연히 개신교 선교사란 인식이 전제되어 있었다. 나아가 이 인식은 개신교 선교사들만이 아니었다. 즉, 한국인은 천주교 선교사가 아니라 개신교 선교사들을 한글운동을 촉발시킨 선구자로 기억했다. 왜 그랬던 것일까? 러시아 대장성의 『한국지』(1900)는 다음과 같이 『한불자전』의 출간사정을 증언해주고 있다.

> 다블뤼는 장기간 중국-한국-프랑스어사전의 편찬에 노력하였으며 다음에 신부 뿌르디에는 한국-중국-라틴어 사전을 편찬하였으며, 그런가 하면 신부 쁘띠니꼴라는 약 30,000개의 라틴어와 약 100,000개의 한국어의 어휘를 담은 라틴-한국어 사전을 편찬하였다. 이외에도 공동저작으로 한국어문법이 편찬되었다. 그러나 불행하게 1866년 출판을 위해 이들 멋진 작품들이 거의 프랑스로 보내지기 바로 직전에 한국에서 또 다시 그리스도교인들에 대한 추적, 박해가 부활되어 이 기간에 선교사들이 편찬한 모든 작품이 한국의 관헌들에 의해 압수되어 불에 태워져 버렸다. 이후 이 사업에 고심을 한 사람은 주교이자 한국의 가톨릭 부사교인 리델이었다. 그리고 기타 다른 많은 선교사들이 지식이 있는 한국의 그리스도교인들의 도움을 받아 1880년 로코감에서 "*Dictionnaire Coréen-Français*"라는 제목으로 辭書, 문법 및 지리의 3부로 나누어져 있는 극히 귀중한 작품을 출판하였다. 이어 1881년에 바로 이들 선교사에 의해 역시 로코감에서 한국어 문법이 출간되었다."[66]

천주교에 대한 박해로 말미암아 출판되지 못했던 다블뤼, 뿌르디에,

66 러시아 대장성(1984 : 392).

페롱 등이 준비하던 한국어학서적, 우여곡절 끝에 간신히 출판되었던 『한불자전』. 즉, 파리외방전교회의 저술들과 게일의 『韓英字典』이 출판되던 당시의 여건과 정황은 달랐다. 게일의 저술은 천주교 신부와 교인들에 대한 박해와 같은 극적인 상황에서 출판되지는 않았다. 또한 그의 사전은 한국인이 알 수 없는 먼 곳에서 유통되는 한국인과 동떨어진 저술이 아니었다. 오히려 그의 사전은 출판과 동시에 『독립신문』(1897)의 기사가 잘 보여주듯, 출판과 함께 한국인에게 공개되었고 나아가 환영받았다.[67] 이는 근본적으로 천주교와 개신교가 선교를 위해 한국을 접촉했던 시공간 그리고 한국인의 두 종교에 대한 인식의 차이라고 볼 수 있다. 또한 의료와 교육사업에 중점을 둔 정교분리를 원칙으로 한 개신교의 간접선교방식, '서구 = 문명의 종교'라는 당시 개신교의 위상과 관계된 것일지도 모른다. 프랑스어-한국어의 대응관계와 영어-한국어의 대응관계가 형성되던 당시 한국의 사회문화적 기반은 이처럼 큰 층차와 시차를 지니고 있었기 때문이다.

그렇지만 보다 중요한 변별점은 1909년 "주시경(周時經)과 미인(美人) 기일(奇一)·법인(法人) 안신부(安神夫)·일인(日人) 고교형(高橋亨)이 한어연구회(韓語硏究會)를 조직하다"[68]라는 『대한매일신보』의 기사가 잘 말해준다. 한국어 연구회를 한국인, 미국인, 프랑스인, 일본인이 함께 조직하고 한국어 연구를 수행하게 된 정황이다. 여기서 가장 큰 변별점은 한국어 연구를 함께 나눌 수 있는 한국인이다. 즉, 근대 한국어 연구

67 『독닙신문』, 1897.4.24. "죠션 사름은 몇 쳔 년을 살면셔 ᄌᆞ긔 나라 말도 규모잇게 비호지 못 하여는디 이 미국교샤가 이 칙을 문드럿슨 즉 엇지 고맙지 아니ᄒᆞ리요."

68 『대한매일신보』, 1909.12.29.

의 상징이자 언어민족주의의 구성에서 가장 시원적인 존재, 주시경이란 인물의 개입이야말로 개신교/천주교의 한국어학 연구의 분명한 변별점인 것이다. 또한 개신교 선교사들에 의해 한국어-영어 사이 대응관계가 형성되던 시기, 특히 게일이 마지막 한영사전을 개정·보완한 시기(1911~1931)는 한국(인)의 근대, 근대어, 근대문학의 형성시기이기도 했다. 사전편찬자들의 의지와 상관없이 한국어 그 자체의 큰 변동이 놓여 있었던 것이다. 그 속에는 한국인이 근대 미디어를 통해 적극적으로 한국의 언어-문화와 근대 학술의 공론장 속에 개입하는 과거와는 새로운 모습이 놓여 있었던 것이다.

요컨대 개신교 선교사의 사전, 성서번역이 지닌 시원으로서의 의미는 한국인과 한국어(근대어)에게 초점을 맞출 경우 타당한 것이었다. 개신교 선교사들은 진정한 의미에서 개척자이며 기원의 위치에 놓인 존재는 아니었다. 그들은 분명히 『한불자전』이 대표해주는 파리외방전교회의 한국어학적 저술의 상속자들이었기 때문이다. 하지만 또한 그들은 한국인에게 유산을 상속한 인물들이었다. 한국인들은 『韓英字典』이 대표해주는 개신교선교사의 한국어학적 저술들의 가치를 인식하고 있었고 이에 대한 상속자들이었던 것이다. 한국인들이 직접적으로 상속한 이개어사전은 『한불자전』이라기보다는 『韓英字典』이었다. 개신교 선교사들은 최초로 한국의 이개어사전을 제공한 시원적 존재는 아니었지만, 한국인에게 직접 한국어사전을 전달해 준 시원적 존재였던 것이다.

이를 반영하듯 게일의 『韓英字典』(1911) 출판 이후 『한불자전』의 형상은 달라졌다. 그것은 19세기 말 개신교 선교사들에게 『한불자전』이 지닌 의미, 동시대 전범으로서의 형상과 다른 것이었다. 1914년에 출간된 존스(G. H. Jones)의 영한사전 「서문」 속 『한불자전』의 형상은 이 점을 잘 보여준다.

> 서양 학자들의 한국어에 대한 연구를 시작한 것이 매우 최근 들어서였다는 점을 고려할 때, 사전 편찬 분야에서는 매우 고무적인 출발이 이루어졌다고 할 수 있다. **이러한 종류의 작업 목록 중에서 그 중요성이 가장 크고 역사가 오래된 것은 프랑스 신부들의 『韓佛字典』이다. 우리 모두는 그들이 한국어에서 이룩한 선도적인 업적에 큰 신세를 지고 있다. 그러나 모든 한국어 사전 중 가장 두드러지는 작품은 제임스 S. 게일 박사의 것이다. 그의 『韓英字典』은 노고를 아끼지 않은 철저한 학문적 성과가 현저히 드러나는 기념비적 업적이다.** 이 사전은 한국어 쪽의 전체 기반을 완전히 장악하고 있어, 사용하면 사용할수록 그 정확성과 가치에 대한 우리의 신뢰감은 커져만 가게 된다.[69]

물론 『한불자전』은 여전히 선구적인 업적이자 기념비였다. 또한 개신교 선교사들이 진 빚이 완전히 망각된 것은 아니었다. 하지만 과거 동시대적인 한국어 어휘 자료를 담고 있는 가장 중요한 전범이란 과거의 의의는 달라졌다. 그 의의를 게일의 『韓英字典』이 물려받았고 전범의 역할을 담당하고 있었다. 이러한 사정은 조선총독부의 『朝鮮語辭典』(1920)에서도 동일했다. 『朝鮮語辭典』이 어휘를 수집하고 참조한 서목은 사전편찬의 과정을 보여주는 공문서 속에서 찾아볼 수 있는데, 이 속에는 의당 『한불자전』과 『韓英字典』이 포함되어 있었다. 하지만 그들이 수집

[69] 황호덕 · 이상현(2012b : 115), "Preface", 『영한자전(英韓字典, *An English-Korean dictionary*)』, Tokyo : Japan : Kyo Bun Kwan, 1914.

한 어휘를 비교해볼 가장 중요한 기준이자 지표는『한불자전』이 아니었다. 그들은 "약 8만 단어를 찾"은 후 정밀한 심의를 거쳐 순수한 한국어를 68,500여 단어를 골랐다. 한국어 어휘를 조금도 남거나 빠지는 것이 없도록 수록하려고 한 그들의 업적을 가늠할 기준은 어디까지나 게일의『韓英字典』(1911)이었다.[70]

게일의『韓英字典』(1897)은『한불자전』을 그 근간으로 삼아 만들어진 사전이었다. 그의『韓英字典』(1911) 역시 그의 1897년 출판된 초판본을 근저로 삼은 것이었다. '이개어사전의 편찬사'에서 본다면, 하나의 사전이 당시 한국어사전의 '전범'이 된다는 것의 의미는 차후의 사전편찬을 '대규모 표절'로 이끈 사전이 됨을 뜻한 셈이다. 이후 편찬된 사전의 이 표절은 정당화될 수밖에 없다. 그것은 비도덕적 행위가 아니라 일종의 '집대성'을 의미했기 때문이다. 또한 이렇듯 전대 사전에 대한 집대성만으로 당시 유통되고 사회 · 관습화된 한국어 어휘의 전체상을 담으려는 기획 그 자체는 성취될 수 없었기 때문이다. 그만치 한국언어-문화, 혹은 언어질서의 전변은 포착할 수 없는 급격한 것이었다.

새로운 전범으로서의 역할을 담당한 게일의 한영사전 역시 한국어의 전체상을 모두 포괄해주는 것은 아니었다. 게일은 "한국어의 전환기"라는 당시 그들의 곤경과 난국을 충족시켜줄 것이라고 여겼기에 존스의 사전이 출판되기를 고대했다.[71] 또한 존스는 게일의 "새로운『韓英字典』을 볼 수 있게 되기 전"에 자신의 사전이 출판됨을 안타깝게 여겼다.

---

70 위의 책, 138~139면.

71 위의 책, 118~119면, "English-Korean Dictionary by George H. Jones", *Korea Mission Field*, 1915.3.

또한 이 점은 안자산이 이야기한 한국어사전 편찬의 계보에서 마지막 사전, 『朝鮮語辭典』에 있어서도 동일한 것이었다. 분명 조선총독부의 사전은 수록어휘의 양적인 측면과 사업의 규모에 있어서 "집대성"이라고 말할 만한 수준의 작업이었다. 또한 향후 게일의 『韓英大字典』(1931)에 대한 하나의 전범으로 그 역할을 담당했다.

하지만 안자산, 다카하시 도루의 언급, 나아가 사전편찬에 큰 역할을 담당했던 오구라 신페이의 『조선어학사』를 보면, 『조선어사전』은 그 수록 어휘의 면에서 결코 좋은 평가를 받지 못했다. 한국어문질서의 변모는 그만큼 따라잡기 힘든 대상이었다. 이 점은 『朝鮮語辭典』 편찬 관련 공문서의 진술에서 발견할 수 있다. 일본어와 한국어 사이의 경계가 없어지고, 한문고전 및 전적의 언어가 "휴폐(休廢)상태 가 됨에 따라" 당시 "정확하게 전거로 삼을 만한 사전을 편찬해 두지 않아 앞으로 문서를 읽기가 아주 불편을 느끼게 될 뿐만 아니라" 일본인으로서 "한국어를 가르치려는 자의 고통이 다대했다."[72] 즉, 『朝鮮語辭典』의 수록어휘는 '실생활어'라기보다는 '과거 한국의 문학어'에 초점이 맞춰진 것이었다. 이것이 수록어휘에 대한 좋지 못한 평가를 낳은 셈이다. 특히 사전편찬 당시 한국의 미디어 속에서 등장하고 있던 '新漢語', '新文明語', '新製漢語', '新詞', '신생한자어' 등이라 명명된 '근대 외래한자어'가 등장하며 한국어의 한 부분이 되고 있었지만, 『朝鮮語辭典』은 이후의 이개어사전, 나아가 존스의 영한사전(1914)보다도 근대의 문명어를 포함하지 못한 업적이었던 것이다. 한국인의 말과 글의 세계를 포괄하며 전범이 되려는

72 위의 책, 137면.

사전의 지향은 끊임없는 새로운 '전범'을 요구하고 있었다. 이러한 급격한 한국어의 변동 속에서 전범이 아니라 '기념비'로 남겨진 『한불자전』의 의미는 무엇일까? 게일이 하늘에 대한 한국인의 유일신 관념을 알게 된 시기를 유추할 수 있는 글은 이 사건을 총체적으로 제시해준다.

이 글은 게일이 주시경과의 만남을 언급한 것으로 추론되는 글이기도 하다. 게일은 기독교 이전 시기에도 한국인이 기독교의 신(God)을 알고 있는 지를 물었고, 주씨는 게일에게 한국인에게 신이 "크신 한 님(the Great one)"이며 "하ᄂᆞ님(Hananim)"이라고 답변했다. 그는 '하나(one)'를 뜻하는 "하ᄂᆞ"와 "주, 주인, 임금(lord, master, king)"을 지칭하는 "님"으로 구성된 "하ᄂᆞ님"을 한국인은 천지를 만드는 일과 관련시키며 "고대의 창조자 造化翁"이라고도 부른다고 가르쳐 주었다. 게일은 순수한 유학자들의 말과는 다른 이 한국인의 말을 주목한다. 게일은 그의 경험 속에서 '아들을 살려달라'고 하나님을 부르는 노파, 천둥이 칠 때 담뱃대를 치워두는 한국인의 모습을 이야기 한다. 주씨는 그 속에 담긴 한국인들의 생각들을 설명해주며, 기독교가 이 "至公無邪"하고 "거룩한" 존재가 '사랑'이라는 새로운 사실을 가르쳐 주었다고 말한다. 그리고 게일은 주씨의 마음속에 존재하는 예수의 형상을 이야기하며 글을 마무리한다.[73]

하지만 주씨란 한국인은 개신교란 종교를 분명히 알고 있는 인물이었다. "하ᄂᆞ님"이란 어휘를 보완해주는 개신교의 개입이 주씨의 대답에는 이미 내재되어 있기 때문이다. 즉, 게일은 '하늘 + 님'으로 인식했던 과거 선교사의 담론에 의거하여 한국의 유일신 관념을 수용한 것이 아

73 J. S. Gale(1900 : 697~698). 이만열 · 류대영 · 옥성득(1994 : 115~116)에서 이 글에서 거론한 한국인을 주시경으로 유추한 바 있다.

니었다. 오히려 개신교가 개입함으로, 한국인의 유일신 관념의 결핍이 해결된 새로운 유일신 개념("至公無邪"하고 "거룩"하면서도 '사랑'이라는 존재)를 선택한 셈이다. 그것은 적어도 주씨와의 일화를 통해서만 본다면, 개신교에 의해 새롭게 한국인의 사유 속에 내재된 '하ᄂᆞ님'이란 새로운 술어를 지칭하는 것이었다. 하지만 그 술어는 분명히 한국인의 언어와 사유 속에 내재된 것이기도 했다.

이와 관련하여 성서를 한국어로 번역해야 했던 게일의 처지와 입장을 염두에 둘 필요가 있다. 그에게 성경전서의 출판은 한국인과의 만남 속에서 그가 언급한 '하ᄂᆞ님'이란 어휘가 지니지 못했던 개념적 결핍이 해결된 중요한 사건이었다. 첫 한글 성경전서 출판 기념식에서 게일의 연설이 1914년 *Korea Mission Field*에 게재된다. 그 글 속에서 '하ᄂᆞ님'은 많은 신들에게 적용할 수 있는 일본어 "kami", 여러 신들 중에 최고신에 지나지 않는 중국의 "上帝"와 달리, 유일신 개념을 체현할 히브리어 여호와를 재현할 가장 온당한 어휘로 기술된다.[74] 기독교의 교리가 한국어로 체현됨으로 말미암아 사실 '하ᄂᆞ님'은 일종의 새로운 술어로서 재탄생하게 된 것이다.

그러나 이러한 "God = 하ᄂᆞ님"으로 상정된 새로운 전범 만들기 이전에, "天主"로 기독교의 'God'이 번역되었던 역사가 『한불자전』에 내재되어 있다. 이는 개신교 선교사의 성경번역에도 개입 · 참조했을 용어들이자 『한불자전』이 보여주는 한국 천주교의 "자기 진술의 언어"이자 '번역'의 역사이기도 하다. 그것은 개신교 선교사와 한국인 조사들의 신

---

[74] J. S. Gale(1914).

학적 차이에서 비롯된 『한불자전』에 대한 배제 · 선택의 역사이자, 과거 한국 가톨릭이 개입한 "한국을 비롯한 동아시아 가톨릭 교회의 번역어 변천사"이다.[75]

더불어 한국의 개신교 선교사들이 체험할 수 없었던 19세기 한국인과의 소통, 한국 언어-문화를 추적할 수 있는 역사적 흔적이다. 이 점을 가장 잘 증언해준 이는 모리스 쿠랑이다. 그의 『한국서지』 「서설」(1894)을 다시 펼쳐볼 필요가 있다. "천주교의 도입"은 "한국문학의 새로운 지류를 탄생케" 한 공적이 있었다. 그의 말대로, "종교는 모든 사람에게 다가가야 하고 종교적 저술은 누구의 손에나 닿게 하여야 하므로, 바로 이 새로운 요구에 부응할 수 있는 것이 한글"이었기 때문이다. 비록 박해로 인해 유실된 문헌을 모두 볼 수 없었지만, 쿠랑은 그가 검토한 서적의 범위에서 이를 평가했다. 그가 보기에 "모든 천주교 서적은, 한 두 권을 제외하고는, 중국 책을 번역하거나 축소한 것"이며, "사용된 언어는 한국어이지만 그 기술용어는 중국적 표현으로서 한글로 단순히 전사한 것에 지나지 않는" 것이었다.[76]

하지만 쿠랑이 「서설」을 작성한 시기 나아가, 개신교의 출판물을 본 시기는 그가 한국의 서울에 거주했던 시기가 아니었다. 나아가 그는 『한국서지』 「서설」(1894)에서는 결코 언문서적을 통해 한국의 고유성과 자주성을 진술하지 않았다. 하지만 『한국서지』의 「보유편」(1901)에서는 다음과 같이 달라진 그의 관점이 보인다.

75 개신교 선교사들의 신명논쟁에 관해서는 이만열 · 류대영 · 옥성득(1995 : 104~118); 조현범(2011 : 182~188).

76 M. Courant(1997 : 72).

> 한국의 자주성은, 특히 새로운 교육용 도서에 적용되어 새로운 문체와 새로운 문자의 구성 또는 발전을 가져오게 되었다. 그러나 이들은 법전, 일간 또는 주 3회 발행 신문에도 사용되었다. 그 때까지 사람들은 한자 혹은 한글을 사용하였는데, 이 두 문자는 단지 아주 적은 숫자의 작품에서만 혼용되어 왔었다. 그러나 모든 이들 새로운 문헌에서는 한자를 단어들의 語根에, 한글을 속사나 동사의 어미에 사용하였다. 그곳에서는, 수세기 전부터 거의 모든 도서에 이와 비슷한 혼용문자를 사용해온 일본에의 모방을 볼 수 있다. 이 같은 개선의 결과는, **교육의 확산과 한글문학(이 국어는 거의 소설과 노래에만 사용되어 왔음을 우리는 알고 있다)의 창조를 가져왔다고 할 수 있다. 이와 같은 사조는 한국인에 의해 한글로 쓰여진 최초의 한글문법서를 탄생케 했는데 그 작업은 단지 시작에 불과한 것이었다.**[77]

여기서 그가 언급한 문헌은 비단 19세기 말 개신교 선교사의 출판물로 제한되는 것이 아니었다. 學務衙門이 출판한 교과서, 官報, 『漢城旬報』·『獨立新聞』·『每日新聞』·『皇城新聞』 등의 신문들. 1897년 이봉운(李鳳雲)이 지은 한국 최초의 근대문법 연구서로 평가받는 『國文正理』와 같은 한국인의 저술들이었다. 이 저술들은 그가 자주성이라고 말한 언문의 새로운 모습이 무엇인지를 구체적으로 보여주는 것이다. 또한 가톨릭 선교사와 다른 상황의 등장, 개신교 선교사와 번역적 관계에 놓여있던 당시 한국인의 국문관이 태동하는 모습, 한국의 언어-문화가 변모되는 계기를 암시해 준다. 그렇지만 19세기 중반 진행되었던 『한불자전』의

77 위의 책, 767면.

언어정리사업이 지닌 이와는 다른 맥락은 무엇일까? 즉, 쿠랑이 검토한 이러한 징후를 발견할 수 없었던 시기, 오랫동안 한국을 체험했던 가톨릭 선교사들의 선행작업이 지닌 의미는 과연 무엇일까? 또한 우리는 이를 얼마나 편견 없이 살펴보며 재구할 수 있을까? 이 질문은 19세기 한국 언어—문화의 전범이자 20세기 한국어사전의 기념비인 『한불자전』의 의미를 규명하는 작업에 있어서 해결해야 될 우리의 과제이다.

참고문헌

1. 1차자료

安 廓, 「辭書의 類」, 『啓明』 8, 1925.5.

______, 「諺文名稱論」, 『正音』 26, 1938.

______, 「朝鮮語의 價值」, 『學之光』 4, 1915.2.

러시아 대장성, 한국정신문화연구원 역, 『국역 한국지』, 1984(러시아 대장성, *КОРЕИ*, S-Peterburg, 1900).

이만열 · 옥성득 편역, 『언더우드 자료집』 I, 연세대 국학연구원, 2005.

________________, 『언더우드 자료집』 II, 연세대 국학연구원, 2006.

________________, 『언더우드 자료집』 III, 연세대 국학연구원, 2007.

________________, 『언더우드 자료집』 VI, 연세대 국학연구원, 2009.

황호덕 · 이상현 편역, 『개념과 역사, 근대 한국의 이중어사전』 2, 박문사, 2012b.

Courant, M., P. Grotte · 조은미 역, 『프랑스 문헌학자 모리스 쿠랑이 본 한국의 역사와 문화』, 살림, 2009.

Courant, M., 이희재 역, 『韓國書誌 : 修訂飜譯版』, 一潮閣, 1997(*Bibliographie Coréenne*, 3tomes, 1894~1896, Supplément, 1901).

Dallet, Ch. 안응렬 · 최석우 역, 『한국천주교회사』 上, 분도출판사, 1979.

Gale, J. S., 김인수 역, 『제임스 S. 게일 목사의 선교편지』, 쿰란출판사, 2009.

________, 신복룡 역, 『전환기의 조선』, 집문당, 1999(*Korea in Transition*, New York : Eaton & Mains, 1909).

Underwood, H. G., 이광린 역, 『한국개신교수용사』, 일조각, 1989(*The Call of Korea*, Fleming H. revell Commpany, 1908).

Aston, W. G., "A Comparative Study of the Japanese and Korean Languages", *The Journal of the Royal Asiatic of Great Britain and Ireland, new series* Vol. XI, Part III, 1879.

___________, "On Corean popular literature", *Transactions of the Asiatic Society of Japan* vol. XVIII, 1890.

Gale, J. S., "Korean Ideas of God", *Missionary Review of the world*, 1900.9.

________, "Korea's Preparation for the Bible", *The Korea Mission Field*, 1914.1.

________, 『한영자전(韓英字典, *A Korean-English Dictionary*)』, Yokohama : Kelly&Walsh, 1897.

Giles, H. A., "Philological Essay", *A Chinese-English dictionary*, London : Bernard Quaritch; Shanghai : Kelly and Walsh, 1892.

Les Missionnaires de Corée, de la Société des Missions Étrangères de Paris, 『한불자전(韓佛字典, *Dictionnaire Coréen-Français*)』, Yokohama : C. Levy Imprimeur-Libraire, 1880.

Underwood, H. G., 『한영문법(韓英文法, *An Introduction to the Korean Spoken Language*)』, Yokohama : Kelly & Walsh, 1890a.

________________, 『한영자전(韓英字典, *A Concise Dictionary of the Korean Language*)』, Yokohama : Kelly & Walsh, 1890b.

2. 2차자료

고영근, 『민족어학의 건설과 발전』, 박문사, 2010.

김영민, 「근대 계몽기 기독교 신문과 한국 근대 서사문학」, 『동방학지』 127, 2004.

김인택, 「19세기 서양인의 한국어 문자와 음운현상에 대한 기술」, 『코기토』 73, 2013.

류대영, 「한말 기독교 신문의 근대국가론」, 『한국기독교와 역사』 29, 2008.

류대영 · 옥성득 · 이만열, 『대한성서공회사』 II, 대한성서공회, 1995.

윤애선, 「개화기 한국어문법연구사의 고리 맞추기」, 『코기토』 73, 2013.

_____, 「LEXml을 이용한 『한영자전』(1911)의 지식베이스 설계 : 『한불ᄌᆞ뎐』(1880)과의 통합적 지식베이스 구축을 위하여」, 『불어불문학연구』 87, 2011.

_____, 「지식베이스 구축을 위한 『한불ᄌᆞ뎐』(1880)」, 『불어불문학연구』, 2009

이상현 · 이은령, 「19세기 말 고소설 유통의 전환과 '민족지'로서의 고소설」, 『비교문학』 59, 2013.

이연숙, 고영진 · 임경화 역, 『국어라는 사상 : 근대 일본의 언어인식』, 소명출판, 2006(『「國語」という思想』, 東京 : 岩波書店, 2004).

이영희, 「게일의 『한영자전』 연구」, 대구가톨릭대 석사논문, 2001.

이은령, 「19세기 이중어 사전 『한불자전』(1880)과 『한영자전』(1911) 비교연구」, 『한국프랑스학논집』 72, 2010.

_____, 「이중어사전으로 본 문화의 번역」, 『코기토』 11, 2011.

이준환, 「개화기 및 일제강점기 영한사전의 미시구조와 국어 어휘 및 번역어 고찰 : 공통 표제어 대응 어휘를 중심으로」, 『대동문화연구』 80, 2012a.

_____, 「英韓辭典 표제어의 다의성 및 다품사성, 뜻풀이어의 유의어 확대」, 『코기토』 73, 2012b.

_____, 「朝鮮光文會 편찬 『新字典』의 體裁, 漢字音, 뜻풀이」, 『어문연구』 40(2), 2012c.

_____, 「『字典釋要』의 체재상의 특징과 언어적 특징」, 『반교어문연구』 32, 2012d.

이지영, 「사전편찬사의 관점에서 본 『韓佛字典』의 특징 : 근대 국어의 유해류 및 19세기의 『國漢會語』, 『韓英字典』과의 비교를 중심으로」, 『한국문화』 48, 서울대 한국문화연구소, 2009.

임상석, 「고전의 근대적 재생산과 최남선의 국한문체 글쓰기 : 「조선광문회고백(朝鮮光文會告白)」 검토」, 『민족문학사연구』 44, 민족문학사연구소, 2010.

조현범, 「선교와 번역 : 한불자전과 19세기 조선의 종교용어들」, 『교회사연구』 36, 2011.

황호덕 · 이상현, 「번역과 정통성, 제국의 언어들과 근대 한국어 : 유비 · 등가 · 분기, 영한사전의 계보학」, 『아세아연구』 145, 2011.

___________, 『개념과 역사, 근대 한국의 이중어사전』 1, 박문사, 2012a.

King, R., 「영어권 학습자를 위한 문법교육(Korean grammar education for Anglophone learners : Missionary beginnings)」, 『한국어교육론』 2, 국제한국어교육학회, 한국문화사, 2005a.

______, "Western Missionaries and the Origins of Korean Language Modernization", *Journal of international and area studies* 11(3) : 7-38. Seoul : Institute of International Affairs, Graduate School of International Studies, Seoul National University. 2005b.

______, "Dialect, Orthography and Regional Identity : P'yong'an Christians, Korean Spelling Reform, and Orthographic Fundamentalism." *The Northern region and Korean culture, history and identity*. Ed. Sun Joo Kim. University of Washington Press, 2010.

19세기 이개어사전 『한불자전』(1880)과 『한영자전』(1911) 비교 연구*

이은령

1. 서론

인간의 두뇌 속에는 모국어의 어휘지식이 저장된 심상 어휘집이 있다. 어휘지식은 어휘가 쓰이는 맥락, 규칙, 용법, 의미적 자질, 음성 및 음운적 특질 등으로 인간 스스로 상상하기 어려운 방대한 언어학적 지식이다. 따라서 언어를 구사한다는 것은 어휘지식의 습득을 전제로 하지만 개인마다 다른 어휘지식을 모두 학습하기란 어렵다. 그러한 의미에서 한 언어를 구성하는 어휘지식의 목록이자 사회적 산물인 어휘사전은 사회화된 어휘지식의 기반을 제공함으로써 교육적 기능뿐만 아니

* 이 글은 『한국프랑스학논집』 73집(2010)에 실렸던 원고를 한국 프랑스학회의 동의를 얻어 수정 · 보완하여 전재한다. 이 책에서 용어의 통일성을 위해 원논문에서 쓴 '이중어사전'은 '이개어사전'으로 바꾸었다.

라 해당 언어의 사회문화를 파악하고 타 문화와의 소통을 위한 중요한 기초 자료가 된다.

이러한 이유로 17세기 이후 조선을 거쳐 갔던 이방인들은 그 지식수준의 높고 낮음을 떠나 자신의 경험을 토대로 한국어 지식을 기술했다. 이 과정에서 조선을 직접 경험한 이들과 직접적인 경험이 없었던 서양인들에 의해 다양한 종류의 텍스트가 생산되고 유통되었다.[1] 그중에서 조선의 개항기[2] 전후 입국했던 선교사들의 저작 중 『한불자전』(1880)과 『한영자전』(1897 · 1911 · 1935)은 모두 조선을 직접 경험했던 서양의 선교사들이 한국인과 더불어 편찬한 사전으로서 당시의 한국어에 관한 저작으로서는 가장 전문적이고 방대한 규모의 저작이라고 할 수 있다.

우선 『한불자전』은 프랑스인 신부 리델(F. C. Ridel)이 1880년에 일본의 요코하마에서 출판한 사전으로 근대적 의미에서 '사전'이라고 부를 수 있는 한국어 이개어사전이다. 사전을 집필하기 위한 선행 조건이 등재 어휘의 목록을 작성하는 것이라면 『한불자전』은 당시의 이개어사전 중 가장 많은 표제어인 29,000개(어휘부, 지리부)를 수집했다는 점에서 이후 집필된 이개어사전의 기초 자료로서의 의의가 크다.[3] 『한영자전』은 캐나다 선교사 게일(J. S. Gale)이 1897년에 언더우드의 『한영자전(*A Concise Dictionary of the Korean Language*)』(1890)과 『한불자전』, 그리고 그 외 오랜 기간 조

---

1 이지은(2006); 신복룡(2002) 참고.

2 여기서 개항기라 함은 1882년 한미수호 조약 이후 서양인에 대한 입국의 길이 완화된 시기를 말한다.

3 리델의 서한을 바탕으로 삐아센띠 신부(Abbé Piacenti)(1886 : 130)가 쓴 리델 전기에서 리델이 한국어 문법서와 사전을 집필하기 시작하면서 가능한 한 많은 자료를 모으고자 노력했다는 점과 그럼에도 자료의 부족함을 호소했다는 사실이 나타난다. 그 외 프랑스 선교사들의 한국어사전, 문법서 등에 대한 상세한 기술은 졸고 강이연(2005)을 참고.

선에 체류하면서 수집한 다양한 자료를 바탕으로 집필한 사전이다. 『한불자전』과 언더우드가 집필한 『한영자전』의 표제어를 기반으로 했으나 게일의 『한영자전』은 전문용어, 신조어, 고유명사(인명, 지명) 등을 등재하여 3판까지 출판하면서 점진적으로 등재어 목록을 확장해 나갔다.

이 글에서는 『한불자전』과 『한영자전』(2판, 1911)을 전자 입력하고, Xml로 형식화한 메타데이터를 활용하여 사전의 거시 및 미시구조를 비교하고 뜻풀이에 나타난 의미정보를 살펴, 각 사전이 한국어 어휘정보를 어떻게 구성하고 있는지 비교한다. 나아가 이를 바탕으로 『한영자전』이 『한불자전』을 참조한 방식을 밝혀보고자 한다. 『한영자전』이 『한불자전』을 참조한 방식에 대한 분석은 개화기 사전과 국어사전 편찬 역사에 대한 연구뿐만 아니라 비교 문화적 관점에서도 항상 '서양'이라는 큰 틀에서 구별하지 않았던 프랑스어권 문화, 영어권 문화의 접근 방법의 차이점을 구체적으로 드러내 줄 수 있을 뿐만 아니라 초기의 이개어사전이 이후 한국어사전 집필에 미친 직 · 간접적인 영향관계를 밝힐 수 있는 실증적인 기반이 될 것으로 기대한다.[4]

---

4 『한영자전』(1890)을 집필했던 언더우드나 그의 뒤를 이어받아 지속적으로 이개어사전을 출판했던 게일은 『한불자전』을 기초 자료로 활용했음을 언급하고 있다. 그러나 그 활용의 범위가 표제어의 취득을 위한 것이었는지, 아니면 의미정보나 한자어 정보를 참조하려는 것이었는지에 대한 구체적인 언급은 없으며 이점에 대한 사실규명 또한 필요한 것으로 보인다.

2. 선행 연구

기원전 23세기에 어휘학습을 목적으로 만들어졌던 인류 최초의 사전인 『수메리아 : 아카디아어 단어장』이 이개어사전이었음은 우연이 아니다. 이개어사전이 이질적인 언어 사회 간 소통의 필요성으로 만들어졌다고 한다면 단일어사전은 규범적 목적에 의해 탄생되는 경우가 많았다는 사실을 생각해 볼 필요가 있다. 성격과 기능이 다른 이개어사전과 단일어사전은 그 정보구성이나 의미 기술에서도 매우 다르다. 따라서 국내에서 '대역사전'으로 불리는 개화기 이개어사전은 필요에 따라 사전으로 혹은 '어휘집'이라는 범주로 규정되면서 객관적인 평가를 받지 못했다. 그 이유는 『한불자전』과 『한영자전』이 한국어를 대상으로 하고 있으나 프랑스어와 영어라는 외국어로 되어 있는데다가 현대의 자모순이 아닌 표제어 배열순서 등으로 가독성이 좋지 않아, 자료 전체를 통찰하기가 어려웠기 때문으로 보인다. 또한, 이개어사전 간의 영향관계나 단일어사전 간의 연속성, 그리고 참조방식에 대한 정황적 언급은 있었으나 자료 전체에 대한 통찰이 어려웠기에 객관적인 입증 또한 어려웠을 것이다. 따라서 오랫동안 지속된 학자들의 관심에도 그간의 연구는 그리 큰 성과를 거두지 못했다고 할 수 있겠다.

개화기 선교사들이 편찬했던 대역사전으로 개괄적으로 다루어졌던 『한불자전』은 고영근(1976; 2001), 이숭녕(1965), 이응호(1983), 김민수(1980) 등에서 국어학적 가치를 인정받았으나, 입력자료를 바탕으로 한 사전학적 연구나 체계적인 어휘 연구로 이어지지는 않았다. 특히 게일의 『한영자전』에 대한 거시구조나 미시구조를 밝힌 독립적 연구는 이루어진 바가 없다. 그러나 1990년대 이후 개념사 연구의 방법론이 근대개념의 형성에 관한 연구에 방법론을 제시함으로써 그동안 『한불자전』, 『한영자전』과 같은 개화기 대역사전은 언어학이나 사전학뿐만 아니라 국학, 사회학, 정치학 등의 분야에서도 문명관련 어휘, 근대 서구 사회의 개념 도입에 관한 연구나 서양인의 조선 인식에서 나타나는 오리엔탈리즘 비판을 위해서도 부분적으로 활용되었다. 그러나 이러한 일련의 연구에서, 특히 『한불자전』은 표제어에서 근대 문명 개념, 혹은 근대 서구와 일본을 통해 유입된 어휘의 수가 타 대역사전과 비교해 상대적으로 적다는 이유로 문명 개념이나 근대적 인식이 부족했다는 점이 지적되기도 했다.(이병근, 2000; 안재원 · 김현권, 2006) 또는 한국어 규범의 통일이 이루어지기 전, 외국인들이 만든 것들이어서 한국어 표제항의 형태와 표기의 문제나 발음표기의 오류,[5] 혹은 서양말로 된 뜻풀이, 그리고 표제어의 형태가 단어가 아니라는 이유 등으로(이개어, 혹은 두말)사전으로 인식되기보다는 '대역사전'이라는 모호한 용어로 분류되고 있다.

그러나 이러한 『한불자전』이나 『한영자전』으로 대표되는 대역사전의 문제점은 이 후 집필된 단일어사전에도 여전히 남아 있는 문제이기도 하다는 것이다. 최초의 체계적인 사전의 형태로 평가받는 국어사전인 『말모이』도[6] 한글맞춤법 통일안이 제정되기 이전에 집필된 것이며

5 『한불자전』에서 나타난 표제어 뒤 로마자 표기가 발음표기라고 인식되고 있으나 이는 실제로 발음표기라고 보기에는 어렵다. 형태소 분석이 된 로마자 표기로 보아야 할 것이다.

6 『말모이』는 광문회에서 주시경과 그의 제자들인 김두봉, 권덕규, 이규영 등의 국어학자들이 민족주의적인 애국 계몽의 수단으로 1911년부터 편찬 작업이 시작되었다. 그러나 원고 집필은 완성되지 못한 채 계명구락부, 그리고 이후 조선어학연구회로 넘어갔다.

표제어의 형태가 정비되지 않았고 뜻풀이에 사용된 단어가 표제어로 올라 있지 못한 예도 발견된다. 이렇게 사전학적 관점에서 『한불자전』이 보여주는 불완전성은 표제어 항을 선정하는 기준의 문제라기보다는 부분적인 형태소 분석 오류에 의한 것으로 보인다. 또한, 표기법 문제는 당시에 출판된 『한불자전』이나 『한영자전』의 사전학적 관점에서의 결함이라기보다는 당시 한국어가 규범화되지 못한 상태를 그대로 반영한다는 점에서 자료로서의 가치가 폄하되거나 곡해되어서는 안 될 것으로 보이며 이들 자료가 담은 정보에 대한 보다 정확한 사실적 규명과 이해가 필요하다.

전체적인 자료의 가치나 사전적 특징을 개괄하는 연구와는 달리 채완(2008b : 258)은 '(『한불자전』이) 의성어나 의태어인 경우, 현대의 사전보다 더 구체적이고 세밀한 뜻풀이를 제시하고 있다'고 지적하면서 근대국어의 의미 변화에 대한 전반적인 연구가 필요함을 언급했다. 특히 채완(2008a)의 『한불자전』 뜻풀이 연구는 한국어 표제어의 품사적 특징에 대응되는 프랑스어 뜻풀이와 번역방법에 주목하여 근대국어의 어휘 연구에 직접적인 활용 가능성을 제기했다고 하겠다.

계량적 방법에 입각한 이지영(2009)의 최근 연구는 국학 분야에서 대역사전 연구에 새로운 가능성을 보여주었는데 특히 『한불자전』과 『한영자전』의 관계성에 주목하여 이들 사전이 공유하는 '한자어 정보'를 중심으로 참조관계를 밝히고자 하였다. 그 결과 『한불자전』이나 『한영자전』의 편찬과정에서 말뭉치로 활용되었을 가능성이 있는 근대국어 유해류(類解類)와의 영향관계보다는 『한불자전』-『한영자전』의 참조관계가 더욱 명확해졌다. 그럼에도 이지영(2009)의 연구는 전자 입력된 자료

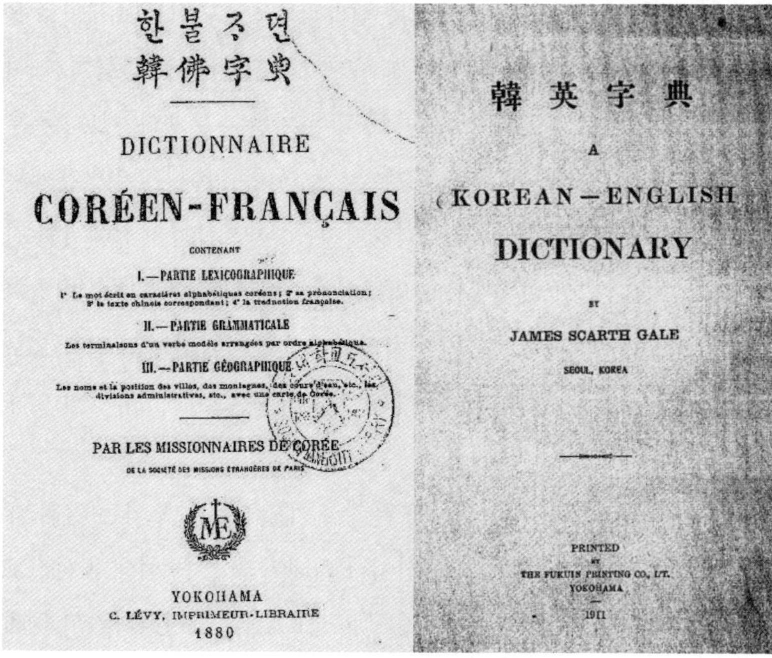

〈그림 1〉『한불자전』과 『한영자전』의 표지 사진

의 존재 양상을 밝히거나 정형화된 언어로 사전의 미시구조를 분석하지는 않았기에 실증적인 연구의 한 사례를 보여주는데 그쳤다. 대역사전 연구가 꾸준하게 이어져 오고 있지만, 『한불자전』에 대한 사전 자료의 지식베이스 구축을 궁극적인 목표로 한 연구(윤애선, 2009)나 부분적으로 자료를 활용한 미시적 연구를 제외하고는[7] 객관적인 자료 규모와 구조에 대한 상세한 연구가 없는 실정이다. 사전의 규모와 구조를 밝히는 작업은 다양한 언어 및 인문학 분야의 응용 연구에 활용될 수 있는 기초 연

7 『한불자전』의 사전구조를 개괄한 연구로는 박성숙(1996), 그리고 이 책에 실려있는 윤애선(2009)의 「『한불자전』 미시구조 분석」 연구가 있다. 그 외 말뭉치를 밝히거나 한불-한영자전 간 영향관계를 분석한 연구로 이지영(2009)이 있다.

구로서 현재 관련 연구에 필수적인 선행 조건이라고 할 수 있겠다.

3. 『한불자전』과 『한영자전』의 구조

1) 『한불자전』의 거시구조와 미시구조

종이 매체의 『한불자전』은 모두 707쪽으로 어휘부 615쪽, 문법부 60쪽, 지리부 23쪽으로 이루어져 있으며 어휘부에서 다루는 총 표제어의 수는 27,194개로 문법부 및 지리부의 표제어까지 포함하면 29,026개에 이른다. 표제어항의 거시구조(macro structure)는 사전의 서문 등에서 명시된 대로 알파벳순으로 제시되었고[8] 한글맞춤법통일안(1933) 이전에 출판된 대부분의 사전이 그러하듯 한국어의 표기방법 또한 정비되지 않은 상태이다. 그럼에도, 『한불자전』의 표제어항은 두 개의 필수 구성요소인 ① 표제어, ② 표제어의 로마자 표기와 5개의 수의적 구성요소인 ③ 한자 원어 정보 유무, ④ 용언의 활용형 어미, ⑤ 주격조사 표지, ⑥ 한자 어원 또는 등가어, ⑦ 프랑스어로 된 한자의 자역(字譯)으로 이루어져 있다.[9]

8 첫음절이 모음으로 시작하는 표제어를 우선으로 하고 그다음으로 자음과 모음이 결합한 순서를 따랐다. 따라서 표제어 순서는 첫음절의 소리를 로마자로 표현했을 때의 알파벳 순서와 같다. 표제어의 순서는 다음과 같다.

아	야	ᄋᆞ	어	여	으	이	오	요	우	유	ㅎ	ㄱ	ㅋ	ㅁ	ㄴ	ㅇ	ㅂ	ㅍ	ㄹ	ㅅ	ㄷ	ㅌ	ㅈ	ㅊ
A	YA	Ă	E	YE	EU	I	O	YO	OU	YOU	H	K	HK	M	N	NG	P	HP	R(L)	S(T)	T	HT	TJ	TCH

9 『한불자전』의 미시구조 분석은 이 책의 「지식베이스 구축을 위한 『한불자전』 어휘부의 미시

한불자전은 사전학적 관점에서 필수 구성요소로 간주하는 표제어, 발음, 품사, 형 태, 통사(문법), 의미정보와 그리고 화용 정보를 비교적 체계적으로 배열하고 있다. 의미 기술 정보 구역은 프랑스어로 되어 있는데 주로 등가어, 의미 풀이로 뜻을 설명하고 '‖' 기호와 ' ; '로 나열된 번역 표현 간에 의미가 다름을 구분하면서 한국어 표제어의 의미를 구분하고 있다. 프랑스어로 된 의미의 번역 후에는 용례, 파생, 분야정보와 방언, 세부 어휘의미관계(동의, 반의, 참조, 원 의미)를 기술하고 동사 표제어에는 경우에 따라 통사적 지배관계와 태, 격을 기술하고 있다. 이러한 의미적, 문법적 관계의 표상은 경우에 따라 문법 용어나 용어의 약어를 써서 기술하거나 또는 등가 표현을 써서 기술했다.[10]

2) 『한영자전』의 거시구조와 미시구조

존 번연의 『천로역정』을 한국에 최초로 번역(영어-한국어) 소개했던 캐나다 선교사인 제임스 게일(James Scarth Gale)은 1897년 『韓英字典(*An Unabridged Korean-English Dictionary*)』을 출판했다. 이 글[11]의 대상은 1897년의 『韓英字典(한영자전, *A Korean-English Dictionary*)』을 수정 · 보완한 1911년 인쇄본으로 서울의 종로 야소교회에서 출판되고 국내에는 영인본으로 소

구조 분석」(윤애선)을 참조하라.

10 『한불자전』은 총 39개의 문법 용어와 세부 의미정보를 나타내는 약어를 쓰고 있다. 특히 문법 용어의 사용과 뜻풀이 방법에 대해서는 이은령(2009 : 302~304) 참고.

11 『한영자전』은 1897년에 1판(45,670개), 1911년에 2판(50,000개)을 거쳐 1931년에 3판 (82,000개)을 출판했다. 괄호 안은 홍윤표(2009 : 9)에 따른 표제어 수.

장된 자료이다. 1897년의 1판은 어휘부가 두 부분으로 나뉘어져 1부는 한국어-영어, 2부는 중국어-영어사전으로 구성되었다. 2부는 중국어-영어 사전이라고는 하나 실제 한자 표제어 뒤 괄호 안에는 한자의 뜻을 한국어로 풀이해 주었다. 1911년판 사전의 이름은 『韓英字典(*A Korean-English Dictionary*)』이나 실제 'ㄱ'으로 시작하는 어휘부의 첫 페이지에는 대사전이라는 의미의 'An Unabridged Korean-English Dictionary'이라는 제목이 명시되어 있다. 이는 1997년의 1판에서 한국어 표제어를 48,000여 개로 증가시키면서 대사전으로의 변화를 미리 보여준 것으로서 2판은 표제어 수와 구성, 그리고 의미정보에서 1판과는 다른 모습을 갖고 있다. 특히 1판이 언더우드(H. Underwood)의 ***Korean-English Dictionary***(1890)가 가진 표제어와 정보를 대부분 수용했다면, 2판은 언더우드의 소형사전이 취사선택했던 『한불자전』의 자료가 다시 재활용된 것으로 표제어 구성이나 의미정보가 보완, 수정되었음이 사전 곳곳에서 드러난다.

우선 『한영자전』은 초판 서문(3쪽), 일러두기(1쪽), 서론(5쪽), 약어(1쪽), 어휘부(1,113쪽), 제국연대기(29쪽), 육십갑자 주기표(2쪽), 백 년 달력(9쪽)으로 총 1,163쪽으로 이루어져 있다. 표제어 수는 홍윤표(2009 : 9)의 경우 34,000개로, 웹 백과사전 등에는 35,000여 개로 주로 1판의 표제어 수가 알려졌으나, 이 글의 대상인 『한영자전』 말뭉치(1911)에서[12] 산출한 표제어는 48,623개이다. 언더우드의 한-영(영-한)자전과는 달리 게일의 『한영자전』(1911)에 대해 집중한 선행연구가 전혀 없는 실정이며 따라서 『한불자전』, 허버트 질(Herbert Gile)의 중국어사전 사전인 ***A Chinese-English***

12 이은령 외, 『웹으로 보는 『한영자뎐』 1.0』(2009).

Dictionary,[13] 그리고 언더우드와 스캇(Scott)의 한영사전을 참조했다는 사실 외에 참조방식이나 사전의 거시 및 미시구조에 대해서는 연구된 바가 없다. 그러나 『한불자전』과 『한영자전』의 집필 연도 차이로 짐작할 수 있듯이 그 사이에 변화된 조선의 모습은 사전 속의 표제어 수의 차이로도 나타나고 있다. 따라서, 『한영자전』은 『한불자전』이 포함하지 않는 1900년 초기의 다양한 생활어와 서양의 근대 문물의 유입, 그리고 제도상의 변화를 폭넓게 보여 줄 수 있는 일반 어휘, 구문 단위의 표제어 및 전문용어, 고유명사(인명, 지명, 장소, 등), 외래어[14]를 등재하여 표제어 수와 의미정보의 관점에서 당시의 어휘사용이나 사회를 반영할 수 있는 중요한 자료이다. 따라서 말뭉치를 바탕으로 한 『한영자전』의 구조에 대한 정확한 분석과 규모에 대한 사실적 평가는 현재 관련 연구분야에서 매우 필요한 선행 작업이라고 하겠다.

『한영자전』의 어휘부에서 각각의 등재 항목은 표제어 정보 구역과 의미기술 정보 구역으로 나눌 수 있는데 우선 표제어 항목에 제시된 정보의 상세한 구성 내용은 다음과 같다. 모든 등재어 항목은 아래의 표에서 볼 수 있듯이 두 개의 필수 구성요소인 ② 표제어, ③ 첫음절의 장단 표기가 있고, 다섯 개의 수의적 구성요소인 ① 한자 원어 정보 유무, ④ 표제어와 다른 발음표기, ⑤ 원어 정보, ⑥ 한자의 자역과 자음, ⑦ 활용 형태로 이루어져 있다. 따라서 〈표 1〉에서 ②가 표제어 구역, ③, ④는 음운적 정보에 해당하며, ①, ⑤, ⑥의 항목은 한자 원어 정보 및 의미적

13 Herbert Giles, *A Chinese-English Dictionary*(Hua-Ying Zidian)(1892, Shanghai; 1912, London).

14 '구쓰(서양 구두)'와 같은 외래어를 등재하고 괄호 안에 해당 언어를 밝혔다. 예컨대, '구쓰'는 'Foreign shoes(Japanese)'로 기술했다.

〈표 1〉『한영자전』의 표제어 정보구역 구성 (D : 구분자(deltimiter), N : 표지 없음)

구성요소	①	②	D	③	D	④	D	⑤	D	⑥	D	⑦	D	
필수여부	F	O	F	O	O	F	F	F	F	F	F	F	F	
구역	㉰	㉮		㉯				㉰				㉱		
(1)	*	마뎐	N	s	.	N	N	痲田	N	(삼) (밧)	N	N	N	
(2)	N	마들다	N	s	.	N	N	N	N	N	N	어;마든	N	
(3)	N	마지못ᄒᆞ다	N	l	.	N	N	不得已	N	(아닐—*불) (엇을— *득) (말—*이)	N	N	N	의미 기술 정보 구역
(4)	*	우순풍됴ᄒᆞ다	N	l	.	N	N	雨順風鯛	N	(비) (슌ᄒᆞᆯ) (바람) (고로)	N	N	N	
(5)	N	우돈	N	s	.	(—쏜)	N	添價	N	(더ᄒᆞᆯ—*텀) (갑—*가)	N	N	N	

등가어를 제시한 부문이 되며 마지막으로 ⑦이 표제어와의 결합을 이루는 형태소를 명시해둔 부분이다.

의미기술 정보 구역은 다양한 표제어의 어휘정보, 문법정보, 백과사전으 사전정보 를 담고 있는데 그 구성은 〈표 2〉와 같다.[15] 우선 필수적인 구성요소인 ①의 뜻풀이와 선택적인 구성요소인 ②~⑨가 있다. 각각의 구성성분을 분리하는 구분자로는 ①과 ②사이의 마침표가 있고 나머지는 그러한 형식적인 구분자가 없다.[16] 이 중 ⑤는 방언, ⑦, ⑧, ⑨는 세부의미정보로서 어휘의미관계에 해당하고 ②와 ⑥은 백과사전적 정보에 해당하는 분야와 인용서지 정보이다. 또한, ③은 명사와 결합하는 동사, 혹은 동사와 결합하는 명사의 선택제약정보에 해당하며 ④는 체계적으로 기술되지는 않았지만, 동사, 형용사, 부사 등의 품사 표지와 자동

15 『한영자전』의 거시구조와 미시구조는 앞으로 인문정보학적 관점에서 표준언어(LexML)로 규정되어야 한다.

16 〈표 2〉에서 ①과 ② 사이를 제외하고 각 항목 사이 구분자가 없으므로 생략했다.

〈표 2〉 의미정보구역 (D: 구분자, N: 없음)

구성요소	①	D	②	③	④	⑤	⑥	⑦	⑧	⑨
구성성분	뜻풀이		분야	결합 정보	품사 문법	방언	인용 서지	관련어 (*Also*)	유사어 (*See*)	반의어 (*Opp.*)
필수여부	필수구성요소		선택적 구성요소							
(1) 셩찬	1. The Cup - in the sacremental ceremony	.	Chris-tian	N	N	N	N	N	N	N
(2) 근들니다	1. To crush up against, to crowd	.	N	N	v.t.	Prov.	N	N	N	N
(3) 걋바르다	To have a fare appearance; to flatter	.	N	N	N	N	N	것발나 넘기다	N	N
(4) 도라가다	1. To return, to go back, to go in a roundabout	.	N	N	N	N	N	N	N	N
	2. To die	.	N	N	N	Hon.	N	N	죽다	N
(5) 들다	1.To cut	.		(칼)						
	2. To cost	.		(돈)						
	3. To pay	.		(셰)						
	4.To take- sick	.		(병)						
	5. To enter	.	N		N	N	N	N	N	N
	6. To change-of the leaves	.		(단풍)						
	7. To arrive-of the seasons	.								
	8. To be dyed- of cloth goods	.		(물)						
(6)환부	A widower	.	N	N	N	N	N	N	홀아비	과부
(7)려민	The young people of the state	.	N	N	N	N	M.	N	빅셩	N

사, 타동사 등의 세부 품사정보를 기술하는 항목에 해당한다.

우선 필수 구성요소로는 어휘의 뜻을 영어로 설명하는 뜻풀이 부분이다. 뜻풀이는 어휘의 의미를 영어로 풀어서 설명하되 뜻풀이 구역의 내부에는 '；', '：', '-', '.' 등의 기호가 쓰였다. 이 중, 부연설명을 하는 데 쓰였던 '-' 기호를 제외하고는 모두 의미를 구분하는데 혼용되었다. 이 중, 가장 명확하게 다의어의 구분으로 쓰였던 것은 '.'이며 '.' 기호 뒤에는 대문자를 써서 문장이 앞의 문장과 형식적인 구분을 했고 '；', '：'

기호 뒤에서는 대문자가 나타나지 않는다는 사실이 『한영자전』에서는 '.' 기호가 가장 명확한 다의어 구분자로 쓰였음을 보여준다. 〈표 2〉에서 선택적 구성요소에 포함된 세부 의미정보는 모든 정보는 다의어 분류에 종속적인 요소로서 각각의 다의어에 개별적으로 추가되는 정보이다.

선택적 구성요소인 분야정보는 『한영자전』에서 총 12개 분야가 나타난다. 그러나 12개 분야정보는 실제 말뭉치에서 37건밖에 나타나지 않고 분야를 나타내는 약어의 이형도 나타나는 등, 체계적으로 활용되지 않았다. ④의 품사, 문법정보도[17] ②의 분야 정보와 ③의 결합정보와 같이 체계적으로 활용되지 않았다. 반면 ⑤의 방언에 분류된 것은 『한영자전』의 일러두기에도 몇몇 나타나는 것으로서 다양한 종류의 세부 정보로 포함되어 있다. 지역적 방언(Prov), 사회적 방언(Hon., Respect, Low, Abusive), 그리고 화계(Coll., Dim., Epist. Comp.)로 나누어 볼 수 있겠고, ⑥의 인용서지 정보는 표제어의 한자어가 중국 사서삼경에 나타났으면 이것의 출처를 밝힌 것이다. 일러두기에는 모두 6개가[18] 있으나 말뭉치에는 인용서지 정보로 간주할 수 있는 '성경(Bible)', '도덕경(T.G. 또는 T.G. IV)' 등도 나타난다.

17 『한영자전』에서 품사정보는 세부 의미정보에 부분적으로 명시되었다. 『한불자전』에서는 용언에 대해서만 자동, 타동, 중립과 같은 통사적 범주를 명시했다. 『한불자전』은 특히 용언과 명사 논항 사이의 지배관계를 기술했다.

18 일러두기의 인용서지 정보는 시전(B.O.), 서전(B.H.), 논어(A.), 맹자(M.), 주역(C.C.), 중용(D.M.)이다.

3) 『한불자전』과 『한영자전』 정보구성의 비교

사전의 의미정보는 사전의 유형에 따라 달라질 수 있으며 어휘의 종류에 따라 달라질 수 있다. 일반 어휘사전인지, 전문용어 사전인지에 따라 사전의 거시, 미시구조가 달라지며, 단일어인가 다국어인가에 따라서도 정보 구조가 다르다. 또한, 어휘의 품사별로도 배열되는 정보의 구성이 다르다. 그동안 『한불자전』과 『한영자전』은 모두 전교(傳敎)를 위한 한국어학습용 사전으로 알려졌다.

게일 영한사전의 모태가 되었던 언더우드의 『영한자전』(1890 : 8) 서문에서, 언더우드는 '프랑스 선교사들의 훌륭한 사전에서 도움'을 얻었으나, 표제어의 철자와 뜻풀이에서뿐만 아니라 많은 부분에서 그들과 다르다고 기술하고 있다. 그렇다면 이렇게 공표된 차이점은 어디에 있는가? 『한영자전』의 저자가 직접 언급하는 표제어 형태와 뜻풀이 방식 외에, 뜻풀이의 내용에서도 다양한 차이점을 보이고 있다. 우선 어휘의 형태, 문법, 구문 및 화용적 정보의 번역이 두 사전에서 각각 어떻게 이루어졌는지를 '언어학적 정보'에서 살피고, 이후 뜻풀이의 내용 비교를 통해 '사전학적 층위'에 해당하는 번역 양상을 검토할 것이다. 이상의 내용에 대한 정리를 위해 〈표 3〉에서 『한불자전』과 『한영자전』 말뭉치의 형식과 정보를 비교하여 제시한다.

한영자전과 『한불자전』의 뜻풀이 부분을 살펴보면 다양한 층위의 언어, 언어 외적 정보가 혼재되어 있음을 볼 수 있다. 따라서 우선 어휘가 문장 내에서 쓰이는 환경과 규칙에 대한 기술부분인 품사정보와 구문 정보, 선택제약 정보 등이 어떻게 기술되어 있는지를 언어학적 정보

〈표 3〉『한불자전』과 『한영자전』의 형식 및 정보구성 비교

	상세 정보 항목	『한불자전』	『한영자전』
형식적 특성	언어	한국어-프랑스어	한국어-영어
	주관기관 / 편찬자	F-C Ridel	J. S. Gale
	출판연도	1880	1911 (1897 · 1935)
	표제어 수	27,194	48,623
	사전유형	이개어사전	이개어사전
	특징	어휘사전 백과사전	어휘사전 백과사전(고유명사)
표제어항	목적	한국어학습용	한국어학습용
	한국어 표제어	○	○
	한자 원어 정보	○	○
	한자 등가어	○	○
	발음 로마자 표기	○	–
	첫음절 모음의 장단	–	○
	자전적 뜻풀이	○	○
	용언의 활용	○	○
의미정보	대역어 어휘, 표현, 뜻풀이	○	○
	다의어 구분	○	○
	품사정보	–	○
	문법정보	○	○
	파생어	○	–
	연어 / 용법 / 예문 / 방언	○	○
	이철어	○	–
	동의어 / 반의어 / 참조어 / 화계	○	○
	인용서지 정보	–	○
	분야정보	○	○

의 구성을 살펴볼 필요가 있다. 특히 『한불자전』과 『한영자전』은 19세기 말에 집필된 사전이라 현대의 사전이 제시하는 다양한 어휘정보와 뜻풀이의 풍부함을 보여주지는 못한다. 그러나 이들 사전은 기본적으로 한국어 표제어에 대한 동의어 또는 풀어쓰기에 의한 뜻풀이를 제시하는데, ① 어휘의 문법적 범주, ② 형태적 특성 ③ 구문에 따른 의미 변화 ④ 결합 정보 ⑤ 화용적 정보에 변별적인 뜻풀이를 제시하고 있다는

점에서 이개어사전의 기본적인 원칙을 배제하지 않음을 확인할 수 있다. 〈표 4〉는 어휘 지식이 뜻풀이를 통해 어떻게 표상되는지 그 예를 제시하면서 정리한 것이다.[19]

〈표 4〉『한불자전』과 『한영자전』의 언어학적 층위의 뜻풀이

한국어			『한불자전』	『한영자전』
구분		표제어		
품사	형	반듯ᄒᆞ다 (平)	horizontal(수평적)	To be horizontal(수평적) To be flat. To be even(평평한. 고른)
	명	반비 (飯婢)	esclave cuisinière (음식을 담당하는 여종)	A female cook—a slave (여자 요리사-종)
	동	발낭발낭ᄒᆞ다 (輕動)	vite ‖ flotter au vent (빨리 ‖ 바람에 날리다)	To flutter(흔들리다)
	동	속다 (見欺)	être trompé; être attrapé; se tromper (속임을 당하다. 속다.)	To be deceived. to be cheated (속다. 속임을 당하다)
문법적 기능		인하야 (因)	postposition, gouv.l'acc. et l'instrum. A cause de, par, donc(후치사. 대격과 도구격을 지배. ~때문에, ~에 의해, 따라서)	Because of - a prep., from following the accusative (~ 때문에—대격이 뒤따르는 전치사)
형태적 특성		닷치다	se fermer, être fermé (닫히다, 닫히다)	To shut. to close—a door, gate (닫다. 문을 닫다)
		닷다	fermer, clore, enclore (닫다, 폐쇄하다)	To shut. to close—a door, gate etc (닫다. 문을 닫다)
		죽이다 (殺)	tuer, occire, assassiner, faire mourir, massacrer, immoler. fact. de 죽다 Tjouk-ta (죽이다. 죽이다. 암살하다. 죽게 하다. 살육하다. 희생시키다. '죽다'의 사역형)	To kill. to slay(죽이다. 살인하다)
구문적 특성		반(半)	moitié; demi; milieu(avant le nom, il signifie: moitié de cette chose; placé après, il signifie: cette chose plus sa moitié)(반. 중간(명사 앞에서 어떤 것의 반이라는 의미. 명사 뒤에서 어떤 것 하나와 그것의 반이라는 의미))	Half. Written before the noun-a half. written after—this and a half(반. 명사 앞에 쓰여 1/2을 의미, 명사 뒤에서는 1과 1/2)
결합 정보		물(水)	eau; jus; suc; humeur(물, 액, 즙, 분비액)	water. liquid. juice (쓰다, 깃다, 주다, 붓다, 치다, 물, 액체, 즙)
화용적 정보		시싱(侍生)	jeune homme; air jeune ‖ je, moi (terme d'humulité en parlant à un supérieur)(젊은이, 젊은 기, 나, 나는 (지위가 높은 사람에게 말하면서 겸손을 나타내는 용어))	I, your junior (저, 당신의 아랫사람)

19 이 글에서는 언어학적 층위에 속하는 어휘지식의 번역 양상을 자세하게 비교하지 않고 향후의 연구에서 자세하게 검토하기로 한다.

4. 『한불자전』과 『한영자전』의 뜻풀이 비교

1) 뜻풀이 비교 방법

이 글에서는 『한불자전』(어휘부)과 『한영자전』을 전자 입력하고 이후 1차 자료화한 말뭉치를[20] 이용하는데 이는 말뭉치를 이용한 분석이 종이 사전과 비교해 자료의 조작과 활용이 쉽기 때문이다. 방대한 어휘자료인 『한불자전』과 『한영자전』은 자료가 담은 정보의 다양성과 복잡성 때문에 전자화되지 않은 상태에서 연구에 활용되기란 매우 어려우며 활용된다고 하더라도 자료추출의 한계 때문에 일관성과 완성도를 보장하기 어렵다.[21]

한불자전과 『한영자전』의 구조를 분석, 비교하여 이들 사전 간의 영향관계, 즉 『한영자전』이 『한불자전』을 참조한 방식을 찾기 위해 말뭉치에서 동형 표제어와 동형의 한자어 정보를 동시에 갖는 한불-한영자전의 표제어 쌍을 추출한다. 뜻풀이의 분석만을 위해서는 굳이 이러한

---

20 이은령 외(2008; 2009)는 부산대 인문한국 [고전번역 + 비교문화학연구단]의 지원으로 『한불자전』(1880)과 『한영자전』(1911)을 웹으로 검색할 수 있도록 1차 DB로 변환한 자료이다. 현재의 1차 자료는 종이 사전이 가진 정보를 구조화한 결과지만 앞으로 더 세밀한 데이터의 정제가 필요하며 다의어 구분이나 어휘의미 관계의 세분화를 통해 지능형 사전으로 발전되어야 한다. 참여한 연구진은 김인택, 윤애선, 서민정, 이은령이며, 인문한국 [고전번역 + 비교문화학 연구단]의 누리집에서 검색할 수 있다(http://pnuhk.net).

21 더구나 어휘의 표기법과 표제어의 배열순서가 현대의 사전에서 보이는 그것과는 달라서 19세기 어휘의 정확한 형태를 알지 못하면 검색이 어렵다. 반면 지식베이스화된 말뭉치의 장점은 우선 19세기 어형을 알지 못해도 한자나 영어, 프랑스어로 해당 어휘를 검색할 수 있다는 장점이 있다. 또한, 사전 정보의 분류와 세분화가 가능하며, 정량적 자료추출이 쉽고 사용자의 필요를 충족할 수 있는 지능적 검색이 가능하다.

방법을 쓸 필요가 없으나, 한국어 어휘지식의 번역이라는 관점에서 『한영자전』이 『한불자전』을 참조한 방식을 관찰하려면 한국어 표제어의 어형과 어원정보에 해당하는 한자어의 동일성이 매우 중요하다. 『한영자전』이 『한불자전』을 참조하였다고 하더라도 『한불자전』과 『한영자전』 1판과는 7년, 2판과는 약 30년이라는 시간적 거리가 있기 때문에, 그 사이에 어형(lexical form)과 어의(lexical sense)의 변화를 배제할 수 없고, 이러한 변화에는 다양한 변인이 개입할 수 있기 때문이다.

선행연구에서 밝혀진 바와는 달리 전체 『한불자전』 어휘부의 말뭉치는 27,194개의 한국어 표제어를 포함하고 있고, 『한영자전』 말뭉치에 포함된 표제어는 48,623개이다. 이 두 사전을 비교해, 한국어 표제어가 같으며 동시에 한자어 정보가 같은 쌍을 추출했다. 그 결과 9,009개의 표제어 쌍이 추출되었으나 이 글에서는 한국어 표제어와 한자 원어 정보의[22] 동일성을 동시 만족 조건으로 추출한 표제어 쌍 중에서 무작위로 추출한 550개를 대상으로 프랑스어와 영어로 된 뜻풀이에서 제시된 대역어휘와 풀어쓰기의 의미를 비교 실험했다. 무작위 추출은 가나다순으로 표제어를 배열하여 20개씩 건너뛰어 선택했다. 또한, 뜻풀이 정보를 비교함에서 있어서는 의미를 풀어쓴 부분의 정보만을 대상으로 했으며 세부 의미관계, 즉 동의어나 반의어, 혹은 참조어의 유무를 고려하지 않았다. 그리고 체계적이지는 않지만 각 사전에 제시된 다의어 구분을[23] 고려하여 비교했고 어의의 배열순서나 제시된 대역어휘 및 표현

---

22 한자 원어정보는 고유어 표제어와 한자어 표제어에 제시된다. 고유어 표제어에 한자 정보가 있는 경우는 표제어의 의미와 등가를 이루는 한자 표현에 해당한다. 한자어 표제어인 경우, 한글로 표기된 표제어 뒤에 원어 정보가 제시된다. 한자어 어근과 'ᄒᆞ다'가 결합된 용언에 대해서는 어근만 한자어로 나타낸다.

의 수는 비교 기준에 포함하지 않았다. 이렇게 추출된 표제어는 명사, 동사, 형용사와 부사 표제어로 이루어져 있다.

2) 뜻풀이 비교

전체 550개의 뜻풀이 쌍 중 220개의 쌍이 프랑스어-영어로 설명된 어의가 사실상 번역상의 등가를 보이고, 330개의 쌍은 프랑스어-영어의 뜻풀이에서 차이가 있음이 드러났다. 나머지, 뜻풀이 부분에 차이가 있는 330개의 쌍은 다시 6가지 하위 유형으로 나누어 세부적으로 볼 필요가 있는데 그 이유는 뜻풀이 내용이 같지 않다고 해서 참조관계를 완전히 배제할 수는 없기 때문이다. 우선 두 사전의 뜻풀이가 유사한 경우, 『한불자전』의 뜻풀이 중 선별되었거나 혹은 간결하게 나타나는 각각의 경우, 『한영자전』에서 어의가 세분화되는 경우, 『한불자전』과 『한영자전』의 어의가 전혀 다르게 기술된 경우이다. 각각의 경우에 대해 예문과 함께 살펴보기로 한다.

(1) 뜻풀이의 유사성(220 / 550)

한불자전의 대역어휘나 대역 표현이 영어로 그대로 옮겨진 상황에 해당하며 전체 550개 쌍 중 220개의 쌍이 이 유형에 해당한다. 아래의

23 현재의 말뭉치는 『한불자전』과 『한영자전』의 다의어 구분이 반영되지 않았다. 『한불자전』은 어의 간 구별이 필요할 때 '||' 또는 ' ; ' 를 사용했고, 『한영자전』은 모두 일관적으로 마침표를 구분자로 썼다.

〈표 5〉 뜻풀이가 유사한 경우

표제어	한자	뜻풀이
① 겨우살이	冬衣	(한불) habit d'hiver. (겨울옷)
		(한영) winter clothes. (겨울옷)
② 민혼	民婚	(한불) mariage entre une personne du peuple et un noble. (일반 백성과 양반 사이의 결혼)
		(한영) A marriage of a noble to one of the common people. (양반이 일반 백성과 하는 결혼)
③ 필담ᄒᆞ다	筆談	(한불) se parler en écrivant les caractères; se parler a coups de pinceaux, en écrivant. (글자를 쓰며 서로 이야기하다. 글을 쓰며 붓끝으로 소통하다)
		(한영) To converse by means of written characters. (쓰인 글자로 소통하다)
④ 간츄ᄒᆞ다	看秋	(한불) Examiner les produits des champs à l'automne, surveiller la récolte. (가을에 밭에서 나는 산물을 검사하다. 수확을 감독하다)
		(한영) To oversee the harvests. (수확을 감독하다)
⑤ 폐과ᄒᆞ다	廢科	(한불) homme qui n'a pas été à l'examen de baccalauréat. ne pas aller aux-examens. (과거시험에 가지 않은 사람. 시험에 가지 않다)
		(한영) To abandon Kwagö studies. to give up examinations (과거 공부를 그만두다. 시험을 포기하다)

예에서 볼 수 있듯이 『한영자전』의 뜻풀이에 나타난 영어 어휘와 풀어 쓰기의 전체 의미가 『한불자전』의 뜻풀이와 유사하다.

①과 ②는 『한불자전』의 뜻풀이와 『한영자전』의 뜻풀이가 동일한 의미를 전달 하고 있으며 ③, ④, ⑤는 『한불자전』과 『한영자전』에서 제시된 어의가 공통점은 있되, 다른 점도 포함하고 있다. ③의 '필담ᄒᆞ다'에 대해서는 『한불자전』이 '글을 쓰면서 이야기 하다'의 의미로, 『한영자전』은 '쓰인 글로 이야기하다'의 의미로 기술하고 있다. ④의 '간츄ᄒᆞ다'에서도 마찬가지로 『한불자전』이 '가을에 밭에서 나는 농산물을 살펴보다'의 의미를 제시한 반면, 『한영자전』에서는 간략하게 『한불자전』의 두 번째 번역에 해당하는 의미만을 반영하고 있다. ⑤의 '폐과ᄒᆞ다'에서는 『한불자전』이 '과거시험에 가지 않은 사람'이라는 의미를 제시했으나, 『한영자전』은 이를 동사의 의미로만 번역하여, 『한불자

전』의 명백한 오류로 보이는 부분을 반영하지는 않았다. 또한, 의미적으로는 유사한 뜻풀이를 제시하고 있으나 어의의 제시 방법에서 달라지는 예도 있다.

⑥ 외면ᄒᆞ다 外面

한불 : détourner la vue pour ne pas voir.(보지 않으려고 눈길을 돌리다)

한영 : To turn away the face, to look away.(얼굴을 돌리다, 다른 곳을 보다)

⑥의 경우는 두 사전에서 '외면ᄒᆞ다'의 의미를 제시하는 방법의 차이를 보여주고 있는데, 의미적으로는 '(얼굴, 눈길을) 돌리다'와 '보지 않다'의 의미가 있다. 그러나 『한불자전』은 하나의 의미로서 제시했고, 『한영자전』은 '얼굴을 돌리다'와 '시선을 돌리다'의 의미를 각각 분리하여 구성했다.

⑦ 남향ᄒᆞ다 南向

한불 : Tourné au sud, vers le sud.

한영 : To face south, to be turned toward the south.

⑦의 경우는 유사한 의미를 지니고 있기는 하나, 두 사전이 각각 한국어 어휘에 대한 문법적 특성을 다르게 파악한 예로 볼 수 있다. ⑦에서, 프랑스어는 표제어를 형용사로 취급하여 어떤 것이 남쪽을 향해 있는 상태로서의 의미에 초점을 둔 것과는 달리 한영자전은 일종의 행위를 나타내는 동사로 기술했다고 볼 수 있겠다.

〈표 6〉『한불자전』 속 어의를 선별하여 번역한 예

표제어	한자	『한불자전』	『한영자전』
고양이	猫	chat. ‖ tigre(고양이 ‖ 호랑이)	A cat.
곰취	香蔬	esp. d'herbe potagère de bon goût. esp. d'herbe aromatique, comestible (좋은 맛이 나는 허브 스프의 일종 ‖ 향기가 나고 식용이 되는 풀의 일종)	A kind of flowerless herb used for food (음식에 사용되는 꽃이 없는 풀의 일종)
공회	公會	assemblée générale, réunion générale. ‖ religion chrétienne. l'Eglise catholique(전체 회의. 총회. ‖ 기독교, 천주교 교회)	A public assembly. a general meeting. (민회, 총회)
길례	吉禮	cérémonies heureuses. c.a.d. cérémonies du mariage. ‖ le jour fixé pour quitter le deuil(행복한 예식 즉 결혼식 ‖ 상복을 벗는 것으로 정해진 날)	A happy ceremony—as that connected with marriage(행복한 예식, 즉 결혼식과 연관된 것)
박	匏	calebasse; calebassier; espèce de concombre; courge. (호리병박, 오이 종류. 서양호박)	A gourd(호리병박)

(2)『한불자전』 속 어의를 선별한 번역(77 / 550)

한불자전에서 다의어로 구분된 어의가 『한영자전』에서는 선별적으로 나타나는 경 우이다. 전체 550개 중 77쌍이 이에 해당하는데 『한영자전』에 반영되지 않은 경우는 '길례'와 같이 『한불자전』의 어의 기술에 오류가 있어서 '상복을 벗는 날'이라는 어의는 『한영자전』에 나타나지 않는 경우이다. 이는 '고양이'에서도 마찬가지이다. '곰취'에서처럼 '좋은 맛이 나는~'과 같은 주관적인 판단으로 기술된 어의나, '공회'에서처럼 구교, 즉 가톨릭의 종교적 특수성이 드러나는 어의를 삭제하고, 더욱 일반적인 용어인 '총회'를 유지하면서 '민회'라는 새로운 어휘로 대응을 시켰다. 이러한 집필방식은 시간적 격차에 따른 어휘의미의 변화라기보다는 『한영자전』의 집필 당시에 유입된 일본 번역어를 그대로 차용했기 때문이기도 하다.

'박'에서는 앞선 예와는 다른 유형을 볼 수 있는데, 프랑스 문화에 존재하지 않는 한국의 '박'을 기술하는 부분에서이다. 『한불자전』에서는 '박'을 직접 보지 못한 학습자의 이해를 돕고자 다양한 어휘를 동원하여

〈표 7〉『한영자전』 속 어의 기술의 간결화1.

표제어	한자	『한불자전』	『한영자전』
강엿	剛飴	Gâteau jaune (ou noir) fait avec la farine brute de germe d'orge mêlée avec du sorgho(노란색이나 검은색의 과자로 사탕수수와 섞인 보리가루로 만든다)	Black candy(검은 사탕)
계	契	association (v.g. de secours mutuel, etc.) société pour v. g. prêter de l'argent à intérêt. société pour faire valoir de l'argent(조합. 예를 들어 상호기금을 위한 조합, 이자를 받고 돈을 빌려 주는 회사. 돈을 불려 주는 회사)	A guild. a business company a lottery(길드. 회사. 복권)
거문고	琴	esp. de grande guitare, instrument de musique; esp. de harpe, de vielle, de contre-basse(큰 기타의 일종. 악기. 하아프, 비엘, 콘트라베이스의 일종)	A Korean harp of seven strings(7현의 한국 하아프)
동ᄌᆞ	童子	enfant, jeune enfant de 10 à 15 ans, enfant mâle, garçon.(아이, 10~15세의 어린아이, 남자 아이, 소년)	A boy(소년)
미실미가ᄒᆞ다	靡室靡家	n'avoir ni femme ni maison; être sans feu ni lieu; vagabond. (아내도 집도 없음. 불도 장소도 없음. 방랑.	To be homeless(집 없는 사람이 되다)
파영ᄒᆞ다	罷營	fin de la foire aux remèdes. / clore la foire appelée 영 Yeng. / licencier une armée (약방시의 끝. / 영 축제를 끝맺다. / 대대를 해산하다)	1. To do away with a government office(사단을 없애다) 2. To bring a variety fair to a close—as held in Tāku and Kongju(대구나 공주에서 열리는 다양한 축제를 폐회하다)

의미 기술을 했으나『한영자전』에서는 호리병 박이라는 어휘로 대응시키고 있다. 이 경우에는『한불자전』이 잘못된 어의 기술을 해서가 아니라 관여성이 떨어지는 의미정보를 삭제한 결과로 보인다.

(3)『한영자전』 속 어의 기술의 간결화(111 / 550)

한불자전의 어의 기술이『한영자전』에서 매우 간결해진 경우이다. 다의어 구분은『한불자전』과 같으나, 의미를 간략하게 정리하여 번역하고, 경우에 따라서는 불필요하거나 잉여적인 표현의 삭제가 이루어졌음이 보인다.『한영자전』 속에서 어의 기술이 간결하게 정리된 경우는 주로『한불자전』에서 한국어 표제어의 개념과 대등한 의미의 어휘가 프랑스어에는 없거나(어휘 공백), 프랑스어 문화권에 유사한 개념이 없는(개념 공백) 경우 두드러지는 현상으로서 풀어서 쓰거나 고유 개념을 백과사전적 기술로 설명한 경우가 대부분이다. 따라서 프랑스어로 한국어의 개념을 기술하는 경우 그 기술이 매우 길어져 어휘사전이 제시해야 하는 뜻풀이의 간결성을 쉽게 상실하게 된다. 『한영자전』은 〈표 7〉과 같이 동일 항목에 대해 『한불자전』보다 간결한 뜻풀이를 구성해 두고 있다.

'강엿'이나 '계'의 경우, 『한영자전』의 뜻풀이는 『한불자전』에 기술된 어휘의 백과사전적 정보가 선별되고 혹은 축소되었고, '거문고'의 예에서는 의미 기술이 간결하게 되었다. 그러나 이 과정에서 『한불자전』이 내포하는 의미자질이 축소되는 점을 피하기 어렵다.

그러한 예는 '동ᄌᆞ'의 경우에 『한불자전』에 기술된 '10~15세 사이의' 라는 의미자질이 『한영자전』에서는 사라지고 단순히 '어린 남자아이' 라는 자질이 유지되는 '소년'만을 취사선택했다. 또한 '파영ᄒᆞ다'의 예에서는 '약방시'와 '영'이라고 불린 시장이라는 구체적 의미정보가 『한영자전』에서는 나타나지 않았다.

(4) 『한영자전』에서 어의 세분화(41 / 550)

한불자전의 어의 기술에 없는 새로운 어의가 『한영자전』에서 나타나는 경우로서 『한영자전』의 집필과정에서 어휘지식의 기술과 다의어 구분이 더욱 정교화되었을 가능성('쟝악', '과념ᄒᆞ다')과 새로운 어의가 출현했을 가능성('반슈', '공교ᄒᆞ다', '쟝악')이 있다.[24] 여기에 '발'에서와 같이 『한불자전』의 뜻풀이에서 나타나는 오류나 부족한 부분을 수정하고 보완했을 가능성 또한 배제할 수 없다.

24 어휘의미의 변천사에 대한 연구는 이 글의 규모에서는 이루어질 수 없는 방대한 자료 조사와 연구를 요구하는 작업이다.

〈표 8〉『한영자전』의 어의 세분화

표제어	한자	『한불자전』	『한영자전』
장악	掌握	paume de la main(손바닥)	(In) one's hand. (within) one's power (누군가의 손에, 누군가의 세력 내에)
반슈	班首	chef(주방장)	The chief. the leader of a firm of office(주방장. 회사의 장)
발	足	pied(발)	The foot. a leg—of a table etc. Vermicelli strings (발. 식탁 등의 다리. 국수 가닥)
목긔	木器	vase en bois(나무로 된 넓은 그릇)	wooden dishes. utensils made of wood (나무 접시, 나무로 만든 부엌 도구)
공교ᄒᆞ다	巧	fin, adroit, industrieux, habile. ‖ bien fait, fait avec art. ‖ étrange, singulier. ‖ admirable(정교한, 기술이 좋은 ‖ 잘 만든, 기술적으로 잘 만들어진, ‖ 이상한, 특이한 ‖ 찬탄할만한)	To be clever, to be skillful, to be cunning (영리한, 기술이 좋은, 교활한)
과념ᄒᆞ다	過念	trop penser(과하게 생각하다)	To be over kind, to be too considerate (과도하게 친절하다, 과도하게 배려하다)

그러나 〈표 8〉에서와 같이 『한불자전』에 나타나지 않은 어의가 『한영자전』에 기술되어 다의어로 세분화된 경우가 있다는 사실이 『한영자전』이 다의어 세분화에 더 체계적이라고 단언할 수는 없다. 예컨대, 〈표 7〉의 '파영ᄒᆞ다'와 〈표 8〉의 '공교ᄒᆞ다' 등과 같이 『한영자전』에서 의미 기술이 간결해지거나 세분되었다고 하더라도 『한불자전』이 기호 '‖'를 써서 구분하거나 기술한 부분은 『한영자전』보다 다의어 구분이 명확하기 때문이다.

(5) 『한영자전』에서의 어의의 명세화(20 / 550)

한불자전 어의의 기술보다 『한영자전』의 뜻풀이가 더 상세한 경우로 『한영자전』에 해당 어의의 의미자질이 추가되어 기술되는 경우('귀골', '폐문ᄒᆞ다')와 백과사전적 지식이 필요에 따라 추가 기술된 경우('동학')에 해당한다.

〈표 9〉『한영자전』의 어의의 명세화

표제어	한자	『한불자전』	『한영자전』
귀골	貴骨	apparence précieuse. / homme rare, éminent, chéri. / os précieux. c.a.d. homme élevé délicatement(귀한 외모 / 귀한 사람, 훌륭한, 귀중한 / 귀중한. 귀하게 자란 사람)	A precious form—as a son of the gentry. A propitious face—where there are evidences of future wealth etc (양반의 아들처럼 귀중한 형태. 길하게 생긴 얼굴로 장차 부유하게 될 증거가 있는 귀한 상)
동학	東學	doctrine de l'est(동쪽의 교리)	The Eastern sectaries,—an ancient religion still found in Korea characterized by the worship of Hananim. The school of the esaster ward of the capital (동쪽의 이교. 현재까지 존속된 한국의 고대 종교로 하나님을 숭배한다. 수도의 동쪽 지구에 있는 학교)
폐문ᄒᆞ다	閉門	fermer la porte(문을 닫다)	To close the gates of official buildings(공공 건물의 문을 닫다)

(6)『한불자전』과『한영자전』의 어의가 다른 경우(80 / 550)

한불자전과『한영자전』의 뜻풀이가 다르게 기술된 경우로 동일한 표제어 항에 제시된 두 사전의 뜻풀이가 각각 완전히 다른 의미를 지시하는 경우이다. 우선, '간ᄒᆞ다'와 같이 각 사전 뜻풀이의 오류의 가능성이 있고, 동일한 표제어 항에 제시된 두 사전의 뜻풀이가 각각 완전히 다른 의미를 지시('동인', '방물', '삼복'), 혹은 어휘의 문법적 인식의 차이('인ᄒᆞ야')[25]를 드러내기도 한다. 또한, 어휘형과 의미의 대체와 변천이 함께 일어난 경우로 '격물치치ᄒᆞ다'를 볼 수 있는데,『한영자전』에서는 '격물치지ᄒᆞ다'와 '철학'을 함께 등재되어 '격물치지ᄒᆞ다'에는 한자를 풀이하여 용어의 의미를 변용하고 있다.

(7) 기타(1 / 550)

오류에 해당한다.『한영자전』에서 '발괄ᄒᆞ다'의 뜻풀이는 참조어인

25 인ᄒᆞ야 : '인하다'라는 용언으로『표준국어사전』에 등재되어 있다.『한불자전』에서는 기본형을 제시하지 않았고 따라서 용언으로 인식되지 않았음을 보여준다.

〈표 10〉『한불자전』과 『한영자전』의 어의가 다른 경우

표제어	한자	『한불자전』	『한영자전』
간ᄒᆞ다	乾	Saler, mettre du sel(간하다, 소금을 치다)	To dry to be dry(말리다. 마르다)
계하	階下	roi. Sa majesté. (pas usité en s'adressant au roi; dans ce dernier cas on dit: 뎐하 Tyen-ha)(국왕, 전하; 국왕을 직접 부를 때는 쓰지 않는다)	Under the steps—ascending to the quarters of the magistrate, where a criminal is beaten (계단 밑, 판관의 자리 밑, 죄수들이 형벌을 받던 곳)
동인	東人	homme de l'est. parti civil qui s'est réuni aux 남인 Nam-in. (동쪽의 사람. 남인에 통합된 당)	An ancient political party that preceded the Noron (노론 이전에 있었던 옛날의 정당)
방물	方物	objets de toute sorte; marchandises de toute espèce (각종 물건을 파는 상인)	Objects of native manufacture(국내에서 만들어진 물건)
삼복	三伏	canicule, le temps des grandes chaleurs, où les chinois font des superstitions(폭염. 중국인들이 초복, 중복, 말복이라는 미신을 만들어 낸 아주 더운 시기)	Three 경 days of the 6th and 7th moons : the 'dog days'—a festival(삼경. 음력 6일과 7일의 삼 일. '개의 날(축제)'
인ᄒᆞ야	因	Postposition, gouv. l'acc. et l'instrum. A cause de, par, donc (후치사. 대격과 도구격을 지배. ~때문에, ~에 의해, 따라서)	because of—a prep. Form following the accusative (~때문에. 전치사. 대격 뒤에 오는 형태)
격물치지ᄒᆞ다	格物 致知	philosophie; connaissance des lois qui gouvernent les choses. comprendre la nature des choses(철학; 사물을 지배하는 원리에 대한 앎. 사물의 본질을 이해하다)	To investigate and bring to perfection(살펴서 완전하게 하다)

'빅활ᄒᆞ다'로 의미 기술을 대체했으나 해당 참조어가 『한영자전』에 등재되지 않았다.

5. 이어가기

이 글에서는 19세기 이개어사전인 『한불자전』(1880)과 『한영자전』(1911)의 어휘부의 구성방식과 구성요소를 밝히고 이를 바탕으로 뜻풀이를 중심으로 『한영자전』이 『한불자전』을 참조한 방식을 분석해 보았다. 『한불자전』은 1880년에 출판되었으나 실제 한국어 표제어의 수집은 19

세기 중반부터 시작되었고 20세기 초반에 발표된 『한영자전』 2판과는 시간적인 격차가 있었음에도 이 글에서 실험적으로 추출한 표제어 쌍의 뜻풀이 분석에서 그 유사성이 드러났다. 향후 연구에서 각 유형에서 나타난 개별적인 세부유형에 대한 연구가 뒤따라야 할 것이나, 실험 결과 전체 550쌍의 표제어 중 뜻풀이가 유사한 경우가 220건, 『한불자전』의 오류를 제거한 뜻풀이가 77건, 『한불자전』이 제시한 뜻풀이의 표현을 간결하게 정리한 예가 111건이 있었다. 개별적인 유형을 종합해 볼 때, 이 글은 『한불자전』과 『한영자전』을 대상으로 한 표본에서 표제어의 74% 정도가 뜻풀이에서 유사성을 보이는 결과를 보여주었다.

그럼에도, 『한영자전』과 『한불자전』은 뜻풀이에서 다양한 차이를 보였는데 특히, 당시 조선의 문화가 투영된 백과사전적 정보의 구성방식의 차이는 기능적으로 유사해 보이는 두 사전을 특징지을 수 있는 변별적 요소로 작용하는 것으로 보인다. 또한, 19세기 말에 출판된 『한영자전』 1판(1897)에서 증보된 2판(1911)에서는 급격한 신문물의 유입에 따른 의미 변화도 보여주고 있다. 또한, 어휘의미의 기술에서도 두 사전이 각각 고유한 방법으로 다의어를 형식적으로 구분하거나 어의를 세분화하는 노력을 보여주고 있다. 이러한 분석 결과는 기왕의 연구가 『한영자전』이 『한불자전』에서 영향을 받았다는 주장을 입증할 수 있었다는 점에서 의미가 있다고 볼 수 있겠다.

이 글에서 드러났듯이 두 사전이 보여주는 어의 세분화나 다의어 구분의 차이는 19~20세기 초의 한국어 어휘의미 지식을 기술하고 현대 한국어 어휘의미를 기술하는 데에도 반드시 활용되어야 할 기초 자료이지만, 이를 다양한 인문학적 연구목적에 쓰려면 반드시 자료의 정보학적 처리가 선행되어야 한다. 특히, 19세기 사전과 같이 구조는 있으나 정형화되지 못한 방대한 언어 자료를 더욱 쉽고, 정확하게 분석하여 객관적인 자료 해석을 하려면, 구조에 대한 분석을 바탕으로 원자료의 결함 보완하고 정규화된 언어로 표현한 지식베이스(knowledge base)로의 구축이 필요하다.

참고문헌

1. 1차 자료

국립국어원, 『21세기 세종계획 : 말뭉치와 활용도구』(CD), 2006.

이은령 외, 『웹으로 보는 『한불자뎐』 1.0』, D-2008-000026, 저작권위원회, 2008.

________, 『웹으로 보는 『한영자뎐』 1.0』, D-2008-000027-2, 저작권위원회, 2009.

Féron, S., 『불한사전(*Dictionnaire Français-Corée*)』, 1868~1869(필사본).

Gale, J. S., 『韓英大字典(*The Unabrided Korean-English Dictionary*)』, The Christian Literature society of Korea, 1931.

________, 『韓英字典(*A Korean-English Dictionary*)』, 1897.

________, 『韓英字典(*A Korean-English Dictionary*)』, 1911.

Le Trésor de la Langue Française Informatisée(http://atilf.atilf.fr).

Les Missionnaires de Corée de la Société des Missions Etrangères de Paris, 『한불자뎐(韓佛子典, *Dictionnaire Coréen- Français*)』, C. Lévy, 1880.

2. 2차 자료

강이연, 「19세기 후반 조선에 파견된 파리 외방전교회 선교사들의 『불한사전(*Dictionnaire Francais-Coreen*)』 연구」, 『교회사연구』 22, 한국교회사연구소, 2004.

______, 「최초의 한국어 문법서 *Grammaire Coréenne* 연구」, 『프랑스어문교육』 29, 프랑스어문교육학회, 2008.

______, 「최초의 한국어 연구 : 한 · 불, 불 · 한 사전들과 한국어 문법서」, 『프랑스학연구』 31, 프랑스학회, 2005.

고영근, 「19세기 중엽의 불란서 선교사(宣教師)들의 한국어연구(韓國語硏究)에 대하여」, 『국어국문학』 72 · 73, 국어국문학회, 1976.

______, 「학술발표대회 발표 논문 : 개화기와 한국어학」, 『어문연구』 37, 어문연구학회, 2001.

김진해, 「『표준국어대사전』의 관련어 정보와 어휘관계 기반 사전 기술」, 『한국어 의미학』 24, 한국어의미학회, 2007.

남기심, 「국어사전의 현황과 그 편찬 방식에 대하여」, 『사전 편찬학 연구』 1(1), 연세대 언어정보연구원, 1988.

남길임, 「부표제어의 범위와 유형」, 『한국 사전학』 9, 한국사전학회, 2007.

박상균, 「개화기 구미어 사서고」, 『도서관학』 2, 강남사회복지학교 도서관학과, 1984.3.

______, 「조선조후기 사전 편찬에 관한 연구」, 『국회도서관보』, 대한민국 국회도서관, 1998.1.

박성숙, 「Le Dictionnaire coréen-français du XIXe siècle et les méthodes lexicographiques」, 『한국프랑스학논집』 21, 한국프랑스학회, 1996.

박형익, 『한국의 사전과 사전학』, 월인, 2004.

서민정, 「개화기 우리말 기술에 반영된 서구 언어적 시각 : 『한불자뎐』과 『한영자뎐』을 중심으로」, 『한글』 283, 한글학회, 2009.

송 민, 「개화기의 신생한자어 연구(2)」, 『어문학논총』 21, 국민대 어문학연구소, 2002.

_____, 「프랑스 선교사의 한국어 연구과정」, 『교회사연구』 5, 한국교회사연구소, 1987.
신복룡, 『이방인이 본 조선 다시 읽기』, 풀빛, 2002.
안재원 · 김현권, 「*Parvum Vocabularium Latino-Coreanum*(羅鮮小字典)과 『羅韓辭典』의 학적 가치와 중요성에 대하여」, 『한국사전학』 7, 한국사전학회, 2006.
여찬영, 「『한영자뎐』에 관한 몇 가지 분석」, 『배달말』 14(1), 배달말학회, 1989.
윤애선, 「지식베이스 구축을 위한 『한불자뎐』 어휘부의 미시구조 분석」, 『불어불문학연구』 78, 한국불어불문학회, 2009.
이상현, 「언더우드의 이중어사전 간행과 한국어의 재편과정」, 『언더우드 내한 125주년 및 언더우드자료집 출판기념 학술회의 발표집』, 2010.
이은령, 「근대 프랑스 사전 만들기와 『한불ᄌᆞ뎐』 다시 보기」, 『프랑스학연구』 48, 프랑스학회, 2009.
이지영, 「사전 편찬사의 관점에서 본 『韓佛字典』의 특징 : 근대국어의 유해류 및 19세기의 『國漢會語』, 『韓英字典』과의 비교를 중심으로」, 『한국문화』 48, 서울대 규장각한국학연구원, 2009.
이지은, 『왜곡된 한국 외로운 한국』, 책세상, 2006.
전성기, 「번역과 이중어사전」, 『한국사전학』 1, 한국사전학회, 2002.
채 완, 「『한불자뎐』의 뜻풀이에 대한 고찰」, 『한국어 의미학』 26, 한국어의미학회, 2008a.
_____, 「『한불자뎐』의 의태어 연구」, 『이숭녕 현대국어학의 개척자 : 심악 이숭녕 선생 탄신 100주년 기념 논집』, 태학사, 2008b.
하영동, 「프랑스와 한국어의 언어 대사전 비교 연구」, 『한국프랑스학논집』 48, 한국프랑스학회, 2004.
허재영, 「국어사전 편찬 정책 및 그 역사」, 『국어교육연구』 15, 서울대 국어교육연구소, 2005.
홍윤표, 「국어정보화와 사전」, 부산대 인문한국[고전번역 + 비교문화학연구단] 제16회 초청강연회 발표문, 2009.
황호덕, 「번역가의 윈손, 이중어사전의 통국가적 생산과 유통 : 언어정리 사업으로 본 근대 한국(어문)학의 생성」, 『상허학보』 28, 상허학회, 2010.
Abbé Piacenti Arthur, *Mgr RIDEL Evêque de Philippopolis Vicaire apostolique de COREE d'après sa correspondance*, Lyon, Librairie Générale Catholique et Classique Emmanuel Vitte, 1886.
Abel-Remusat J. -P., *Mélange Asiatiques ou Choix de Morceaux de Critique et de Mémoires*, T.2, Paris, Librairie Orientale de Dondey-Dupré Père et Fils, 1826.
Benveniste E., *Problèmes de linguistique générale* II, Paris : PUF, 1974.
Cornier M. C., "From the Dictionnaire de l'Académie Françoise, dédié au Roy(1694) to the Royal Dictionary(1699) of Abel Boyer : Tracing inspiration", *International Journal of Lexicography* 16(1), Oxford University Press, 2003.
Courant M., Bibliographie Coréenne, Tome I, *L'Ecole des Langues Orientales Vivantes, IIIème série* XVIII(PDF파일), 1894.
Fraser B. L., "Beyond definition: organising semantic information in bilingual dictionaries", *International Journal of Lexicography* 21(1), Oxford University Press, 2008.
Girardin C., "Contenu, Usage Social et Interdits dans le Dictionnaire", *Langue Française* 43(1), Paris : Larousse, 1979.
Hank P., "Definitions and Explanations", edited by R.R.K. Hartmann, *Lexicography : Critical Concepts* III, London : Routledge, 2003.

Hartmann R. R. K., "Methods in dictionary research", edited by R.R.K. Hartmann, *Lexicography : Critical Concepts* Ⅲ, London : Routledge, 2003.

Les Missionnaires de Corée de la Société des Missions Etrangères de Paris, *Grammaire Coréenne et Exercices Gradués*, Yokohama : C. Lévy, 1881.

Sinclair J., "The search for units of meaning", *Corpus Linguistics- Critical Concepts in Linguistics* Ⅲ(reprinted in), London : Routledge, 2007.

근대계몽기 교과서와 근대어 사전 편찬의 필요성*

허재영

1. 서론

언어의 변화는 점진적인 것처럼 보이지만 몇 세대가 지나면 다음 세대에 이르러서는 매우 생소한 말처럼 느낄 때가 많다. 국어의 규범에 해당하는 '한글 맞춤법'이나 '표준어 사정 원칙'에 들어 있는 일부 어휘(예를 들어 '보늬, 오늬, 울력성당' 등과 같은 어휘)는 오늘날의 국어생활에서 출현 빈도가 거의 없는 경우가 많으며 무슨 뜻인지 사전을 찾지 않으면 이해할 수 없는 경우도 많다. 그렇기 때문에 규범을 비판하는 일부 논자들은 국어의 규범이 비현실적이라고 주장하기도 한다. 그렇지만 국어의 규범을 설정하는 원리 자체에는 큰 문제가 없다. 왜냐하면 규범 설정의

* 이 글은 부산대 인문학 정보 센터 심포지엄에서 발표한 원고를 수정한 것이다. 이 원고 가운데 일부 내용은 한국사전학회의 요청에 따라 『한국사전학』 17호(2011)에 「국어사에서 근대계몽기의 설정과 사전 편찬의 필요성」이라는 제목으로 발표된 바 있다.

대상이 되는 언어인 '표준어'는 '교양 있는 사람들이 두루 쓰는 현대 서울말'을 기준으로 삼고 있기 때문이다.

문제는 규범의 대상어인 '현대 국어'의 개념을 어떻게 설정할 것인가에 있다. 국어생활의 현실을 고려하여 생소한 것처럼 보이는 언어는 현대어가 아니라고 주장하는 사람도 있을 수 있고, 언어 변화의 정도성을 고려할 때 연령에 따라 생소한 정도가 다를 수 있으므로 학문적인 연구 성과를 고려한 '현대 국어' 설정을 수용해야 한다는 주장도 있을 수 있다. 특히 국어의 유지와 보존 · 발전을 고려한다면 후자의 주장은 더욱 설득력을 얻을 수 있다. 이 점에서 국어 규범이나 사전(사전도 규범의 역할을 담당하는 면이 있으므로)이 현재의 국어생활에서 자주 접할 수 없는 단어들을 포함하는 것은 당연한 일이다.

그렇다면 국어의 역사에서 현대 국어란 어느 때부터의 국어를 일컫는 말일까? 이 문제는 근본적으로 시대 구분이 갖는 의미를 고려하지 않으면 안 된다. 조오현 외(2008 : 235~239)에서 밝힌 바와 같이 시대 구분은 '절대적 기준이 존재하지 않으며, 역사적 사실들이 시간적 · 공간적으로 연관성을 지니도록 해야 하고, 논리적인 일관성을 지켜 구체적인 내용을 담을 수 있는 용어를 사용할 수 있어야(이상은 한국경제사학회, 1977에서 참고한 것임)' 한다. 국어사의 시대 구분 문제도 이와 무관하지 않을 수 없는데 기존의 국어사 시대 구분은 '국어 내적 발전보다 국어 외적인 면과 관련되어 있고, 역사학이나 문학 등의 다른 학문 분야의 시대 구분과 괴리감이 크며, 편의적인 3분법이나 5분법을 적용하는 한계'가 존재한다. 그렇기 때문에 '근대 국어'와 '현대 국어'라는 용어 설정에서도 많은 혼란을 불러일으킨다.

일반적인 국어사학자들의 시대 구분에 따르면 17세기를 전후로 국어의 음운 · 문법 변화가 매우 심하여 현대 국어와 유사해졌으므로 이때부터 갑오개혁까지를 근대 국어로 설정한다. 또한 19세기 말부터 활발해진 문물 교류의 영향으로 갑오개혁 이후에는 어휘의 변화가 극심한 점을 고려하여 이 시기 이후를 현대 국어로 설정한다. 그런데 엄밀히 고찰하면 갑오개혁 전후의 국어와 일제강점기의 국어, 그리고 광복 이후의 국어는 매우 다르다. 그렇기 때문에 홍종선(2000)에서는 현대 국어를 다시 세 시기로 나누어 고찰하고자 하는 태도를 취하고 있다. 반면 문학연구자들 사이에는 갑오개혁 전후의 국어를 '(문학어의) 근대'라고 설정하는 경향이 있는데 이연숙(2006), 문혜윤(2008) 등이 대표적인 예에 해당한다. '문학어의 근대'라는 용어가 지칭하듯이, 문학에서는 이 시기의 국어가 근대어에 해당하는 셈이다. 심지어 일부 문학평론가들은 이 시기의 국어의 변화 모습을 '국어의 형성'이라고 일컫기도 하는데, 이로 말미암아 국어사 연구와 문학 연구의 괴리감이 더욱 커지기도 한다.

여기에서 주목할 것은 '근대 국어' 또는 '현대 국어'라는 용어의 적절성 못지않게 이 시기 국어의 모습이 어떠한가에 있다. 이 문제는 국어사학자들에게도 오래 전부터 관심의 대상이었다. '근대 국어'의 기점을 17세기 전후로 설정하는 입장에서 국어사학자들은 갑오개혁 전후의 국어를 '개화기의 국어'로 부르거나 '현대 국어'로 설정하면서 어휘적인 측면의 연구에 많은 관심을 기울였다. 이 시기를 대상으로 한 어휘 연구는 일본어와의 관계, 어휘 개신 문제, 외래어 등 다양한 분야에서 진행되었다. 그럼에도 불구하고 이 시기 언어 자료를 독해하거나 국어 어휘 발달 과정을 규명하는 데는 많은 한계가 있다. 왜냐하면 기존의 연구의 자료 수집이 특정 분야의 자료(소설, 일부 교과서, 신문 등)에 머물렀고 어휘 변화의 메커니즘에 대한 체계적인 규명이 부족했기 때문이다.

이 시기 국어의 모습을 바르게 파악하고 국어의 발전 과정을 이해하기 위해서는 체계적인 어휘 수집을 바탕으로 한 사전 편찬이 시급하다. 왜냐하면 국어사전 편찬의 역사를 고려할 때 이 시기에는 우리나라 사람이 주체가 되어 국어사전을 편찬한 예가 없기 때문이다. 박형익(2004)의 사전 편찬사를 종합해 볼 때 조선시대의 한자 학습서나 운서 편찬의 전통을 이어받은 일부 자전류가 나오기는 했지만 우리나라 사람에 의해 편찬된 국어사전이 존재하지 않았고, 사전 편찬의 기반이 되는 국어의 규범도 통일되지 못했기 때문에 이 시기의 국어 이해가 더욱 어려워지는 셈이다.

이와 같은 입장에서 이 글에서는 근대계몽기의 국어를 '근대어'로 설정하고, 사전 편찬의 역사를 고려하여 근대어 사전 편찬의 필요성을 제기하고자 한다. 또한 사전 편찬의 전제 조건 가운데 하나인 '어휘 자료의 수집'이 체계적인 교과서 연구를 바탕으로 진행되어야 할 필요성을 제기하고자 한다.

2. 근대어의 개념 설정과 사전 편찬의 역사

1) 근대와 근대 국어

'근대'라는 용어는 역사학 용어로 『표준국어대사전』에는 두 용어를 다음과 같이 풀이하고 있다.

근대와 현대의 사전적인 의미

ㄱ. **근대**

1. 얼마 지나가지 않은 가까운 시대.¶ 근대의 풍조.
2. '역사' 역사의 시대 구분의 하나로, 중세와 현대 사이의 시대. 우리나라에서는 1876년의 개항 이후부터 1919년 3 · 1운동의 시기를 이른다.

ㄴ. **현대**

1. 지금의 시대. ¶ 현대 문명 / 현대 여성 / 현대 과학 / 현대의 삶 / 현대 학교 교육의 문제점 / 그 병은 현대 의학으로도 고칠 수 없는 불치병이다. / 전통문화는 현대로 오면서 많이 사라졌다.
2. '역사' 역사학의 시대 구분 가운데 사상(思想)이나 그 밖의 것이 현재와 같다고 생각되는 때부터 지금까지의 시기.¶ 근대에서 현대로 넘어오는 과도기 / 도시화는 현대를 판단하는 기준의 하나이다. / 우리나라는 갑오개혁을 계기로 현대로 들어섰다. / 현대는 과학과 기술을 토대로 한 거창한 기계 문명의 시대다.(안병욱, 『사색인의 향연』)

위의 인용문에서 확인할 수 있듯이 근대는 '중세'와 '현대' 사이의 시기를 일컫는 용어이다. 그렇다면 근대가 중세나 현대와 다른 점은 무엇일까? 이에 대해 역사학자들의 집합적인 의견을 확인하기는 어려우나 적어도 정치, 경제, 사회, 문화적인 면에서 두 시대와 다른 '근대'만의 특성이 존재[1]하기 때문에 별도의 시대를 나누는 것은 분명하다. 역사학에서 시대 구분 문제는 매우 민감하기 때문에 이 문제에 대한 집합적인 의견이 도출되는 것은 쉽지 않은 일로 보인다. 그렇지만 우리나라 역사학계에서 '근대의 기점'에 관한 문제는 1967년 12월과 1968년 3월 두 차례에 걸쳐 이루어진 한국경제사학회 주최 '한국사의 시대구분 문제'에서 본격적으로 제기된 바 있다.[2] 이 학회에서 근대의 기점에 관한 문제가 제기된 배경은 한국사에서 '근대화 = 서구화'라는 전제가 역사 연구에 혼란을 제기하기 때문이었다. 이 점에서 근대의 특성이 무엇이며, 한국사의 보편성과 특수성을 고려할 때 근대의 기점을 어떻게 설정할 것인가를 해결하지 않으면 안 된다는 주장이 제기되었다.

문학사 연구에서도 1960년대 후반 이후부터 근대의 기점에 관한 문제는 중요한 논쟁거리가 되었다. 백철(1966)의 「한국문학과 근대인」을 시작으로 한 근대성 논의는 '이식문화론', '전통단절론'을 어떻게 극복할 것인가를 과제로 한 논쟁으로 이어졌다.[3] 특히 김윤식(1995)에서는 영·정조 시대 연암 문학에 주목하면서 근대적 언어 의식과 새로운 장르의 개

1 일반적으로 근대는 정치적으로 '민주주의', 경제적으로 '자본주의', 사회적으로 '평등사회', 사상적으로 '합리주의'를 특징으로 한다. 이 점에서 '봉건제, 자급자족의 장원제, 신분제, 절대사상을 중심으로 한 비합리주의'를 특성으로 하는 '중세'와는 차이가 있으며, '대중 민주주의, 대중사회'를 특징으로 하는 '현대'와도 차이가 있다.

2 이 결과물은 한국경제사학회(1977)에 수록되어 있다.

3 이상은 김윤식 · 김현(1995)을 참고한 것이다.

척을 강조하면서 이 시기가 근대의 기점에 해당한다고 주장하였다.[4]

이에 비해 국어사 연구에서는 시대 구분 문제에 그다지 민감하지 않았다. 왜냐하면 국어 연구는 사상 자체보다는 국어의 음운, 어휘, 문법적인 특질을 밝히거나 국어의 체계와 구조가 어떻게 변화하는가에 주목하기 때문이다. 그렇기 때문에 국어사학자들이 바라보는 '근대 국어'는 국어의 음운, 어휘, 문법이 '중세'나 '현대'와 다르다는 입장에서 설정된다. 다음은 국어사 연구의 집합적인 결과물이라고 볼 수 있는 교과서의 설명이다.

교과서의 국어사

고려가 건국하면서 국어의 중심지도 개성으로 옮겨 갔을 것이다. 고구려어의 흔적이 남아 있기는 하였지만, 크게 보아 이 말은 신라어를 계승한 것으로 보인다. 조선이 건국하면서 국어의 중심이 지금의 서울로 옮겨졌지만 국어의 모습이 크게 달라지지 않았을 것으로 보인다. 그래서 고려의 건국으로부터 16세기 말까지의 국어를 중세 국어라고 부른다. 중세 국어를 전기 중세 국어와 후기 중세 국어로 더 나누기도 한다. 훈민정음이 창제되어 한글로 적은 문헌 자료가 많이 나온 시기부터는 후기 중세 국어에 속한다.

---

4 김윤식(1995)에서는 근대 문학의 기점을 영 · 정조로 잡고 '근대 의식의 성장(1780~1880)', '계몽주의와 민족주의 시대(1880~1919)', '개인과 민족의 발견(1919~1945)', '민족의 재편성과 국가의 발견(1945~1960)'의 시대 구분을 시도하고 있다. 이 시대 구분에도 많은 문제점이 있을 것으로 보이나 근대의 기점을 영 · 정조로 설정한 요인인 '언어 의식'과 '장르 개척'의 문제는 눈여겨 볼만하다. 문제는 김윤식이 주목한 '언어 의식'이 무엇인가라는 점이다. 매우 추상화된 표현이어서 구체적으로 무엇을 지칭한 것인지 알기는 어려우나 적어도 연암 문학의 자본주의, 합리주의, 평등주의(신분 질서를 부정하는 것) 등을 지칭한 것이 아닐까 생각된다. 이 점은 시대 구분에서 국어사 연구와 문학 연구의 차이가 생겨나는 요인이 될 수 있는데, 왜냐하면 국어사 연구는 국어 자료를 대상으로 한 음운, 어휘, 문법적인 연구에 관심을 가지므로 이 시대의 사상이 어떠했는가는 중요하게 여기지 않기 때문이다.

> 17세기부터 국어의 음운, 어휘, 문법 등은 여러 측면에서 앞 시대의 국어와는 꽤 다른 모습을 보인다. 우선 모음 체계에 중요한 변화가 일어났으며 여러 가지 문법 현상들이 사라지거나 새로 생겨나기도 했다. 17세기 초기부터 19세기 말까지 약 300년에 걸친 시기의 국어를 근대 국어라고 부른다.
>
> 20세기 이후의 국어는 현대 국어라고 부른다. 현대 국어 역시 앞 시대의 국어와 견주어 보면 여러 면에서 달라졌다.
>
> —서울대 국어교육연구소(2002 : 277)

국어사 연구에서 중세 국어는 국어의 중심지가 변화했을 가능성을 기준으로 설정한 것이며, 근대 국어는 중세 국어와는 다른 음운, 어휘, 문법적인 특징을 기준으로 한 것이다. 문제는 17세기를 기점으로 하는 근대 국어의 특징이 다른 학문 분야와 어떻게 조화를 이룰 수 있는가에 있다. 국어가 국어 공동체의 의사소통의 수단이자 삶과 문화를 반영한다면 이 시기의 음운, 어휘, 문법적인 특징이 역사학이나 문학에서 제기하는 근대성과 어떤 조화를 이룰 수 있는지 고민해 보아야 할 문제가 되는 셈이다.

국어사의 시대 구분과 관련된 문제는 김동소(1998)에서 개략적으로 정리된 바 있다. 이에 따르면 국어사 시대 구분은 양분법(고대와 현대), 3분법(고대, 중세, 근대), 4분법(고대, 중세, 근대, 현대), 5분법(상고, 중고, 중기, 근대, 현대), 6분법(형성, 고대, 중고, 중세, 근대, 현대), 7분법(왕조사 중심) 등과 같이 여러 가지 방식이 있으며 이는 대체로 역사학의 시대 구분 방식과 유사하다. 그런데 근대 국어의 설정 문제는 역사학과 상당한 차이를 보이게 되는데, 그 이유는 홍윤표(1995)에서 제기한 것처럼 '언어 내적인 문제를 중시할 것인가 아니면 외적인 문제를 중시할 것인가', '언어 개별 현상을 주목할 것인가 아니면 체계적인 변화를 주목할 것인가'에서 비롯되는 경향이 있다.[5] 홍윤표(1995)에서 주장한 것처럼 국어사의 시대 구분이 '국어학 연구의 결과를 종합 정리하는 것'과 '국어사에 대한 정밀한 연구를 촉발하는 것'이라는 의미를 가질 때, '근대 국어의 설정 및 세분화에 관한 논의'는 국어사 연구뿐만 아니라 다른 학문과의 통섭[6]을 고려할 때 중요한 의미를 갖는다.

'근대 국어'에 대한 논의는 국어사뿐만 아니라 이 시기 국어를 자료로 하는 다른 학문 분야의 연구에도 매우 중요한 의미를 지닌다고 할 수 있다. 따라서 국어의 내적 구조, 특히 음운사를 중심으로 한 '근대 국어'라는 개념보다는 어휘사, 문법사 또는 어문 생활사[7] 전반을 고려한 '근대 국어'라는 개념을 사용하는 것이 더 적절해 보이며, 그럴 경우 사전에 풀이한 개항부터 3 · 1운동 시기를 '근대 국어'로 설정하는 것이 적합해 보인다. 왜냐하면 이 시기의 국어는 어휘나 문법 면에서 이전 시기와 다른 점이 매우 많고[8]

---

5 홍윤표(1995)에서 제기한 국어사 시대 구분의 문제점은 '한국사의 시대 구분과 일치하지 않는다는 점', '시대 구분이 주로 음운사를 기준으로 하였다는 점', '국어사 시대 구분에 사용된 언어가 주로 중앙어에 치우쳐 있다는 점', '현대 국어에 대한 인식이나 근대 국어를 세분하지 못하고 있다는 점' 등으로 요약할 수 있다.

6 학문에서의 통섭 또는 통합이란 두 학문의 공통 요소를 매개로 한 체계적인 연구를 의미한다. 단순히 두 학문이 관련을 맺는 것이 아니라 공통 요소를 매개로 하여 두 학문의 연구 목표를 효과적으로 달성할 수 있도록 하는 데 통섭의 의미가 있다. 국어사 분야의 '근대 국어'와 문학 분야의 '근대어'처럼 같은 언어를 대상으로 한 연구가 상당한 괴리감을 갖고 있을 때 양자를 조정할 수 있는 공통 요소인 '국어'에 대한 공동 연구가 필요할 것이다.

7 이에 대해서는 허재영(2008c)을 참고할 수 있다.

8 어휘적인 면에서는 외래어, 전문어, 일본식 한자어의 급증뿐만 아니라 전위 현상(어휘소의 결합 순서 변화)도 매우 심해졌다. 또한 높임의 조사 '요'의 급속한 발달(1890년대부터 1910년 사이)이나 단문화 현상('~ᄒᆞ나 然이나'와 같이 이어지는 문장을 '~ᄒᆞᆫ다. 그러나'와 같이 짧은 문장으로 표현하는 현상) 등은 문법 변화의 대표적인 예라고 할 수 있다. 뿐만 아니라 언문일치로 이행해 가면서 등장하는 다양한 국한문체(한문부속, 국문부속, 한문 토 형식, 국문 음 부속, 국문 훈 부속 등)의 등장도 이 시기 문체의 특징을 이룬다.

또 표기와 문체 면에서도 앞뒤의 시대와 큰 차이가 있기 때문이다.[9]

2) 사전 편찬사에서 본 근대 국어

국어사 연구에서 어휘사, 문법사, 어문 생활사, 문체사 등을 고려하여 '근대 국어'를 설정하는 문제는 이 시기 국어의 모습과 국어 자료의 활용이라는 차원에서 중요한 의미를 지닌다. 왜냐하면 이 시기의 국어 자료는 국어의 표준화, 규범화가 이루어지기 이전의 자료이기 때문에 혼란스러운 면을 갖고 있을 뿐만 아니라 앞선 시대에 비해 다량의 자료가 남아 있지만 기초적인 자료 정리조차 충분하지 않은 상태여서 이 시대 국어생활의 모습을 파악하는 데 어려움을 겪기 때문이다.

이러한 어려움을 해소하기 위해서는 이 시기의 국어 자료에 대한 분석 작업이 이루어져야 하며, 이를 바탕으로 한 사전 편찬이 필요하다. 사전은 "어떤 어휘나 주제를 선택하여 그것에 관한 발음, 문법, 의미 등의 정보를 담아 사용자가 찾아보기 쉽게 일정한 순서로 배열한 책의 한 종류"(박형익, 2004 : 15)이다. 만약 이 시기 국어를 대상으로 한 사전이 존재한다면 이 시기의 국어생활뿐만 아니라 다양한 분야의 학문 발달 정도, 사상 발달 정도를 이해하는 데 큰 기여를 할 수 있다. 이 시기 국어를 대상으로 한 사전 편찬의 필요성과 가능성의 문제는 두 가지 차원에서 접근할 수 있다.

---

9 송철의(2008)에서 사용한 '한국 근대 초기'라는 용어도 기존의 국어사 연구와는 달리 어문 생활사 전반에 걸친 국어 현상을 고려한 것으로 볼 수 있다.

첫째는 우리의 사전 편찬사에서 이 시기 우리의 손에 이루어진 국어사전이 거의 존재하지 않으며, 이 시기에 편찬된 사전이나 어휘 자료집이 이 시기 국어를 이해하는 데 거의 도움이 되지 않는다는 점이다. 우리나라의 사전 편찬의 전통은 한자를 대상으로 한 '옥편' 또는 '자전'으로부터 출발하였다. 박형익(2004 : 116~138)에서 체계적으로 정리해 놓은 바와 같이, 한자 사전의 명칭은 '옥편(玉篇), 자전(字典)'으로 일컬어졌으며 일제시대에는 '사전(辭典, 詞典, 事典, 辭典)'이라는 이름이 붙은 자전도 많이 출판되었다. 『음운첩고』(1903), 『국한문신옥편』(정익로, 1908), 『자전석요』(지석영, 1909) 등은 근대계몽기에 나온 대표적인 옥편들이다. 또한 '천자문'이나 '유합', '유서필지', '어록해' 등의 전통[10]에 따른 어휘 학습서들이 개발되기도 하였는데, 『유몽천자』(1903), 『초목필지』(1903), 『아학편』(1906), 『초학요선』(1907), 『진리변독삼즈경』(1907) 등이 이에 해당한다. 일제강점기에는 옥편류나 어휘 학습서의 출현이 더 빈번한데, 특히 각 급 학교 교과서의 어휘를 풀이한 '『상해(詳解)』', '『사서(辭書)』(보통 『국어예습사서(國語豫習辭書)』와 같은 참고서)', '『사림(辭林)』(『자수연구필수 조선어 한문숙어사림(漢文熟語辭林)』(조선교육보성주식회사, 1925)과 같은 참고서)' 등의 어휘 학습 자료집이 빈번히 발행되었다.

그런데 이들 옥편이나 어휘 학습 자료집은 대부분 한자를 대상으로 한 것이며, 이 또한 당시의 국어생활을 제대로 반영한 것들이 아니어서 근

10 한자를 대상으로 한 '옥편, 자전'류의 출판에 대해서는 박형익(2004)에서 자세히 설명한 바 있다. 이 책에서는 옥편뿐만 아니라 '천자문', '유합' 등의 어휘 학습 자료집과 척독류의 신어 자료집에 대한 서지 사항도 체계적으로 밝혀 놓았다. 이를 고려할 때 근대계몽기의 어휘 자료는 외국인에 의해 만들어진 사전과 척독류를 제외하면 거의 한자를 대상으로 한 것밖에는 존재하지 않는다.

대계몽기 국어생활을 이해하는 데 어려움을 겪는다. 국어사전 편찬의 역사를 종합할 때 근대계몽기 국어를 대상으로 한 사전은 이병근(2000 : 24~27), 조재수(1984 : 297~454)에서 밝힌 것처럼 푸칠로(1874)의 『노조사전』, 파리외방전교회 선교사(1880)의 『한불자전』, 언더우드(1890)의 『한영자전』, 게일(1897)의 『한영자전』과 간행되지 못한 『국한회화』(1895, 내제는 국한회어)[11] 정도라고 할 수 있다. 또한 어휘 자료는 이병근(2000 : 76~79)에서 소개한 것처럼 지석영(1909)의 『언문』, 『대한민보』(1909~1910)의 '신래성어(새로운 법령과 규칙에 등장하는 일본식 신래성어를 풀이함)', '명사집요', '이언각비' 등의 칼럼에 등장하는 어휘나 '사전연구초'에 95회에 걸쳐 연재된 어휘 자료 등이 존재한다. 이를 고려할 때 근대계몽기 수많은 언어 자료를 이해하는 데 기존의 사전이나 어휘 자료집은 거의 도움이 되지 않는다.

둘째는 지난 시대의 국어일지라도 후대에 자료를 수집하고 분류하여 사전을 편찬할 수 있는 가능성은 충분히 존재한다는 사실이다. 특히 고어사전 편찬의 역사를 고려하면 근대계몽기를 대상으로 한 국어사전 편찬 가능성은 충분하다. 우리나라에서 고어사전을 편찬한 사례는 정태진 · 김병제(1947), 이상춘(1949), 정희준(1949), 남광우(1960), 유창돈(1964), 장지영 · 장세경(1976), 전규태(1976), 홍윤표 · 송기중 · 정광 · 송철의(1995) 등이 있다. 이 가운데 개인 편찬의 고어사전은 기존의 문헌을 체계적으로 정리하여 각 시대별 어휘를 충분히 담아냈다고 보기 어렵지만, 17세

11 이 자료는 1986년 태학사에서 '한국어학 자료 총서1'로 홍윤표 교수의 해제와 함께 출간되었다. 이에 대한 자세한 연구는 박형익(2004 : 102~115), 이병근(2000 : 24)를 참고할 수 있다.

기만을 대상으로 한 홍윤표 외(1995)는 특정 시기의 문헌을 대부분 망라한 사전으로 지나간 시대의 국어 자료에 대한 사전적 가치를 높인 것으로 볼 수 있다.

같은 맥락에서 근대계몽기의 국어사전 편찬은 매우 중요한 일이 된다. 왜냐하면 이 시기 문헌 자료는 17세기와는 비교할 수 없을 만큼 많으며, 국어생활의 모습도 다양하기 때문이다. 생성된 어휘, 의미가 변화된 어휘, 신조어, 외래어 등 기존의 사전이나 어휘 자료집으로는 이해할 수 없는 표현들이 매우 많으며, 표기 방식도 불규칙하므로 이에 대한 정리가 이루어지지 않는다면 국어 발전의 연속성이라는 차원에서 이 시대의 국어생활을 규명하기가 어려워질 가능성이 높다.

사전 편찬의 가능성을 어휘 자료의 수집과 분류 방식의 설정 여부에 달려 있다. 엄밀히 말하면 고어사전 편찬의 어려움 가운데 하나는 자료의 수집과 표제항 선정 방식에서 비롯된다. 이 문제에 대해서는 이미 정인승(1936)에서 일찍부터 논의된 바 있는데[12] 이 글에서는 '사전 편찬에 관한 전반적인 문제'를 검토하면서 사전 편찬의 기초 공사와 실무 공사를 나누어 서술한 바 있다.

사전 편찬에 관한 전반적인 문제

ㄱ. 기초 공사 네 가지

1. 어재(語材) 수집에 관한 문제 : 일반 상용어, 전문 용어, 고어, 지방어, 외래어
2. 표준어 사정에 관한 문제 : 서울을 중심으로 한 중류 사회의 현재 상용어,

---

12 정인승의 생애와 학문에 대해서는 한말연구학회(1997)의 전집 및 국립국어원(1996), 조오현(1997), 허재영(2010c)을 참고할 수 있다.

지방의 말을 조사하여 표준어를 보충, 신사물이 늘어감에 따라 발생하는 새 술어나 외래어 채용의 문제

3. 철자법 통일에 관한 문제 : '한글마춤법통일안'의 원칙대로
4. 어사(語辭)의 분류 문제 : 품사의 분류, 복합어의 통칙 성립, 용언의 활용법 확정, 두미사 및 토의 유별 정돈

ㄴ. **실무 공사의 세 가지**

1. 어의 주해에 관한 문제 : 어사의 형태를 정확히 명시할 것, 어의의 설명을 정확하게 할 것
2. 어사 배열에 관한 문제 : 어원 주중(注重)의 배열법(첫 음절 같은 것끼리 한떼로 모아 벌림), 자형 주중의 배열법(자형의 같음을 따라 순차로 인접 배열함). 자음 본위의 배열법(24자모를 일정한 순서로 정하여 로마자 사전과 같이 배열함)을 비교 연구할 필요가 있음
3. 편찬의 체재에 관한 문제 : 기재 방식(횡독식, 종독식), 자체와 부호, 목차와 범위, 인쇄 공사(판의 대소, 자양의 선명, 교열의 정확, 제본의 완미 등)

위의 작업들은 근대계몽기 국어사전 편찬에도 적용되는 것들이라고 할 수 있다. 당시의 문헌과 자료를 바탕으로 어휘 재료를 체계적으로 수집해야 하며, 어문 규범이 통일되지 않았던 시대이므로 표제항을 어떻게 선정해야 하는지(한자어의 경우 한자 표기와 국문 표기가 모두 나타나므로 현대 국어와 다른 국문 표기가 존재하는 한자 표기는 어떤 방식으로 표제를 삼을지 등의 문제), 어휘의 분류 문제 등을 연구해야 하며 주해 방식이나 배열 방식 그리고 체재에 관한 문제 등도 고려해야 한다. 이러한 문제는 말뭉치

구축과 분석 과정에서 충분히 해결될 수 있는 문제이다.

3. 근대계몽기 교과서와 사전 편찬의 필요성

1) 교과서 자료와 사전의 관계

정인승(1936)에서 정리한 것처럼 어휘 자료의 수집이 사전 편찬의 가장 기본적인 작업이라고 할 때 근대계몽기를 대상으로 한 국어사전 편찬은 어휘 자료의 수집으로부터 시작해야 한다. 어휘 자료의 수집과 정리는 조사 대상과 범위의 설정, 조사 방법 설계 등이 필수적이다. 이러한 차원에서 근대 국어를 대상으로 한 어휘 조사 성과를 살펴볼 필요가 있다.

근대계몽기의 국어 자료를 대상으로 한 어휘를 수집하고 정리한 성과로는 박영섭(1994; 1995; 1996a; 1966b; 1997), 송철의 외(2008) 등이 있다. 특히 박영섭 교수는 『독립신문』, 신소설, 교과서, 잡지 등을 두루 참조하였으며 외래어를 별도의 자료집으로 만들었다. 그러나 방대한 자료임에도 불구하고 개인적인 차원에서 진행된 조사 결과여서 당시의 문헌을 충분히 반영하지 못한 한계가 있으며, 서술 방식도 단순한 어휘항 제시에 불과하여 사전으로서의 기능을 담당하기는 어렵다. 송철의 외(2008)은 출현 빈도수가 높은 어휘를 대상으로 품사와 의미 정보를 두고 예문과 이형태를 제시하는 방식을 취하였는데, 당시의 국어 문헌을 고려할 때 충분한 어휘 수집이 이루어진 것으로 보기는 어렵다. 이 책은 '건축, 경제, 경찰, 과학, 관직, 교육, 교통, 군사, 법률, 사회, 언론, 의료, 일반, 입법, 정치, 종교, 철학, 체신, 행정'의 19개 항에 따른 주제별 분류를 한 점이 특징이다.

근대계몽기 국어 어휘 조사 사례를 고려할 때, 이 시기 교과서 어휘는 매우 중요한 의미를 갖는다. 왜냐하면 교과서는 보통의 지식을 대상으로 한 책이며, 당시 국어생활의 준거가 되는 지식과 언어를 표준으로 하기 때문이다. 비록 이 시기 국어의 규범이 통일되지 못했고, 각종 지식이 새롭게 수입되는 시기여서 규범성에 한계를 지니고 있기는 하지만, 교과학이 정립되고 교과서 제도가 정착되는 과정은 규범성을 띤 보편적 지식과 국어의 확립 과정으로 보아도 무방하다. 그렇기 때문에 교과서 어휘 조사와 분류는 중요한 의미를 지니는데 선행 조사 결과로는 박영섭(1996a)의 『개화기 국어 어휘자료집』(교과서편) 이외에 체계적인 성과물이 눈에 뜨이지 않는다. 더욱이 이 자료집도 근대계몽기 교과서 변천사를 체계적으로 정리하지 못한 상태에서 널리 알려진 것들만을 대상으로 하였기 때문에 교과서 어휘 조사의 결과물로서는 한계를 지닌다. 따라서 이 시기 교과서 어휘 조사를 위해서는 당시의 교과서 변천사를 충분히 연구하고, 교과서 실물 확보를 한 뒤 가급적이면 전수 조사의 차원에서 어휘 자료를 수집할 필요가 있다.

〈표 1〉 통감시대 학부 편찬 교과서(1910년까지)와 병합 직후의 정정본

서명	책수	정가	용도	목적하는 학교	발굴·보급 과정	병합 직후 정정본(1910~1912)
수신서	4	매책 10전	학도용	보통학교	교과서 총서	국립중앙도서관(디지털)
국어독본	8	매책 12전	학도용	보통학교	교과서 총서	국립중앙도서관(예약서고) 강진호·허재영 편(1권 누락, 제이앤씨)
일어독본	8	매책 12전	학도용	보통학교	국립중앙도서관	국립중앙도서관(디지털, 1권 누락)
한문독본	4	매책 10전	학도용	보통학교	국립중앙도서관	연구자 소장
이과서(일문)	2	매책 13전	학도용	보통학교	국립중앙도서관(pdf)	확인 안 됨
도화임본	4	매책 8전	학도용	보통학교	미발굴	확인 안 됨
습자첩	4	매책 8전	학도용	보통학교	미발굴	확인 안 됨
산술서	4	매책 24전	교원용	–	국립중앙도서관	확인 안 됨
보통교육 창가집 제1집	1	11전	학도학원 병 교원용	–	미발굴	확인 안 됨

주: '미발굴'은 현재 발굴·보급되지 않은 것을 말하며, '확인 안 됨'은 정정본 발행 여부를 알 수 없는 것임.

2) 근대계몽기 교과서의 역사

근대계몽기 교과서는 1895년 근대식 학제가 도입된 이후로부터 시작된다.[13] 1895년 학부 편찬의 『국민소학독본』, 『소학독본』 이래, 통감시대의 교과용 도서 검정 규정 발포(1908), 일제강점기(1910~1945), 건국과도기(1945~1955), 교육과정기(1955 제1차 교육과정 공포~2007 개정 교육과정까지)의 교과서 변천사 연구를 위해서는 기초 자료 정리가 반드시 필요하다. 특히 근대계몽기(1895~1910)의 교과서 연구는 기초 자료의 확보가 쉽지 않은 상황이다. 근대계몽기 교과서 자료는 아세아문화사(1977)에서

13 근대계몽기 교과서 연구는 강윤호(1973), 박붕배(1987), 이종국(1991) 등의 선행 연구가 있다. 또한 허재영(2010b)은 통감시대를 대상으로 연구를 진행하였으며 강진호·허재영 편, 『조선어독본』 1~5, 제이앤씨, 2010에서는 일제강점기 조선어과 교과서 자료를 수집하여 발행하였다. 같은 맥락에서 현재 이화여대 한국학연구소에서는 같은 대학교의 중앙도서관에 소장되어 있는 근대계몽기 교과서의 해제 및 번역 작업을 진행하고 있으며, 연구자도 이 시기 교과서 가운데 학계에 알려지지 않은 자료를 묶어 '근대계몽기 교과서 자료집'을 준비하고 있다. 이 글의 3절 1항 「근대계몽기의 교과서」에 들어 있는 표는 연구자가 준비 중인 자료집(미발행)의 해제에 사용한 표와 일치한다.

〈표 2〉 통감시대 학부 검정 교과서

교과목	책명	책수	발행일	저작 / 발행자	발행소	발굴 · 보급
수신	초등수신	1	1909.7.20	박정동 / 김태옥	동문사	교과서 총서
	보통교과 수신서	1	1910.4.5	민대식	휘문관	국립중앙도서관(예약서고)
국어	초등국어어전	3	1909.3.20	김희상	유일서관	역대문법대계
	신찬 초등소학	6	1909.9.20	현채	현채 家	교과서 총서
한문	대동문수	1	1907.6.5	휘문의숙 편집부	휘문관	국립중앙도서관(디지털)
	자전석요	1	1909.7.30	지석영 / 고유상	진동서관	연구자 소장
	한문초보	4	1910.4.30	황한동 / 남홍우	광문당	미확인
지리	초등본국지리	1	1909.10.10	박정동 / 김상천	동문관	미확인
	초등만국지리	1	1909.2.22	안종화 / 휘문관	휘문관	국립중앙도서관, 연구자 소장
	신찬지문학	1	1907.7.15	민대식 / 휘문관	휘문관	국립중앙도서관(예약서고)
	초등대한지리	1	1910.3.15	안종화 / 안태형	광덕서관	미확인
역사(동양사)	초등본국역사	1	1909.12.10	안종화 / 안태형	광덕서관	연구자 소장
	초등대동역사	1	1909.8.20	박정동 / 김태옥	동문사	교과서 총서, 연구자 소장
	초등본국약사	2	1909.11.15	박정동 / 김상천	동문관	교과서 총서
	동양사교과서	1	1908.8.10	유옥겸	광한서림	국립중앙도서관(마이크로 필름)
	서양사교과서	1	1910.3.30	유옥겸	광한서림	국립중앙도서관(예약서고)
	신찬 초등역사	3	1904.4.7	유근 / 인태형	광덕서관	교과서 총서
산술	산술교과서	2	1908.7	이승교 / 박정수	문화당	국립중앙도서관(예약서고), 연구자 소장
이과(박물, 동식물)	개정신선 이화학	1	1910.2.5	박정동 / 김상만	광학서포	미확인
	초등용 간명 물리교과서	1	1910.1.20	최재학	유일서관	미확인
	신찬 실험 이화학 교과서	1	1910.5.10	이관희	광한서림	미확인
	신찬 소박물학	1	1907.11.20	유성준,김상천	회동서관	연구자 소장
	신편동물학	1	1908.6	신해용 / 고유상	회동서관	미확인
	초등식물학	1	1908.2.6	정인호	옥호서림	미확인
	중등광물계교과서	1	1907.8.31	민대식 / 휘문관	휘문관	미확인
생리위생	중등생리위생학	1	1908.10.5	임경재 / 휘문관	휘문관	미확인
	초등생리위생대요	1	1909.9.30	안종화 / 안태형	광덕서관	미확인
	초등위생학교과서	1	1909.11.25	안종화 / 김상만	광덕서관	미확인
	생리학초보	1	1910.2.4	안종화 / 안애리	대한성서공회	미확인
농업 경제	농업대요	1	1910.3.7	이각종 / 남궁준	유일서관	미확인
	최신경제교과서	1	1910.5.30	유승겸 / 남궁준	유일서관	미확인
교육학	신찬보통교육학	1	1908.6	김상인	일한서방	미확인
체조	최신 체조교수서	1	1909.12.28	이기동 / 모리야마	일한서방	미확인

영인 보급한 '개화기 교과서 총서'가 가장 널리 이용되었다. 모두 20책으로 구성된 이 총서는 수신, 국어, 역사 관련 교과서들이다. 이들 자료 이외에 국어 문법서의 경우는 김민수 외(1977)에 수록되어 있다. 그러나 통감시대까지 발행된 교과서 가운데 아직까지 발굴·보급되지 않은 자료도 상당히 많다. 이 점에서 1910년 학부에서 발표한 '교과용 도서 일람표'[14]는 근대계몽기 개발된 교과서의 대략적인 모습을 보여준다는 점에서 의의가 있다. 그 가운데 학부 편찬 교과서는 〈표 1〉과 같다.

학부 편찬의 교과서와 함께 '검정 조사 사업'의 결과 검정된 교과서는 모두 33종 47책이다. 검정 교과서의 목록은 〈표 2〉와 같다.

또한 '교과서 검정 조사 사업'의 결과, 학부에서 인정한 교과서는 모두 40개 교과 305종에 이른다. 인정 교과서 가운데 상당수는 실업과 관련된 것들이어서 국어사나 국어교육사의 기초 자료로 사용하기는 어렵다. 이와 함께 학부에서는 불인가 교과용 도서(70종), 검정 무효 급 검정 불허가 교과용 도서(13종)의 목록도 제시한 바 있다.[15]

3) 교과 특성에 따른 어휘 수집 문제

교과서를 중심으로 한 근대 국어사전 편찬을 위해서는 대상 교과서

---

14 교과용 도서 조사 사업은 1909년에 실시되었으며 일제강점기 초기인 1915년까지 몇 차례에 걸쳐 지속되었던 것으로 보인다. 1915년 조선총독부에서 발표한 '교과용 도서 일람표'는 제9판 개정판이다. 이 자료는 한국학연구소(1975)의 『한국학』 1975년 봄호에 수록되어 있다.

15 불인가 및 검정 무효 교과서 목록은 앞의 '교과용 도서 일람표'에 수록되어 있는데 여기에서는 목록을 별도로 제시하지 않았다.

에 대한 조사가 필수적이다. 교과서의 어휘는 학교급별, 학년별, 교과별로 큰 차이를 보이기 때문이다.

근대계몽기 교과서 제도가 확립된 시점은 통감시대에 이르러서이다. 그렇기 때문에 근대식 학제가 도입된 1895년 이후의 교과서는 학부 편찬보다는 개인 저술이 많았고, 개인 저술은 교과의 구분이나 학교급을 고려하지 않은 경우가 많았다.[16] 그렇기 때문에 소학교, 중학교, 사범학교 교칙에 설정한 각 교과에 해당하는 교과서를 체계적으로 개발하지는 못했던 것으로 보인다. 하지만 식민 지배 목적에서 교육 통제를 강화하고자 한 통감시대에는 교과의 구분이나 교과서 통제를 본격적으로 시작하였다. 〈표 3〉은 근대계몽기 각급 학교의 교과명 변천 과정을 표로 나타낸 것이다.

이 표에 나타난 것처럼 1895년 당시의 교과목에서는 국어과에 해당하는 '독서, 작문, 습자' 수학과의 '산술' 또는 '수학', 윤리과에 해당하는 '수신' 또는 '윤리', 지리과나 역사과에 해당하는 '본국지리, 외국지리, 본국역사, 외국역사', 자연과학 계열의 '이과, 화학, 물리학, 박물학', 사회 교과인 '법률, 정치', 실업 교과인 '농업, 공업, 상업, 측량', 예능 교과인 '도화(습자도 이에 포함될 수 있음)', 기능 교과인 '체조, 재봉' 등의 다양한 교과가 있으나 교과 설정이나 운용에 관한 체계적인 이론과 방향이 존재했던 것은 아니다. 그러나 1906년 이후의 교과는 '독서, 작문, 습자' 대신에 '국어'를 설정하였고, 윤리 교과의 명칭을 '수신'으로 통일하는 등 학문 분야에 따른 교과 명의 정비가 이루어졌다. 이와 같은 교과 정비의 배경은 이 시기 교과학의 발전을 반영한 것이지만, 엄밀히 말하면 식민 지배

16 근대계몽기 학제 및 교과서 제도에 대해서는 박붕배(1987), 윤여탁 외(2005), 허재영(2010b)을 참고할 수 있다.

〈표 3〉 근대계몽기 각급학교 교과 명 변천

연대	각급학교 교과목		
	소학교(보통학교)	중	사범학교
1895~	1895년 소학교 규칙 **심상과** : 修身, 讀書, 作文, 習字, 算術, 體操 **고등과** : 修身, 讀書, 作文, 習字, 算術, 本國地理, 本國歷史, 外國地理, 外國歷史, 理科, 圖畵, 體操(裁縫), 外國語	1900년 중학교 규칙 **심상과** : 倫理, 讀書, 作文, 歷史地誌, 算術, 經濟, 博物, 物理, 化學, 圖畵, 外國語, 體操 **고등과** : 讀書, 算術, 經濟, 博物, 物理, 化學, 法律, 政治, 工業, 農業, 商業, 醫學, 測量, 體操	1895년 한성사범학교 규칙 **본과** : 修身, 敎育, 國文, 漢文, 歷史, 地理, 數學, 物理, 化學, 博物, 習字, 作文, 體操 **속성과** : 修身, 敎育, 國文, 漢文, 歷史, 地理, 數學, 理科, 習字, 作文, 體操
1906~	1906년 보통학교령 시행규칙 修身, 國語, 漢文, 日語, 算術, 地理, 歷史, 理科, 圖畵, 體操, 手藝, 唱歌, 手工, 農業, 商業	1906년 고등학교령 시행규칙 **본과** : 修身, 國語, 漢文, 日語, 歷史, 地理, 數學, 博物, 物理, 化學, 法制, 經濟, 圖畵, 音樂, 體操 **예과 및 보습과** : 본과에 준함	1906년 사범학교 시행 규칙 **본과** : 修身, 敎育, 國語, 漢文, 日語, 歷史, 地理, 數學, 物理化學, 博物, 圖畵, 體操, 音樂, 農業, 商業, 手工

를 위한 교육 통제 정책의 결과이기도 했다.[17]

교과 정비가 이러한 시대적 한계를 배경으로 하고 있지만, 이 시기 학부나 개인 저술의 교과서는 학교급별, 교과별 특성을 반영하고 있으므로 교과에 따른 교과서 자료의 정리는 사전 편찬의 전제 조건이 된다. 왜냐하면 기존의 근대계몽기 어휘 자료집은 교과 정비 이전의 교과서와 이후의 교과서[18]를 구분하지 않고 '수신'이나 '국어', '역사'에 해당하는 교과서만을 대상으로 한 경우가 대부분이었기 때문이다. 이처럼 교

17 이 시기 교과서 및 교과학의 발달 과정에 대해서는 허재영(2012)를 참고할 수 있다.

18 교과 정비 이전과 이후의 교과서는 매우 큰 차이를 보인다. 박붕배(1987)에서는 두 시기의 특징을 '민간 주도기(1895~1905)'와 '정부 주도기(1906~1910)'로 나누어 서술한 바 있는데, 허재영(2010b)에서는 학제 도입기와 학정 잠식기로 나누어 다음과 같이 정리하였다.

시기	특징	비고
제1기 (1895~1905)	근대식 학제 도입에 따른 교과서 개발기	ㅇ 학부 편찬의 교과서 출현 ㅇ 개인 저술의 비교적 자유로운 교과서 출현 ㅇ 학부대신이 인정한 고전이나 개인 저술
제2기 (1906~1910)	통감시대 학정 잠식기의 교과서	ㅇ 일본인의 학부 간여 및 교과서 편찬 간섭 ㅇ 학부 편찬 교과서를 일본에서 발행함(국어독본, 수신서 등) ㅇ 교과용 도서 검정 규정 발포와 교과서 검정 조사 사업 실행 ㅇ 일본문(日本文) 교과서 편찬 발행(일어독본, 이과서) ㅇ 검정 규정에 따른 검정 교과서의 내용 변질 ㅇ 기존의 교과서 가운데 국권회복이나 민지 계발과 무관한 교과서만 인정 ㅇ 기존의 교과서 가운데 국권회복이나 민지 계발 등이 들어 있을 경우 불인정 도서로 규정

과의 특성을 고려하지 않은 채 일부 교과만을 대상으로 어휘를 정리할 경우 당시의 국어 현상에 대한 체계적인 이해가 되지 않을 뿐만 아니라 이 시기 등장하는 다양한 학문 용어를 정리할 방안이 없다. 예를 들어 사범학교 학도를 위한 교육학 교과서인 유옥겸(1908)의 『간명교육학(簡明教育學)』(右文舘)은 소학교나 보통학교용 교과서와는 달리 항상 '~이라'라는 종결어미를 사용한다. 또한 '노소남녀 〉 남녀노소, 낮밤 〉 밤낮'과 같이 어순을 바꾸는 전위 현상이 다른 어떤 교재보다도 이 교재에서는 빈번하게 등장한다. 다음과 같은 예들을 쉽게 찾을 수 있다.

유옥겸(1908)에 나타나는 어휘 전위

ㄱ. 의미 변화가 없는 경우

助援(援助), 階段(段階), 覺知(知覺), 不識不知(不知不識), 互相(相互), 身心(心身), 康健(健康), 持保(保持) 등

ㄴ. 의미 변화가 생겨나는 경우

1. 位地 : 地位
2. 一人으로 其競爭을 勝키 難홈을 因ᄒᆞ야 職業, 組合, 宗教, 團體, 政黨, 國家라 云ᄒᆞᄂᆞᆫ 團體의 上에 自己의 立홀 位地와 援助를 作ᄒᆞᄂᆞ니(제2편 제3장)
3. 夫 優存의 地位를 占코져 홀진ᄃᆡ 銳敏ᄒᆞᆫ 知覺으로써 自然 及 一般 外界의 現象을 其 細微ᄒᆞᆫ 点까지 觀察ᄒᆞ야(제1편 제5장)
4. 長成 : 成長
5. 幼者ᄂᆞᆫ 此 陶冶性을 由ᄒᆞ야 漸次 長成홀사록 體力의 增加와 共히 心의 自動力도 增加홈으로써(제1편 제2장)

6. 心意가 確定혼 形態 及 方向을 不具ᄒᆞ야 物人無別의 間에 在ᄒᆞ다가 漸其 身體의 成長을 伴ᄒᆞ야 心意도 亦 成長ᄒᆞᄂᆞ니(제1편 제1장)

위에 소개한 어휘 가운데 '불식부지(不識不知)'는 『표준국어대사전』에 등재하지 않았으며, '지보(持保)'는 '보유(保有)'와 같은 뜻으로 풀이하였다. 대신 전위 어휘인 '보지(保持)'는 '온전하게 유지하여 잘 지켜 나감'으로 풀이하여 다른 의미를 지닌 어휘로 설정하였다. 예문의 '위지(位地)'는 '입장'이나 '처지'를 의미하는데 '지위(地位)'는 '신분상의 자리'를 의미한다. 이처럼 빈번하게 쓰이던 어휘를 등재하지 않았거나 의미 기술이 불충분한 까닭은 갑오개혁 이후의 국어를 '현대 국어'로 뭉뚱그려 한 시대로 설정한 데서 오는 불완전함으로 보인다. 이러한 현상은 한자어뿐만 아니라 '낮밤'이나 '노소남녀'를 사전의 등재항으로 설정하지 않은 것도 마찬가지이다. 외국의 인명이나 지명 차자의 경우는 이보다 더 심각하다. 왜냐하면 이 시기는 차자 규범이 존재하지 않았기 때문에 음성 차용과 의미 차용이 공존할 뿐 아니라 중국식 한자음과 일본식 한자음 가운데 어느 것을 차용했는지 불투명한 경우도 많기 때문이다. 그렇기 때문에 전문 교과의 경우 인명과 지명을 이해하기 어려울 때가 많다.

그러나 다른 언어 자료와는 달리 교과서의 인명과 지명은 규범성을 지닌다. 이러한 규범성은 교육 대상 자료로서의 교과서가 갖는 특징이라고 할 수 있는데, 일반인이 읽는 신문이나 잡지와는 달리 교과서의 경우 새로운 어휘나 특별한 인명 또는 지명을 사용할 경우 여러 가지 방법으로 해당 사항을 풀이한다. 대표적인 풀이 방식은 상단이나 하단에 해당 항목과 풀이를 제시하는 방법, 조선 전기부터 후기까지 내려온 주석

방법 등이 있다. 예를 들어 일본인 기무라(木村知治, 1896)가 저술한 『신찬교육학』[19]은 상단에 새로 등장하는 인물을 정리하였다. 예를 들어 상단에 '헤루바루도 氏 英吉利 哲學者也'와 같이 서술한 부분이 이에 해당한다. 상당수의 수신서나 역사서, 지리서는 본문 서술 과정에서 작은 글자의 주석으로 인명이나 지명 또는 책명을 풀이하는 방식을 취하기도 하는데 이러한 방식은 교과서의 체제가 확립되기 이전의 어휘 학습 방법 가운데 하나라고 할 수 있다. 이를 고려할 때 근대 국어사전 편찬에서 교과의 특성이나 교과서 편제 방식을 고려한 어휘 수집이 중요한 의미를 갖고 있음을 알 수 있다.

4. 교과서를 대상으로 한 근대어 사전 편찬을 위한 제언

이 글은 국어사 연구의 일반적인 경향과 다른 학문 분야(역사학이나 문학)의 역사적 연구에서 나타나는 '근대'에 대한 괴리감을 어떻게 극복할 것인가를 중심으로 근대 국어사전 편찬의 필요성을 제기한 글이다. 이 글에서는 기존의 국어사 연구에서 음운사를 중심으로 한 국어사 시대 구분의 한계를 극복하고 어문 생활 전반에 걸친 국어사 연구를 바탕으로 근대어 사전 편찬 작업이 이루어져야 함을 강조하였다. 특히 근대어 사전 편

19 이 책은 조선 학무협판, 외무 협판을 거친 일본인 기무라가 저술한 책으로 오사카에서 발행되었다. 일본인이 저술한 책이지만 한문에 국문 현토를 하였으며, 윤치호의 제자(題字)가 들어 있다.

찬의 기초 작업으로 교과서를 대상으로 한 어휘 수집과 정리가 이루어져야 함을 밝혔는데, 이를 바탕으로 다음 두 가지 사항을 제언하고자 한다.

첫째는 체계적인 교과서 연구이다. 교과서 연구는 교과서 정책과 제도, 교과서 내용, 교과서 편제 등 다차원적으로 이루어져야 하는데, 근대계몽기 교과서에 대한 기존의 연구는 정책이나 제도, '수신, 국어, 역사' 교과를 대상으로 진행되는 경향이 있었다. 특히 발행된 교과서를 수집하고 분석하는 실증적인 작업은 매우 중요한 의미를 지니는데 아직까지 이에 대한 체계적인 접근이 미흡한 상태이다. (참고로 아세아문화사의 '개화기 교과서 총서', 이화여대 한국학연구소에서 진행하고 있는 '근대계몽기 수신 · 역사 교과서' 해제 및 번역 사업 등이 있다.) 따라서 기존의 연구 성과를 집약하고 교과서 자료를 수집하여 DB를 구축하는 작업이 이루어져야 한다.

둘째는 사전 편찬학의 도움을 받아 근대어 사전 편찬을 위한 작업을 진행해야 한다. 허재영(2009b)에서 정리한 바와 같이 사전 편찬학은 사전 편찬을 위한 기술적인 문제를 해결하기 위한 학문이다. 한 언어의 어휘를 기술하고 설명하는 일을 목적으로 하는 사전 편찬학의 특성을 고려할 때, 사전 편찬의 기본이 되는 어휘소 설정(형태와 의미의 결합체), 사전 편찬의 목적에 따른 단위 설정(어휘, 관용 표현), 사전에 수록할 정보의 범위(사용역 정보 결정) 등의 문제를 고려하여 근대어를 보존할 수 있는 사전 편찬이 이루어져야 한다.

참고문헌

(※ 본문에 언급된 사전 및 교과서는 별도로 정리하지 않았음)

간노 히로오미, 「외국인 편찬 한국어 대역 사전의 현황과 문제점」, 『새국어생활』 2(4). 국립국어연구원, 1992.
강신항, 「근대화 이후의 외래어 유입 양상」, 『국어생활』 2, 국립국어연구소, 1985.
강윤호, 『개화기의 교과용 도서』, 교육출판사, 1973.
고영근, 『국어문법의 연구』, 탑출판사, 1987.
_____, 『한국어문운동과 근대화』, 탑출판사, 1988.
고영근 · 김민수 · 하동호 편, 『역대문법대계』, 탑출판사, 1977.
관훈클럽, 『한성주보 영인본』, 관훈클럽, 1983.
국립국어연구원, 『국어의 시대별 변천 연구 : 개화기편』, 국립국어연구원, 1999.
국립중앙도서관, 『한국교과서 목록』, 국립중앙도서관, 1982.
국문연구소, 『국문연구소의정안』(역대문법대계 3-10), 탑출판사, 1909.
_________, 『국문연구안』(역대문법대계 3-09), 탑출판사, 1909.
국사편찬위원회, 『한국사 51 민족문화의 수호와 발전』, 탐구당문화사, 2001.
기무라 지치, 『新撰教育學』, 大阪活版製造所, 1896.
김광해, 「국어에 대한 일본어의 간섭」, 『새국어생활』 5(2), 국립국어연구원, 1995.
김규창, 『고 김규창교수 유고논문집 : 조선어과 시말과 일어교육의 역사적 배경』, 김규창교수유고논문집 간행위원회, 1985.
김동소, 『한국어변천사』, 형설출판사, 1998.
김순전 외, 『일본 초등학교 수신서(1904)』, 제이앤씨, 2005.
김영민, 「근대계몽기의 문체 연구」, 『동방학지』 148, 연세대 국학연구원, 2009.
김윤식 · 김현, 『한국문학사』, 민음사, 1995.
김형철, 「갑오경장기의 문체」, 『새국어생활』 4(4), 국립국어연구원, 1994.
남길임, 「사전 편찬 연구사」, 『제21회 한말연구학회 전국학술대회 자료집』, 한말연구학회, 2005.
문혜윤, 『문학어의 근대』, 소명출판, 2008.
민현식, 「개화기 국어의 어휘에 대하여」, 『국어생활』 4, 국어연구소, 1986.
_____, 「개화기 국어 어휘 연구 방법의 재검토」, 『동양학』 32, 단국대 동양학연구소, 2002.
박붕배, 『국어교육전사』 상, 대한교과서주식회사, 1987.
박영섭, 『개화기 국어 어휘 자료집』 1, 박이정, 1994.
_____, 『개화기 국어 어휘 자료집』 2, 박이정, 1995.
_____, 『개화기 국어 어휘 자료집』 3, 박이정, 1996a.
_____, 『개화기 국어 어휘 자료집』 4, 박이정, 1996b.
_____, 『개화기 국어 어휘 자료집』 5, 박이정, 1997.
박형익, 『한국의 사전과 사전학』, 월인, 2004.
_____, 『언문쥬히 보통 문즈집』, 박이정, 2007.

서울대 국어교육연구소, 『고등학교 문법』, 교육인적자원부, 2002.
서정수 · 우인혜, 「일본을 거쳐서 들어온 외래 어휘」,『새국어생활』 5(2), 국립국어연구원, 1995.
송 민, 「갑오경장기의 어휘」, 『새국어생활』 4(4), 국립국어연구원, 1994.
송철의 외, 『한국 근대 초기의 언어와 문학』, 서울대 출판부, 2005.
________, 『한국 근대 초기의 어휘』, 서울대 출판부, 2008.
유옥겸, 『간명교육학』, 우문관, 1908.
윤여탁 외, 『국어교육 100년사』, 서울대 출판부, 2005.
이경우, 「갑오경장기의 문법」, 『새국어생활』 4(4), 국립국어연구원, 1994.
이광호, 「개화기의 어문정책」, 『동양학』 32, 단국대 동양학연구소, 2002.
이기동, 「갑오경장이 어문 생활에 끼친 영향」, 『새국어생활』 4(4), 국립국어연구원, 1994.
이기문, 『개화기 국어연구』, 탑출판사, 1973.
______, 『주시경전집』 상 · 하, 아세아문화사, 1976.
______, 「국어사전의 어원 표시에 대하여」, 『새국어생활』 2(4), 국립국어연구원, 1992.
이병근, 「개화기 어문정책과 표기법 문제」, 『국어생활』 4, 국어연구소, 1986.
______, 「국어사전 편찬의 역사」, 『국어생활』 7, 국어연구소, 1986.
______, 「사전 정의의 유형과 원칙」, 『새국어생활』 2(1), 국립국어연구원, 1992.
______, 『한국어사전의 역사와 방향』, 태학사, 2000.
이상섭, 「현대 사전 편찬학의 이론과 실제」, 『사전 편찬학 연구』 3, 연세대 한국어사전 편찬실, 1990.
이성연, 「열강의 식민지 언어정책에 관한 연구」, 전남대 박사논문, 1988.
이연수, 「일본의 식민지언어정책과 한국인의 대일의식」, 한국외대 박사논문, 1985.
이연숙, 고영진 · 임경화 역, 『국어라는 사상』, 소명출판, 2006.
이응백, 『국어 교육사 연구』, 신구문화사, 1975.
______, 「일정시대의 국어 표기법」, 『국어생활』 9, 국어연구소, 1987.
이응호, 『개화기의 한글운동사』, 성청사, 1975.
______, 「갑오경장과 어문정책」, 『새국어생활』 4(4), 국립국어연구원, 1994.
이재선, 「신소설에 있어서의 갑오개혁」, 『새국어생활』 4(4), 국립국어연구원, 1994.
이종국, 『한국의 교과서 : 근대교과용도서의 성립과 발전』,대한교과서주식회사, 1991.
______, 『한국의 교과서 출판 변천 연구』, 일진사, 2002.
이한섭 편, 『유길준 서유견문 전문』, 박이정, 2000.
이해명, 『개화기 교육개혁 연구』, 을유문화사, 1991.
장응진, 「교수와 교과에 대하여」, 『태극학보』 13(15), 태극학회, 1907.
정길남, 「갑오경장 전후의 문자 사용 양상」, 『새국어생활』 4(4), 국립국어연구원, 1994.
______, 『개화기 교과서의 우리말 연구』, 박이정, 1997.
정재도, 『국어사전 바로잡기』, 한글학회 한글재단, 1999.
조선어학회, 『한글마춤법통일안 집성』(역대문법대계 3-20), 탑출판사, 1933.
조선총독부, 『교과용도서일람』, 조선총독부, 1915.
_________, 『보통학교용 언문철자법』(역대문법대계 3-15), 탑출판사, 1912.
_________, 『언문철자법 : 제3차 개정안』(역대문법대계 3-17), 탑출판사, 1930.
조오현 외, 『한국어학의 이해』, 소통, 2008.
조재수, 『국어사전 편찬론 : 붙임 자료편』, 과학사, 1984.

주시경, 『국어문법』(역대문법대계 1-11), 탑출판사, 1910.
_____, 『말의 소리』(역대문법대계 1-14), 탑출판사, 1914a.
_____, 『조선어 문법』(역대문법대계 1-13), 탑출판사, 1914b.
학부편집국, 『普通教育學』, 學部(구한국시대), 1910.
한국경제사학회, 『한국사 시대구분론』, 을유문화사, 1977.
한국교과서연구재단, 『교과서의 수집 정리 방안』, 한국교과서연구재단, 1998.
_______________, 『한말 및 일제강점기의 교과서 목록 수집 조사』, 한국교과서연구재단, 2001.
한글학회, 『한글학회 50년사』, 한글학회, 1971.
허만길, 『한국 현대 국어 정책 연구』, 국학자료원, 1994.
허재영, 「근대계몽기 이후의 국어연구가 한글맞춤법에 미친 영향」, 『겨레어문학』 31, 겨레어문학회, 2003.
_____, 「국어사전 편찬 정책 및 그 역사」, 『국어교육연구』 15, 서울대 국어교육연구소, 2005.
_____, 『국어의 변화와 국어사 탐색』, 소통, 2008a.
_____, 『우리말 연구와 문법 교육의 역사』, 보고사, 2008b.
_____, 「어문 생활사 연구 대상과 방법」, 『우리말글』 42, 우리말글학회, 2008c.
_____, 「조선시대 문자 어휘 학습 자료에 대하여」, 『한민족문화연구』 26, 한민족문화학회, 2008d.
_____, 『일제강점기 교과서 정책과 조선어과 교과서』, 경진문화사, 2009a.
_____, 「국어사전 편찬 연구사」, 『한국사전학』 13, 한국사전학회, 2009b.
_____, 『근대계몽기 어문 정책과 국어 교육』, 보고사, 2010a.
_____, 『통감시대 어문 교육과 교과서 침탈의 역사』, 경진, 2010b.
_____, 「건재 정인승 선생님의 생애와 업적」, 『한말연구』 26, 한말연구학회, 2010c.
_____, 『근대 계몽기의 교육학 연구와 교과서』, 지식과교양, 2012.
홍윤표, 「근대국어의 표기법」, 『국어생활』 9, 국어연구소, 1987.
_____, 「국어사 시대 구분의 문제점과 문법사의 측면에서 본 시대 구분」, 『국어학』 25, 국어학회, 1995.
홍종선 외, 『현대국어의 형성과 변천』 1~3, 박이정, 2000.

제2부

『한불자전』과 한국어사전의 정보화의 실재

홍윤표 국어정보화와 사전

윤애선 지식베이스 구축을 위한 『한불자전』(1880) 어휘부의 미시구조 분석

윤애선 LEXml을 이용한 『한영자전』(1911)의 지식베이스 설계
『한불자전』(1880)과의 통합적 지식베이스 구축을 위하여

국어정보화와 사전

홍윤표

1. 국어정보학

국어정보학이란 한국어로 된 정보 현상을 대상으로 하여 그 정보를 체계화하고 구조화하는 원리와, 구축하고 활용하는 방법을 연구하는 학문이다. '한국어로 된 정보'란 자연언어로서의 한국어로 이루어져 있는 정보로, 한국어로 말해지거나 또는 한국어를 문자로 표기한 언어 정보를 말한다. 그리고 '정보학(informatics)'이란 컴퓨터를 이용한 정보 조직 시스템에 대한 연구와 정보의 발생 및 생산, 정보의 수집 및 축적, 정보의 전달과 유통, 그리고 정보 처리 등에 관한 이론과 실제 운용에 대해 연구하는 학문을 말한다.

대부분의 중요한 정보는 자연언어로 되어 있어서, 정보학은 언어 정보학과 불가분의 관계에 있다. 그래서 정보학의 요체는 언어정보학이다.

언어정보학의 하나인 국어 정보학의 개념은 두 가지로 구분할 수 있다.

먼저 국어정보학을 국어와 인간과 컴퓨터가 연관된 모든 활동을 연구하는 학문이라고 정의할 수 있다. 이 경우에 국어정보학의 최종 목적은 '컴퓨터에 인간의 한국어 능력을 갖게 하는 일'이다. 이때의 국어 정보화의 개념은 매우 광범위하여서 기계번역, 자연언어처리 등과 같은 전산언어학을 포함한다.

다른 하나는 국어정보학을 '전산 언어(국어) 자원을 구축하고 그것을 바탕으로 컴퓨터를 이용하여 수행하는 국어 연구와 응용의 학문'[1]이라고 정의할 수 있다. 이 경우에 국어정보학의 범위는 매우 좁아져서 국어 자원인 말뭉치(corpus)에 관련된 연구와 활동에 국한된다.

전자는 광의의 국어정보학이라고 할 수 있으며, 후자는 협의의 국어정보학이라고 할 수 있다. 광의의 국어정보학은 말뭉치국어학(Korean Corpus Linguistics), 전산 국어학(Korean Computational linguistics), 전산 사전학, 계량언어학, 정보검색, 기계번역 등의 모든 영역에 연관된다. 그러나 협의의 국어정보학은 주로 말뭉치 국어학만을 지칭하는 것으로 인식되고 있어서, 단순히 언어 정보의 수집, 전달, 처리의 수준에 머물게 된다. 일반적으로 전산학계에서는 전자를, 국어학계에서는 후자를 국어 정보학으로 인식하고 있다.

학문은 분석적인 방법과 종합적인 방법을 교차시키면서 발달되어 왔다. 특히 20세기 말에 들어서 학문은 종합적인 연구방법을 통해 급속도로 발달되어 왔다. 학문의 이러한 발달은 인간의 의사소통 방식의 급격한 변화에 기인한다. 인간의 의사소통 방식이 음성, 문자, 화상(畵像) 중

---

1 강범모(2003 : 258).

의 하나만을 선택해서 전달하던 단일한 방식에서 이 모든 것을 동시에 전달하는 복합적인 전달방식, 곧 멀티미디어 방식으로 변화하여 왔다. 이에 따라 학문도 각각 독립되어 있던 각개의 영역들이 융합을 거듭하여 왔다. 자연과학과 예술이 통합적으로 연구되고, 인문과학과 자연과학과 사회과학의 경계가 허물어져서, 새로운 영역의 학문이 성립되게 되었다.

국어정보학이 독립된 학문으로 정립되게 된 것은 기존의 학문영역에서 소홀히 다루어져 왔던 '정보'의 중요성이 부각되었기 때문이다. 기존의 학문에서는 자료(data)를 수집, 정리, 분석, 해석하여 이를 지식으로 만들고 이 지식을 체계화하여 학문을 성립시켜 왔다. 그러나 정보의 중요성이 인식되어서 자료와 지식 사이에 정보가 중요한 위치를 차지하게 되었다. 정보는 자료와 지식을 바탕으로 한다. 정보가 '특정 상황에서 평가된 자료'라고 한다면, 지식은 '정보가 더 넓은 시간, 내용이 관계를 나타내는 것'이라고 할 수 있으며, 이에 비해 자료는 '가치가 평가되지 않은 메시지'라고 할 수 있다. 그리고 체계화된 지식이 곧 학문인 셈이다.

지식이란 '하나 이상의 사실, 진리, 원리 등을 지시, 학습, 연구 또는 경험을 통해 의식적으로 깨닫는 사실이나 상태'를 말한다.[2] 일반적으로 정보와 지식을 동일한 개념으로 인식하여 혼용하거나 또는 두 단어를 합성하여 사용하기도 한다.

그러나 정보는 객관화되기 이전의 인식요소인 반면에 지식은 객관화된 인식요소이다. 관련된 정보들이 입수되고 입수된 정보들이 조직화됨으로써 객관화된 인식에 의해 지식이 형성된다. 즉 정보는 지식을 형

2 Webster's Third New International Dictionary(1981).

성해 가는 요소의 하나다. 또한 정보는 아직 완전한 형태로 축적된 구성체가 아니라는 점에서 지식과 구분된다.

자료는 정보를 구성하는 요소이다. 자료는 정보의 원재료를 정보의 형태로 전환시켜 주는 상징 또는 신호의 형태로서 정보라는 완전한 실체로 구현되기까지 수록되고 검색되는 대상을 의미한다. 이러한 관점에서 정보는 아직 구체화되지 않은 자료와 구분된다. 이용자 관점에서 보면 자료는 그 요구자에게 정보가 될 수 있는 반면 그 자료가 필요하지 않은 사람에게는 아무런 의미가 없는 자료에 불과할 것이다.

2. 국어정보화

국어정보학이 추구하는 최종목표는 국어정보화라고 할 수 있다. 그런데 국어정보화는 앞에서 언급한 바와 같이 국어정보학의 개념 차이에 따라 그 목표를 달리 하고 있다.

넓은 의미의 국어정보화는 좁은 의미의 국어정보화 단계를 반드시 거쳐야 하는 것이기 때문에, 어떤 면에서는 좁은 의미의 국어정보화는 넓은 의미의 국어정보화의 기반이라고 할 수 있다. 이러한 정보화의 단계를 이해하는 데에는 KISTI의 박동인 선생이 제시한 국어 정보화의 기술나무를 소개하는 것이 유용할 것이다.

〈그림 1〉의 기술나무는 국어 정보화의 단계를 세 단계로 구분하고

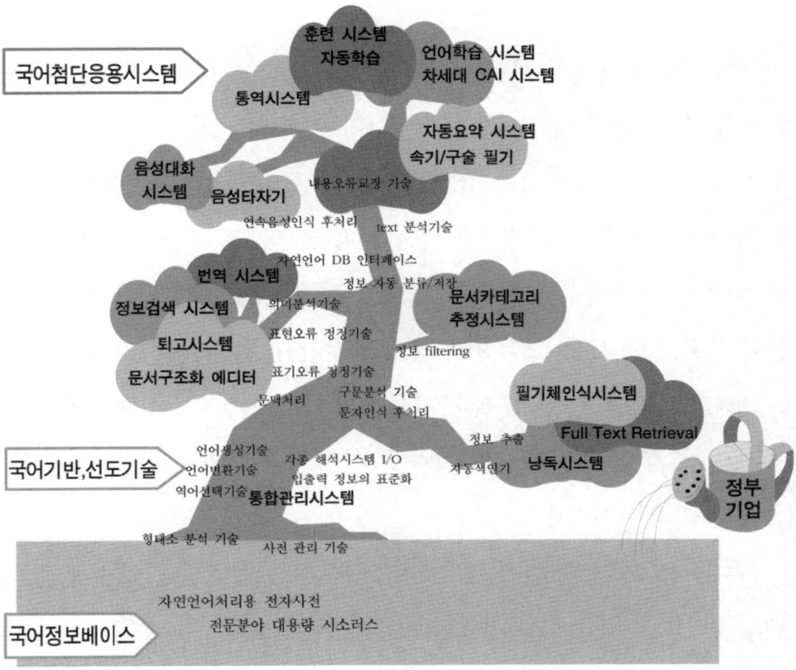

〈그림 1〉 기술나무

있다. 제1단계가 국어정보베이스 구축이고 제2단계는 국어기반 선도기술이며 제3단계는 국어 첨단 응용 시스템이다.[3]

이 기술나무는 언어처리 기술에 대한 내용을 나무에 비유하여 그린 것이다. 국어 정보처리 기술을 발전시키기 위하여서는 뿌리와 토양에 해당하는 여건 조성과 기초 작업, 그리고 줄기에 해당하는 기반기술과, 잎과 가지에 해당하는 관련 시스템들이 각각 독특한 위치를 차지하고 있어서, 이러한 국어정보화 기술들은 상보적, 단계적으로 이루어져야 할 것임을 암시한다.

또한 〈그림 1〉은 국어 정보처리 기술이 발전하기 위한 토양으로서 자

3 후에 '국어기반 선도기술'은 '국어기반, 요소기술'로, '국어첨단 운영시스템'은 '국어응용시스템'으로 수정한 바 있으나, 그 내용은 큰 문제가 아니라고 생각하여 초기에 수립된 기술나무를 제시하도록 한다.

연언어 처리용 사전, 전문분야 대용량 시소러스, 말뭉치, 음성 데이터베이스와 글씨 데이터베이스 등이 필요하며, 이 토양을 밑거름으로 하여 나무의 줄기에 해당하는 기반기술인 우리말과 글을 처리하는 각종의 기술, 즉 형태소 분석 기술, 역어 선택 기술, 언어 변환 기술, 언어 생성 기술, 문맥 처리 기술, 구문 분석 기술, 표현 오류 정정 기술, 의미 분석 기술, text 분석 기술, 내용 오류 교정 기술 등이 발전할 수 있음을 비유한 것이다.

그리고 이러한 기반기술을 근간으로 하여, 가지 및 잎에 해당되는 자동 색인기, 정보 검색 시스템, 자동 요약 시스템, 등의 응용시스템이 발전할 수 있음을 비유한 것이다.

그러나 이 국어정보화 기술나무는 정보화 과정의 초기단계가 어느 정도 갖추어져 있을 것을 예상하고 그려진 것이다.

보통 국어정보화의 단계로서 ① 전산화의 단계 ② 연계화의 단계 ③ 유연화의 단계로 구분하기도 하는데,[4] 전산화의 단계는 보통 컴퓨터의 운영체제가 안정된 단계를 거쳤음을 의미하며 연계화의 단계는 인터넷의 안정화 단계를 말하며 유연화의 단계는 정보화가 심화되면서 사회의 모든 분야가 융합적으로 종합화되고 유연화되는 단계를 말한다.

국어정보화의 기술나무는 이처럼 전산화의 단계와 연계화의 단계가 어느 정도 심화된 것을 전제로 하지만, 아직 국어 전산화의 단계도 안정되어 있다고 하기 어렵다. 대표적인 것이 한글 및 한자 코드의 안정성 문제라고 할 수 있다.

결국 국어 정보화의 국어 정보 베이스와 국어기반 선도기술들이 좁

4 편찬위원회(2000 : 3).

은 의미의 국어 정보화를 의미하며 이것을 포함하여 국어 첨단 응용시스템의 과정이 넓은 의미의 국어 정보화라고 할 수 있다.

이러한 여러 단계에서 좁은 의미의 국어정보화와 넓은 의미의 국어정보화가 단계적으로 이루어지게 될 것이다. 그런데 좁은 의미의 국어정보화는 넓은 의미의 국어정보화의 영역에서 해결하여야 할 과제의 기본을 제공하여야 할 것이다.

넓은 의미의 국어정보화 또는 국어정보학은 좁은 의미의 그것들을 전제로 한다. 그런데 좁은 의미의 국어정보화는 '정보 베이스 구축'이 가장 기본적인 과제인데, 이때에 이루어져야 할 원시말뭉치나 가공말뭉치를 비롯한 각종의 말뭉치들은 소위 '자료'에 속하며, 이 자료를 바탕으로 하여 구축될 자연언어처리용 전자사전이나 전문 분야 대용량 시소러스는 정보들이다. 이러한 자료와 정보를 바탕으로 하여 기반기술을 통하여 이룩해 놓은 모든 기술은 지식에 해당하고, 이를 바탕으로 국어정보학이 성립되는 것이다.

결론적으로 말하여 국어정보학에서 가장 기본적인 요소는 자료인 말뭉치이며 이를 바탕으로 이루어진 사전이라고 할 수 있다.

3. 사전

국어정보화 과정에서 사전 편찬은 필수적인 과정이다. 특히 컴퓨터가 국어를 이해하게 하기 위해서는 '형태소 분석→구문 분석→의미분석 → 화용 분석 (문맥처리) → 의도처리' 등의 여러 과정을 거쳐야 하는데, 이 과정에서 국어사전은 기초자료로 반드시 필요한 것이기 때문이다.

국어사전은 국어 어휘를 알려고 하는 사람들에게만 필요한 것이 아니라 언어 처리를 위해 단어 분석의 규칙 및 문장 분석의 규칙과 의미 해석의 규칙, 그리고 이들을 해석하고 생성시키는 프로그램을 만드는 사람들에게도 필요한 것이다.

국어사전은 국어학 분야는 물론이고 전산학, 정보학 등의 어휘나 용어 등을 처리하는 분야에서 중요한 논의의 대상이 되기도 하고, 기계번역이나 형태소 분석과 같은 자연언어처리 과정에서 중요한 정보 자원으로 활용되기도 한다.

그러나 국어사전의 불비로 최근에는 국어정보화가 답보상태에 있는 것으로 보인다. 국어사전이 기초가 되어 만들어지는 형태소 분석기의 완성도도 낮고, 구문분석기는 이제 개발 초기 단계이며, 의미분석기는 어휘의미 분석기를 제외하고는 아직까지 개발했다는 소식에 접한 적이 없는 정도인 것은 이것들을 개발할 수 있도록 정보를 제공하여 줄 수 있는 국어사전이 완비되어 있지 않은 것에 기인하는 것으로 생각한다.

이처럼 국어사전에 대한 다차원적인 접근과 활용의 필요성으로 최근에는 전혀 연구되지 않았던 사전학과 사전 편찬학을 탄생시켰으며, 그 결과로 기존에 알고 있었던 좁은 의미의 사전학이나 사전 편찬학의 영역을 넓혀 가고 있는 실정이다.

최근에는 다양한 사전들이 등장하게 되었다. 국어사전은 물론이고 문학에서는 소설어사전이나 시어사전, 판소리문학사전 등이 등장하고 있다. 그래서 사전은 이제 언어학, 문학, 인류학, 출판학, 도서관학, IT

분야 등등의 중요한 관심사가 되어 가고 있는 실정이다. 그래서 사전은 광범위한 분야에 걸쳐 논의되고 있다.

1) 사전 편찬의 과정

지금까지 사전들은 어떻게 편찬되었을까? 말뭉치를 토대로 하지 않는 사전의 편찬과정은 대체로 다음과 같다.[5]

① 기존의 사전을 수집한다. 각 사전들을 검토하고, 새로 편찬할 사전의 성격을 결정한다.
② 사전의 구조를 결정한다.
③ 사전의 구조에 맞는 카드를 만든다.
④ 중요한 사전을 구입하여 두 부를 복사한다.
⑤ 각 사전을 올림말을 중심으로 하여 모두 오려낸다.
⑥ 각 올림말별로 한 장의 카드를 만들고, 거기에 오려낸 사전의 항목별로 붙인다. 그러면 그 카드에는 여러 개의 사전의 올림말에 대한 모든 정보가 들어가게 된다.
⑦ 이 자료들을 참고로 하여 그 올림말에 대한 새로운 뜻풀이를 한다.
⑧ 한 편으로 신어를 조사한다. 그리하여 그 신어에 대한 사전 구조에 따라 뜻풀이를 한다.

5 여기에서는 주로 국어사전의 편찬과정에 대해서만 언급할 것이다.

⑨ 이들을 중심으로 하여 출판에 들어간다.

대개 이와 같은 과정을 겪는 것이 이전의 일반적인 국어사전 편찬 과정이었다. 이러한 방식은 이미 이전에 기존의 사전이 출판되거나 또는 그러한 정보들이 있을 경우에 하는 일이다. 그러한 종류의 사전이 하나도 없는 경우에는 일일이 사전 편찬자가 책을 읽어 가면서 올림말을 정하고 용례를 집어넣고 뜻풀이를 하는 과정을 거쳐야 하였다.

그러나 이러한 과정은 매우 더디고 힘들며, 또한 수작업이어서 비효율적이라고 할 수 있다. 오늘날의 사전 편찬과정의 예로 연세한국어 대사전 편찬 절차는 〈그림 2〉로 보이도록 한다.[6]

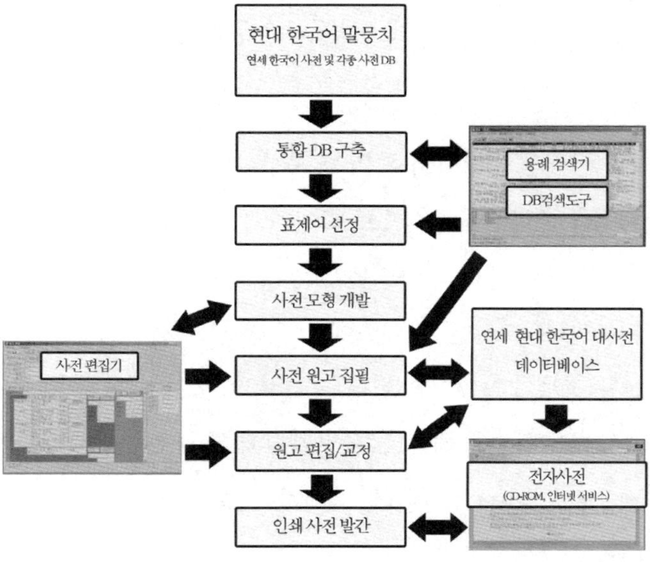

〈그림 2〉 연세 현대 한국어 대사전 편찬 체계

6 이희자(2002 : 116).

〈그림 2〉 작업은 말뭉치를 토대로 한 사전 편찬과정을 보여주는 것이다. 이 작업이 기존의 사전 편찬과정과 크게 다른 점은 세 가지이다.

① 각종 한국어사전 및 각종 사전의 DB를 참고자료로 한다는 점이다.
② 통합 DB(말뭉치)를 구축한다는 점이다.
③ 각종의 프로그램을 사용한다는 점이다.

이것은 과거의 언어 양상을 보여주는 기존 사전류와 현재의 실제 언어 양상을 반영하고 있는 말뭉치를 동시에 활용한다는 의미이다. 그러나 기존의 사전 편찬과정에서는 이전의 사전 자료들을 1차적인 자료로 이용하여 왔기 때문에, 여러 사전을 비교하여 보면 용례는 비록 다르지만, 뜻풀이에서 '표절'에 가까울 정도로 참고한 흔적을 흔히 발견할 수 있게 된다. 예컨대 '사전(辭典)'이라는 단어의 뜻풀이를 보면 그러한 현상을 쉽게 발견할 수 있다(다음의 예에서 보듯이 북한의 사전만 큰 차이가 있음을 볼 수 있다).

> 어떤 언어의 낱말 들을 모아 일정한 차례로 벌여 그 맞춤법, 발음, 말밑, 말본 형태, 뜻, 쓰임 따위를 보이는 책.
>
> —한글학회, 『우리말큰사전』, 1992

> 어휘를 모아 일정한 순서로 배열하여 싣고 각각 그 표기법·발음·의미·어원·용법 등을 해설한 책.
>
> —『국어대사전』(금성사판), 1996

낱말을 모아 일정한 순서에 다라 늘어놓고, 그 발음, 맞춤법, 뜻, 어원, 용법 등을 설명한 책.

—『연세한국어사전』, 1998

어떤 범위 안에서 쓰이는 낱말을 모아서 일정한 순서로 배열하여 싣고 그 각각의 발음, 의미, 어원, 용법 따위를 해설한 책.

—『표준국어대사전』, 1999

어휘를 모아 일정한 순서로 배열하여 싣고 그 표기법, 발음, 어원, 의미, 용법 따위를 설명한 책.

—『고려대한국어대사전』, 2009

일정한 언어의 단어나 단어결합, 성구적 표현 또는 일정한 범위의 대상의 이름을 올리고 풀이한 책. 보통 자모순으로 배렬하여 올린 것과 언어학적뜻풀이를 한 것과 그밖에 여러 가지 류형의 것이 있다.

—『조선말대사전』(북한), 1992

그러나 말뭉치를 기반으로 하여 편찬되는 사전은 기존의 사전들을 2차적인 참고자료로 이용하고 1차적인 자료로는 말뭉치를 이용하는 것이다. 그리고 1차적인 자료로 이용하거나 2차적인 자료로 이용하거나 사전들을 모두 컴퓨터로 입력된 텍스트 자료로 이용한다는 점이다.[7] 국

7 국립국어연구원에서 표준국어대사전을 편찬할 때에는 종이에다 여러 사전을 스크렙하여 놓은 것을 그림파일로 만들어 이용하였다.

립국어연구원에서 표준국어대사전을 편찬할 때 중요한 자료로 활용한 국어사전은 12가지인 것으로 알려져 있다. 이들은 다양한 보조 자료로 이용하게 된다.

말뭉치를 토대로 하여 편찬되는 국어사전은 앞의 과정을 거친 후에 대체로 다음과 같은 과정을 거치게 될 것이다.

① 말뭉치를 컴퓨터로 처리하여 단어의 색인을 작성한다.
② 그 색인을 기초로 하여 언어 단위의 형식적 특성이나 각종 빈도를 측정한다.
③ 빈도 측정에 따라 표제어를 선정한다.[8]
④ 용례를 검색한다.
⑤ 어휘의 의미 빈도에 따라 의미 항목(다의어 항목)의 배열과 그 범위를 설정한다.
⑥ 올림말에 대한 용례를 분석하여 각종의 음운, 어휘, 문법의 특징을 기술한다.
⑦ 특정 어휘의 연어 구성을 찾아낸다.
⑧ 텍스트 장르와 언어 특성을 연구한다.
⑨ 컴퓨터로 일정한 형태로 편집한다.
⑩ 출판에 들어간다.

이 과정에서 볼 수 있듯이 기존 방식의 사전 편찬과정과는 사뭇 다른

8 사전의 규모에 따라 다르겠지만, 대국어사전이라면 단 한 번의 빈도를 보이는 것도 표제어로 선정할 필요가 있다.

과정을 거치기 때문에 각종 항목에 대한 통계학적 사실이나 언어 사용의 습관 등에 대한 정보를 얻어 기술할 수 있다.

2) 사전 편찬과 기존 사전의 활용

전술한 바와 같이 사전을 편찬하기 위해 기존의 사전들을 활용하는데, 이들 사전들을 활용하는 것은 구체적으로 다음과 같은 이유에서다.

① 표제어 목록을 검토하기 위해서 각종 사전들을 교차 비교하여 편찬될 사전에 올릴 어휘 목록에 대한 정보를 얻는다.
② 사전의 구성 정보를 교차 비교하여 편찬될 사전에 올릴 언어 정보들을 결정한다.
③ 다의어의 배열 구조를 비교하여 편찬될 사전의 의미 항목들을 기술한다.

그리하여 각종 사전의 편찬에는 기존 사전들을 반드시 참조하고 있음은 숨길 수 없는 사실이다. 그러나 몇몇 사전(예컨대 한글학회의 『우리말큰사전』)을 제외하고는 기존의 사전을 참고하였다는 서술이나 기술은 언제나 빠져 있다. 그것은 역설적으로 그만큼 기존 사전들을 많이 참고하였음을 말해 주는 것이다. 예컨대 표준국어대사전은 전술한 바와 같이 12가지의 국어사전을 참고한 것으로 보인다. 표준국어대사전을 편찬하면서 만든 사전 카드에 번호가 12번까지 있어서 그러한 사실을 알 수 있다.

〈표 1〉 대역사전

종류	편저자	사전명	편찬 연도	표제어수
한국어-한자	이준영 · 정현 · 이기영 · 이명선 · 강진희	『국한회어』	1895	약 27,000개
한국어-프랑스어	Félix-Clair Ridel	*Dictionaire Coréen - Francais*(한불자전)	1880	약 27,000개
한국어-영어	H.G.Underwood	*A Concise Dictionary of Korean Language*(영한, 한영자전)	1890	–
	J.Scott	*Introduction, English-Corean Dictionary*(영한사전)	1891	–
한국어-일본어	趙義淵 井田勤衛	『日韓 韓日 言語集』	1910	–
	조선총독부	『조선어사전』	1920	58,639개 한자어 40,734개 언문어 17,178개 이두 727개
	조선어연구회	『鮮和新辭典』	1942	–
영어-한국어	James S. Gale	*A Korean-English Dictionary*(한영자전)	1897	약 34,000개
	George H. Jones	*An English-Korean Dictionary*(영한자전)	1914	–
러시아어-한국어	푸칠로	『露朝辭典』	1874	약 4,000개
프랑스어-한국어	Charles Allévêque	*Petit Dictionaire Français-Coréen*(法韓字典)	1901	–
라틴어-한국어	–	*Parvum Vocabularium Lation-Coreanum ad usum studiosae* (羅韓小辭典)	1891	–
일본어-한국어	趙義淵 井田勤衛	『日韓 韓日 言語集』	1910	–
	日語雜誌社	『日韓 會話辭典』	1907	–

국어사전을 편찬하기 위해서는 우리나라에서 지금까지 편찬된 사전 중 대표적이라고 할 수 있는 사전들을 완비하여 놓는 것이 좋을 것이다. 지금까지 우리나라에서 편찬된 국어사전 중 중요한 것을 보이면 〈표 1〉과 같다.

(1) 대역사전

〈표 1〉에 제시한 대역사전들은 국어사전 편찬에서 표제항 선정에 중요한 정보를 제공하여 준다. 뿐만 아니라 그 어휘의 역사나 형태 및 의미의 변화를 기술하는 데에도 큰 도움을 줄 수 있다.

이 중에서 필자가 보유하고 있는 입력된 대역사전들에는 다음과 같

〈표 2〉 국어사전

편찬자	사전명	편찬연도	표제어수
조선광문회(주시경, 김두본, 이규영, 권덕규 등)	『말모이』	1911	'ㄱ-갈죽' 부분만 남아 있음
심의린	『보통학교 조선어사전』	1925	6,106개 최초의 국어학습사전
문세영	『조선어사전』	1938	약 89,000개
이윤재	『표준조선어사전』	1947	–
조선어학회	『조선어큰사전』	1947	164,125개
문세영	『(수정 증보)조선어사전』	1949	–
신기철 · 신영철	『표준국어사전』	1958	–
이희승	『국어대사전』	1961	약 230,000개
신기철 · 신영철	『새우리말큰사전』	1974	약 310,000개
이희승	『국어대사전(수정증보판)』	1982	–
금성사 (김민수, 고영근, 임홍빈, 이승재)	『국어대사전』	1996	약 300,000개
국립국어연구원	『표준국어대사전』	1999	509,076개
한글학회	『우리말큰사전』	1991	약 450,000개
연세대 언어정보개발연구원	『연세한국어사전』	1998	약 50,000개
고려대 민족문화연구원	『고려대 한국어대사전』	2009	약 390,000개
북한 사회과학원 언어학연구소	『조선말사전』(6권)	1961 · 1962	187,000개
북한 사회과학원 언어학연구소	『조선말대사전』	1992	약 330,000개
북한 사회과학원 언어학연구소	『조선말대사전(증보판)』	2006	약 400,000개

은 것이 있다.

『국한회어』(이준영 외), 『한불자전』(Ridel), 『한영자전』(Gale), 『노조사전』(푸칠로), 『조선어사전』(조선총독부)

(2) 국어사전

단일어사전으로 국어사전 중에서 중요한 사전을 보이면 〈표 2〉와 같다. 이 국어사전들은 다양한 방법으로 국어사전 편찬에 이용될 뿐만 아니라 국어 연구에도 중요한 도움을 주고 있다. 그러나 텍스트 자료로 입력된 사전들은 그리 많지 않아, 사전 편찬에 보조자료로 이용하기 쉽지 않다. 현재까지 필자가 보유하고 있는 국어사전 입력 자료를 소개하면 다음과 같다.

『보통학교 조선어사전』(신의린), 『조선어사전』(문세영), 『국어대사전』(금성사판), 『표준국어대사전』(국립국어연구원), 『우리말큰사전』(한글학회), 『연세한국어사전』(연세대), 『조선말사전』(6권), 『조선말대사전』(1992), 『한국어사전』(배주채), 『동아프라임사전』(mdb 파일)

그러나 반드시 참고하여야 하지만 현재까지 입력된 자료를 갖추지 못한 사전은 조선어학회의 『조선어큰사전』과 이희승의 『국어대사전』(수정 증보판)이다.

사전 편찬을 위해서는 국어사전 이외에도 다양한 사전이 필요하다. 그래서 필자는 입력된 수많은 다양한 사전을 갖추어 놓고 참고로 하고 있다. 그 사전들을 보이면 다음과 같다.[9]

① **국어 관련**

『6개 사전 표제어목록』, 『간추린 우리말사전』, 『고전소설독해사전』, '국어 어휘 역사사전',[10] 『국어학사전』(한글학회), 『기본어휘의미빈도사전』(서상규), 『속담사전』, 『어휘의미망사전』, 『역순사전』, 『외국인을 위한 한국어학습사전 우리말 500가지』, 『의성의태어사전』, 『이조어사전 표제항』(유창돈), 『중조대사전』(색인), 『토박이말사전』, 『한국어 어원사전』, 『17세기 국어사전』(홍윤표 외)

9 출판사 등은 생략한다.

10 아직 출판되지 않은 원고 상태의 자료이다.

② 방언 사전

『강원도 방언사전』, 『경남방언사전』, 『경북방언사전』, 『경주방언사전』, 『경주속담사전』, 『서울대방언사전』, 『전남방언사전』, 『제주어사전』, 『평안방언사전』, 『한국정신문화연구원 방언자료집』, 『함북방언사전』

③ 중국어사전

『古代漢語詞典』(校訂重排本)(PDF파일), 『古代漢語詞典』(PDF파일), 『同源字典』(PDF파일), 『辭海』(PDF파일), 『新華字典』(PDF파일), 『王力語言學詞典』(PDF파일), 『康熙字典』(PDF파일), 『辭源』(修訂本)(PDF파일), 『漢語大字典』(8권본), 『中國語語彙網』

④ 기타

『광고소사전』, 『꽃말모음』, 『동양학대사전어휘색인총람』, 『명언록』, 『문학용어사전』, 『북한지명사전』, 『성경사전』, 『세계신화상상사전』, 『세계잡학사전』, 『신어사전』, 『신화사전』, 『영화용어사전』, 『요정백과사전』, 『의학약어사전』, 『이체자사전테이블』, 『주색잡기속담사전』, 『증권용어사전』, 『치산현대인물사전』, 『특수교육용어사전』, 『특수교육용어사전』, 『한국사기초사전』, 『한국의 욕설백과』, 『한국인물사전』, 『한방사전』, 『한어대사전』, 『현대소설용어사전』, 『현대시사전』

3) 말뭉치의 이용

말뭉치(corpus)는 언어 정보화의 가장 기초적인 자료이다. 그러므로 사전 편찬뿐만 아니라 언어 정보화의 단계에서 가장 먼저 하여야 할 일은 대규모 언어 데이터베이스인 말뭉치를 구축하는 일이다.

말뭉치 구축의 최종목표는 전술한 바와 같이 컴퓨터에 인간의 언어 능력을 갖추도록 하는 것이다. 지금까지 컴퓨터에서의 언어처리는 주로 그 언어가 지니고 있다고 생각되는 언어 규칙에 의존하여 왔다. 즉 과거의 지식을 검색하고 추론하여 얻을 수 있는 예문들을 새롭게 등장하는 문장들에 적용하여 그 새로운 문장들을 분석하고 번역하여 왔다. 이러한 방법은 언어를 처리하는 데에 한계가 있게 되었다. 주로 언어규칙에 의존한 기계번역 등의 처리에 오류가 있게 되었다. 그래서 오늘날에는 대규모의 말뭉치로부터 자료를 추출하고, 그 속에서 통계적 방법에 의하여 일반원리를 찾아 이것을 컴퓨터에 인식시킴으로써, 컴퓨터가 인간과 같은 언어지식을 갖추도록 하는 방법을 사용하게 되었다. 그리하여 이 말뭉치의 구축은 오늘날 모든 컴퓨터를 운용하는 시스템이나 소프트웨어 작성에 절대적인 가치를 지니게 되었다.

말뭉치는 여러 분야에서 활용된다. 언어학 연구(역사언어, 비교언어학, 대조어어학, 사회언어학, 심리언어학 등), 자연언어 처리 및 정보과학 연구, 언어교육 분야 등에서 매우 유용하게 이용되고 있다. 그러나 무엇보다도 사전 편찬에 적극적으로 활용되고 있다.

사전은 언어 연구의 가장 기본적인 공구서이지만, 한편으로는 언어 연구의 최종단계라고도 할 수 있다. 그래서 사전 편찬은 언어 정보를 집대성하는 과정이라고 할 수 있다. 따라서 말뭉치를 토대로 한 언어 연구의 결과물은 사전 편찬과정에 반영되는 것은 당연한 결과이다. 그래서 사전 편찬에서는 대규모의 말뭉치를 필요로 하여 대규모의 말뭉치는 사전 편찬과 함께 발달되었다.

사전 편찬은 어휘 수집 작업에서부터 각 어휘의 문법 특징과 의미 및 용례 기술 등 다양하고 복잡하게 이루어지는데 이러한 모든 과정에서 말뭉치를 효율적으로 이용할 수 있다. 어휘 수집의 경우에는 말뭉치 자료를 통해서 기초 어휘를 선별할 수 있으며, 신조어를 비롯한 외래어, 전문 용어까지 폭넓게 수집할 수 있고, 각 어휘의 문법 특징과 의미도 추출할 수 있다. 특히 용례 기술에 있어서는 가공된 형식이 아닌 실제적이고 자연스러운 언어 자료를 제공할 수 있다는 장점이 있다.

그 이외에도 연관 복합어 찾기, 용언의 활용형 찾기, 특수한 영역 안에서 어휘의 사용 양상 파악, 격틀에 맞는 용례 검색 등을 위해서도 말뭉치를 필요로 하고 있다. 연세한국어사전 편찬에서는 약 3,000만 어절의 말뭉치를, 그리고 고려대 한국어대사전 편찬에서는 약 1억 어절의 말뭉치를 이용하였다.

(1) 말뭉치 구축 현황

그렇다면 우리가 이용할 수 있는 말뭉치는 어떠한 것이 얼마나 있을까? 간략히 살펴보도록 한다.

① 세종 말뭉치 구축 현황

세종 말뭉치란 문화관광부가 추진하고 국립국어원이 주관하는 21세

〈표 3〉 21세기 세종계획의 실행기간인 10년간(1998~2007) 구축된 말뭉치

<table>
<tr><td rowspan="6">현대국어</td><td rowspan="4">문어</td><td>원시 말뭉치</td><td>6,500만</td><td rowspan="4">9,130만</td></tr>
<tr><td>형태소 분석 말뭉치</td><td>1,300만</td></tr>
<tr><td>어휘 의미분석 말뭉치</td><td>1,250만</td></tr>
<tr><td>구문분석 말뭉치</td><td>80만</td></tr>
<tr><td rowspan="2">구어</td><td>원시 말뭉치</td><td>434만</td><td rowspan="2">534만</td></tr>
<tr><td>형태소 분석 말뭉치</td><td>100만</td></tr>
<tr><td rowspan="2">북한 및 해외 한국어 말뭉치</td><td colspan="2">원시 말뭉치</td><td>933만</td><td rowspan="2">1,083만</td></tr>
<tr><td colspan="2">형태소 분석 말뭉치</td><td>150만</td></tr>
<tr><td colspan="3">구비문학 말뭉치</td><td>230만</td><td>230만</td></tr>
<tr><td rowspan="2">역사 말뭉치</td><td colspan="2">원시말뭉치</td><td>550만</td><td rowspan="2">612만</td></tr>
<tr><td colspan="2">형태소 분석 말뭉치</td><td>62만</td></tr>
<tr><td rowspan="2">한영 병렬 말뭉치</td><td colspan="2">원시말뭉치</td><td>470만</td><td rowspan="2">570만</td></tr>
<tr><td colspan="2">형태소 분석 말뭉치</td><td>100만</td></tr>
<tr><td rowspan="2">한일 병렬 말뭉치</td><td colspan="2">원시말뭉치</td><td>102.5만</td><td rowspan="2">131.5만</td></tr>
<tr><td colspan="2">형태소 분석 말뭉치</td><td>29만</td></tr>
<tr><td colspan="3">한중, 한러, 한불 병렬 말뭉치</td><td>15만</td><td>15만</td></tr>
<tr><td colspan="3">전문용어 말뭉치</td><td>200만</td><td>200만</td></tr>
<tr><td rowspan="2">표준화 및 후처리</td><td colspan="2">국어정보처리기반구축사업</td><td>7,000만</td><td rowspan="2">12,000만</td></tr>
<tr><td colspan="2">국립국어연구원</td><td>5,000만</td></tr>
<tr><td colspan="4">총계</td><td>24505.5만</td></tr>
</table>

기 세종계획으로 구축된 말뭉치이다. 21세기 세종계획 홈페이지에서[11] 내려받을 수 있다.[12] 21세기 세종계획의 실행기간인 10년간(1998~2007) 구축된 말뭉치는 〈표 3〉과 같다.

② 세종 말뭉치 이외의 말뭉치 구축 현황

세종 말뭉치 이외의 말뭉치 구축 기관과 구축 현황을 보이면 다음과 같다.

11 21세기 세종계획(http://www.sejong.or.kr).

12 그러나 공개된 자료는 저작권에 저촉되지 않는 말뭉치에 한정되어 있다.

가. 연세 한국어 말뭉치

연세대 언어정보연구원에서 구축한 말뭉치로 언어정보연구원 홈페이지에서[13] 자료 이용 신청서를 작성하여 제출하면 자료를 이용할 수 있다.

나. 고려대 민족문화연구소 말뭉치

㉠ 한국어 말모듬1 : 고려대 민족문화연구소에서 구축한 말뭉치로 말뭉치 자료는 공개되어 있지 않다. 그러나 『고려대 한국어대사전』은 약 1억 어절의 말뭉치를 이용하였다고 하므로, 세종 말뭉치를 포함한 1억 어절의 말뭉치가 있는 것으로 보인다.

㉡ 장르별 텍스트 코퍼스 : 고려대 민족문화연구소에서 구축한 말뭉치로 말뭉치 자료는 공개되어 있지 않다.

다. 한국과학기술원 말뭉치

㉠ 국어 정보 처리 기반 구축 말뭉치 : 한국과학기술원에서 구축한 말뭉치로 말뭉치 자료는 국어 정보 베이스 홈페이지에서[14] 일부 얻을 수 있다.

㉡ 대한민국 국어 정보 베이스 II : 한국과학기술원에서 구축한 말뭉치로 말뭉치 자료는 공개되어 있지 않다.

라. 전자통신연구원(ETRI) 품사 태그 부착 말뭉치

전자통신연구원에서 구축한 말뭉치로 말뭉치 자료는 공개되어 있지 않다.

---

13 연세대 언어정보연구원(http://ilis.yonsei.ac.kr).

14 국어정보베이스(http://kibs.kaist.ac.kr).

마. 중국 연변대학 중국 조선어 말뭉치

2008년도부터 중국 조선어 정보화를 위하여 구축한 말뭉치다.

바. 『겨레말큰사전』 편찬위원회 말뭉치

『겨레말큰사전』을 편찬하기 위하여 구축한 말뭉치인데, 세종 말뭉치 이외에 별도로 북한과 중국 조선어 말뭉치를 구축하였다.

사. 한국 역사 정보 통합시스템 말뭉치

한국 역사 정보 통합시스템을 만들어 정보를 제공하면서 만든 말뭉치로, 한국의 역사자료를 체계적이고 종합적으로 전산화하여 사용자들에게 제공하고 있다. 다양한 역사관련 전문기관이 전문센터로서 참여하여 역사자료 데이터베이스를 구축하고 있는데, 여기에는 국사편찬위원외, 한국학중앙연구원, 규장각 한국학연구원, 한국국학진흥원, 성균관대 존경각, 한국고전번역원 등이 연계하여 통합 검색하도록 한 것이다. 가장 많은 역사 자료를 제공하고 있다.

이들 기관에서 구축한 한국어 말뭉치의 현황을 보이면 표로 보이면 〈표 4〉와 같다.

대한민국 국어 정보 베이스는 모두 세종 말뭉치에 통합되었다. 시스템공학연구소를 중심으로 STEP2000과제에서 1억 어절 규모의 원시 말뭉치와, 1천만 어절 규모의 품사부착 말뭉치, 그리고 100만 어절 규모의 구문구조 부착 말뭉치를 구축하였다. 고려대 민족문화연구소에서는 1995년 말까지 이미 1,000만 어절 규모의 '고려대 한국어 말모둠 1'을 구축하여 놓았고, 이를 바탕으로 하여 『한글 사용빈도의 분석』을 발표하

〈표 4〉 기관 구축 한국어 말뭉치 현황

말뭉치(구축 기관)	구축 기간	규모와 수집 대상 (단위: 어절)		목적
연세 한국어 말뭉치 (연세대 언어정보개발 연구원)	1987 ~1999	YSC 1~9(약4,300만) 표준말뭉치(약 2,900만) 특수 말뭉치(약 2,500만) 품사 주석 말뭉치(180만) 의미 주석 말뭉치(100만)	문어 / 구어, 다국어, 학습자 오류 1960~현재 자료	사전 편찬과 언어학 / 국어정보학적 연구 균형 말뭉치 구축
국립국어원	1992 ~1997	총 6,765만	문어 / 구어 1400~1990년대 자료	사전 편찬과 국어연구
국어 정보 처리 기반구축 말뭉치 (한국과학기술원)	1994 ~1997	약 7,158만	문어	국어 정보 처리
한국어 말모듬 1 (고려대 민족문화연구소)	1995	약 1,000만	문어 / 구어 1910~1990년대 자료	국어 연구 국어사전 편찬
장르별 텍스트 코퍼스 (고려대 민족문화연구소)	1997	약 40만	문어 / 구어	국어 연구
대한민국 국어정보베이스II (한국과학기술원)	1998	원시 말뭉치(1,000만) 품사 주석 말뭉치(20만)	문어	국어 정보 처리 균형 말뭉치 구축
ETRI 품사태그 부착 말뭉치 (전자통신연구원)	1998 ~1999	약 29만	문어	자연어 정보 처리 기술 표준화
울산대학교	1987 ~1999	약 300만	역시말뭉치	국어사 연구
한국정신문화연구원	1987 ~1999	약 300만	역사 말뭉치	세기별 국어사전 편찬
연변대학 중국 조선어 말뭉치	2008 ~	–	–	중국 조선어 정보화

였다. 연세대 한국어사전 편찬실에서는 한국어사전의 편찬을 목적으로 4,500만 어절의 말뭉치를 구축하여 놓았으며, 이미 빈도수가 높은 약 25,000개의 어휘목록을 만들어 놓았다. 울산대에서도 약 300만 어절의 국어말뭉치를 구축하여 이 중에서 기본어휘 약 2,500단어를 추출하여 놓았고, 또한 옛 문헌 한글 말뭉치도 구축하여 놓았다. 한국학중앙연구원 어문연구실에서는 『세기별 국어사전』의 편찬을 목적으로 한 과제의 하나로, 15세기부터 19세기까지의 옛문헌 한글 말뭉치를 구축하여 놓았으며, 그 1차 결과로 『17세기 국어사전』(홍윤표 외)을 편찬하였다. 이 말뭉치는 모두 세종 말뭉치에 통합되었다.

국립국어원에서는 가칭 『종합 국어대사전』 편찬을 목적으로 약 6,100만 어절의 말뭉치를 구축하였는데, 이것도 세종 말뭉치로 통합되었다.

(2) 말뭉치의 요건

문서를 대량으로 모은다고 해서 모두 말뭉치가 되는 것은 아니며 말뭉치는 몇 가지 요건을 갖추어야 한다. 즉 말뭉치가 그 구축의 목적에 부합되게 이용되기 위해서는 다음과 같은 요건이 필요하다.

① 정확성

말뭉치는 구축 단계에서 텍스트의 원래의 내용이나 형태에 맞게 정확히 입력되어야 한다. 수집 단계나 가공 단계에서 그 정확성을 잃지 않도록 하여야 한다. 즉 텍스트 수집이나 입력 과정에서 원래의 내용이나 형태의 누락이 있어서는 안 된다. 즉 원형을 유지하고 있다는 보장이 필요하다.

② 균형성

말뭉치의 균형성은 다양한 분야의 내용들을 포함하고 있어야 함을 의미한다. 그렇다고 해서 반드시 중요한 내용의 말뭉치가 고려되어야 한다는 의미만은 아니다. 즉 다수가 지니는 대표성 못지않게 소수도 배려해야 하는 균형성이 필요한 것이다. 이를 위해서는 범주와 유형에 따른 세심한 구분이 필요하다. 이러기 위해서는 언어의 다양한 변이를 담아내야 한다. 즉 언어의 특성을 잘 반영할 수 있는 구성으로 조합되어야 한다.

③ 목적에 적합한 디자인

말뭉치를 구축할 때의 본래의 목적에 맞도록 말뭉치가 디자인되어야 한다. 입력 구조나 입력 형태 등이 원래의 연구 목적에 맞게 디자인되어 있도록 하는 일은 말뭉치로부터 추출되는 자료의 형태를 좌우하기 때문에 매우 중요하다.

④ 대표성

해당 언어의 통계적 대표성을 지녀야 한다. 즉 유의미한 규모로 확보되어야 한다. 표본이 모집단을 통계적으로 대표할 수 있는가가 보장되지 못하면 그 표본으로 하는 연구는 의미가 없기 때문이다. 말뭉치의 대표성은 이 통계적 대표성을 의미한다. 그렇다고 해서 대표성이 단순하게 크기의 문제는 아니다. 예컨대 영어의 경우에 고빈도어 3000어 정도로 일상회화의 95%가 해결될 수 있을 만큼 언어는 심하게 편중되어 있다. 그러나 그 빈도가 낮게 사용된다고 해서 그것이 덜 중요한 단어라고 할 수는 없다.

⑤ 충분한 양

말뭉치를 이용하여 언어 연구를 할 때에 얼마만한 양의 말뭉치이어야 하는가에 대한 구체적인 연구가 없어서 단언하기는 어렵겠지만, 그래도 그 말뭉치는 언어 현실을 골고루 보여줄 뿐만 아니라 다양한 내용들을 보여 줌으로써 언어 해석에 어려움을 가져 오지 않도록 하여야 할 것이다.

4) 프로그램

국어정보화를 실현하기 위해 만들어 놓은 프로그램들은 대부분이 말뭉치를 처리하기 위한 프로그램들이라고 하여도 과언이 아니다. 국어에 대한 정보를 검색하기 위한 프로그램은 몇 가지가 되지 않는다. 전자사전이 몇 가지 개발되어 시중에서 판매되고 있고, 나머지는 대부분 전공자들만 이용하고 있는 실정이다. 다음에 국어정보화를 실현하는 과정에 개발된 프로그램과 사전 편찬을 위해 만들어진 프로그램들을 간략히 소개한다.

① **각종의 문서 작성기** : 혼글과 워드가 가장 보편적으로 사용되고 있다. 그러나 문자세트가 일정하지 않아 문서의 호환에 문제가 발생하기도 한다. 특히 혼글은 버전에 따라, 그리고 서체에 따라 문자의 변동이 심해서 정보화 작업이나 사전 편찬자들이 이용하는데 어려움이 많다. 특히 옛한글과 한자 입력에 제약이 있다. 한자는 특히 체계적으로 연구되지 않았고 또 그 석음이 표준화되어 있지 않아서 이러한 결과가 초래된 것이다.

② **맞춤법 검색기** : 혼글에 내장되어 있는 부산대 권혁철 교수가 개발한 프로그램을 가장 많이 사용하고 있는 것으로 보인다.

③ **한민족 언어 정보화** : 21세기 세종계획의 일환으로 만들어진 프로그램으로 국어 어문규정, 국어 어휘의 역사, 한국 방언, 문학작품에 사용된 방언, 남북한 언어 비교 사전이 들어 있다. 무료로 배포하고 있다.

④ **통합사전 검색기** : 연세대 대학원의 박진양 군이 개발한 프로그램으로 각종의 사전, 즉 『표준국어대사전』, 『조선말대사전』, 『국어대사

전』(금성사판), 『우리말큰사전』(한글학회), 『17세기 국어사전』, 『조선어사전』(조선총독부), 『어원사전』(김민수 외) 등을 통합하여 검색하는 프로그램이다. 저작권 때문에 널리 공개하지 못하고 국어학자들에게만 배포되어, 국어학 전공자나 사전 편찬자들이 널리 이용하고 있다.

⑤ **지능형 형태소 분석기** : 21세기 세종계획의 일환으로 개발된 국어 형태소 분석기로 태그세트가 표준화되어 있어서 많은 사람들이 이용하고 있다. 무료로 배포되고 있다.

⑥ **강승식 교수의 형태소 분석기** : 국민대 강승식 교수가 개발한 국어 형태소 분석기로 프로그램으로 무료로 내려받을 수 있다.

⑦ **Y tagger** : 연세대에서 『연세한국어사전』을 만들기 위해 개발한 형태소 분석기이다. 널리 알려져 있지 않고, 연세대 내에서도 거의 사용하고 있지 않는 것으로 보인다.

⑧ **말셈** : 한성대 고창수 교수가 개발한 형태소 분석 프로그램이다. 유료로 판매되고 있으나, 지금은 사용자가 적어서 거의 사용하지 않고 있는 것으로 보인다.

⑨ **한국어 말뭉치 처리 프로그램** : 연세대 박진양 군이 개발한 프로그램으로 문서 변환 및 통합 프로그램, 어절 색인 만들기, 역순 사전 만들기, 용례사전 만들기, 시(詩) 분석, 한자음 처리기(中듕國귁 → 中國(듕귁)), KWOC 만들기 등의 프로그램이 들어 있다.

⑩ **빈도수 조사 프로그램** : 한국학 중앙연구원의 이건식 선생이 개발한 프로그램으로 초기에 만들어진 프로그램이다.

⑪ **용례사전 만드는 프로그램**(halign, kwoc) : 한국학중앙연구원의 이건식 선생이 개발한 프로그램으로 사전 편찬에 도움을 준다.

⑫ **어절별 색인 만드는 프로그램** : 한국학 중앙연구원의 이건식 선생이 개발한 프로그램이다.

⑬ **kwoc.py** : 연세대 박사과정의 백해파 군이 만든 프로그램으로 파이썬 프로그램 언어로 만든 것이다.

⑭ **stem.py** : 어간형을 자동으로 만들어 주는 프로그램으로, 동국대 박사과정의 김지오 양과 서울대 박진호 교수, 다움의 이두행 선생이 공동으로 개발한 프로그램이다.

⑮ **깜짝새** : 전주대 소강춘 교수와 그 제자(김진규, 박진양)들에 의해 개발한 프로그램으로 통합형 한글 자료 처리기이다. 주로 검색용으로 많이 사용되고 있다. 특히 옛한글 처리에 강점이 있다. 다양한 조건으로 검색이 가능하여 널리 이용되고 있다.

⑯ **글잡이** : 21세기 세종계획에 의해 고려대 임해창 교수팀에 의해 개발된 프로그램이다. 말뭉치 파일을 다양한 검색 조건으로 용례를 뽑을 수 있는 프로그램이어서 널리 이용되고 있는 것으로 보인다.

⑰ **histag** : 고어 형태소 분석기로 연세대에서 만든 프로그램이다. 연세대 대학원의 박진양 군이 개발한 프로그램이다.

⑱ **고어 형태소 분석기 2.0** : 고어 형태소 분석기로 현재 문화부에 근무하고 있는 황용주 선생이 개발한 것이다.

⑲ **Hepman 2.0** : 한영 병렬 말뭉치 용례 검색 프로그램이다. 이 한영 병렬 말뭉치 용례 검색 시스템은 병렬 말뭉치를 분석하고 검색하는 프로그램으로, 대조언어 연구를 비롯한 비교언어 연구, 대역사전 구축 등에서 효율적으로 이용할 수 있는 검색 시스템이다.

⑳ **메아리** : 음성 자료 처리 프로그램으로 원광대 이용주 교수팀이 개발

한 프로그램으로 국립국어원의 지역어 조사 연구를 위해 개발한 것이다.

㉑ **방언 지도 작성 프로그램** : 국립국어원의 지역어 조사 과제로 만들어진 프로그램으로, 북한 학자들에게 용역을 주어 개발한 프로그램이어서 지도상에 나타나는 지명 이름이 북한식 표기임이 특이하다. 방언 지도를 그려 주는 작업을 하지만, 아직은 불안정하다.

㉒ **문자벼리** : 띄어쓰기 일관성 검사기로 한국학중앙연구원의 이건식 선생이 개발한 것이다. 문서상에서 띄어쓰기를 달리한 형태들을 검색해 주는 프로그램이다.

㉓ **소리벼리** : 음성 자료 처리 프로그램으로 한국학중앙연구원의 구비문학대계 증보 사업의 일환으로 구비문학 관련의 음성자료들을 전사하기 위해 만든 것이다.

㉔ **말씀** : 연세대의 국어사전 편찬을 위해 만든 사전 편집기이다.

㉕ **고어사전 편집기** : 연세대 백해파 군이 개발한 프로그램으로 고어사전을 편찬하기 위한 프로그램이다.

㉖ **유니콩크** : 서울대 박진호 교수가 개발한 프로그램으로 검색 프로그램이다. 서울대 대학원에서 널리 이용되고 있는 것으로 보인다.

㉗ **구문분석기** : 21세기 세종계획에서 개발한 프로그램이지만, 널리 이용되고 있지는 않은 것으로 보인다.

이외에도 다양한 프로그램들이 나와 있으나. 이들을 통합하여 사용하는 프로그램이 없어서 사용자들은 늘 불편함을 느낀다. 특히 한번 개발된 프로그램들은 다시 개선되지 않고 있어서 불편을 많이 겪는다. 이 모든 프로그램들은 윈도 XP에서만 돌아가고, 윈도 비스타나 윈도 7에서는 돌아가지 않는다거나, 한글 코드들이 각각 달라서 어느 프로그램들은 시스템 기본값의 텍스트 코드로(지능형 형태소 분석기 등), 어느 프로그램들은 2바이트 코드로(깜짝새 등), 어느 프로그램들은 유니코드 텍스트 코드(문자벼리 등)로 저장하여야 하는 어려움이 있어서 모든 자료들을 다양한 코드로 저장해 놓아야 프로그램들을 이용할 수 있는 어려움을 겪고 있다.

4. 앞으로의 과제

국어정보화는 초기와는 달리 그 관심의 열정이 차츰 식어져 가고 있는 것으로 생각된다. 그러나 그것을 발전시키는 일은 국어를 발전시키는 가장 빠른 일 중의 하나이며, 문화를 창조하고 발전시키는 첩경의 하나다. 왜냐하면 언어는 문화 창조와 발전의 생명줄이기 때문이다.

이러한 정보화 작업은 부분적이나마 21세기 세종계획에서 지속적인 관심을 가지고 진행되어 왔으나, 2007년도에 그 사업이 끝나자 말뭉치를 구축하는 일조차 중단된 상태이며, 그나마도 세종계획에서 이루어진 각종의 결과물들도 사장되어 가고 있는 느낌이다. 말뭉치를 관리하는 조직이나 제도도 없으며, 앞에서 언급한 정보화의 여러 단계에서 계속적으로 이루어야 할 각종 정보화 사업도 중단된 상태이다. 이것은 정부의 국어정보화에 대한 관심의 부족이 가장 큰 원인이라고 생각한다.

또한 학자들의 무관심과 이기심도 큰 이유인 것으로 해석된다.

현재의 국어 정보화의 진행단계는 초보적인 단계라고 할 수 있다. 형태소 분석기조차도 완성도가 떨어지는 형편이기 때문이다. 그것이 불완전하면 색인어도 불완전하게 되며, 색인어가 불완전하면 기계번역이나 맞춤법 검사기도 완전할 수 없다. 물론 퇴고시스템도 개발될 수 없다. 문장요약 프로그램도 더 이상 나아질 수 없다.

이러한 점은 국어 연구자들의 책임도 많다. 국어 연구자들이 국어에 대한 정확한 정보를 제공해 주어야 자연언어 처리를 연구하는 학자들이 이를 활용할 수 있는 것인데, 국어학이 언어생활이나 국어정보화와는 전혀 상관이 없는 언어 분석학만 연구한 결과로 이러한 문제가 야기되고 있다고 할 수 있다.

이제 몇 가지 문제를 제기하고 이를 해결할 수 있는 방안을 검토해 보도록 한다.

1) 말뭉치의 문제

말뭉치를 구축할 때에 일어나는 가장 큰 문제점은 말뭉치의 대표성과 균형성이다. 말뭉치의 대표성(representativeness)은 어떤 말뭉치를 기반으로 이루어진 연구나 발견이 그 언어 전체에 대해서도 일반화할 수 있느냐의 문제이며, 말뭉치의 균형성은 일반 말뭉치에서 각기 다른 텍스트 영역들 간의 균형과 가중치의 문제라 할 수 있다. 이러한 문제점을 구체적으로 살펴보면 다음과 같다.

(1) 규모의 문제

일반적으로 말뭉치의 규모라고 하면, 그 말뭉치의 단어 또는 어절 수, 또는 글자 수를 뜻하는 것으로 이해하기 쉽다. 그러나 말뭉치의 규모는, 단지 말뭉치의 단어나 어절 수나 글자 수로 이해하기보다는, 말뭉치의 구축 목적과 텍스트(표본) 간의 관계에서 고려하는 것이 타당할 것이다. 즉 말뭉치 이용 목적에 맞는 텍스트 범주가 얼마나 포함되어 있는가, 각 범주 안에 얼마나 많은 수의 표본이 포함되어 있는가가 중요한 기준이 되어야 한다. 결국 어떤 이용 목적에 맞도록 말뭉치의 규모를 정하려면 어떻게 해야 할 것인가 하는 방법론에 대한 신중한 고려가 필요하다고 할 수 있다. 그러나 개인이 국어를 연구하기 위해 말뭉치를 수집하거나 구축한다면 우선적으로 해야 할 일의 순서는 다음과 같다.

① **각종 말뭉치의 수집** : 21세기 세종계획 홈페이지, 각 학회나 개인의 홈페이지에서 공개하고 있는 자료 등

② **각종 말뭉치의 취사선택** : 개인 연구에 필요한 것이며, 또한 사용 가능한 말뭉치인가를 검토한다. 즉 입력 구조, 정확성 등을 검토한다.

③ **각종 말뭉치의 원문 문헌 간행연도 파악** : 그 글이 쓰인 시기와 간행연도가 달라서 혼란을 주는 말뭉치가 있으므로 이를 검토하는 일인데, 특히 고전문학 작품이나 현대문학 작품에서 그러한 일이 잦다. 따라서 국어학 연구자는 간행연도에 따라, 고전문학이나 현대문학 연구자들은 저작 시기 등을 검토하여야 한다.

④ **선택된 파일을 일정한 형태로 통일** : 입력한 자료가 아니라 수집한 자료는 그 입력 구조가 일정치 않은 것이 일반적이다. 따라서 이 파일을

연구자가 선택한 입력 구조로 바꾸어야 한다.

⑤ **자료의 분류** : 이렇게 구한 자료들은 그 자료의 성격이나 시가에 따라 분류하여 놓아야 한다.

이러한 일은 사실상 개인이 혼자서 하기 어렵다. 따라서 같은 뜻을 가진 전공자들이 합심하여 공동으로 작업하거나 또는 학회 차원에서 작업을 하여야 할 것으로 생각한다.

(2) 텍스트 분류의 문제

텍스트 분류는 말뭉치의 균형성과 밀접한 것으로, 텍스트 분류를 위한 기준, 구체적인 분류 방법, 그리고 분류된 각각의 항목에 대한 비율에 대한 문제 등이 있다. 최근의 말뭉치는 수집된 자료가 대표성을 가지기 위해서 각 표집 분야의 구성이 모집단의 구성을 그대로 반영하여야 한다는 표본 추출 방식을 택하고 있다. 그러나 실제로는 아직까지 이들 텍스트의 구분 방법이 합리적인가 하는 문제는 검증되지 않았을 뿐만 아니라, 그것을 어떻게 검증할 것인가에 대한 문제도 해결되지 않은 상태이다. 이 문제는 향후 말뭉치의 평가와도 관련되는 것이다.

텍스트 분류는 실제 텍스트 표본을 무엇을 기준으로 하여 어떤 분류로 판단할 것인가에 대한 문제도 있다. 곧 한 텍스트에서 여러 종류의 매체적 특성과 내용적 특성이 함께 나타나는 경우에는 이를 어떻게 분류할 것인가에 대한 문제이다. 이러한 문제는 텍스트 분류에 대한 기준이 좀 더 구체적이면서 상세하게 마련하여 해결해야 할 것이다.

(3) 범주별 자료 추출량과 텍스트 크기의 문제

어떠한 텍스트 유형이나 장르의 분류 방식이 정해져도, 각 분류 항목의 비율을 어떻게 할 것인가도 중요하다. 이제까지 알려진 균형 말뭉치들 역시, 그 분류 방식은 물론이고 구성 비율에서도 많은 차이를 보이고 있다.

또한, 말뭉치의 대표성과 관련하여 자료 추출 시 과연 각 표집 분야의 구성이 모집단의 구성을 그대로 반영하여야 한다고 보아야 하는 것인지, 오히려 빈도수가 적은 언어 현상까지도 다양하게 포함하도록 해야 할 것인가 하는 문제도 여전히 미해결의 과제라 할 수 있다.

우리가 활용하고 있는 한국어 말뭉치의 가장 큰 문제는 그 말뭉치에 문학작품이 대부분을 차지하고 있다는 점이다. 따라서 이 문제를 해결하기 위한 별도의 방안이 마련되어야 할 것이다.

(4) 실제 자료 수집의 문제

말뭉치의 규모와 텍스트 분류 방안, 표집 비율, 표본의 크기 및 텍스트의 시기 등이 결정되어도 실제로 해당 비율과 크기로 텍스트를 선정하는 일은 쉽지 않다. 지금까지 실제 텍스트 선정 작업은 일반적으로 매체적 특성, 제목 등을 토대로 목록을 작성하고, 어느 책의 어느 글을 선택할 것인가 하는 문제는 거의 도외시되어 왔다고 해도 과언이 아니다. 실제로 텍스트 선정 기준을 만들어 사용한다고 할지라도 실제 작업을 담당한 사람의 주관적 판단이 개입될 수 있는 여지는 여전히 남아 있다. 따라서 실제 자료 수집에 있어서도 객관적이고 실제적인 기준이 필요하다.

(5) 입력 형태의 통일성 문제

입력된 자료는 각종의 프로그램에서 활용될 수 있도록 일정한 형식을 갖추지 않으면 안 된다. 예컨대 어느 프로그램에서는 출전 표시를 '〈 〉' 안에 표시해 주기를 원하는 것이 있는가 하면, 어느 프로그램에서는 '( )' 안에 표시해 줄 것을 요구하기도 하고, 어느 프로그램은 파일의 저장 형식이 그 확장자가 '.txt'일 것을 요구하는가 하면 어느 프로그램은 파일의 확장자가 '.2b' 일 것을 요구하는 것이 있다. 따라서 이들 자료들의 효용가치를 높이기 위해서는 이 방식을 표준화하여야 하는데, 표준화한다고 하여도 각종 프로그램에서 이것을 따르지 않는 한, 문제가 발생할 소지가 있는 것이다.

(6) 말뭉치의 정리 및 관리 문제

지금까지 이루어진 말뭉치를 총정리하고 관리하는 문제도 심각하게 고민하여야 할 것이다. 아직까지 입력된 자료의 목록도 모두 제시되어 있지 않고, 개인이나 연구소들이 서로 정보나 자료를 공유하지 않아서 많은 문제점이 발생하고 있으므로, 이를 해결하기 위한 모임을 만들어야 할 것으로 생각한다.

2) 프로그램의 정비와 개발 문제

지금까지 개발된 각종의 프로그램들은 코드 문제부터 통일시켜야 하며, 또한 도스용과 윈도용 등을 한 가지로 통합하여야 한다. 뿐만 아니라 어떠한 운영체제 안에서도 실행될 수 있도록 하여야 할 것이다. 이를 위해서는 프로그램 연구자들과 국어학자들이 유기적인 관계를 가지고 논의와 토론을 거쳐야 할 것으로 생각한다. 그리고 프로그램 개발에 대한 지원은 정부나 국립국어원 등에서 시행하여야 할 것이다.

3) 새로운 사전 편찬의 문제

여러 가지 국어사전이 편찬되었지만, 영어의 SOD 나 독일의 Grimm 사전과 같은 대형 사전 편찬이 이루어져야 한다. 현재 정부에서 100만 표제어의 사전을 편찬한다고 하지만, 3년 안에 사전 편찬의 완성은 불가능할 뿐만 아니라, 장기적인 계획 없이 이루어지는 것 같아 더 장기적인 안목으로 새로운 대한국어사전 편찬을 계획하여야 할 것이다.

한글날만 되면 한글이 가장 우수한 문자고 세종이 위대한 왕이었다고 자랑하지만, 이것은 거지가 자기의 선조가 대통령이었다고 자랑하는 것과 차이가 없다. 한글과 국어에 대한 자부심만 가지고 국어가 발전하지 않는다. 국어정보화는 물론 국어에 대한 국가적 투자를 높이고 학자들 및 연구자들도 이의 필연성을 인식하여야 국어가 발전하고 그래야 문화가 발전하게 될 것이다.

참고문헌

강범모, 『언어, 컴퓨터, 코퍼스언어학』, 고려대 출판부, 2003.

유현경 · 남길임, 『국어사전 편찬학 개론』, 역락, 2008.

이희자, 「사전 편찬학입문(1)」, 제3회 국어정보화아카데미 기본강좌 강의자료집, 2002.

편찬위원회, 『정보사회와 인문학』, 고려대 출판부, 2000.

하트만 편, 서태길 외역, 『사전 편찬의 원리와 실제』, 제이앤씨, 2008.

홍윤표 외, 『21세기 세종계획(국어정보화 중장기 발전계획)』, 문화체육부, 1997.

________, 『한국어와 정보화』, 태학사, 2002.

Graeme Kennedy, *An Introduction to Corpus Linguistics*, London · New York : Longman, 1998.

Hartmann, R. R. K. ed., *Lexicography* : *Critical Concepts* 1~3, London · New York : Routledge, 2003.

지식베이스 구축을 위한 『한불자전』(1880) 어휘부의 미시구조 분석*

윤애선

1. 서론

조선에 파견되었던 파리 외방전교회 소속 선교사 Missionnaires de Corée de la société des missions étrangères de Paris들이 1880년 일본 요코하마에서 출판한 『한불자전(韓佛字典)』은 조선 개화기에 만든 한국어와 서양어를 대상으로 한 국내 최초의 체계적인 이개어사전(bilingual dictionary)이다. 서문, 동사 활용(premier appendice)과 지리정보(second appendice)를 수록한 부분을 제외하고도, 순수하게 언어문화 정보를 수록한 어휘부만도 615쪽에 약 27,000개의 표제어를 수록하고 있어 당시로서는 방대한 규모였

* 이 글은 『불어불문학』 78권(2009)에 실렸던 논문을 한국불어불문학회의 동의를 얻어 수정·보완하여 전재한 것이다.

고, 따라서 19세기 말의 한국어 및 조선 문화를 비교적 세밀하게 분석하거나 재구성할 수 있는 매우 중요한 자료이다. 선교와 포교라는 종교적인 목적을 위해 선교사들이 이개어사전을 발간하는 것은 기독교에서 흔히 수행되는 절차다. 하지만 『한불자전』이 보여주는 체계성과 규모는 18세기부터 방대한 인간의 지식체계를 '사전'이라는 형태를 통해 기술한 프랑스 백과사전과 언어사전의 전통과 방법론에 힘입은 바 크다.

『한불자전』이 발간된 지 약 130년이 지난 현재 이 자료를 연구하는 시각은 매우 다양할 수 있다. 편찬 배경과 목적에 담긴 종교적, 정치적 함의를 읽을 수도 있고, 편찬 당시 조선의 사회상을 재구성해 보거나, 서양 문물이 일본이라는 프리즘을 통해 도입되던 시기의 일본식 한자 번역어의 영향을 검토할 수도 있으며, 편찬 당시 한국어 어휘의 의미와 용례를 살펴볼 수도 있을 것이다. 지금까지의 연구는 한국 교회사 연구회가 영인한 종이사전을 대상으로 사전 외적인 주제에 치중하였고, 일부 연구에서 사전 내적인 언어 정보가 분석되기는 하였지만 그 범위가 극히 제한되었다.

『한불자전』은 크게 어휘부(partie lexicographique), 문법부(partie grammaticale), 지리부(partie géographique) 세 개 부분으로 구성된다. 어휘부는 ⓐ 서문(6쪽), ⓑ 한글 자모의 발음 및 로마자 표기표(1쪽), ⓒ 약어 및 약물 소개(1쪽), ⓓ 어휘사전(615쪽 + ADDENDA 1쪽)을 포함한다. 제1 부록인 문법부는 한국어 용언의 어미 변화를 수록하고 있는데, ⓔ 어미 변화의 유형에 대한 간략한 설명(3쪽), ⓕ 약어 소개(1쪽), ⓖ 'ᄒᆞ다'(54쪽)와 '일다'(3쪽)의 어미 변화 및 의미 / 화용적 정보로 이루어진다.[1] 제2 부록인 지리부에는 간략하나마 조선 800여 개 지역의 지리정보와 위치정보가 들어 있는데, ⓗ 지역을 다스리는 관직 및 군직 등의 명칭과 거리 단위인 '리'에 대한 설명(2쪽), ⓘ 지리정보(21쪽)로 구성된다. 이 글에서는 『한불자전』의 핵심 부분인 어휘부를 대상으로 삼겠다.[2]

종이사전을 단순하게 디지털화하거나 인간 사용자용 전자사전으로 개발한 경우라도, 형태에 근거한 1차적인 검색이 한층 수월해진다.[3] 하지만 인간 사용자용 【어휘부】 활용을 크게 저해하는 두 개의 요소가 여전히 존재한다. 하나는 『한불자전』에 사용된 한글표기법과 지난 100여 년간 진행된 어휘 및 어휘의미의 변화 때문에 19세기 한국어 어휘에 대한 전문적인 지식이 있어야만 이 사전을 사용할 수 있다는 것이고,[4] 다른 하나는 상세한 의미 정보가 프랑스어로 되어 있어 상당한 프랑스어 해독능력이 없다면 정밀한 연구를 할 수 없다. 따라서, 19세기 한국어를 연구하려는 연구자에게는 프랑스어가, 프랑스어를 연구하려는 학자에게는 19세기 한국어가 큰 걸림돌로 작용하게 된다. 이 사전을 단순히 입력하는 것만으로도 검색의 편의성을 확보할 수 있으나, 이를 데이터베이스(data base)화 하거나 더 나아가 고도화된 지식베이스(Knowledge base)로 구축한다면, 이상과 같은 다양한 영역의 연구가 더욱 체계적이

---

1 'ᄒᆞ다'와 '일다'의 현대 한국어는 용언 '하다'와 지정사 '이다'이다.

2 이 글에서는 편의상 '『한불자전』 어휘부'를 【어휘부】로 약칭하겠다.

3 【어휘부】「서문」(3쪽)에서 표제어 수록의 순서를 모음 '아, 야, ᄋᆞ, 어, 여, 으, 이, 오, 요, 우, 유'와 자음 'ㅎ, ㄱ, ㅋ, ㅁ, ㄴ, ㅇ, ㅂ, ㅍ, ㄹ, ㅅ, ㄷ, ㅌ, ㅈ, ㅊ'로 밝히고 있으나, 현대 한국어사전 표제어 수록 순서에 익숙하고, 한글 철자법의 표준이 없던 시절의 표기를 잘 알지 못하는 현대의 우리가 종이 『한불자전』에서 특정한 표제어를 찾는 것은 대단한 인내심을 요하는 일이다.

4 '벙실벙실ᄒᆞ다'(316쪽)의 프랑스어 설명은 'exprimer la contraction du visage d'un petit enfant qui va pleurer(막 울려고 하는 어린 아이의 얼굴 모양이 수축되는 것을 표현함)'으로 『표준국어대사전』 '입을 조금 크게 벌리고 소리 없이 환하고 부드럽게 자꾸 웃는 모양'과는 반대된다. 또한 317쪽에서 볼 수 있는 '버리줄(Cordes pour retenir, appuyer)'나 '버루쓰다(faire beaucoup d'affaires 등)' 등과 같은 표제어는 『표준국어대사전』에 수록되지 않았다.

고 정확하게 수행될 수 있으며, 이 시기를 연구하는 기초 자료로서의 중요성이 한층 증대될 것이다.[5]

이 글은 【어휘부】를 고도화된 지식베이스로 구축하기 위한 기초 연구로, 【어휘부】의 미시구조(micro-structure)를 분석하고, 이를 기계처리용 전자사전(electronic dictionary for the natural language processing)의 표식언어(markup language)인 LEXml을 이용해 기술할 수 있도록 자료 구조(DTD, Document Type Definition)와 표식집합(tag set)을 정의하는 데 목적이 있다.[6] 편찬 당시의 잣대로 평가했을 때, 【어휘부】에 상당히 체계적으로 사전의 각 항목이 기술되었다고 하더라도, 전체적으로 미시구조의 일관성을 유지하지는 못했다. 이는 20세기 후반에 편찬한 종이사전에서도 흔히 나타나는 현상이며, 종이사전을 지식베이스화 하기 어려운 가장 주요한 원인이 된다. 2절에서는 『한불자전』 및 LEXml에 대한 선행 연구를 각각 살펴보고, 3절에서는 【어휘부】의 미시구조를 분석하며, 4절에서는 LEXml을 이용하여 정의한 【어휘부】 정보구조의 구체적인 예를 제시한다. 5절에서는 【어휘부】를 고도화된 지식베이스로 구축하기 위해 앞으로 수행해야 할 연구 방향을 살펴본다.

---

5 지식베이스는 데이터베이스에서 진일보한 지식의 형태로, 인간이 가진 지식을 체계화하여 기계에 의한 자동처리에 사용 가능하도록 만든 데이터를 의미한다. Sowa(2000 : 495)의 정의에 의하면, "온톨로지를 포함하는 정보의 집합체를 지칭하는 용어로 구조화 / 형식화된 정보는 물론이고 비구조화 / 비형식화된 정보를 포함"한다.

6 영어 용어의 프랑스어 번역어가 정립되지 않은 경우, 이 글에서는 영어 용어를 사용하며 밑줄을 그어 표시한다. 단, LEXml에서 'Headword, SenseCtn' 등과 같이 표식명으로 사용되는 경우는 대문자로 시작하고, 밑줄로 표시하지 않는다.

2. 선행연구

『한불자전』에 대한 선행연구는 그 수가 많지는 않지만, 국내에서 크게 두 부류의 연구자군에 의해 이루어져 왔다. 한 부류는 박성숙(1996), 강이연(2004; 2005), 심지연(2008) 등 프랑스어문학자들로 마지막 두 연구자는 교회사를 포함한 집필 배경이나 문화사적 시각에서 사전 출간의 의의를 중심으로 연구하고, 사전학적 구조에 관해서는 박성숙(1996)에서 소개되었다. 다른 한 부류는 이숭녕을 시초로 송민(1987), 이응호(1971; 1983), 김완진, 이병근(1992; 2001) 등 국어학자들로 한국어사전의 형성사 관점에서 『한불자전』의 의의 및 프랑스 선교사의 역할을 연구했다.[7] 이들의 연구도 대부분 사전 외적인 요소를 연구 대상으로 삼고 있다. 『한불자전』에 나타난 언어적 정보를 본격적으로 분석한 것은 국어학 분야의 박리정(1990)과 채완(2008a; 2008b)으로, 전자는 한글 표기법에 나타난 당시 음운과 형태 정보에, 후자는 일부 어휘의미 기술 방식과 내용에 초점을 맞추었다.

『한불자전』이 뒤이어 출간된 서양어-한국어 이개어사전의 모델이 되고, 훗날 한국어사전의 모태가 되었음을 대부분의 선행연구에서 언급하고 있는 만큼 『한불자전』의 중요성을 인식하고 있으나, 상기 언급한 두 연구자군 사이에 교류가 거의 이루어진 것 같지 않다. 이들의 연구 주제가 다르기도 했지만, 무엇보다도 국어학자들에게는 프랑스어가 가장 큰

7 이숭녕, 「천주교 신부의 한국어 연구에 대하여」, 『아세아연구』 18, 고려대 아세아문제 연구소, 1965, 207~217쪽; 김완진, 「한불자전 및 한어문전의 성립에 공헌한 인물들에 대한 조사 연구」, 『목천 유창균 박사 환갑기념 논문집』, 계명대 출판부, 1984, 139~150쪽.

걸림돌이 되었으며, 불어학자들은 『한불자전』에 담긴 19세기 한국어에 대한 관심이 매우 낮았다. 특히 국어학자들은 불어학자들의 최근 연구 성과를 잘 인지하지 못했다. 예를 들어 【어휘부】가 포함하는 표제어 수와 같은 가장 기본적인 정보조차도 두 연구자군 사이에 큰 차이가 있다. 표제어 수는 국어학 분야의 이응호(1971 : 19)가 최초로 35,000개 정도라고 소개했고, 이를 박성숙(1996 : 105) 등이 검증 없이 그대로 인용 내지 수용하다가, 불어학자 강이연(2004 : 204)은 26,866개라는 정밀한 수치를 제시하면서 오류를 수정했다.[8] 하지만 그보다 4년 뒤 발표된 심지연(2008 : 305)과 채완(2008a : 252)는 각각 약 35,000개와 30,000개로 제시한다.[9] 심지연과 채완은 강이연의 연구를 참고문헌에 인용하지 않은 것으로 봐서, 후자의 존재 자체를 알고 있지 않은 것으로 보인다. 표제어를 대상으로 사전들 간의 유사성 및 영향력을 밝히고자 했던 이지영(2009 : 58)은 강이연(2004)을 참고문헌에 수록하였으나 가장 기초적인 표제어 수(26,882개)에서 차이를 보이는 근거를 밝히지는 않았다. 이와 같이 『한불자전』의 중요성에 비해, 파편화된 연구가 간헐적으로 수행되었을 뿐, 『한불자전』 전체를 아우르는 연구는 전무하다.

가장 큰 이유 중 하나는 『한불자전』의 가독성이 떨어지는 데 있다. 이 사전은 20세기 말~21세기 초에 살고 있는 우리에게 익숙하지 않은 표제어의 순서와 한글 표기법 등을 사용하고 있다. 또한 오래된 텍스트

8 이 수치는 오미나(「『한불ᄌᆞ뎐』 연구」, 한국교회사연구소 발표회, 2002(미발행))가 실제로 표제어 수를 일일이 센 것이라고 하며, 일부의 오차는 있지만 선행 연구 중 가장 사실에 근접하다. 『한불자전』의 정확한 크기는 이 글의 〈표 8〉을 참고하라.

9 특히 채완(2008 : 251)은 기존 연구와는 다른 수치를 제시했지만, 그 표제어 수에 대한 명확한 근거를 제시하지 않았다.

이므로 인쇄의 품질이 매우 낮아, 영인본 상태로는 사전에 수록된 실제 정보를 충분하게 이용할 수 없다. 따라서 이것이 컴퓨터에 정확하게 입력만 되어 있어도 형태 기반 검색이 용이해 질 것이다. 더욱이 기계처리용 사전으로 구현되어 수록된 정보가 데이터베이스나 지식베이스로 정규화된다면, 검색은 물론 그 안에 담긴 언어문화적 함의를 도출하는 등 다른 방식의 활용 범위가 크게 확장될 것이다.

비교적 단순한 데이터베이스 구조를 토대로 만든 인간 사용자용 전자사전은 빠른 검색이라는 장점을 가졌지만, 여러 사전 간에 또는 동일한 사전의 정보를 기술하는 표현 방식에 일관성이 결여되어, 여러 사전의 정보 간 호환성(interchangeability)을 기대하기 어렵다. 따라서 사전에 담긴 정보를 정규화 및 정형화하기 위해 사용하는 것이 전자사전 표식언어다. 전자사전이 개발되면서 사전 구축기관마다 SGML, HTML, XML 등을 이용하여 표식을 정의하여 사용해 왔다. 하지만 각 사전에서 사용하는 표식의 정의가 달라, 전자사전 간 정보의 호환성이 낮다. 따라서 표식언어를 표준화하여 이를 적용하게 되면, 사전을 기술하는 언어와는 독립적으로 해당 사전이 담고 있는 정보를 쉽게 교환할 수 있다. 지난 10여 년간 여러 가지 표식언어가 정의되었고 일부는 국제 표준으로 제안되었다.[10]

LEXml은 ISO(International Organization for Standardization)에서 제안한 국제표준 표식언어이며 고도화된 지식베이스 구축을 지향한다. 사전에 관한 표준화는 종이사전 및 전자사전에 모두 적용하여, 단일어사전이든

10 LEXml을 포함하여 다양한 전자사전 표식언어의 장단점에 대한 상세한 내용은 최병진(1996)과 윤애선 · 정휘웅(2006)을 참고하라.

이개어 또는 다국어사전이든 ① 거시구조(macro-structure) 및 미시구조 구성항목의 기술을 위한 표식 집합을 정의하고, ② 이러한 내용을 표상하기 위한 문서구조 등을 정규화하며, ③ 출력과 관련된 정의와 ④ 사전 편찬 및 판본 관리 정보 등을 포함한다. 이 표식언어는 W3C에서 국제표준으로 삼는 XML, XSL과 XHTML 정의를 이용하고, BNF 형식으로 네임스페이스(name space), 요소(element), 속성(attribut), 값(value)을 기술하고 DTD를 정의한다.[11] 다른 표식언어에 비해 언어학자의 입장에서 LEXml을 사용하는 장점은 사전의 거시구조와 미시구조에 수록된 〈표 1〉과 같은 언어적 정보를 매우 상세하게 기술할 수 있고, 비정형적인 정보라도 누락하지 않고 기록할 수 있다는 점이다. 예를 들어, LEXml의 가이드라인을 담은 ISO-N274(2003 : 6~7)에서는 특정 사전의 DTD나 표식집합을 정의하기 전에, 〈표 1〉과 같은 언어적 정보의 유형과 구성요소의 목록을 설정하고 각 구성요소 간의 지배-의존 관계의 분석을 권고한다.

11 BNF(Bakus-Naur Form)에서 일반적으로 사용하는 기호는 다음 표와 같다.

BNF기호	설명	BNF기호	설명
::=	정의 (좌항은 우항으로 정의됨)	{ }	0번 이상 반복 가능한 요소
|	또는	+	1번 이상 반복 가능한 요소
〈 〉	범주명	( )	2개 이상의 요소 묶기
[ ]	수의적 요소	' '	말단 어휘

단, 다양한 종류와 층위의 구성요소를 묶고, 〈표 1〉처럼 결정한 지배-의존 관계를 나타내며, 반복성과 재귀성를 표시하기 위며, LEXml에서는 다음과 같이 그룹(group), 블록(block), 함(container)이라는 정의를 사용한다. (ISO-N274, 2003 : 8~9)

구분	설명
그룹	상호 지배-의존 관계가 없는 독립적 핵 / 블록 / 함
블록	1개의 반복 가능한 지배 함 (또는 핵) + 의존적 핵 / 블록 / 함
함	1개의 지배 핵 + 의존적 핵 / 함 / 블록

〈표 1〉 LEXml로 기술할 언어적 정보의 특성 분석표(일부 발췌)

언어적 정보 분류	특정 어휘의미 독립적	특정 어휘의미 의존적
표제어형태 정보군(HeadwordFormsClass)		
철자표기(Orthography)	✓	
약어(Abbreviation)	✓	
본딧말(FullForm)	✓	
어휘형성 정보군(FormationClass)		
어원(Etymology)	✓	
지역(Provenance)	✓	
전사 정보군(TranscriptionClass)		
표기 변환(Transliteration)	✓	
음절 분절(Syllabification)	✓	
발음(Pronunciation)	✓	
형태 정보군(MorphologyClass)		
파생어(Derivation)		✓
활용형(Inflection)	✓	
축약형(Contraction)	✓	
축약형 본딧말(FullFormOfContraction)	✓	
통사 정보군(SyntaxClass)		
품사(PartOfSpeech)	✓	
통사적 특성(SyntacticBehavior)		✓
문법적 특기 사항((GrammaticalNote)		✓
의미 기술군(SenseDescriptionClass)		
등가어(Translation)		✓
정의(Definition)		✓
설명(Explanation)		✓
의미적 특기 사항(SemanticNote)		✓
의미제한 정보군(SenseDelimitationClass)		
전문 영역(Domain)		✓
화용 정보군(PragmaticClass)		✓
화계(Register)		✓
의미 변환(ShiftOfMeaning)		✓
용법 특기 사항(UsageNote)		✓
관계 정보(RelationsClass)		
동의어(Synonym)		✓
반의어(Antonym)		✓

언어적 정보 분류	특정 어휘의미 독립적	특정 어휘의미 의존적
참조(SeeAlso)		✓
문체 정보군(StyleClass)		
문체적 특기 사항(Note)		✓

3. 【어휘부】의 미시구조 분석

사전의 거시구조가 표제어의 선택과 배열에 관한 정보를 나타낸다면, 미시구조는 의미(등가어, 뜻풀이, 설명), 형태, 통사, 음성 등 매우 다층적인 정보로 구성될 수 있으며, 사전 편찬 목적에 따라 매우 다르게 구현된다. 이개어사전의 경우, 특히 목표어(taget language)로 기술된 의미 부분의 정보량이 다양하므로 단순하게 정규화하기 어렵다. 【어휘부】에 수록된 다음 예를 살펴보자.

(ex1) (a) 멍덕쌀기, MENG-TEK-TTĀL-KI. 覆盆子. Grosse mûre. framboise rouge, sauvage, de la plus grosse espèce.
(b) 멍드다, MENG-TEU-TA, -TEU-NE, -TEUN. Etre pourri à l'intérieur. s'enflammer peu à peu, se former peu à peu(un clou, un ulcère).
(c) 멍털멍털ᄒᆞ다, MENG-HTEL-MENG-HTE-HĀ-TA. Pâte mal délayée où se trouvent des grumeaux de farine. être à demi coagulé; contenir des caillots, des grumeaux.
(d) 멍청스럽다, MENG-TCHYENG-SEU-REP-TA. 昏迷. Imbécile. ‖ Etre très-différent; il n'y a pas de comparaison.
(e) 머리, ME-RI. 首. Tête. ‖ Cheveux, chevelure.
(f) 머리털, ME-RI-HTEL. -I. 頭髮. Cheveux, chevelure.
(g)* 멱, MEK. -I. #. Sac en paille pour le riz.
(h)* 삼지구엽, SAM-TJI-KOU-YEP, -I. 三枝九葉. [Trois, branches, neuf, feulles]. Esp. d'armoise ou d'absinthe(med.)

사전 미시구조 정보의 정형성이나 정규화 가능성을 기준으로 삼아 살펴보면, 목표어인 프랑스어로 표제어를 정의하고 설명하기 시작한 부분을 중심으로 앞뒤로 구분할 수 있다.[12] 이 글에서는 LEXml의 용어를 빌어 앞 부분을 '표제어(HeadWord) 정보구역'으로, 뒷부분을 '의미기술(SenseDescription) 정보구역'으로 칭하고, 각 정보구역을 3절 1항과 2항에서 분석하겠다.

1) 표제어 정보구역의 분석

(ex1)의 표제어 정보구역을 분석하면, ① 한자 어원을 가진 어휘, ② 한국어 표제어, ③ 각 글자를 이음표(-)로 분리한 표제어의 로마자 표기, ④ 일부 불규칙 용언의 경우, 일부 활용형 어미의 로마자 표기, ⑤ 자음으로 끝난 명사의 경우, 주격 조사 '이'의 로마자 표기, ⑥ 한자 등가어, ⑦ 한자 등가어의 문자별 프랑스어 등가어 7개 요소로 나눌 수 있다.[13] 이 중 ②, ③은 필수적이며, ①, ④, ⑤, ⑥, ⑦은 수의적이다. 의미적으로는 크게 ㉮ 표제어 구역(②), ㉯ 로마자 표기 및 형태-결합 정보 구역(③~⑥), ㉰ 한자 어원 및 등가어 구역(①, ⑤, ⑦)으로 구분할 수 있다. 이러한 표제어 정보구역 다음에 목표어로 쓰인 의미기술 정보구역이 뒤따른다. 〈표 2〉는 세 가지 층위의 분석을 정리해 보여준다.[14]

---

12 강이연(2005 : 7)이 '자귀역어(字句譯語)'라고 부른 (ex1-h)의 "[Trois, branches, neuf, feulles]"는 목표어인 프랑스어로 기술된 부분이나, 표제어의 한자 등가어인 "三枝九葉"의 각 문자별 프랑스어 등가어이므로, '표제어 정보구역'으로 구분한다.

13 『한불자전』 서문에 ③은 7면의 표로, ④와 ⑤는 5면에 명시적으로 제시하고 있다.

〈표 2〉【어휘부】의 표제어 정보구역 분석

	①	②	D	③	D	④	D	⑤	D	⑥	D	D	⑦	D	
	F	O	O	O	F	F	F	F	O	F	F	F	F	F	
	㉰	㉮		㉯						㉰					
(a)	N	멍덕ᄯᆞᆯ기	,	MENG-TEK-TTĀL-KI	N	N	N	N	.	覆盆子	.	N	N	N	
(b)	N	멍드다	,	MENG-TEU-TA	,	-TEU-NE, -TEUN	N	N	.	N	N	N	N	N	
(c)	N	멍텅멍텅ᄒᆞ다	,	MENG-HTEL-MENG-HTE-HĀ-TA	,	N	N	N	.	N	N	N	N	N	
(d)	N	멍청스럽다	,	MENG-TCHYENG-SEU-REP-TA	,	-RE-OUE, -RE-ON	N	N	.	昏迷	.	N	N	N	의미 기술 정보 구역 (프랑스어)
(e)	N	머리	,	ME-RI	N	N	N	N	.	首	.	N	N	N	
(f)	N	머리털	,	ME-RI-HTEL	,	N	N	-I	.	頭髮	.	N	N	N	
(g)	*	멱	,	MEK	,	N̂	N	-I	.	#	.	N	N	N	
(h)	*	삼지구엽	,	SAM-TJI-KOU-YEP	,	N	N	-I	.	三枝九葉	.	[	Trois, branches, neuf, feulles	].	

언어적 정보의 관점에서 볼 때, 『한불자전』은 한자 어원을 가진 어휘나 한자 등가어처럼 다국어(韓-佛-漢) 사전의 가능성을 제공하고, 표제어와 일부 불규칙 용언 활용형의 로마자 표기를 제공하여, 학습 사전의 면모를 보여주고 있다는 큰 장점이 있다. 하지만, 품사 정보가 명시적으로 기술되지 않고, 불규칙 용언의 활용형을 기술하는 데 완성도가 떨어지며, 매우 간단한 규칙으로 분포를 설명할 수 있는 주격 조사 "이"의 중복적인 제시를 두드러진 단점으로 꼽을 수 있다.[15] 이에 비해 표제어 정보

14 〈표 2〉에 사용된 약어의 의미는 다음과 같다.
D : delimiter(구분자), F: facultative(수의적 요소), N : null(무표지), O : obligatory(필수적 요소), # : 종이사전의 인쇄상태로는 형체를 알아보기 힘든 한자어

15 주격 조사 "~과"와는 달리 "~이"는 바로 앞 음절 종성의 영향을 받아 "~이, ~시, 지, ~치, ~히" 등으로 발음되는 현상을 나타내기 위해, "함셩(HĀM-SYENG, -I), 할옷(HAL-OT, -SI), 함박ᄭᅩᆺ(HAM-PAK-KKOT, -TCHI), 홋(HOT,-HI, ou -TCHI), ᄭᅳᆺ(KKEUT, KKEUT-TCHI, KKEUT-HI, KKEUT-TJI)"처럼 표시한다. 하지만 이 경우, 한글의 로마자 표기와 발음을 혼용하고 있다.

구역의 형태적인 구분은 비교적 명확하다. ①은 "*"의 유무로, 표제어는 쉼표로 구분하며, ㉯ 구역 전체의 끝은 마침표로, 내부의 수의적 요소는 각각 쉼표로 구분한다. ㉰ 구역 전체의 끝은 마침표로 표시한다.

2) 의미기술 정보구역 분석

아무리 간략해 보이는 사전이라도 의미기술 정보구역은 복잡하고 매우 다양한 종류의 정보를 담고 있다. 이개어사전의 경우, 표제어에 대한 상세한 등가어 정보를 수록하고자 하는데, 두 언어 간 언어문화적 거리가 크면 클수록 언어정보를 전달하려는 목적을 가진 사전이라고 하더라도 백과사전적인 정보를 포함할 가능성이 크다. 따라서 형태적으로나 의미적으로 정규화하는 것이 쉽지 않다. 20세기 후반에 편찬된 사전에서도 이러한 특성과 어려움이 발견된다. 이 글에서는 목표어로 기술된 의미기술 정보구역을 분석하기 위해, 첫째, 서문에 수록된 39개의 기호와 약어, 둘째, 무작위 추출 방식에 따라 12쪽당 1개씩 추출한 50개 표제어, 셋째, 의미기술 정보구역의 양이 가장 큰 10개 표제어를 〈표 3〉처럼 1차 분석말뭉치로 선택했다. 1차 분석말뭉치 중 마지막 두 부류는 기계적 추출하기보다 이 글의 목적에 맞게 정의 및 설명부 구성의 다양성을 선발의 기준으로 삼았다. 물론 이러한 기초 분석 대상에서 발견되지 않은 심층적 정보가 있다면, 추가로 분석말뭉치에 포함하였다.

사전 편찬자들이 기술 의도를 밝힌 부분인 서문의 39개 기호와 약어가 비록 완전하거나 일관성을 유지하지는 못하지만, 심층정보 구역의 초기

〈표 3〉 분석 대상 말뭉치(기호, 약어 및 표제어)

	구분	종류	개수
1차 분석 대상 말뭉치	기호	‖, =, -	3
	약어	Ablat. | Abrév. | c.a.d. | Capt. | Conjug. | Dat | En agr. | Esp. | Génit | gouv. | h. | Hon. ou Honor. | Indic. | Inj. | Instrum. | Interj. | Litt. | Locat. | m. à m. | M. chr. | Nég. | Nomin. | *Opp.* | p. ê. | Popul. | Provinc. | qq. | St. épist. | Subst. | Superst. | Syn. | V. | v.a. ou v.act. | v.g. | v.n. ou v. neut. | vulg	36
	무작위 추출	앵상이, 가옷, 믁존ᄒᆞ다, 폐이다, 덕모, 야얄스럽다, 가리, 무엇, 삼우, 돗바ᄂᆞᆯ, 어조사, 건더르다, 내다, 삼지구엽, 털, 이왕, 결, ᄂᆞᆷ의잔치에감노아라비노아라, 샹ᄒᆞ다, 작은작은, 와료먹다, 금, 니력, 셩, 장쟉, 웬, 과거, 박이옷, 셰, 젼교ᄒᆞ다, 유루ᄒᆞ다, 공골ᄎᆞ다, ᄇᆡ곱흐다, 쓸ᄃᆡ, 지긔지우, 해빙ᄒᆞ다, 권츄, 병환, 시죠, 조물쥬, 흔극, 구ᄌᆡ, 보목, 대칼, 쥬모, 호강ᄒᆞ다, 마시우다, 붉히다, 다루리, 초친놈	50
	의미기술 정보구역의 정보량	경ᄃᆡ, 인어, 오륜, 구럭도게도일타, 대무관, 낭ᄑᆡ되다, 뭇, 통줄, 털렴ᄒᆞ다, 덕	10
추가 분석 대상 말뭉치	구성 정보의 다양성	가, 고로, 고밀기, 고지, 고지듯다, 공쥬, 관음보살, 구(灸), 구마ᄒᆞ다, 귀매(鬼魅), 귀먹다, 귀찬타, 귀ᄒᆞ다, 그리스당, 급살맞다, 기리, 깃다, 녀교우, 년분, 년홀분수, 놈, 뉘, 늙다리, 닐흔, 당도리, 대가리, 대강이, 대구리, 더러, 뎌, 뎌긔, 뎌들, 도련님, 도ᄉᆞ공, 동의보감, 되다, 두샹, 몰다, 보다, 보살(菩薩), 복망ᄒᆞ다, 슈쇠, -스럽다, 암쇠, 업다, 여, 오갈피, 오러미, 오묘ᄒᆞ다, 옥황상뎨(玉皇上帝), 온젼이, 올계, 올타, 옹구, 외직, 외통장이, 욕ᄒᆞ다, 우수리, 우ᄉᆞ, 욱질니다, 월(月), 위ᄒᆞ야, 이, 이나, 이에셔, 이의셔, 인(人), 인ᄒᆞ야, 일, 일다, 일마, 일흔, 입교ᄒᆞ다, 잇다, 족(族), 죵신(終身), 주다, 쥬둥이, 직통, 차감ᄒᆞ다, 츄통, 츈부쟝, 츙청도, 치다, -케, 코, 폐핑, 하량ᄒᆞ다, 한, 할아비양, 향(鄕), 현묘ᄒᆞ다, ᄂᆡ직, 쓰이다, 씀질ᄒᆞ다, 씃ᄒᆞ다, ᄐᆞ다, ᄐᆡ쥬년, ᄒᆞ고, ᄒᆞ여곰, ᄒᆞᆫ, 멍덕쫄기, 멍드다, 멍털멍털ᄒᆞ다, 멍청스럽다, 머리, 머리털, 멱, 삼지구엽, 면관ᄒᆞ다, 면면ᄒᆞ다, 무궁ᄒᆞ다, 공부, 외샹, 대법, 캉캉, 멍드다, 뵈다, 괴이졉다, 긴요ᄒᆞ다, 염벗, 슷, 어조사, 언졍, 언뎡, 오두ᄋᆡ, 오ᄃᆡ, 오뒤, 오지, 오둬, 아늑거리다, 아른거리다, 암치, 건더르다, 검졉ᄒᆞ다, 안다, 안기다, 안짜, 안기다	139

분석 기준을 설정하는 데 도움이 된다.[16] 또한 나머지 두 부류의 말뭉치는 기호와 약어가 나타내는 의미기술 정보구역의 상세한 분석 근거를 제공한다. 기호와 약어는 크게 ① 다의어 구분자, ② 파생어 및 연어 관계, ③ 문법적 요소, ④ 의미적 요소, ⑤ 단순한 약어 등으로 구분할 수 있다.

우선 다의어 구분과 파생어 및 연어 관계는 〈표 4〉와 같이 기본적으로는 서문에 소개된 세 개의 기호로 나타낸다. (ex2)를 살펴보면, 세 개 기호 외에 마침표(.)는 다의어 구분 표지(‖)의 정의에서 도출되고, 세미콜론(;)과 쉼표(,)는 말뭉치에서 더 빈번히 발견된다. 네 개의 다의어 구분

16 이는 비단【어휘부】만의 한계는 아니며, 20세기 후반에 편찬된 종이 사전 대부분도 동일한 한계를 공유한다.

〈표 4〉 다의어 구분자와 파생어 및 연어 표지

표지 부류	기호	정의	출처
다의어 구분	‖	Indique une division plus marquée que le point, une acceptation différente	서문
	.	없음	‖ 의 정의문
	;	없음	말뭉치
	,	없음	말뭉치
파생어 및 연어 관계	=	Remplace la répétition du texte coréen	서문
	-	Remplace la répétition de la prononciation figurée	서문

표지 중 " ‖ "이 어휘의미 크기(sense grain)가 가장 큰 대분류를 나타내고, " . "은 동일한 대분류 내에서 품사의 구분을, " ; "은 이보다 더 하위 분류를, ","는 표제어에 대한 프랑스어 등가 표현의 열거를 나타낸다.[17] 기호 " = "는 (ex3)에서 볼 수 있듯이 "공부 = 하다, 외샹 = 놋타, 대법 = 국"처럼 접미사 파생어와 "컁컁 = 울다, 컁컁 = 깃츰ᄒᆞ다"처럼 연어를 나타낼 때, 표제어 반복을 대신한다. 이렇게 생성된 파생어나 연어 바로 뒤에서, "—"는 표제어 로마자 표기의 반복을 대치한다.

(ex2) (a) 면관ᄒᆞ다, 免冠. Salut; salutation; action de saluer. Oter son chapeau; se découvrir la tête(se dit d'un coupable devant son juge).
(b) 면면ᄒᆞ다, 面面. Continu; chaque lieu; chaque homme.
(c) 무궁ᄒᆞ다, 無窮. Eternel; immortel; sans fin. Etre san fin; n'avoir pas de fin; durer toujours. ‖ Sans limites; sans bornes, immense.

(ex3) (a) 공부, 工夫. travail, ouvrage, Œuvre. ‖ étude. = ᄒᆞ다- hă-ta, faire ses classes, ses études.
(b) 외샹, 外上. crédit. = 놋타 not-hta, = 주다 -tjou-ta, donner à crédit 외샹으로가져오다, Oi-syang-eu-ro ka-tjye-o-ta, emporter ou acheter à crédit.
(c) 대법, 大法. France. = 인-in, Français (homme). = 국-kouk, royaume de France.
(d) 컁컁, @@, cri du renard. = 울다-oul-ta, glapir comme le renard. ‖ bruit de la toux. = 깃츰ᄒᆞ다-kit-tcheum-hă-ta, tousser en faisant ce bruit.

17 하지만 ' ; '과 ' , ' 기호가 혼용된 부분이 많이 나타나며, 일반적인 문장부호로 자주 사용하는 ' . '과 ' , '은 중의성이 높게 나타난다.

문법적 요소로는 품사 및 격, 논항의 지배관계, 용언 활용형의 구분, 어미로 전달되는 시제 / 서법 / 양태를 들 수 있으며, 서문에 제시된 용어와 약어보다는 말뭉치에서 실제로 사용되는 예가 훨씬 많다.[18] 〈표 5〉에서 볼 수 있듯이,[19] 품사, 격, 시제 / 서법 / 양태 표지는 프랑스어나 라틴어 문법의 기술 방식과 용어에 기댄 바가 크다. 예를 들어 "s.f."는 "se forme de"의 약어로 동사활용 시 어근처럼 기능하는 기본 형태를 나타낸다. "ᄒᆞ엿기"는 "ᄒᆞ여"를 기본 형태로 활용된 형태이고, "ᄒᆞ기의게"는 "ᄒᆞ겟다"를 기본 형태로 삼는다는 것이다. 이는 마치 프랑스어에서 조건법이 직설법 단순 미래의 어근을 기본 형태로 삼아 활용된다고 설명하는 것과 같은 방식이다.[20]

〈표 6〉은 서문과 말뭉치에 나타난 의미적 요소를 보여준다. 우선 어휘의미 간 관계로는 ㉮ 동의, ㉯ 반의, ㉰ 참조, ㉱ 원의미를 포함한다. 이 중 ㉰ 참조는 실제로 ㉠ 이철자(일흔-닐흔), ㉡ 동의어 내지 유의어(오러미-올계, 구(灸)-쯤질ᄒᆞ다), ㉢ 자매어(외직-닉직), ㉣ 상하위어 (몰다-구마ᄒᆞ다), ㉤ 품사 파생 (고지-고지듯다) 등 매우 넓고 범위의 어휘의미 관계를 망라한다. ㉱ 원의미는 해당 표제어의 가장 널리 사용되는 의미와 함께 그 의

18 약어의 대소문자와 마침표의 유무는 실제 사전 기술에서 일관성이 없이 나타나며, 이하 다른 약어나 용어 사용에서도 마찬가지이다. 〈표 5〉의 약어 Indic. 와 Conjug. 은 실제 말뭉치에서 사용된 예가 없다. 이러한 이형태에 대한 기술을 이 글에서는 따로 언급하지 않겠으며, 추후 사전의 표현 형식을 정규화할 때 감안하도록 한다.

19 〈표 5〉에서 약어칸과 전칭 또는 설명칸에 서문에 나오는 표현을 우선하였다. 약어칸에 '-'는 약어 사용이 발견되지 않은 경우다. 또한 {주다, 욕ᄒᆞ다}, {뜻ᄒᆞ다, 홀뜻ᄒᆞ다}처럼 중괄호 안에 있는 경우는 예가 표제어에 해당하지 않고 표제어 설명에 나오는 것이다. 예를 들어, 논항의 지배관계를 나타내는 'gouv.'는 {욕ᄒᆞ다} 표제어의 논항구조 설명인 "gouv. le datif"에 사용되고, 용언 활용형을 지시하는 'Conjug.'는 '뜻ᄒᆞ다'의 어미 활용이 '홀뜻ᄒᆞ다'와 동일 유형임을 나타내는 데 사용된다.

20 이러한 기술의 옳고 그름이나 편향적 시각에 대해서는 후속 연구를 통해 비판적으로 검토할 필요가 있다.

〈표 5〉 문법적 요소 표지

표지 부류	약어	전칭 (또는 설명)	출처	예
품사	adj.	adjectif	말뭉치	ㅊ, 되다
	adv. ǀ Adv.	adverbe	말뭉치	온젼이, 기리
	adv. démonst.	adverbe démonstratif	말뭉치	뎌긔
	Conjonct.	conjonction	말뭉치	이나, ᄒᆞ고
	démonst.	démonstratif	말뭉치	이, 뎌
	Interj.	interjection	서문	일마, 올타
	postposit.	postposition	말뭉치	인ᄒᆞ야, 위ᄒᆞ야
	–	pronom	말뭉치	이
	pronom démonst.	pronom démonstratif	말뭉치	뎌, 뎌들
	Pron. indéf.	pronom indéfini	말뭉치	ᄒᆞᆫ
	pronom interrog.	pronom interragatif	말뭉치	뉘
품사	Subst.	substantif	서문	폐핑, ᄒᆞᆷ이
	–	terminal	말뭉치	~케
	–	terminaison	말뭉치	가
	–	verbe	말뭉치	치다, 보다
	v. a. ǀ v. act.	verbe actif	서문	{주다}
	v. n. ǀ v. neut.	verbe neutre	서문	ᄐᆞ다, ᄒᆞ얌즉ᄒᆞ다
	pass. ǀ passif	verbe passif	말뭉치	쓰이다, 욱질니다
	verbe subst.	verbe substantif	말뭉치	일다
격	Ablat.	ablatif	서문	이에셔, 이의셔
	acc. ǀ accus.	accusatif	말뭉치	ᄒᆞ기를
	Dat.	datif	서문	더러, ᄒᆞᆷ의게
	Génit.	génitif	서문	ᄒᆞ기의
	Instrum.	instrumental (cas)	서문	인ᄒᆞ야, ᄒᆞ여곰, 고로
	Locat.	locatif (cas)	서문	ᄒᆞ기에, ᄒᆞᆯ째에, ᄒᆞᆯ적에
	Nomin.	nominatif	서문	ᄒᆞ엿기가, 이
	–	oppositif	말뭉치	ᄒᆞ기ᄂᆞᆫ
	–	vocatif	말뭉치	여
어미 (시제 / 서법 / 양태)	–	conditionnel présent	말뭉치	하면
	–	dubitatif	말뭉치	ᄒᆞ거나말거나
	impart.	imparfait	말뭉치	ᄒᆞ던
	Impért.	impératif	말뭉치	ᄒᆞ자
	Indic.	indicatif	서문	ᄒᆞ시네, ᄒᆞᄂᆞ이다
	infin.	infinitif	말뭉치	ᄒᆞ다

표지 부류	약어	전칭 (또는 설명)	출처	예
	–	infinitif présent substantif	말뭉치	ᄒᆞ기
	–	infinitif futur dubitatif	말뭉치	ᄒᆞᆯ지
	infinitif passé subst	infinitif passé substantif	말뭉치	ᄒᆞ엿기
	–	optatif	말뭉치	ᄒᆞᆯ지이다, ᄒᆞ지이다
	participe adj.	participe adjectif	말뭉치	인, 한
	–	participe futur	말뭉치	일, ᄒᆞᆯ
	participe imparf.	participe imparfait	말뭉치	ᄒᆞ던지
	–	participe passé	말뭉치	ᄒᆞ야
	–	participe passé adjectif	말뭉치	ᄒᆞ신, ᄒᆞ던
	–	participe présent	말뭉치	ᄒᆞ야
어미 (시제 / 서법 / 양태)	–	subjonctif imparfait	말뭉치	ᄒᆞ야도
	–	subjonctif présent	말뭉치	ᄒᆞᄃᆡ
	–	subjonctif présent dubitatif	말뭉치	ᄒᆞ거나
논항 간 지배관계	gouv.	gouverne	서문	{주다, 욕ᄒᆞ다}
용언 활용형	Conjug.	conjugaison	서문	{ᄯᅳᆺᄒᆞ다, ᄒᆞᆯᄯᅳᆺᄒᆞ다}

미를 파생시킨 문자 그대로의 뜻을 표시한다. 예를 들어, "죵신(終身)"의 경우 "mort du corps, la mort"를 뜻하며 그 문자적 의미는 "la fin du corps"로 나타낸다. 복합어인 "귀먹다"의 경우도 가장 널리 사용되는 의미로 "sourd"를 문자적 의미로 "qui a mangé ses oreilles"를 제시한다.

전문 분야의 종류는 매우 적으나, 종교, 의약, 항해 용어와, 각 지역의 행정 소재지명과 이를 관할하는 관직명이 포함된다. 방언은 화계(niveau de langue)를 포함한 ① 사회적 방언과 ② 지역 방언으로 분류할 수 있다. 전자는 다시 ⓐ "두샹, 도련님, 츈부쟝"과 같은 경어(hon.), ⓑ "대강이, 대구리, 대가리"와 같은 "머리"의 비속어(popul.), ⓒ "촉규화"와 같은 현학적 어휘인 한자어에 대응되는 순한국어 "히ᄇᆞ라기"를 표시하는 속어(vulg.),[21] ⓓ "외통장이, 늙다리, 쥬둥이"와 같은 욕설(Inj.)을 포함한다.

〈표 6〉 의미적 요소 표지

의미 표지 부류		약어	전칭(설명)	출처	예
어휘의미 관계	동의	Syn.	synonyme	서문	우수리 - 우ᄉᆞ, 현묘ᄒᆞ다 - 오묘ᄒᆞ다
		Abrév.	abréviation	서문	ᄒᆞ고 - 코, 년흘분수 - 년분
		par contract.	par contraction	말뭉치	아니ᄒᆞ다 - 안타
	반의	*Opp.*	opposé(terme opposé)	서문	슈쇠 - 암쇠, 츄통 - 직통
		Nég.	négatif	서문	잇다 - 업다, 귀ᄒᆞ다 - 귀찬타
	참조	V. | Voy.	voir	서문, 말뭉치	일흔 - 닐흔
					오러미 - 올계
					구(灸) - 뜸질ᄒᆞ다
					외직 - ᄂᆡ직
					몰다 - 구마ᄒᆞ다
					고지 - 고지듯다
	원의미	Litt.	littéralement	서문	죵신(終身), 귀먹다
전문 분야	종교	M. chr.	mot chrétien	서문	입교ᄒᆞ다, 그리스당, 녀교우
		-	(mot) païen	말뭉치	귀매(鬼魅), 보살(菩薩), 옥황샹뎨(玉皇上帝)
		Superst.	superstition, superstitieux	서문	급살맞다, 관음보살, ᄐᆡ쥬년
	지리	Capit.	capitale(ville capitale)	서문	공쥬 - 츙청도
	의약	médec.	médecine	말뭉치	오갈피, 동의보감
	항해	-	navire	말뭉치	당도리, 도ᄉᆞ공
방언	사회	Hon. | Honor.	honorifique(terme honorifique)	서문	두샹, 도련님, 츈부쟝
		Popul.	populaire(terme populaire)	서문	대강이, 대구리, 대가리
			terme bas	말뭉치	놈
		vulg.	vulgairement	서문	히ᄇᆞ라기
		Inj.	injure(terme injurieux)	서문	외통장이, 늙다리, 쥬둥이
	지역	Provinc.	provincialisme (language particulier à une province)	서문	할아ᄇᆡ양, 옹구, 깃다, 고밀ᄀᆡ
문체	압축적 표현	En agr.	en agrégation (s'emploie en agrégation)	서문	월(月), 인(人), 향(鄕), 족(族)
	서간체	St. épist.	style épistolaire	서문	하량ᄒᆞ다, ᄒᆞ여ᄉᆞ옵다, 복망ᄒᆞ다, 차감ᄒᆞ다

후자는 "할아ᄇᆡ양, 옹구, 깃다, 고밀ᄀᆡ" 등 하위 범주 구분 없이, 지역 방언(Provinc.)으로 나타낸다. 문체(style)는 "월(月), 인(人), 향(鄕), 족(族)"처

21 중세 불어 등에 나타나는 현학어에 대비되는 속어와 같은 대응 개념으로 사용된다.

럼 1음절짜리 한자어(En agré.)로 나타내는 압축적 표현과, "하량ᄒᆞ다, ᄒᆞ여ᄉᆞ옵다, 복망ᄒᆞ다, 차감ᄒᆞ다"처럼 서간체(St. épist.)로 구분한다. 이 밖에 서문에 소개된 정의문 또는 설명문의 의미 기술에 사용되는 단순한 약어는 〈표 7〉과 같다.[22]

〈표 7〉 정의문 또는 설명문에 사용되는 약어

약어	본딧말 (설명)	약어	본딧말 (설명)
Esp.	Espèce	c. a. d.	c'est-à-dire
h.	heure	p. ê.	peut-être
qq.	quelque, quelqu'un	m. à m.	mot à mot
v. g.	verbi gratid (par exemple)	s. f.	se forme de

4. LEXml을 이용한 미시구조 정의

앞 절에서 분석한 바와 같이 【어휘부】에 담긴 언어문화 정보는 매우 다양하지만, 기계처리용 사전으로 정규화하거나 이를 바탕으로 현대의 연구자나 일반사용자가 실제로 활용하고 다른 사전과의 연계성을 확보하는 등 지식베이스로 변환하려면 형식과 내용 면에서 보완해야 할 부분이 많다.

4절 1항에서는 【어휘부】의 미시구조를 정의하기 위한 요망사항을 검토하고, 이를 반영해 LEXml로 정의된 DTD와 표식 집합을 이용하여 표제어 정보구역과 의미기술 정보구역을 기술한 구체적인 예를 4절 2, 3항에서 소개하겠다.

22 이 중 "m. à m."은 미시구조 정보를 기술하는 데 실제로 사용된 예를 찾을 수 없다.

1) DTD 설계를 위한 요망사항

기계처리용 【어휘부】의 지식베이스를 구체적으로 설계하기에 앞서 고려해야 할 사항은 ① 원자료의 재현성과 ② 지식베이스로 구축될 자료의 활용성이다.

첫째, 【어휘부】 종이사전의 내용에 담긴 언어적 정보는 현재 시점에서 불필요하거나 불완전하거나 부정확한 것이라도, 이를 일단 기록해야 한다. 예를 들어, 종성으로 끝난 명사의 로마자 표기 다음 주격 조사 "이"가 "-I, -SI, -TCHI" 등으로 연독 및 구개음화된 발음을 표시하나, 음운-형태론적 관점에서는 이 정보가 불필요할 뿐 아니라 일관성도 결여된다. 하지만 이러한 정보가 19세기 말 당시의 음성 현상을 보여주는 단편이 되므로, 이를 연구하는 후속 연구자에게는 매우 중요한 정보가 될 수 있다.

둘째, 원자료는 단순한 재현만으로는 지식베이스로서 가치를 지닐 수 없다. 따라서 오류를 정정하고, 부족한 정보를 보완하고, 지식을 확장할 수 있도록 기계처리용 【어휘부】를 설계해야 한다. 예를 들어, 【어휘부】 종이사전은 여러 명이 편찬에 참여했고, 이에 따라 약어의 형태나 동형이의어의 구분 방식에서부터 다의어 기술방식이나 상세정보의 깊이까지 차이가 있으므로, 〈표 5〉에서도 일부 볼 수 있는 이러한 비정형적 표현을 정규화해야 한다. 또한 향후 연구에서 【어휘부】의 표제어 및 어휘의미에 대응되는 현대 한국어의 어휘 또는 어휘의미를 사상 mapping하게 된다면, 19세기 한국어를 연구하려는 연구자와 프랑스어를 연구하려는 학자 앞에 놓인 언어 장벽을 제거하고 이들 간의 협력 연구를 증대할 수 있을 것이다. 따라서 정보구조를 정의할 때 이러한 확장성과 연동성을 염두에 둔다면, 후속 연구자들이 좀 더 용이하게 지식베이스를 활용할 수 있을 것이다.

다음 단계로, LEXml을 이용하여 【어휘부】의 DTD와 태그세트를 정의하는데, ① 언어적 관점에서 각 정보의 층위 및 상호관련성을 효과적으로 표현해야 하고, ② 전산적 관점에서 정보의 저장과 검색의 효율성을 확보해야 한다.[23]

2) 표제어 정보구역의 기술

각 표제어에는 고유번호를 부여하여, 【어휘부】 지식베이스 내외에서 참조와 연결의 명료성을 확보한다. 비교적 형식화가 잘된 표제어 정보구역(〈HeadwordGroup〉)이라도 정규화된 표현형식을 정의하기 위해서는 고려할 사항이 많다. 우선 활용형이 제시되어 복잡해 보이는 용언의 예인 (ex1-b)와 (ex4-a, b, c)부터 살펴보자.[24]

모든 예에서 공통된 사항은 표제어(〈Headword〉)와 이것의 로마자 표기(〈Transliteration〉)이다. 하지만 로마자 표기 구역의 활용형 정보는 표제어의 로마자 표기와 구분할 필요가 있다. 예를 들어 (ex1-b)에서 "-TEU-RE, -TEUN."은 표제어 "멍드다"의 연결형 어미와 관형형 어미를 나타낸다. 이러한 활용형의 로마자 표기는 ① 때로 (ex1-b)나 (ex4-c)처

23 결과물을 출력하는 사용자 인터페이스 관점도 고려의 대상이 되나, 이는 이 글에서는 논의 대상이 아니므로 포함하지 않겠다. 이에 대해서는 윤애선 · 정휘웅(2006)을 참고하라.

24 지면의 제약 때문에, 4절 2항에서는 각 예문의 의미기술 정보구역은 표시하지 않겠다.

럼 '어간 마지막 음절 + 어미'가 될 수도 있고, ③ (ex4-a)처럼 어간 전체를 포함하는 경우가 될 수도 있으며, ③ (ex4-b)처럼 어간의 발음 및 표기 변화 부분을 포함함과 동시에 복수의 활용 형태를 제시하기도 하여 일관성이 떨어진다. 또한, 활용형도 위 두 예처럼 연결형과 관형형만 제시되는 것이 아니라, (ex4-c)처럼 관형형과 부사형이 제시되기도 하며, 때로는 활용형의 값을 알기 어려운 경우도 있다.

(ex1) (b) 멍드다, MENG-TEU-TA, -TEU-RE, -TEUN.
(ex4) (a) 뵈다, PŌI-TA, POI-YE, POIN.
(b) 괴이졉다, KOI-I-TJYEP-TA, -TJYEP-E, -TJEP-EUN, ou TJYE-OUE, -TJYE-OUN. 怪異.
(c) 긴요ᄒᆞ다, KIN-YO-HĂ-TA, -HĂN, -HI.

따라서 활용형 정보를 모두 포함하되 변별적으로 기술하기 위해서, (ex4-b')처럼 ⓐ 전체를 활용형 블록(〈InflectionBlock〉, LL.5~26)으로 묶고, 그 내부를 ⓑ 활용형 함(〈InflectionCtn〉, LL 6~10 등)으로 분할하되, 각 함은 ⓒ 원자료에 기술된 형태(〈GivenForm〉), ⓓ 이를 분석하여 유추한 활용형의 값과 어간을 복원한 한글 표기(Inflection), ⓔ 이에 대응되는 로마자 표기를 추가함으로써, 언어적 정보를 확장할 수 있다. 또한, L.27에서 볼 수 있듯이, 한자 등가어 정보는 〈Translation〉에서 목표어([Languagel])의 값을 "CHI"로 주고, 표제어 전체의 어원([Etimology])이 한자어라면 "CHI"를, 아니라면 공백(Null)을 주거나 속성 자체를 표시하지 않는다.[25]

25 『한불자전』에 나타나는 한국어와 한자어는 모두 현대어가 아니므로 문자코드를 지정해 줄 필요가 있다. 이 글에서는 문자코드 국제표준의 최신 연구를 수용하여 ISO_IEC_10646_2003를 사용할 예정이다.

(ex4-b') 괴이접다, KOI-I-TJYEP-TA, -TJYEP-E, -TJEP-EUN, ou TJYE-OUE, -TJYE-OUN. 怪異.

```
〈DictionaryEntry ENTRYid = "000108"〉
  〈HeadwordGroup〉
    〈Headword Language = "KOR"〉괴이접다〈/Headword〉
    〈Transliteration〉KOI-I-TJYEP-TA〈/Transliteration〉
    〈InflectionBlock〉
      〈InflectionCtn〉
        〈GivenForm〉-TJYEP-E〈/GivenForm〉
        〈Inflection InflectionValue = "conjunctive" Language="KOR"〉괴이졉어〈/Inflection〉
        〈Transliteration〉KOI-I-TJYEP-E〈/Transliteration〉
      〈/InflectionCtn〉
      〈InflectionCtn〉
        〈GivenForm〉-TJYE-OUE〈/GivenForm〉
        〈Inflection InflectionValue = "conjunctive" Language = "KOR"〉괴이져워〈/Inflection〉
        〈Transliteration〉KOI-I-TJYE-OUE〈/Transliteration〉
      〈/InflectionCtn〉
      〈InflectionCtn〉
        〈GivenForm〉-TJEP-EUN〈/GivenForm〉
        〈Inflection InflectionValue = "adjectival" Language = "KOR"〉괴이졉은〈/Inflection〉
        〈Transliteration〉KOI-I-TJYEP-EUN〈/Transliteration〉
      〈/InflectionCtn〉
      〈InflectionCtn〉
        〈GivenForm〉-TJYE-OUN〈/GivenForm〉
        〈Inflection InflectionValue = "adjectival" Language = "KOR"〉괴이져운〈/Inflection〉
        〈Transliteration〉KOI-I-TJYE-OUN〈/Transliteration〉
      〈/InflectionCtn〉
    〈/InflectionBlock〉
    〈Translation Language = "CHI" Etymology = " "〉怪異〈/Translation〉
  〈/HeadwordGroup〉
```

다음, 체언의 정규화 표현 형식을 검토하기 위해, 〈표 2〉에서 분석한 예 중 가장 복잡한 정보를 가진 (ex1-b)와 (ex4-a, b)를 살펴보자. 앞에서 본 (ex1-b)나 (ex4-a, b, c)와는 달리 (ex1-h)처럼 한자 등가어 정보에 대응되는 프랑스어 등가어 정보([Trois, branches, neuf, feulles])가 포함된다. 또한 (ex1-h)의 로마자 표기 구역에는 표제어의 로마자 표기 외에도 "-I"라는 추가적인 정보가 들어 있다. 체언은 용언의 예와는 달리 표제어 "삼지구엽"과 공기하는 주격 조사가 "-이"임을 나타낸다. 하지만 (ex4-d, e)에서 볼 수 있다시피 ① 표기 정보만이 아니라, 주격 조사 "이"를 만난 체언 종성의 발음 변화 정보를 보여주며, ② 원자료에 수록된 정보도 (ex1-h)나 (ex4-a)처럼 주격 조사 및 그것의 음성적 변이형을 제시하는 경우도 있고, (ex4-b)처럼 체언의 로마자 표기 정보를 모두 제공하기도 한다.

(ex1) (h) *삼지구엽, SAM-TJI-KOU-YEP, -I. 三枝九葉. [Trois, branches, neuf, feulles].
(ex4) (d) 염빗, YEM-PET, -SI et -TCHI. 塩幕.
(e) 끗, KKEUT, KKEUT-TCHI, KKEUT-HI, KKEUT-TJI. 末.

우선 한자 어원 및 한글 표제어, 한자 등가어와 프랑스어 등가어 간 3개어 대응 관계를 나타내기 위해 (ex1-h')처럼 ① 전체를 번역어 블록(〈TranslationBlock〉, LL.10~27)으로 설정하고, ② 표제어 앞의 별표(*)는 어원이라는 속성값이 한자어(Etymology = "CHI")라고 표시한다.[26] ③ 번역어 블록은 번역어 함(〈TranslationCtn〉, LL.11~14 등)으로 구성하되, 각 함은 대응되는 한자 등가어와 프랑스어 등가어 정보로 표현한다.

(ex1-h') *삼지구엽, SAM-TJI-KOU-YEP, -I. 三枝九葉. [Trois, branches, neuf, feulles].
L.1 〈DictionaryEntry ENTRYid = "000008"〉
L.2 〈HeadwordGroup〉
L.3 〈Headword Language = "KOR"〉삼지구엽〈/Headword〉
L.4 〈Transliteration〉SAM-TJI-KOU-YEP〈/Transliteration〉
L.5 〈CaseMarkerCtn〉
L.6 〈GivenForm〉-I〈/GivenForm〉
L.7 〈CaseMarker CaseValue = "Subject" Language = "KOR"〉이〈/CaseMarker〉
L.8 〈Transliteration〉I〈/Transliteration〉
L.9 〈/CaseMarkerCtn〉
L.10 〈TranslationBlock Etymology = "CHI"〉
L.11 〈TranslationCtn〉
L.12 〈Translation Language = "CHI"〉三〈/Translation〉

26 한자어(Etymology = "CHI")는 수의적 속성이며 나타나지 않을 때 기본 값은 NULL이다.

```
        〈Translation Language = "FRA"〉trois〈/Translation〉
      〈/TranslationCtn〉
      〈TranslationCtn〉
        〈Translation Language = "CHI"〉枝〈/Translation〉
        〈Translation Language = "FRA"〉branches〈/Translation〉
      〈/TranslationCtn〉
      〈TranslationCtn〉
        〈Translation Language = "CHI"〉九〈/Translation〉
        〈Translation Language = "FRA"〉neuf〈/Translation〉
      〈/TranslationCtn〉
      〈TranslationCtn〉
        〈Translation Language = "CHI"〉葉〈/Translation〉
        〈Translation Language = "FRA"〉feulles〈/Translation〉
      〈/TranslationCtn〉
    〈/TranslationBlock〉
  〈/HeadwordGroup〉
```

다수의 주격 조사 형태 및 발음 변이형 정보는 (ex4-e')처럼 ① 전체를 격조사 블록(〈CaseMarkerBlock〉)으로 설정하고, ② 각각의 경우를 격조사 함(〈CaseMarkerCtn〉)으로 구분하고, ③ 각 함은 ⓐ 원자료에 기술된 형태(〈GivenForm〉), ⓑ 격조사의 한국어 표기와 값, ⓒ 로마자 표기(〈Transliteration〉), ⓓ 체언의 종성이 연독(liaison)된 발음 변화형(〈Pronunciation〉)으로 구성할 수 있다.

(ex4-e') 끗, KKEUT, KKEUT-TCHI, KKEUT-HI, KKEUT-TJI. 末.

```
〈DictionaryEntry ENTRYid = "000028"〉
  〈HeadwordGroup〉
    〈Headword Language = "KOR"〉끗〈/Headword〉
    〈Transliteration〉KKEUT〈/Transliteration〉
    〈CaseMarkerBlock〉
      〈CaseMarkerCtn〉
        〈GivenForm〉KKEUT-TCHI〈/GivenForm〉
        〈CaseMarker CaseValue = "Subject" Language = "KOR"〉이〈/CaseMarker〉
        〈Transliteration〉I〈/Transliteration〉
        〈Pronunciation〉TCHI〈/Pronunciation〉
      〈/CaseMarkerCtn〉
```

```
        〈CaseMarkerCtn〉
          〈GivenForm〉KKEUT-HI〈/GivenForm〉
          〈CaseMarker CaseValue = "Subject" Language = "KOR"〉이〈/CaseMarker〉
          〈Transliteration〉I〈/Transliteration〉
          〈Pronunciation〉HI〈/Pronunciation〉
        〈/CaseMarkerCtn〉
        〈CaseMarkerCtn〉
          〈GivenForm〉KKEUT-TJI〈/GivenForm〉
          〈CaseMarker CaseValue = "Subject" Language = "KOR"〉이〈/CaseMarker〉
          〈Transliteration〉I〈/Transliteration〉
          〈Pronunciation〉TJI〈/Pronunciation〉
        〈/CaseMarkerCtn〉
      〈/CaseMarkerBlock〉
      〈Translation Language = "CHI" Etymology = " "〉末〈/Translation〉
    〈/HeadwordGroup〉
```

3) 의미기술 정보구역의 기술

목표어인 프랑스어로 쓰인 의미기술 정보구역에는 앞에서 살펴본 것과 같이 매우 다양하고 정형화하기 까다로운 언어문화 정보가 포함되어 있다. 따라서 ① 구성요소를 결정하고 그 유형을 분류하며, ② 구성요소 간 의존관계를 파악하고, ③ 정형화 가능성을 최대한 지향하되, ④ 오류, 불확실한 부분, 정형화할 수 없는 부분을 기술할 수 있도록 해야 한다. 3절 2항에서 살펴본 다섯 개의 유형 중 관련되는 것을 세 개로 묶어 첫째, 다의어 분할 및 의미정보의 유형 구분, 둘째, 파생어, 연어, 예문의 기술, 셋째, 문법 정보의 기술로 나누어 각 예를 구체적으로 살펴보자.

(1) 다의어 분할 및 의미정보의 유형 구분

(ex1-a)와 (ex1-e)에 네 개의 기호(‖ . ; ,)로 표시된 다의어의 단계적 구분자는 어휘의미 크기의 크기와 밀접한 관련이 있다. 어휘의미 크기는

향후 연구에서 다른 언어자원의 의미와 사상할 수 있는 기준이 된다. 아래 세 개 예에서 볼 수 있듯이, 의미기술 정보구역에서 가장 중요한 목표어로 기술된 내용의 특성은 동질하지 않다. (ex1-e)에서 "tête, cheveux, chevelure"나 (ex1-a)에서 "grosse mûre"는 모두 등가어이다.[27] 하지만, 같은 예문의 "framboise rouge, sauvage, de la plus grosse espèce"는 표제어 지시물에 대한 설명에 해당한다. 또한 (ex5-a)에서 "parole dont on se sert quand on ne trouve pas un mot qu'on cherche"은 용어의 정의에 해당한다.[28]

(ex1)	(a) 멍덕쌀기, Grosse mûre. framboise rouge, sauvage, de la plus grosse espèce.
	(e) 머리, Tête. ‖ Cheveux, chevelure.
(ex5)	(a) 어조사, parole dont on se sert quand on ne trouve pas un mot qu'on cherche.

따라서, 다의어 구분자인 세 개 기호는 (ex1-a')와 (ex1-e')에서처럼 [SenseGrainSize]의 값을 각각 1, 2, 3으로 정의함으로써 구분한다. [SenseGrainSize]의 값이 커질수록, 어휘의미 크기의 크기가 작아지고, 인접한 의미 간의 거리가 가까워진다.[29] 또한, 3단계로 구분된 각 의미에 번호(SENSEid)를 부여하여, 표제어 번호와 연결하면 의미의 고유번호가 되므로 향후 다른 사전이나 어휘의미와의 연동성을 확보할 수 있도록 한다. 단, 등가 표현의 나열을 나타내는 쉼표는 (ex1-e')에서처럼 다의어 구분자 없이 목표어의 등가어를 나열한다.[30] 또한 의미정보의 유

27 지면 제약 때문에, 4절 3항에서는 각 예문의 표제어 정보구역을 표시하지 않겠다.

28 등가어를 마지막 두 종류와 구분하는 특성은 번역에 바로 사용할 수 있다는 점이다.

29 'SenseGrainSize'이 기술되지 않을 때 기본 값은 "1"이다.

30 (ex1-e')에서 사용된 쉼표는 등가어의 구분이나, (ex1-a')에서 쉼표는 같은 경우가 아니다. 표식언어를 이용한 기술은 이러한 중의성을 명시적으로 구분해야 한다.

형을 표시하기 위해 이 글에서는 (ex1-a', e') 및 (ex5-a')처럼 등가어(〈Translation〉), 설명(〈Explanation〉), 정의(〈Definition〉)로 구분한다.[31]

(ex1-a') 멍덕쌀기, Grosse mûre. framboise rouge, sauvage, de la plus grosse espèce.

```
〈DictionaryEntry ENTRYid = "000001"〉
  〈SenseGroup PartOfSpeech = "noun"〉
    〈SenseBlock〉
      〈SenseCtn SENSEid = "01" SenseGrainSize = "2"〉
        〈Translation Language = "FRA"〉Grosse mûre〈/Translation〉
      〈/SenseCtn〉
      〈SenseCtn SENSEid = "02" SenseGrainSize = "2"〉
        〈Explanation" Language = "FRA"〉framboise rouge, sauvage, de la plus grosse
          espèce〈/Explanation〉
      〈/SenseCtn〉
    〈/SenseBlock〉
  〈/SenseGroup〉
```

(ex1-e') 머리, Tête. ‖ Cheveux, chevelure.

```
〈DictionaryEntry ENTRYid = "000005"〉
  〈SenseGroup PartOfSpeech = "noun" SenseGrainSize = "1"〉
    〈SenseCtn SENSEid = "01"〉
      〈Translation Language = "FRA"〉tête〈/Translation〉
    〈/SenseCtn〉
  〈/SenseGroup〉
  〈SenseGroup PartOfSpeech = "noun" SenseGrainSize = "1"〉
    〈SenseCtn SENSEid = "02"〉
      〈TranslationBlock〉
        〈Translation Language = "FRA"〉cheveux〈/Translation〉
        〈Translation Language = "FRA"〉chevelure〈/Translation〉
      〈/TranslationBlock〉
    〈/SenseCtn〉
  〈/SenseGroup〉
```

31 『한불자전』에는 언어사전의 기본적인 정보로 나타나는 품사(PartOfSpeech) 정보가 명시적으로는 들어 있지 않다. 하지만, 서문, 문법부, 의미기술 정보 부분을 살펴보면, 편찬자들이 라틴어와 프랑스어 품사에 대한 매우 정확한 지식이 있었음을 알 수 있다. 또한 주격 조사의 기술이나, 용언 활용형의 형태 정보를 역이용하면, 전체 자료의 60% 정도에 품사 정보를 자동으로 할당할 수 있다. 이 글에서는 『한불자전』의 향후 활용을 높이기 위해, (ex1-a', e')이나 (ex5-a')처럼 품사 정보를 추가할 수 있는 여지를 열어 놓는다.

(ex5-a') 어조사, parole dont on se sert quand on ne trouve pas un mot qu'on cherche. (......)
L.1 〈DictionaryEntry ENTRYid = "000030"〉
L.2 〈SenseGroup PartOfSpeech = "noun"〉
L.3 〈SenseCtn SENSEid = "01" SenseGrainSize="1"〉
L.4 〈Definition Language = "FRA"〉parole dont on se sert quand on ne trouve pas un mot qu'on cherche. 〈/Definition〉
L.5 〈/SenseCtn〉
L.6 〈/SenseGroup〉

(2) 파생어, 연어, 예문

아래 (ex3-b, c)에서 볼 수 있는 "대법인, 대법국"과 같은 파생어(〈Derivation〉), "외샹놋타, 외샹주다"와 같은 연어(〈Collocation〉), "외샹으로 가져오다"와 같은 예문(〈Example〉)은 세분화된 의미에 의존적이다. 또한 (ex1-b)의 "= 놋타"와 "외샹으로 가져오다"처럼 파생어, 연어, 예문 내에서 표제어 형태의 반복 여부가 일관적이지 않다.

(ex3) (b) *외샹, crédit. = 놋타 -not-hta, = 주다 -tjou-ta, donner à crédit 외샹으로 가져오다, Oi-syang-eu-ro ka-tjye-o-ta, emporter ou acheter à crédit.
(C) 대법, France. = 인 -in, Français (homme). = 국 -kouk, royaume de France.

따라서 이 글에서는 (ex3-b', c')과 같이 원자료의 형태를 제시하되 " = " 및 " -" 앞에 생략된 표제어와 표제어의 로마자 표기를 모두 복원하며, 이와 관련된 로자마 표기 및 목표어 의미기술 정보를 묶어 함([Ctn])으로 표현하고 두 개 이상의 동일한 특성을 가진 함이 모이면 이를 블록으로 묶는다.

(ex3-c') 대법, France. = 인 -in, Français (homme). = 국 -kouk, royaume de France.
L.1 〈DictionaryEntry ENTRYid = "000011"〉
L.2 〈SenseCtn PartOfSpeech = "noun" SENSEid = "000011_01"〉

```
L.3   〈Translation Language = "FRA"〉France〈/Translation〉
L.4   〈DerivationBlock〉
L.5     〈DerivationCtn〉
L.6       〈GivenForm〉 = 인 -in〈/GivenForm〉
L.7       〈Derivation PartOfSpeech = "noun" SUBENTRYid = "01"〉대법 = 인 /Derivation〉
L.8       〈Transliteration〉TAI-PEP-IN〈/Transliteration〉
L.9       〈Translation Language = "FRA"〉Français (homme)〈/Translation〉
L.10      〈DeveloperComment〉langue française가 아니라 un Français, une Française임
          〈/DeveloperComment〉
L.11    〈/DerivationCtn〉
L.12    〈DerivationCtn〉
L.13      〈GivenForm〉 = 국 -kouk〈/GivenForm〉
L.14      〈Derivation PartOfSpeech = "noun" SUBENTRYid = "02"〉대법 = 국〈/Derivation〉
L.15      〈Transliteration〉TAI-PEP-KOUK〈/Transliteration〉
L.16      〈Translation Language = "FRA"〉royaume de France〈/Translation〉
L.17    〈/DerivationCtn〉
L.18  〈/DerivationBlock〉
L.19 〈/SenseCtn〉
```

(ex3-b') *외샹, crédit. = 놋타 -not-hta, = 주다 -tjou-ta, donner à crédit 외샹으로 가져오다, Oi-syang-eu-ro ka-tjye-o-ta, emporter ou acheter à crédit.

```
L.1 〈DictionaryEntry ENTRYid = "000010"〉
L.2  〈SenseGroup PartOfSpeech = "noun"〉
L.3  〈SenseCtn SENSEid = "01"〉
L.4    〈Translation Language = "FRA"〉crédit〈/Translation〉
L.5    〈CollocationBlock〉
L.6      〈CollocationCtn〉
L.7        〈GivenForm〉 = 놋타 -not-hta〈/GivenForm〉
L.8        〈Collocation PartOfSpeech = "verb" SUBENTRYid = "01"〉외샹 = 놋타〈/Collocation〉
L.9        〈Transliteration〉Oi-syang-not-hta〈/Transliteration〉
L.10       〈Translation Language = "FRA"〉donner à crédit〈/Translation〉
L.11     〈/CollocationCtn〉
L.12     〈CollocationCtn〉
L.13       〈GivenForm〉 = 주다 -tjou-ta〈/GivenForm〉
L.14       〈Collocation PartOfSpeech = "verb" SUBENTRYENTRYid = "02"〉외샹 = 주다
           〈/Collocation〉
L.15       〈Transliteration〉Oi-syang-tjou-ta,〈/Transliteration〉
L.16       〈Translation Language = "FRA"〉donner à crédit〈/Translation〉
L.17     〈/CollocationCtn〉
L.18   〈/CollocationBlock〉
L.19   〈ExampleCtn〉
L.20     〈GivenForm〉외샹으로 가져오다, Oi-syang-eu-ro ka-tjye-o-ta〈/GivenForm〉
```

```
        〈Example SUBENTRYid = "03"〉외샹으로가져오다〈/Example〉
        〈Transliteration〉Oi-syang-eu-ro ka-tjye-o-ta〈/Transliteration〉
        〈Translation Language = "FRA"〉emporter à crédit〈/Translation〉
        〈Translation Language = "FRA"〉acheter à crédit〈/Translation〉
      〈/ExampleCtn〉
    〈/SenseCtn〉
〈/SenseGroup〉
```

(3) 이철어, 준말, 동의어, 유의어

【어휘부】에 수록된 이철어(homography), 준말, 동의어와 유의어의 수록 형식을 살펴보자. (ex6-a)의 "언경"과 "언뎡"은 두 개의 표제어로 수록되어 있으나 구개음화의 적용 여부에 따라 표기 및 발음이 달라진 이철어이다. (ex6-b)의 "오두익, 오듸, 오뒤, 오지"는 두 개 이상의 표제어지만 (ex6-a)과 동일한 형식의 이철어이다.[32] 또한, "voy."라는 중의적인 표지를 사용했지만 "오뒤"는 "오두익"의 준말이다. 하지만 (ex6-c)는 형태적으로 이철어 관계를 표현하는 것 같지만 "아늑거리다"와 "아른거리다"는 동의어나 유사어 관계를 맺는 상이한 표제어일 가능성이 높다.

(ex6) (a) 언경, ou
언뎡, que, quand bien même, jusque, fallût-il
(b) 오두익, ou
오듸, ou
오뒤, ou
오지, mûre, fruit du mûrier
오뒤, voy
오두익 O-tou-ăi
(c) 아늑거리다, ou
아른거리다, Affecter devant un supérieur des airs de dévouement

(ex7) (a) 암치, de poisson de mer sec (morue sèche). *Voy.* [[*Syn.* 민어, Min-e.]]

32 【어휘부】에서 이철어는 표제어로 제시되는 경우도 있고, 의미기술 정보 내에 수록되기도 한다.

(b) 건더르다, exciter. v. 검졉ᄒᆞ다 Kem-tjyep-hă-ta
(c) 검졉ᄒᆞ다, s'attacher de force aux pas de quelqu'un. compagnon importun. se joindre à. ‖ s'occuper de, se mèler de. ‖ se toucher les mains, pour jouer ou pour se battre et se défendre

이 글에서 ① 이철어(<OrthographyVariant>)는 (ex6)(b'-1)처럼 상세의미 정보를 갖는 "오지"의 ENTRYid와 SENSEid를 명시하며, ② 준말은 (ex6)(b'-3)처럼 본딧말 함(<FullFormCtn>)을 설정하여 원자료에 주어진 본딧말 "오두ᄋᆡ"의 ENTRYid를 명시한다.[33] 따라서 준말 "오뒤"는 본딧말 "오두ᄋᆡ"를 매개로 하여, "오지"의 상세의미 정보를 상속받게 된다. ③ "아늑거리다"와 "아른거리다"의 경우, 이철어로 표현된 원자료 정보를 (ex6)(c'-1)처럼 표시하되, 개발자 주석(<DeveloperComment>)을 추가하여 동의어와 유사어 가능성을 기록할 수 있도록 하여, 향후 연구와 개발에서 이를 정정할 수 있도록 한다.

(ex6) (b'-1) 오두ᄋᆡ, ou[34]

```
L.1 <DictionaryEntry ENTRYid = "000100">
L.2   <SenseGroup PartOfSpeech = "noun">
L.3     <GivenForm>ou</GivenForm>
L.4     <OrthographyVariant ENTRYid = "000103" SENSEid = "01"/>
L.5   </SenseGroup>
```

(ex6) (b'-2) 오지, mûre, fruit du mûrier.

```
L.1 <DictionaryEntry ENTRYid = "000103">
L.2   <SenseGroup PartOfSpeech = "noun" SENSEid = "01">
L.3     <Translation Language = "FRA">mûre</Translation>
L.4     <Translation Language = "FRA">fruit du mûrier</Translation>
```

33 표제어의 의미가 세분화되어 있다면 SENSEid도 제시한다.

34 "오듸, 오뒤"의 경우는 <HeadwordGroup> 부분과 [ENTRYid, SENSEid]만 차이가 있고 다른 언어정보는 "오두ᄋᆡ"와 같다.

L.5 〈/SenseGroup〉

(ex6) (b'-3) 오뒤, voy. 오두익 O-tou-ăi.

L.1 〈DictionaryEntry ENTRYid = "000100"〉
L.2 〈SenseGroup PartOfSpeech = "noun"〉
L.3 〈FullFormCtn〉
L.4 〈FullForm ENTRYid = "000100"〉오두익〈/FullForm〉
L.5 〈Transliteration〉O-TOU-ĂI〈/Transliteration〉
L.6 〈/FullFormCtn〉
L.7 〈/SenseGroup〉

(ex6) (c'-1) 아늑거리다, ou

L.1 〈DictionaryEntry ENTRYid = "000200"〉
L.2 〈SenseGroup PartOfSpeech = "verb"〉
L.3 〈GivenForm〉ou〈/GivenForm〉
L.4 〈OrthographyVariant ENTRYid = "000201" SENSEid = "01"〉아른거리다 〈/OrthographyVariant〉
L.5 〈DeveloperComment〉'아늑거리다'와 '아른거리다'는 이철어 관계가 아니라 동의어나 유사어 관계가 아닌지?〈/DeveloperComment〉
L.6 〈/SenseGroup〉

(ex6) (c'-2) 아른거리다, Affecter devant un supérieur des airs de dévouement.

L.1 〈DictionaryEntry ENTRYid = "000201"〉
L.2 〈SenseGroup PartOfSpeech = "verb" SENSEid = "01"〉
L.3 〈Translation Language = "FRA"〉affecter devant un supérieur des airs dedévouement 〈/Translation〉
L.4 〈/SenseGroup〉
L.5 〈/DictionaryEntry〉

(ex7-a)에서 '암치-민어'는 동의어 관계임이 명시적으로 기술되어 있다. 이 경우는 이철어와 마찬가지로 (ex7-a')처럼 동의어 함(〈SynonymCtn〉)을 통해 '민어'와 동의의 관계를 명시적으로 표현한다.[35]

---

35 실제로 【어휘부】는 사전 편찬자의 오류를 포함한다. (ex7-a)처럼 "암치"가 "민어"와 동의어로 되어 있지만 정작 "암치"의 프랑스어 등가어는 "morue(대구)"로 제시된 것과 같은 예이다. 이러한 오류는 개발자 주석에 표시한다.

(ex7-a') 암치, de poisson de mer sec (morue sèche). *Voy. Syn.* 민어, Min-e.

```
L.1 〈DictionaryEntry ENTRYid = "000250"〉
L.2   〈SenseGroup PartOfSpeech = "noun" SENSEid = "01"〉
L.3     〈Explication Language = "FRA"〉de poisson de mer sec〈/Explication〉
L.4     〈TranslationCtn〉
L.5       〈Symbol Parenthese = "RoundLeft"/〉
L.6       〈Translation Language = "FRA"〉morue sèche〈/Translation〉
L.7       〈Symbol Parenthese = "RoundRight"/〉
L.8       〈DeveloperComment〉'민어'는 'sciène'임. 〈/DeveloperComment〉
L.9     〈/TranslationCtn〉
L.10    〈SynonymCtn〉
L.11      〈Synonym ENTRYid = "000201" SENSEid = "01"〉민어〈/Synonym〉
L.12      〈Transliteration〉Min-e〈/Transliteration〉
L.13    〈/SynonymCtn〉
L.14  〈/SenseGroup〉
```

3절 2항에서 살펴보았듯이 약어 "v."는 매우 중의적이므로, (ex7-b, c)에서 단의어 "건더르다"는 다의어 "검졉ᄒᆞ다" 중 어느 의미와 어떤 관계를 맺는지가 원자료에서는 명료하게 표현되지 않았다. 프랑스어 등가표현을 비교하여 "건더르다"가 "검졉ᄒᆞ다"의 세 번째 의미(ENTRYid = "000877" SENSEid = "03")와 유의어 관계임을 유추할 수 있으므로, LEXml로 기술할 때 약어 "v."를 참조(〈SeeAlso〉)로 표식하고, 개발자 주석을 추가하여 유의어 관계가 지식베이스 구축자의 판단임을 나타낸다.

(ex7-b') 건더르다, exciter. v. 검졉ᄒᆞ다 Kem-tjyep-hă-ta.

```
L.1 〈DictionaryEntry ENTRYid = "000800"〉
L.2   〈SenseGroup PartOfSpeech = "verb" SENSEid = "01"〉
L.3     〈Translation Language = "FRA"〉exciter〈/Translation〉
L.4     〈SeeAlsoCtn〉
L.5       〈SeeAlso ENTRYid = "000877" SENSEid = "03"〉검졉ᄒᆞ다〈/SeeAlso〉
L.6       〈Transliteration〉Kem-tjyep-hă-ta〈/Transliteration〉
L.7       〈DeveloperComment〉'건더르다'와 '검졉ᄒᆞ다'는 유의어임〈/Developer Comment〉
L.8     〈/SeeAlsoCtn〉
L.9   〈/SenseGroup〉
```

(ex7-c') 검졉ᄒᆞ다, s'attacher de force aux pas de quelqu'un. compagnon importun. se joindre à. ‖ s'occuper de, se mèler de. ‖ se toucher les mains, pour jouer ou pour se battre et se défendre.

L.1 〈DictionaryEntry ENTRYid = "000877"〉
L.2 (……)
L.3 〈SenseGroup PartOfSpeech = "verb" SenseGrainSize = "1"〉
L.4 〈SenseCtn SENSEid = "03"〉
L.5 〈Translation Language = "FRA"〉se toucher les mains, pour jouer ou pour se battre et se défendre〈/Translation〉
L.6 〈/SenseCtn〉
L.7 〈/SenseGroup〉

(4) 문법 정보

원자료에서 문법 정보의 표현은 좀 더 복잡한 양상을 띤다. (ex8-a, b)의 "안다"와 "안기다"는 능동과 수동형으로 두 표제어의 상세의미정보에 "안기다"가 "안다"의 수동형임이 표현되어 있다. 정규화된 표현에서는 (ex8-a', b')처럼 태의 값(VoiceValue)으로 능동(VoiceValue = "active")과 수동(VoiceValue = "passsive")이 모두 필요하며, 두 값이 대칭(symetry)됨을 정의해야 한다. 또 다른 대칭성을 정의해야 할 필요성은 (ex8-c, d)에서 구체적으로 볼 수 있다. (ex8-d)의 "안기다" 두 번째 의미가 "안짜"의 사역형(VoiceValue = "factive")임이 기술되어 있지만, 역의 정보(VoiceValue = "anti-factive")는 나타나지 않는다. (ex8-c', d')에서는 원자료의 정보만 표현하되, 두 값 사이에 대칭관계를 설정함으로써 결여된 정보를 추후 자동으로 보완할 수 있다.

(ex8) (a) 안다, Tenir dans ses bras; porter entre ses bras. 안는다, An-năn-ta, il tient. 안앗다, An-at-ta, Il a tenu. 안겟다 An-keit-ta, Il tiendra, etc.(pass. 안기다, An-ki-ta, Être porté dans les bras)
(b) 안기다, Être porté dans les bras. Pass. de 안다, An-ta
(c) 안짜, S'asseoir, être assis(안는다, An-năn-ta, Il s'assied. 안쳣다, An-tjyet-ta, Il s'est

assis. 안겟다, An-keit-ta, Il s'assiéra)

(d) 안기다, Préparer les Œufs d'une couvée(pour n'avoir que des poules) Faire s'asseoir, faire couver. Fact. de 안따, An-tta.

(ex8-a') 안다, Tenir dans ses bras; porter entre ses bras. 안는다, An-năn-ta, il tient. 안앗다, An-at-ta, Il a tenu. 안겟다 An-keit-ta, Il tiendra, etc.(pass. 안기다, An-ki-ta, Être porté dans les bras)

L.1 〈DictionaryEntry ENTRYid = "000771"〉
L.2 〈SenseGroup PartOfSpeech = "verb" SenseGrainSize = "1"〉
L.3 〈SenseCtn SENSEid = "01"〉
L.4 〈Translation Language = "FRA"〉tenir dans ses bras; porter entre ses bras〈/Translation〉
L.5 (......)
L.6 〈DerivationCtn〉
L.7 〈Derivation PartOfSpeech = "verb" VoiceValue = "Passive"〉안기다〈/Derivation〉
L.8 〈Transliteration〉An-ki-ta〈/Transliteration〉
L.9 〈Translation Language = "FRA"〉être porté dans les bras〈/Translation〉
L.10 〈Link ENTRYid = "000775" SENSEid = "01"/〉
L.11 〈/DerivationCtn〉
L.12 〈/SenseCtn〉
L.13 〈/SenseGroup〉

(ex8-b') 안기다, Être porté dans les bras. Pass. de 안다, An-ta

L.1 〈DictionaryEntry ENTRYid = "000775"〉
L.2 〈SenseGroup PartOfSpeech = "verb" SenseGrainSize = "1"〉
L.3 〈SenseCtn SENSEid = "01"〉
L.4 〈Translation Languag e= "FRA"〉être porté dans les bras〈/Translation〉
L.5 〈DerivationCtn〉
L.6 〈Derivation PartOfSpeech = "verb" VoiceValue = "Active"〉안다〈/Derivation〉
L.7 〈Transliteration〉An-ta〈/Transliteration〉
L.8 〈Link ENTRYid = "000771" SENSEid = "01"/〉
L.9 〈/DerivationCtn〉
L.10 〈/SenseCtn〉
L.11 〈/SenseGroup〉

(ex8-c') 안따, S'asseoir, être assis. (안는다, An-năn-ta, Il s'assied. 안첫다, An-tjyet-ta, Il s'est assis. 안겟다, An-keit-ta, Il s'assiéra).

L.1 〈DictionaryEntry ENTRYid = "000798"〉
L.2 〈SenseGroup PartOfSpeech = "verb" SenseGrainSize = "1"〉
L.3 〈SenseCtn SENSEid = "01"〉

```
L.4        〈Translation Language = "FRA"〉s'asseoir〈/Translation〉
L.5        〈Translation Language = "FRA"〉être assis〈/Translation〉
L.6        (……)
L.7        〈LinkCtn〉
L.8          〈Link ENTRYid = "000776" SENSEid = "01" VoiceValue = "factitive"〉안기다
             〈/Derivation〉
L.9          〈Transliteration〉〈/Transliteration〉
L.10         〈Translation Language = "FRA"〉〈/Translation〉
L.11       〈/LinkCtn〉
L.12     〈/SenseCtn〉
L.13   〈/SenseGroup〉
```

(ex8-d') 안기다, Préparer les Œufs d'une couvée (pour n'avoir que des poules). Faire s'asseoir, faire couver. Fact. de 안ᄶᅡ, An-tta.

```
L.1  〈DictionaryEntry ENTRYid = "000776"〉
L.2    〈SenseGroup PartOfSpeech = "verb" SenseGrainSize = "2"〉
L.3      (……)
L.4      〈SenseCtn SENSEid = "02"〉
L.5        〈Translation Language = "FRA"〉faire s'asseoir〈/Translation〉
L.6        〈Translation Language = "FRA"〉faire couver〈/Translation〉
L.7        〈LinkCtn〉
L.8          〈Link ENTRYid = "000798" SENSEid = "01" VoiceValue = "anti-factitive"〉안ᄶᅡ
             〈/Derivation〉
L.9          〈Transliteration〉An-tta〈/Transliteration〉
L.10       〈/LinkCtn〉
L.11     〈/SenseCtn〉
L.12   〈/SenseGroup〉
```

5. 이어가기

한국어사전사에서 『한불자전』은 체계화된 이개어사전의 효시이자 모형으로서 매우 중요한 위치를 차지한다. 조선 개화기에 이 땅에 들어온 프랑스 신부들은 이미 라틴어 학습 단계에서 아주 체계화된 라틴어-

프랑스어 사전을 사용했을 뿐 아니라, 19세기 당시 프랑스에서 출간된 방대한 분량의 언어 사전과 백과사전을 향유했을 것이다. 이러한 경험은 아주 이질적인 언어에 마주 대하면서, 그들에게 익숙한 방식으로 당시 한국어를 기술하는 데 가장 주된 사전 구축 방법론을 제공하였다. 이들이 채집하고 기술한 어휘 목록의 상당한 부분이 현대 한국어사전에도 녹아들어 있다. 하지만 안타깝게도 지난 130년간 국어학자와 불어학자 모두에게 『한불자전』은 가시덤불 안에 '잠자는 숲속의 미녀'였다. 깨워서 많은 이야기를 나누고 싶지만, 깨울 방법을 모르거나 알더라도 가시덤불을 뚫고 지나갈 엄두가 나지 않는 형국이다.

'잠자는 『한불자전』'을 깨우기 위해, 이 글의 필자를 포함한 연구진은 1차로 『한불자전』을 입력하고, 매우 단순한 정보구조를 가진 데이터베이스인 『웹으로 보는 『한불자전』 1880 version 1.0』(이은령 외, 2008a)을 개발하고 있다.[36]

36 『한불자전』(1880)과 『한영자전』(1891)(이은령 외, 2008b)의 입력과 단순한 구조를 가진 데이터베이스 구축을 위해 프랑스어, 근대 한국어, 한문 전공자 약 30명이 약 6개월 정도 참여하여 1차 버전을 완성하였다. 처음부터 정밀한 지식베이스로 개발하기 힘든 이유는, ① 『한불자전』이라는 동일한 콘텐츠를 적어도 프랑스어, 근대 한국어, 한문이라는 3분야의 상이한 전공을 가진 전문가가 입력과 교정을 해야 했고, ② 이 전문가들은 데이터베이스 구축에 익숙하지 않으므로 구축을 위한 워크벤치를 제공해야 하는데, 윈도우즈 프로그램이나 웹 프로그램에서 『한불자전』에 사용된 19세기 한글과 한문을 지원하는 코드 영역이 할당되어 있지 않아 사용자 인터페이스를 개발하기 힘들었으며, ③ 종이사전의 미시구조에서 정형성을 충분히 분석할 수 없었기 때문이다. 이에 대한 상세한 내용은 다른 글을 통해 발표하겠다.
〈표 8〉에서 【어휘부】 표제어 수에는 표현 형식의 정규화를 위해 표제어로 설정한 17개가 포함되어 있다. 따라서 원자료인 종이사전의 표제어는 27,194개이다.

〈표 8〉『웹으로 보는『한불자전』1880 version 1.0』 통계

구분		표제어 수
어휘부		27,211
문법부	ᄒᆞ다	817
	일다	87
지리부		911
계		29,026

하지만, 이것은 숲 주변을 에워싼 가시덩쿨 하나를 제거했을 뿐이며, 잠자는『한불자전』에 아직 다가서지 못했다. 이에, 다음 단계로 고도화된 지식베이스로 구축하고자 하는 것이며, 이 글에서는 그 첫 걸음으로『한불자전』【어휘부】의 미시구조를 분석하고, LEXml을 이용하여 정규화할 수 있도록 문서구조와 표식집합을 정의하였다. 이것이『한불자전』이 잠자고 있는 성으로 인도하는 안내도가 될 것이다.

안내도를 손에 들었다 하더라도 실제로 그곳에 도달하려면 지난한 과정을 겪어야 한다. 그중에 몇 개를 열거하라면, 첫째, 이러한 문서구조와 표식집합을 이용하여【어휘부】의 정보를 재기술해야하며, 둘째,【어휘부】의 각 어휘의미와 현대 한국어 어휘의미를 사상하여 국어학자와 불어학자의 가독성을 높여야 한다. 셋째, 다수의 연구인력이 공동으로 정치한 작업을 하기 위해 전문적인 워크벤치를 개발해야 한다. 넷째, 이렇게 개발된『한불자전』을 누구라도 손쉽게 사용할 수 있도록 제공해야 한다. 다음 단계에, 우리는 깨어난『한불자전』과 각자의 방식으로 많은 대화를 나눌 수 있을 것이다.

참고문헌

1. 1차 자료

이은령 외, 『웹으로 보는 한불자뎐 1880 version 1.0』, D-2008-000026, 2008a.

________, 『웹으로 보는 한영자뎐 1891 version 1.0』, D-2008-000027, 2008b.

Les Missionnaires de Corée de la société des Missions Etrangères de Paris, 『한불자전(韓佛字典, *Dictionnaire Coréen-Français*)』, Yokohama : C. Lévy, 1880.

2. 2차 자료

강이연, 「19세기 후반 조선에 파견된 파리 외방전교회 선교사들의 불한사전(Dictionnaire Français-Coréen) 연구」, 『교회사 연구』 22, 한국교회사연구소, 2004.

______, 「최초의 한국어 연구 : 한 · 불, 불 · 한 사전들과 한국어 문법서」, 『프랑스학연구』 31, 프랑스학회, 2005.

고길수 역, 「『한불ᄌᆞ뎐(韓佛字典)』 서문」, 『형태론』 4(2), 박이정, 2002.

박리정, 「한불ᄌᆞ뎐의 국어학적 연구 : 표기상에 나타난 음운과 형태를 중심으로 한 분석」, 『명지어문학』 19, 명지대 국어국문학과, 1990.

박성숙, 「Le Dictionnaire coréen-français du XIXe siècle et les méthodes lexicographiques」, 『한국프랑스학논집』 21, 한국프랑스학회, 1996.

송 민, 「프랑스 선교사의 한국어 연구 과정」, 『교회사 연구』 5, 한국교회사연구소, 1987.

심지연, 「개화기 프랑스 사람들의 한국어 연구에 대하여」, 『민족문화연구』 48, 고려대 민족문화연구소, 2008.

윤애선, 「표준화된 전자사전 개발을 위한 정보 구조 및 사용자 환경 설계와 그 응용」, 『한국프랑스학논집』 33, 한국프랑스학회, 2001.

윤애선 · 정휘웅, 「전자사전 국제기술표준 LEXml의 정합성 및 확장성 : 단일어 및 다국어사전에의 적용」, 『한국프랑스학논집』 54, 한국 프랑스학회, 2006.

이병근, 「근대 국어 시기의 어휘 정리와 사전적 전개」, 『진단학보』 74, 진단학회, 1992.

_____, 「서양인 편찬의 개화기 한국어 대역사전과 근대화」, 『한국문화』 28, 서울대 한국문화연구소, 2001.

이은숙, 「구한말에 나타난 한국관련 프랑스 문헌과 오리엔탈리즘」, 『한국프랑스학논집』 45, 한국프랑스학회, 2004.

이응호, 「외국인의 사전 편찬 사업」, 『명지어문학』 7, 명지어문학회, 1971.

_____, 「『한불ᄌᆞ뎐』에 대하여」, 『한글』 179, 한글학회, 1983.

이지영, 「사전 편찬사의 관점에서 본 프랑스 신부들의 사전 편찬」, 『동아시아와 서학 : 유통, 연쇄, 분기』, 2009 인하대 한국학 연구소 '동아시아 한국학' 학술대회 발표 자료집, 2009.

채 완, 「『한불ᄌᆞ뎐』의 뜻풀이에 대한 고찰」, 『한국어의미학』 26, 한국어의미학회, 2008a.

_____, 「『한불ᄌᆞ뎐』의 의태어 연구」, 『이숭령 현대국어학의 개척자 : 심악 이숭녕 선생 탄신 100주년 기념 논집』, 태학사, 2008b.

최병진, 「텍스트 및 전자사전 관리시스템을 위한 표준사전 표기언어의 설계에 관한 연구」, 『인지과학』 7(4), 한국인지과학회, 1996.

ISO N274, ISO / TC37 / SC2 N274 *Presentation / Representation of Entries in Dictionaries*, 2003(www.tc37sc4.org).

Sowa, J.F., *Knowledge Representation*, Pacific Grove, CA : Grooks Cole Publishing Co., 2000.

LEXml을 이용한 『한영자전』(1911)의 지식베이스 설계*

『한불자전』(1880)과의 통합적 지식베이스 구축을 위하여

윤애선

1. 서론

동일한 자료라도 연구자에게 허락한 접근성 정도에 따라 다른 연구 결과를 낳는다는 것은 주지의 사실이다. 또한, 같은 자료에 대한 접근성이 시간의 흐름에 비례하여 높아지는 것도 아니다. 자료의 망실이나 연구자의 지식 범위 축소에 따라 접근성이 현저히 저하되는 경우도 드물지 않다. 프랑스 선교사가 주축이 되어 1880년에 간행한 『한불자전(韓佛字典)』이 대표적인 예이다.

초기 한국어[1] 연구자들은 이 사전이 국내 최초의 체계적인 이개어사

* 이 글은 『불어불문학』 87집(2011)에 실렸던 원고를 한국불어불문학회의 동의를 얻어 수정 · 보완하여 전재한다.
필자는 한자어와 19세기 말~20세기 초의 한국어 및 한글에 관한 지식이 일천하여, 문헌으로 조사할 수 없는 부분은 부산대 한문학과 강명관 교수의 자문을 구했다. 개항기 자료에 대해서는 이은령 HK교수의 지식에 힘입은 바 크다. 지면을 빌어 감사의 인사를 전한다.

1 한국어를 지칭할 때 아직도 사용되는 “국어(national language)”라는 용어는 주관적이고 국

전(bilingual dictionary)이며, 이후에 간행된 이개어사전과 한국어 단일어 사전(monolingual dictionary)의 구조와 의미 기술 형식에 영향을 준 것으로 그 중요성을 높이 평가했다. 이후 파리 외방전교회와 한국교회사연구소에 보관된 문헌과 자료를 통해 사전 집필진과 집필 과정 및 당시 정황에 대한 정보가 알려지면서, 『한불자전』의 표제어 선정에서 기존에 국내에서 사용된 한-한(漢-韓) 유해류(類解類)가 끼친 영향이 크다고 추정한다. 하지만, 이 사전에 대한 평가는 1990년대 전후 변화하는데, 이 사전이 그 이후에 간행된 사전들에 비해 신문명(新文明)을 나타내는 어휘가 적어, 한국의 근대 지식 지형을 형성하는 데 큰 영향을 주지 못했을 것이라고 주장한다. 이러한 연구들의 문제점은 『한불자전』의 극히 일부분 자료만 분석의 대상으로 삼았다는 점이다.

이런 선행연구의 주장을 확인하거나 반박할 수 있는 구체적인 근거가 마련될 수 있던 계기는 2000년대 초부터 시작된 디지털화다.[2] 표제어만 입력되었거나, 완성도가 낮은 사전에서 전체 사전이 입력된 경우까지 디지털화의 범위와 구조화의 정도는 다양하나, 이를 토대로 한 분석은 선행연구를 공고히 하거나 반박하는 구체적인 증거를 제시함으로써, 『한불자전』에 대한 연구가 새로운 시각을 갖게 되었었다. 하지만

수주의적인 어감을 가지므로, 이 글에서는 가치중립적인 용어인 "한국어(Korean language)"를 사용한다.

2 1997년 대한민국이 외환위기를 겪으며, 청년실업자의 임시 일거리를 만들기 위해 1999년부터 시행했던 '정보화 근로사업'을 통해 광범위하고 산발적으로 다양한 자료의 디지털화가 이루어졌다. 사전도 이 일환으로 다양한 기관과 연구자에 의해 입력되었으나, 호환성이나 통합성을 염두에 둔 것이 아니었으므로 디지털화된 자료의 질을 담보하기 어렵고, 그 이후 체계적인 관리가 전혀 이루어지지 않고 있다. 다만, 홍윤표(2009)는 개인 차원에서 다양한 경로로 수집한 한국어사전과 말뭉치의 입력 자료를 보관하고 있다. 『한불자전』 및 『국한회어(國漢會語)』(이 글 〈표 2〉의 (B))의 표제어 목록은 '21세기 세종계획(1998~2007)'을 통해 입력했고, 국립국어원이 2009년 12월에 배포한 '21세기 세종계획 최종성과물' CD자료에 담겨 있다.

이 정도로는 사전 간 정치한 관련성을 밝히거나 다른 텍스트와의 관계를 치밀하게 연구하기 어렵다. 이러한 한계를 극복할 수 있는 한 가지 방법은 이러한 자료를 호환될 수 있는 고도화된 지식베이스로 구축하여 정치한 비교 검토가 가능하도록 하는 것이다.

이에, 윤애선(2009)은 『한불자전』의 미시구조를 분석하고, 지식베이스화할 수 있도록 사전정보 표상언어(representation language)인 LEXml을 이용하여 자료구조와 표식집합을 정의한 바 있다. 이 글은 후속 연구로, 캐나다 선교사인 게일(J. S. Gale)이 1911년에 발간한 두 번째 판본 『한영자전(韓英字典, *A Korean-English Dictionary*)』(이하, 『한영자전』)[3]의 미시구조를 분석하고, 윤애선(2009)에서 정의한 메타구조의 적용가능성을 살펴보겠다. 이는 필자가 수행할 일련의 연구에서 『한불자전』과 『한영자전』의 연관성을 구체적인 근거에 기초하여 면밀하게 살펴보기 위함이다.

2절에서는 『한불자전』에 대한 선행연구를 살펴보고, 디지털화한 자료를 토대로 한 최근 연구의 성과와 한계를 검토하며, 두 사전의 연관성을 알아보기 위해 통합적인 지식베이스를 구축할 필요성을 알아본다. 3절과 4절에서는 윤애선(2009)에서 제안한 분석틀과 메타구조를 적용하여, 『한영자전』의 미시구조를 '표제어 정보구역'과 '의미기술 정보구역'으로 나누어 분석하고, LEXml을 이용하여 이를 표상하는 다양한 예를 검토하고, 5절에서는 두 사전의 통합적 지식베이스의 구축하는 데 필요한 자료구조 규칙을 제안하겠다.[4]

---

3 이 글의 2절 1항 〈표 2〉의 (D-2)이다.

4 이 글에서는 LEXml을 이용하여 사전에 수록된 모든 정보를 정규화(nomalization)하고 표준화(standardization)할 필요성을 언급하지 않겠다. 이에 관한 상세한 내용은 윤애선 · 정휘웅(2006)과 윤애선(2009)을 참고하라. 다만 시맨틱웹, 지식공학의 발전과 더불어 사전 정보의

2. 선행연구

1) 개항기 전후 사전의 디지털화와 연구 지형의 변화

『한불자전』에 대한 연구는 간헐적으로 이루어져 왔으며, 자료 접근성에 따라 평가에 부침이 있어왔다.

사전 집필진과 사전 집필 과정에 관한 정보를 접할 수 있었던 초기 한국어 연구자들은 『한불자전』의 사전적 체계성 및 근대성과 한국어사전 편찬사에서 차지하는 중요성을 높이 평가했다(이숭녕, 1965; 김민수, 1980; 고영근, 1981; 고영근, 1983; 이응호, 1983; 송민, 1976; 송민, 1987). 이들 연구자는 한자, 19세기 한국어뿐 아니라 프랑스어를 해독할 수 있었다. 사전 표제어의 출처에 관해, 이숭녕(1965)은 『한불자전』의 표제어가 편찬 당시 한국인이 사용하던 구어보다는 문헌에서 수집하였을 것이라는 추정을 하였다. 김완진(1984) 등의 사전 집필진에 관한 조사에서, 이들이 조선에 들어오기 전에 중국어를 배우고 왔다는 사실을 밝히고, 이들이 속해 있던 한국교회사연구소에 프랑스어와 라틴어 메모가 적힌 『역어유해(譯語類解)』가 소장된 점을 들어, 송민(1987)은 이들이 한국어 학습에 중한대역사서류(中韓對譯辭書類)를 이용하고, 『한불자전』의 표제어 선정에서 기존에 국내에서 사용된 한-한(漢-韓) 유해류(類解類)가 끼친 영향이 클

정규화와 표준화는 기본적으로 이루어지고 있다. 현대 한국어사전의 경우에도, 1990년대에 개발된 『표준국어대사전』 CD버전이나 웹버전과는 달리 현재 개발되고 있는 '(가칭)개방형 사전'은 ISO 표준인 LMF(Lexical Markup Framework)를 적용하고 있다. 이 글에서 사용할 LEXml도 ISO 표준이다.

것이라고 생각했다.[5]

하지만 이러한 연구의 맥락은 '개항기 사전이 한국의 근대 지식 지형을 반영 또는 형성하는 데, 어떤 역할을 하였는가?'라는 관점으로 옮아가면서 『한불자전』에 대한 평가가 부정적으로 바뀐다. 이병근(2001)은 이후에 간행된 『법한자전』(1901), 『한영자전』(1890), 『한영자전』(1897)(〈표 2〉의 (L), (C), (D-1))과 비교하여 『한불자전』에 이른바 근대화와 관련된 어휘가 수록되지 않는데,[6] 이는 편찬자가 프랑스 지방 출신이므로 이미 프랑스어에 존재한 이러한 어휘의 개념을 숙지하지 못했거나, 미개국으로 한국을 바라보는 서양 선교사의 시각 때문이었을 것이라는 주장을 하게 된다. 이러한 맥락의 연구가 이어지는데, 신중진(2005; 2006)은 개항기의 "電"과 "洋" 관련 어휘가 『조선어사전』(〈표 2〉의 (F))에 비해 『한불자전』에 훨씬 적게 등재되어 있다는 사실을 지적한다. 안재원 · 김현권(2006 : 20~23)이 "philisophia, natura, cultus, societas, oeconomia" 등의 등가어(equivalent word)에 해당하는 어휘[7]가 『한불자전』에는 없으나 『나선소사전(羅鮮小辭典)』, 『나한사전(羅韓辭典)』, 『나화사전(羅和辭典)』에는 존재하는 것을 근거로 『나선소사전』, 『나한사전』의 근대성과 중요성을 역설하는 것도 이와 같은 맥락에 속한다.[8] 또 이 맥락을 잇는 다른 연구자 부류는 한국의 근

---

5 이 문단은 이지영(2009 : 74)을 간접 인용 · 보완하였다. 이 밖에 간접 인용된 서지 사항은 다음과 같다. 고영근, 『국어문법의 연구』, 탑출판사, 1983; 김민수, 『신국어학사』(全訂版), 일조각, 1980; 김완진, 「한불자전과 한어문전의 성립에 공헌한 인물들에 대한 조사연구」, 『목천 유창균박사 화갑기념논문집』, 계명대 출판부, 1984, 139~150쪽.

6 "문명(文明)", "개화(開化)", "문화(文化)", "자유(自由)", 직업명, 대륙 / 국가명 등이다.

7 이에 해당하는 한국어 어휘로 『한불자전』에 수록되지 않은 예를 "철학, 자연, 문화, 사회, 경제, 국가, 시민, 동물, 식물, 수사학, 형식, 보편, 규범, 부분, 전체, 예술, 인문학, 관념, 이성, 개인, 수사, 음악, 노동, 학교, 공장, 권리, 표현, 반도, 역설, 환영, 질, 양, 의미, 기호, 상징, 음절, 신학, 대학, 구조"로 제시한다.

8 『나선소사전』은 이 글 〈표 2〉의 (M)이며, 『나한사전』은 1959(1936)년에 간행(윤을수 편, 경향

〈표 1〉 유해류 및 개항기 사전류의 한자어 표제어 디지털화 현황

종류	유해 / 사전명		발간 연도	한자어 표제어 수	『한불자전』과 일치하는 한자어 표제어 수(일치율)
유해류	역어유해(譯語類解)		1690년	4,721개	598개(8.74%)
	역어유해보(譯語類解補)		1775년	2,352개	
	동문유해(同文類解)		1748년	4,763개	1,177개(24.71%)
	방언유해(方言類釋)		1778년	5,164개	761개(14.74%)
	왜어유해(倭語類解)		1781년	3,395개	2,123개(62.53%)
	몽어유해(蒙語類解)		1790년	3,850개	1,159개(21.91%)
	몽어유해류(蒙語類解補)		1790년	1,468개	
사전류	한불자전(韓佛字典)	(A)†	1880년	19,446개	19,446개
	국한회어(國漢會語)	(B)†	1895년	25,222개	8,596개(34.08%)
	한영자전(韓英字典)	(D-1)†	1897년	22,971개	11,718개(51.01%)

대화 시점을 연구하는 인문학자들이다. 이들은 한국의 근대 지식 지형을 연구하는 데 기여한 지식 계보를 탐색하였는데, 이병근(2001) 등의 주장을 토대로 『한불자전』을 중요 분석에서 슬그머니 빼버린다.

이렇듯 『한불자전』에 대한 연구가 편린화되고, 지속적으로 이루어지지 못한 이유로는 첫째, 낯선 표제어 배열 방식에 따른 검색의 어려움,[9] 둘째, 20세기 후반 한국어 학자들이 프랑스어를 비롯한 특정 외국어에 대한 해독 능력이 현저히 저하된 점, 셋째, 국내 프랑스어 학계의 개화기 한국어 및 한자어에 대한 해독 능력 부족과 관련 자료에 대한 관심 부족을 들 수 있다.(윤애선, 2009 : 266~268)[10] 즉 1차 자료를 해독할 수 없는 연구

신문사)된 것이고, 『나화사전』은 1952년 일본에서 간행(Tanaka 편)된 라틴어-일본어 사전이다.

9 보기 드물게 『한불자전』을 1차 자료로 충실하게 연구한 최근 한국 언어학 논문으로는 채완(2008a; 2008b; 2010)을 들 수 있다. 다만, 이 연구의 한계는 『한불자전』 전체를 대상으로 한 것이 아니라 '의성어, 의태어, 호칭' 등 연구 범위를 제한한 점이다. 이 연구자는 프랑스어 해독 능력이 있으나, 낯선 표제어 배열 방식(이 글의 주 21) 참고)과 인쇄 상태 때문에 1차 자료를 추출하는 데 무척 어려움이 있었음을 토로한다.(채완(2010) 발표 후 토론에서)

10 이 요인과 더불어, 한국학계의 국수주의적 관점도 『한불자전』을 있는 그대로 평가하는 데 넘어야 할 걸림돌이다.

자는 기존의 2차 자료에 의존하는데, 충실한 2차 자료가 없는 경우,[11] 극히 일부만 분석의 대상으로 삼거나, 그 1차 자료를 외면하게 되는 전형적인 연구 후퇴 현상이다. 『한불자전』의 사전 내적 정보에 대한 충실한 2차 자료가 거의 없는 한국어학계도 이 현상을 비켜가지 못하는 듯하다.

2000년대 중후반에 들어서면서 새로운 형태의 연구 자료가 제공되었다. 유해류와 개항기 사전의 디지털화인데, 이는 여러 연구기관에 의해 상이한 목적으로 이루어졌으며, 그 결과물의 상태와 이용 가능성도 매우 큰 편차를 보인다.

〈표 1〉은 유해류와 일부 개항기 사전의 한자 표제어가 입력된 현황이다.[12] 이지영(2009)은 비교적 간단한 이 자료를 이용하여, 두 가지 흥미로운 검증을 하고 선행 연구의 문제점을 지적했다. 첫째, 〈표 1〉의 마지막 열에서 볼 수 있듯이, 왜어유해를 제외하고 『한불자전』에 수용된 유해류의 한자어 비율이 매우 낮다. 이를 근거로 『한불자전』의 표제어 선정에 유해류의 영향이 컸을 것이라는 이숭녕(1965)과 송민(1987)의 주장을 반박하는 구체적인 근거를 제시했다. 둘째, 유해류에는 나타나지 않고 『한불자전』에 처음 등장하는 한자어 표제어 16,234개인데, 이들이 그 이후에 발간된 (B)✝와 (D-1)✝에서 각각 각각 6,431개와 9,016개가 수용되었다는 점에 주목한다. 이병근(2001), 신중진(2005; 2006), 안재원 · 김현

11 1차 자료에 충실한 2차 자료가 있다면, 2차 자료는 훌륭한 연구대상이 될 수 있다. 현실적으로 한 연구자가 여러 언어를 해독할 수 없으므로, 연구자의 모국어로 된 양질의 번역서가 필요한 이유이다.

12 이 글의 〈표 1〉은 이지영(2009 : 77)의 〈표 1〉과 〈표 2〉를 통합한 것이다. 이지영(2009)에서 〈표 1〉과 같은 자료 이용을 언급할 뿐 디지털 자료의 구축자를 비롯한 서지사항이나 보관 기관 등에 대한 구체적인 사실 제시가 없다. 다른 연구자의 접근이 차단되므로, 이 연구의 정확성을 검증할 수도 없고, 다른 연구에 이용할 수도 없어, 애써 구축한 디지털 자료의 장점이 사라지게 된다.

〈표 2〉 개항기 이개어사전류 및 디지털화 상황

<table>
<tr><th colspan="2">구분</th><th colspan="2">사전명</th><th colspan="2">발간연도</th><th colspan="2">표제어 수</th><th>편저자</th></tr>
<tr><td rowspan="16">한-외</td><td>한국어-프랑스어</td><td>『한불자전(韓佛字典)』</td><td>(A)*</td><td colspan="2">1880년</td><td colspan="2">약 27,000개
(27,194개*)</td><td>Félix-Clair Ridel</td></tr>
<tr><td rowspan="3">한국어-한자</td><td rowspan="3">『국한회어(國漢會語)』</td><td rowspan="3">(B)</td><td colspan="2" rowspan="3">1895년</td><td>건 상</td><td rowspan="2">자료 없음</td><td rowspan="3">이준영, 정현, 이기영, 이명선, 강진희</td></tr>
<tr><td>건 하</td></tr>
<tr><td>곤</td><td>17,760개</td></tr>
<tr><td rowspan="6">한국어-영어</td><td rowspan="2">『한영자전(韓英字典)』</td><td rowspan="2">(C)</td><td colspan="2" rowspan="2">1890년</td><td>한-영</td><td>4,839개</td><td rowspan="2">H.G. Underwood</td></tr>
<tr><td>영-한</td><td>6,712개</td></tr>
<tr><td rowspan="2">『한영자전(韓英字典)』</td><td rowspan="2">(D-1)</td><td rowspan="2">1판</td><td rowspan="2">1897년</td><td>韓-영</td><td>33,537개</td><td rowspan="4">James S. Gale</td></tr>
<tr><td>漢-영</td><td>12,133개</td></tr>
<tr><td>『한영자전(韓英字典)』</td><td>(D-2)*</td><td>2판</td><td>1911년</td><td colspan="2">50,000개
(48,623개*)</td></tr>
<tr><td>『한영대자전(韓英大字典)』</td><td>(D-3)</td><td>3판</td><td>1931년</td><td colspan="2">82,000개</td></tr>
<tr><td rowspan="6">한국어-일본어</td><td rowspan="2">『일한한일언어집(日韓韓日言語集)』</td><td rowspan="2">(E)</td><td colspan="2" rowspan="2">1910년</td><td>일-한</td><td rowspan="2">자료 없음</td><td rowspan="2">趙義淵 井田勤衛</td></tr>
<tr><td>한-일</td></tr>
<tr><td rowspan="3">『조선어사전(朝鮮語辭典)』</td><td rowspan="3">(F)*</td><td colspan="2" rowspan="3">1920년</td><td>한자어</td><td>40,734개</td><td rowspan="3">조선총독부</td></tr>
<tr><td>언문</td><td>17,178개</td></tr>
<tr><td>이두</td><td>727개</td></tr>
<tr><td>『양화신사전(鮮和新辭典)』</td><td>(G)</td><td colspan="2">1942년</td><td colspan="2">자료 없음</td><td>조선어연구회</td></tr>
<tr><td rowspan="7">외-한</td><td rowspan="2">영어-한국어</td><td>『영한사전(英韓辭典)』</td><td>(H)</td><td colspan="2">1891년</td><td colspan="2">자료 없음</td><td>J. Scott</td></tr>
<tr><td>『영한사전(英韓辭典)』</td><td>(I)</td><td colspan="2">1914년</td><td colspan="2">5,086개</td><td>George H. Jones</td></tr>
<tr><td>러시아어-한국어</td><td>『노조사전(露朝辭典)』</td><td>(J)</td><td colspan="2">1874년</td><td colspan="2">약 4,000개</td><td>M. Poutzillo</td></tr>
<tr><td rowspan="2">프랑스어-한국어</td><td>『불한사전(Dictionnaire Français-Coréen)[14]』</td><td>(K)</td><td colspan="2">1860년 말</td><td colspan="2">10,328개</td><td>Stanislas Féron</td></tr>
<tr><td>『법한자전(法韓辭典, Petit Dictionnaire Français-Coréen)』</td><td>(L)</td><td colspan="2">1901년</td><td colspan="2">자료 없음</td><td>Charles Allévêque</td></tr>
<tr><td>라틴어-한국어</td><td>『나선소사전(羅鮮小辭典)』</td><td>(M)</td><td colspan="2">1891년</td><td colspan="2">약 1만 개</td><td>M-N Daveluy, 방달지사 외</td></tr>
<tr><td>일본어-한국어</td><td>『일한회화사전(日韓會話辭典)』</td><td>(N)</td><td colspan="2">1907년</td><td colspan="2">자료 없음</td><td>日語雜誌社</td></tr>
</table>

권(2006) 등에서 높이 평가 받지 못했던 후대 사전에 대한 『한불자전』의 영향력을 복원할 수 있었다. 다만, 연구자도 밝혔듯이, ① 비교의 대상이 한자어가 병기된 표제어로 국한된 점, ② 한자어 중 일부는 인쇄본의 상태가 나빠 알아볼 수 없거나, 일반 문서 입력기로 입력할 수 없거나 잘

쓰이지 않는 벽자(僻字)이므로 비교가 불가능한 점을 연구의 한계로 지적할 수 있다. 또한 '계량적인' 연구방법을 내세우나 통계적인 유의미성을 검토하는 최근의 다양한 연구방법론이 있음에도 불구하고, 동일한 표제어의 수와 비율을 단순히 계산하는 점에 그쳤다는 점도 후속 연구에서는 극복해야 할 부분이다.[13] 하지만 자료의 단순한 비교만으로도 선행연구의 결론을 반박할 수 있는 실증적인 근거를 제공하였다는 점에서 이 연구가 함의하는 바가 크다.

〈표 2〉는 개항기에 발간된 한국어-외국어 / 외국어-한국어 이개어사전을 소개한다.[15] 이 중 『한불자전』(A)과 『한영자전』(D-2) 어휘부 전체가 본연구진에 의해 기초적인 DB 형태로 구축되어 웹에 공개되었다(이은령 외, 2008a; 2008b). 또한 양과 질에서 완성도가 높지 않으나 『조선어사전』(F)이 문서작성기로 입력되었다.[16] 이지영(2009)에 이어, 이은령(2010)은 (A)* 및 (D-2)*를 이용하여 어휘의미 단위에서 『한불자전』과 『한영자전』과의 관련성을 미시적으로 탐색했다. 두 사전 간 표제어의 한자어 정보가 같은 9,009개 중 일부(500개)를 임의 추출하여 두 사전의 정의문을 비교한 결과, 〈표 3〉의 (1)에서 볼 수 있는 것과 같이 두 사전 간의 유사성

---

13 '계량'과 '통계'를 키워드로 삼는 언어학 및 문학 연구가 늘어나고 있는데, 이와 같이 매우 초보적인 수준에서 단순한 결과를 제시하는 경우가 많은 점이 아쉽다.

14 페롱 신부의 이 사전의 원본에는 한국어 명칭이나 한자어 명칭이 없다. 편의상 이 글의 표에서는 『불한사전』으로 칭한다.

15 〈표 2〉는 홍윤표(2009 : 9)가 처음 제시하였으나, 이은령 · 윤애선(2010)이 수정 · 보완하였다. 〈표 1〉과 〈표 2〉의 (A), (B), (D-1)은 동일한 사전이다. 다만 디지털화된 자료를 구분하기 위해, 두 표에서 표제어만 입력된 것에는 '†'를, 사전 전체 자료가 입력된 것에는 '*'를 표시하였다. 〈표 2〉에서 *표시된 괄호 안 표제어 수는 디지털화된 자료를 근거로 필자가 밝힌 것이다. 또한 필사본인 *Dictionnaire Français-Coréen*의 저자 정보, 표제어 수에 대한 정보는 모두 강이연(2004 : 187)을 따른다.

16 『조선어사전』은 홍윤표(2009) 등이 입력한 것으로 '부산대학교 인문학연구소 인문정보학센터'에 기증하였다.

〈표 3〉『한불자전』과 『한영자전』의 정의문 유사성 비교

구분	정의문 비교	표제어 수	예
유사성	두 사전 간 정의문 일치	220	겨우살이, 민흔, 필담ᄒᆞ다, 간츄ᄒᆞ다, 폐과ᄒᆞ다
	『한불자전』 정의문의 발췌	77	고양이, 곰취, 공회, 길례, 박
	『한불자전』 정의문의 간결화	111	강엿, 계, 거문고, 동ᄌᆞ, 미실미가ᄒᆞ다, 파영ᄒᆞ다
	『한불자전』 정의문의 세분화	41	장악, 반슈, 발, 목긔, 공교ᄒᆞ다, 과념ᄒᆞ다
이질성	『한영자전』 정의문의 상세함	20	귀골, 동학, 폐문ᄒᆞ다
	두 사전 간 정의문 비일치	80	간ᄒᆞ다, 계하, 동인, 방물, 삼복, 인ᄒᆞ야, 격물치지ᄒᆞ다
기타	오류	1	발괄ᄒᆞ다(빅활ᄒᆞ다)
총계		550	

은 약 84%로 드러나며, 비교 대상 사전의 판본에 차이가 있으나[17] 선행연구에서 밝힌 것보다 게일이 편찬한 일련의 사전에 대해 『한불자전』의 영향력이 더욱 컸음을 구체적으로 보여주었다.[18] 한국의 근대의 지식 지형을 탐색하는 연구로 황호덕 · 이상현(2011)은 개념어의 수용 / 번역을 중심으로 영한사전의 계보를 밝히는 데 (D-2)*를 적극적으로 이용했다. 분석 대상 문헌과 구체적인 문맥 및 어휘의 범위와 수를 늘리고 실증적인 증거를 제시함으로써, 선행연구의 문제점을 극복할 수 있다는 데 그 의의를 찾을 수 있다.

하지만 〈표 1〉과 〈표 2〉에 소개된 디지털화된 정도만으로는 사전 간 정치한 관련성을 밝히거나 다른 텍스트와의 관계를 치밀하게 연구하기 어렵다. 선행 연구에 비해 진일보하였으나 여전히 제한된 이지영(2009), 이은령(2010), 황호덕 · 이상현(2011)의 한계를 극복할 수 있는 한 가지 방법은 이러한 자료를 상호 호환될 수 있는 고도화된 지식베이스로 구축하여 정치한 비교 검토가 가능하도록 하는 것이다.

17 이지영(2009)은 (A)와 (D-1)을 이은령은 (A)*와 (D-2)*를 비교하였다.

18 〈표 3〉은 이은령(2010 : 77~84)을 요약한 것이다.

그렇다면『한불자전』의 특성을 알아보고 한국 사전 편찬사에서『한불자전』의 위상을 재정립하는 데 〈표 2〉의 여러 사전 중『한영자전』을 비교의 대상으로 삼는 이유는 무엇인가? 첫째,『한영자전』의 주편찬자인 게일이 초기 한국학 연구에 차지하는 위상에 있다. 1888년도에 캐나다 선교사로 조선에 입국한 그는 언더우드를 도와 최초의 한영사전인『한영자전』(〈표 2〉의 (C)) 편찬에 참여하였다. 이후 자신이 주도한『한영(대)자전』을 세 개의 판본(〈표 2〉의 (D-1, 2, 3))으로 출간한다. 동시에 1927년까지 조선에 머물면서『구운몽』,『춘향전』등 한국 문학작품을 영어로 번역하고 다양한 저술활동에 매진한다. 40년 동안 이루어진 한국학 연구의 상당 부분이『한영자전』에 녹아들었다고 판단해도 큰 무리가 없다.[19] 둘째, 게일이 편찬한 (D-1, 2, 3)에서 두 번째 판본이 가지는 변화의 양상이다. 그는『한불자전』과 언더우드의『한영자전』이 첫 번째 판본에 큰 영향을 미쳤음을 밝혔다.[20] 이를 뒷받침하듯이 첫 번째 판본의 표제어 배열순서가『한불자전』을 그대로 본받지만,[21] 두 번째 판본에서는 표제어 배열순서가 한글 자모순으로 바뀌면서 거시구조에 큰 변화가 일어난다.[22] 동시에 (D-1)의 漢-英 표제어 약 12,000개를 제거하고 새로운 표제어를 수록하였다고 하나 그 출처에 관한 구체적인 언급이 없

---

19 게일은 이 밖에도『흥부전』,『금수전』,『옥루몽』,『홍길동전』등의 영역본 미출간 원고를 가지고 있었다고 하며, 그의 자료가 아들에 의해 기증되어 캐나다 토론토대학교 'Thomas Fisher 희귀본 장서실'에 보관되고 있는데, 그 분량이 24개 상자에 달한다고 한다. 이상현, 「게일(James Scarth Gale) 한국고소설 영역본을 찾아서 : 캐나다 토론토대학교 '토마스피셔 희귀본장서실' 탐방기」(『HK [고전번역 + 비교문학연구단 뉴스레터』 10, 2011.3), 온라인 소식지 (http://pnuhk.net/).

20 『한영대자전』의 첫 번째와 세 번째 판본 서문(Gale, 1931 : V, X).

21 『한불자전』의 표제어 수록 순서는 모음 '아, 야, ᄋᆞ, 어, 여, 으, 이, 오, 요, 우, 유'와 자음 'ㅎ, ㄱ, ㅋ, ㅁ, ㄴ, ㅇ, ㅂ, ㅍ, ㄹ, ㅅ, ㄷ, ㅌ, ㅈ, ㅊ'이다.

22 표제어 배열의 변화는 사전의 주 사용자가 외국인에서 한국인으로 바뀌었음을 의미한다.

다. 세 번째 판본인 (D-3)은 (D-2)에서 만 개 정도의 인명과 지명을 제거하고 약 3,5000개의 어휘를 보충하는 데 이노우에의 저작, 『조선어사전』(〈표 2〉의 (F))과 동시대 문헌에 힘입었음을 밝힘으로써,[23] 일본어의 영향을 강하게 받았다는 점을 드러낸 것과는 대조적이다. 편찬자 본인의 이러한 언급 때문인지 첫 번째 판본과 세 번째 판본에 대한 연구는 있었으나, 가교 역할을 했던 두 번째 판본은 정작 베일에 가려 있다.[24] 따라서 『한영사전』(1890)(C)을 계승한 (D-1)이나 일본어의 영향력이 지대했던 (D-3)보다는 (D-2)가 국내 한영사전 및 단일어사전 계보에서 『한불자전』의 영향을 확인하는 데 더 적절하다고 판단한다.

2) 『한불자전』과 『한영자전』의 미시구조 분석

필자의 선행연구(윤애선, 2009)에서 ISO-N274(2003)의 가이드라인에 따라 『한불자전』의 미시구조를 정밀 분석하여 특정 어휘의미 독립적 정보와 의존적 정보로 구분하고, 이를 적확하게 표현할 수 있도록 LEXml을 이용해 요소(element), 속성(attribute), 값(value)을을 기술하는 메타용어를 결정하고, 전체 자료구조(DTD, Document Type Definition)를 정의하여, 이를 『한불자전』에 적용한 구체적인 예를 다양하게 제시하였다. 여기에

23 『한영대자전』의 첫 번째와 세 번째 판본 서문(Gale, 1931 : 5). 황호덕(2010 : 121~122)은 '이노우에의 저작'이 이노우에 쥬키치의 『井上 和英大辭典(*Inoue's Comprehensive Japanese-English Dictionary*)』일 가능성이 크다고 밝힌다.

24 최근 황호덕 · 이상현(2011 : 47~49)이 최초의 한국인 편찬 영한사전인 『최신선영사전』(김동성, 1928)의 표제어와 한국어 등가어가 『한영자전』과 매우 유사하다는 점을 지적하였으나, 이는 일부 자료에 국한한 검토이므로 대규모 자료를 통한 검증이 필요하다.

〈표 4〉『한불자전』의 자료구조 정규화 규칙

<table>
<tr><td>(1)</td><td>〈DictionaryEntry〉</td><td>::==</td><td>ENTRYid 〈HeadwordGroup〉 〈SenseGroup〉+ [〈DeveloperComment〉]</td></tr>
<tr><td>(2)</td><td>〈HeadwordGroup〉</td><td>::==</td><td>〈HeadWord〉 〈Transliteration〉 〈TranslationBlock | TranslationCtn〉
[〈InflectionBlock | InflectionCtn〉] [〈CaseMarkerBlock | CaseMarkerCtn〉]
[〈OrthographyBlock | OrthographyCtn〉] [〈DeveloperComment〉]</td></tr>
<tr><td>(3)</td><td>〈SenseGroup〉</td><td>::==</td><td>PartOfSpeech 〈SenseBlock | SenseCtn〉+ [〈DeveloperComment〉]</td></tr>
<tr><td>(4)</td><td>〈SenseCtn〉</td><td>::==</td><td>SENSEid SenseGrainSize
(〈TranslationBlock | TranslationCtn〉 | 〈ExlplationBlock | ExplanationCtn〉 |
〈DefinitionBlock | DefinitionCtn〉)+ [〈DerivationBlock | DerivationCtn〉]
[〈CollocationBlock | CollocationCtn〉] [〈SynonymBlock | 〈SynonymCtn〉]
[〈AntonymBlock | AntonymCtn〉] [〈SeeAlsoBlock | SeeAlsoCtn〉]
[〈OrthographyBlock | OrthographyCtn〉] [〈RegisterBlock | RegisterCtn〉] [〈Style〉] [〈Domain〉]
[〈ExampleBlock | ExampleCtn〉] [〈DeveloperComment〉]</td></tr>
<tr><td>(5)</td><td>〈SenseBlock〉</td><td>::==</td><td>[SENSEid SenseGrainSize] 〈SenseCtn〉+ [〈DeveloperComment〉]
//*SENSEid is allocated, if SenseGrainSize is defined*//</td></tr>
</table>

서 제안한 규칙 중 전체 구조를 결정하는 상위 규칙 5개를 형식화하면 〈표 4〉와 같다.[25] LEXml은 기본적으로 BNF(Bakus-Naur Form)으로 규칙을 기술하는데, 다양한 종류와 층위의 구성요소를 묶고, 구성요소 간 지배-의존 관계를 나타내며, 반복성과 재귀성을 표시하기 위해 그룹(group), 블록(block), 함(container) 등을 추가로 정의해 사용한다.[26]

〈표 4〉의 (1)은 한 표제어(〈DictionaryEntry〉)가 세 개의 필수적 요소인 ① 표제어 고유번호(ENTRYid), ② 표제어 정보구역(〈HeadwordGroup〉), ③

25 윤애선(2009)에서 『한불자전』의 자료구조 정규화 규칙은 제시하지 못했다.

26 윤애선(2009 : 269)의 주 11)에 소개된 내용이다.

<table>
<tr><th>BNF기호</th><th>설명</th><th>BNF기호</th><th>설명</th></tr>
<tr><td>::=</td><td>정의 (좌항은 우항으로 정의됨)</td><td>〈 〉</td><td>범주명</td></tr>
<tr><td>|</td><td>또는</td><td>[ ]</td><td>수의적 요소</td></tr>
<tr><td>{ }</td><td>0번 이상 반복 가능한 요소</td><td>( )</td><td>2개 이상의 요소 묶기</td></tr>
<tr><td>+</td><td>1번 이상 반복 가능한 요소</td><td>' '</td><td>말단 어휘</td></tr>
</table>

구분	설명
그룹	상호 지배-의존 관계가 없는 독립적 블록 / 함 / 핵
블록	1개 이상의 반복 가능한 지배 함 (또는 핵) + 의존적 블록 / 함 / 핵
함	1개의 지배 핵 + 의존적 블록 / 함 / 핵

〈표 5〉『한불자전』과 『한영자전』의 구성 정보 항목 비교

정보구역	구성 정보 항목	『한불자전』	『한영자전』
표제어 정보구역	한국어 표제어	○	○
	한자 원어 정보	○	○
	한자 등가어	○	○
	발음 로마자 표기	○	–
	첫 음절의 장단 음	–	○
	한자어 훈	○	○
	용언의 활용형	○	○
의미기술 정보구역	목표어 정의문	○	○
	다의어 구분	○	○
	품사 정보	◎	○
	문법 정보	○	○
	파생어	○	–
	연어 / 용법 / 예문 / 방언	○	○
	이철어	○	◎
	동의어 / 반의어 / 참조어 / 화계	○	○
	인용 서지	–	○
	분야 정보	○	○

하나 이상의 의미기술 정보구역(〈SenseGroup〉$^+$)와, 한 개의 수의적 요소인 ④ (지식베이스) 구축자 주석[27]으로 구성된다는 것이다. (2)는 표제어 정보구역으로, 세 개의 필수 요소인 ⑤ 표제어, ⑥ 로마자 표기, ⑦ 등가어[28]와 네 개의 수의적 요소인 ⑧ 용언의 활용형, ⑨ 격조사, ⑩ 철자, ⑪ 구축자 주석으로 구성된다. (3)은 의미기술 정보구역인데, 두 개의 필수적 요소 ⑫ 품사[29]와, ⑬ 하나 이상의 어휘의미가 나타나며, ⑭ 구축자 주

27 종이 사전에 오류나 비일관적인 부분들이 많다. 특히 『한불자전』이나 『한영자전』과 같은 초기 사전에는 그 개연성이 높고 형태나 내용이 정형적이지 않으므로, 규칙마다 구축자 주석을 기본값으로 설정한다. LEXml의 자질명이나 범주명은 의미를 명확하게 하기 위해 영어 어휘 전체를 사용하므로 쉽게 알 수 있다. 따라서, 본문 설명의 간결함을 위해 이 글에서는 필요한 경우가 아니면 한국어 명칭 다음에 LEXml 명칭을 따로 표시하지 않겠다.

28 ⑦은 한자 등가어를 의미한다.

29 『한불자전』에는 명시적인 품사 정보는 표현되지 않았으나, 그 종류가 매우 적고 목표어 정의문 등을 통해 품사를 추정할 수 있으므로 이 규칙에는 필수적 자질로 정의했다.

석은 수의적 요소이다. (4)는 어휘의미를 기술하는 핵심적인 규칙인데, 세 개 종류의 필수적 구성요소인 ⑮ 어휘의미 고유번호, ⑯ 어휘의미의 크기, ⑰ 하나 이상의 정의문과 11개의 수의적 요소[30]로 구성된다. (5)에서 특기할 사항은 수의적 자질인 어휘의미 고유번호와 크기(SENSEid SenseGrainSize)이다. 이는 하위 항인 어휘의미 함이 두 개 이상이 모여 그보다 큰 크기의 어휘의미를 정의할 때 필요한 요소로, 이 경우 하위 항과 차별화된 어휘의미 고유번호가 부여되어야 함을 의미한다.

이은령(2010)은 윤애선(2009)의 분석틀에 따라 『한영자전』의 표제어 정보구역을 분석하고, 두 사전의 구성 정보를 〈표 5〉처럼 제시하였으나, 이것만으로는 구축하고자 하는 지식베이스의 자료구조와 표식집합을 〈표 4〉처럼 정의하기 어렵다.[31] 따라서 『한영자전』의 미시구조를 정밀 분석할 필요가 있다.

3. 『한영자전』의 미시구조 분석

(ex1)은 『한영자전』의 예인데, 미시구조의 정규화 가능성을 검토하기 위해, (1) 목표어인 영어로 표제어를 정의하고 설명하기 시작하기 이전

30 수의적 요소는 파생, 연어, 동의어, 반의어, 관련어, 철자, 화계, 문체, 분야, 예, 구축자 주석이다.

31 〈표 5〉는 이은령(2010 : 73)에서 발췌 수정하였다. ◎는 이 글에서 수정한 내용이며, 실제 해당 항목의 정보가 존재한다는 뜻이다. 일부 용어도 이 글에 맞도록 변경하였다.

부분을 '표제어(HeadWord) 정보구역'으로, (2) 뒷부분을 '의미기술(Sense Description) 정보구역'으로 칭하고, 각 구역을 3절 1, 2항에서 분석하겠다.

(ex1) (a) 한둔ᄒᆞ다 *i.* To spend the night out; to be up all night.
(b) 한들한들 *s.* Shaking; waving. *See* 흔들흔들
(c) 한ᄃᆡ *i.* (ㅡ데) 外 (밧ㅡ*외) Outside. *Also* 한데.
(d) *한ᄃᆡ *s.* 寒帶 (찰) (ᄯᅴ) The polar circles; the polar zones.
(e) *한량 *s.* 閒良 (한가) (어질) An archer who has not graduated. The common people—so marked officially.
(f) 한량업다 *i.* 無限量 (업슬ㅡ*무) (한뎡ㅡ*한) (혜아릴ㅡ*량) 서; ᄉᆞᆫ To be immeasurable; to be boundless; to be infinite.
(g) *한열(이)상박ᄒᆞ다 *s.* 寒熱相搏 (찰) (더울) (서로) (칠) To have spells of cold and heat succeeding each other—said of the state of a patient.
(h) *함ᄌᆞ *s.* (ㅡᄍᆞ) 啣字 (명함) (글ᄌᆞ) The characters of your name; your name. (Hon.) *See* 함.
(i) *함슈쏘다익 *s.* 含水 ...... 液 (먹음을) (물) ...... (진) liquor Sodæ.

1) 표제어 정보구역의 분석

(ex1)의 (a)~(i)의 표제어 정보구역은, ① 표제어의 한자 어원 여부,[32] ② 한글 표제어, ③ 표제어 첫 음절의 장단음 표시, ④ 표제어 일부 음절의 이(異)표기, ⑤ 한자 등가어, ⑥, ⑤의 한자어 훈(訓),[33] ⑦ 일부 용언의 "어 / 아" 연결형 어미와 "은 / ㄴ" 관형형 어미 활용형 등 7개 요소가 출현한다. 이 중 ②, ③은 필수적이며, 나머지는 수의적이다. 의미적으로는 크

32 표제어 앞에 출현하는 *는 절대 다수의 경우 표제어가 한자 어원임을 나타내나, 일부 한자어 등가어를 가진 표제어에 부착되어 있다(예 : (ex16-d) 금치다). 하지만, 후자는 원자료의 오류라고 판단된다.

33 표제어 또는 표제어 일부에 해당하는 한자어 정보를 ⑤에 제시하면 ⑥에서 훈과 더불어 "-* " 뒤에 한자어 음을 제공한다.

게 ㉮ 표제어 및 이표기 구역(②, ④), ㉯ 발음 정보 구역(③), ㉰ 한자 어원 정보 및 등가어 구역(①, ⑤, ⑥), ㉱ 활용 어미의 형태 정보 구역으로 구분할 수 있다. 이러한 표제어 정보구역 다음에 목표어로 쓰인 의미기술 정보구역이 뒤따른다. 〈표 6〉은 3가지 층위의 분석을 정리해 보여준다.[34]

〈표 6〉【어휘부】의 표제어 정보구역 분석

<table>
<tr><th></th><th>①</th><th>②</th><th>③</th><th>④</th><th>⑤</th><th>⑥</th><th>⑦</th><th></th></tr>
<tr><th></th><th>F</th><th>O</th><th>O</th><th>F</th><th>F</th><th>F</th><th>F</th><th></th></tr>
<tr><th></th><th>㉰</th><th>㉮</th><th colspan="2">㉯</th><th colspan="2">㉰</th><th>㉱</th><th></th></tr>
<tr><td>(a)</td><td>N</td><td>한둔ᄒᆞ다</td><td>l.</td><td>N</td><td>N</td><td>N</td><td>N</td><td rowspan="9">의미 기술 정보 구역 (영어)</td></tr>
<tr><td>(b)</td><td>N</td><td>한들한들</td><td>s.</td><td>N</td><td>N</td><td>N</td><td>N</td></tr>
<tr><td>(c)</td><td>N</td><td>한ᄃᆡ</td><td>l.</td><td>(—데)</td><td>外</td><td>(밧—*외)</td><td>N</td></tr>
<tr><td>(d)</td><td>*</td><td>한ᄃᆡ</td><td>s.</td><td>N</td><td>寒帶</td><td>(찰) (띄)</td><td>N</td></tr>
<tr><td>(e)</td><td>*</td><td>한량</td><td>s.</td><td>N</td><td>閒良</td><td>(한가) (어질)</td><td>N</td></tr>
<tr><td>(f)</td><td>N</td><td>한량업다</td><td>l.</td><td>N</td><td>無限量</td><td>(업슬—*무) (한뎡—*한) (혜아릴—*량)</td><td>서; 슨</td></tr>
<tr><td>(g)</td><td>*</td><td>한열(이)샹박ᄒᆞ다</td><td>s.</td><td>N</td><td>寒熱相搏</td><td>(찰) (더울) (서로) (칠)</td><td>N</td></tr>
<tr><td>(h)</td><td>*</td><td>함ᄌᆞ</td><td>s.</td><td>(—ᄍᆞ)</td><td>啣字</td><td>(멍함) (글ᄌᆞ)</td><td>N</td></tr>
<tr><td>(i)</td><td>*</td><td>함슈쏘다익</td><td>s.</td><td>N</td><td>含水...... 液</td><td>(먹음을) (물) ...... (진)</td><td>N</td></tr>
</table>

미시구조의 언어적 정보의 구성의 관점에서 볼 때, 『한영자전』은 『한불자전』의 체제를 여전히 간직하고 있는 점이 두드러진다. 첫째, 장점으로 (1) 한자 어원을 가진 어휘나 한자 등가어처럼 다국어(韓-漢-英) 사전의 가능성을 제공하고, (2) 표제어의 이표기 정보, (3) 일부 용언 활용형을 제공하여, 학습 사전의 면모를 보여주고 있다. 둘째, 단점으로 지적할 수 있는 (1) 품사 정보가 명시적으로 기술되지 않고, (2) 불규칙 용언의 활용형을 기술하는 데 완성도가 떨어지는데, 이것도 『한불자전』의 단점

34 이은령(2010 : 70)도 윤애선(2009 : 273)의 분석틀에 따라 『한영자전』의 표제어 정보구역을 분석했다.

과 유사하다. 셋째, 표제어 정보구역의 형태적인 구분의 명확성이다. 앞서 소개한 ①~⑦ 및 ㉮~㉱의 구분이 뚜렷하여 추후 지식베이스로 구성할 때 큰 어려움이 없을 것이다.

2) 의미기술 정보구역 분석

앞서 살펴본 표제어 정보구역과는 달리 사전의 의미기술 정보구역에는 다양한 정보가 수록되는데, 언어사전과 백과사전의 구분이 뚜렷하지 않은 초기 사전일수록 이런 경향이 두드러지며, 이에 따라 의미기술 정보구역을 정규화하기 어렵다. 이 글을 포함한 일련의 연구에서 『한불자전』과 『한영자전』 등 개항기 사전을 통합적 지식베이스로 구축하고 이를 다양한 측면에서 비교함을 목적으로 하는 만큼, 후자의 의미기술 정보를 분석하기 위한 분석 말뭉치 선정에 전자의 분석 말뭉치에 대한 적극적인 고려가 필요하다.

『한불자전』의 경우 (1) 서문에 제시된 기호와 약어, (2) 무작위 추출 방식에 따라 선발된 50개 표제어, (3) 의미기술 정보구역의 양이 가장 큰 10개 표제어를 1차 분석말뭉치로 선택하고, (4) 정의 및 설명부 구성의 다양성을 기준으로 선발한 139개 표제어가 분석 말뭉치로 사용되었다. 이 글에서 〈표 6〉처럼 1차 분석 말뭉치는 (1) 서문에 제시된 기호와 약어 19개, (2) 『한불자전』의 분석 말뭉치와 동일한 표제어 133개로,[35]

35 〈표 7〉의 "/" 다음의 ( ) 안의 수는 해당 항목의 한불자전 분석 말뭉치의 표제어 수를 나타낸다. 의미기술 정보구역을 분석하고자 하므로, 이때 동일 표제어는 "동의"를 기준으로 삼았다.

〈표 7〉『한영자전』의 분석 대상 말뭉치

구분			종류	개수
1차 분석 대상 말뭉치	기호		*	2
			정의문 뒤 ( )	
	약어		*l.* | *s.*	17
			Also | *Opp.* | *See*	
			(Comp.) | (Dim.) | (Hon.) | (Low) | (Prov.) | (Respect)	
			(A.) | (B.H.) | (B.O.) | (C.C.) | (D.M.) | (M.)	
	『한불자전』 분석말뭉치	무작위 추출	가리, 가옷, 결, 공골ᄎᆞ다, 과거, 구지, 권츄, 내다, 대칼, 덕모, 돗바ᄂᆞᆯ, 무엇, 병환, 보목, ᄇᆡ곱흐다, 삼우, 삼지구엽초, 셰, 시조, 야먈스럽다, 웬, 유루ᄒᆞ다, 이왕, 작은작은, 젼교ᄒᆞ다, 조물쥬, 쥬모, 초친놈, 털, 폐이다, 호강ᄒᆞ다, 흔극	32 / (50)
		최대 정보량	경ᄃᆡ, 대무관, 뭇, 오륜, 인어, 통줄	6 / (10)
		정보 다양성	가, 검졉ᄒᆞ다, 고로, 고밀개, 고지, 고지듯다, 공부, 공쥬, 관음보살, 귀먹다, 귀찬타, 귀ᄒᆞ다, 긴요ᄒᆞ다, 깃다, 녀교우, 년분, 놈, 뉘, 늙다리, 닐흔, ᄂᆡ직, 당도리, 대가리, 대강이, 대구리, 대법, 더러, 뎌, 도련님, 동의보감, 되다, 두샹, 머리, 머리털, 멍털멍털ᄒᆞ다, 멱, 면관ᄒᆞ다, 몰다, 무궁ᄒᆞ다, 보다, 보살, 복망ᄒᆞ다, 뵈다, 슈쇠, (-)스럽다, 씀질ᄒᆞ다, ᄯᅳᆺᄒᆞ다, 아른거리다, 안기다, 안다, 암쇠, 암치, 언뎡ᄒᆞ다, 업다, 여, 염벗, 오갈피, 오ᄃᆡ, 오러미, 오묘ᄒᆞ다, 오지, 옥황샹뎨, 온젼이, 올타, 외샹, 외직, 욕ᄒᆞ다, 우수리, 우ᄉᆞ, 욱질니다, 월, 위ᄒᆞ야, 이, 이에셔, 인ᄒᆞ야, 일, 일다, 일마, 입교ᄒᆞ다, 잇다, 죵신, 주다, 쥬둥이, 츄통, 츈부쟝, 츙청도, 치다, 캉캉, 코, ᄐᆞ다, 하량ᄒᆞ다, 한, 현묘ᄒᆞ다, ᄒᆞ여곰, ᄒᆞᆫ	95 / (139)
추가 분석 대상 말뭉치	정보 다양성		가래, 갑오낭청, 개두보, 거셩, 견마지치, 계란(에)유골, 고교, 고러케, 고희, 과ᄃᆡ, 과슈, 광가ᄒᆞ다, 광림ᄒᆞ다, 교법ᄉᆞ, 구쓰, 군긔, 굴긔ᄒᆞ다, 궁진ᄒᆞ다, 규쟝젼운, 그러리뎌러리, 그윽ᄒᆞ다, 근표, 금혈, 급슈공덕, 긔수, 긔톄후, 나외다, 나탁, 날, 내가, 달마존ᄌᆞ, 대졔ᄉᆞ, 대졔ᄉᆞ쟝, 대ᄌᆞ대비ᄒᆞ다, 대판, 뎨(第), 뎨(弟), 뎨수, 독신쟈, 뒤집고할다, 뒤집다, 뒤집히다, 량위, 례ᄇᆡ, 류류상죵ᄒᆞ다, 몰기, 몸, 묘술, 무한등비톄강급수, 믁쥬, 밧ᄌᆞᄒᆞ다, 방가위, ᄇᆡ샹, 버리다, 버슷ᄒᆞ다, 번지다, 번지를ᄒᆞ다, 복모구구ᄒᆞ다, 복모불임, 복츅, 부동산, 부등표, 비단, ᄇᆡᆨᄇᆡᆨ강잠, 사림, 샤형, 셩, 쇼쳡, 수, 승후ᄒᆞ다, 시하싱, ᄉᆞ방, 안지다, 업혀놋타, 여다, 오그러지다, 옥황샹뎨, 옴기다, 옹졍, 울이다, 위경, 유젼ᄒᆞ다, 이가ᄒᆞ다, 이거ᄒᆞ다, 일우다, 잠그다, 잠기다, 잣더리다, 잣기다, 제치다, 젹벽대전, 조다, 죵쳐, ᄌᆞ승, ᄌᆞ승슈, ᄶᅵ여지다, 쳐에, 통쵹ᄒᆞ다, 틈나다, 표문, 픔물, 한둔ᄒᆞ다, 한들한들, 한ᄃᆡ(外), 한ᄃᆡ(寒帶), 한량, 한량업다, 한열(이)상박ᄒᆞ다, 함슈쏘다익, 함ᄌᆞ, 해여지다, 헤여지다, 현형, 호구, 혼취ᄒᆞ다	115
	인명		권부, 긔건, 김일손, 김주, 남효온, 류관(柳寬), 류관(柳灌), 류긔샹, 류셩룡, 류셩원, 류슌뎡, 박원슝, 변계량, 셩뎨원, 셩삼문, 셩슈탐, 셩운, 원텬셕, 죠광조, 하륜, 하연, 하위디, 한샹경, 한용구, 한응인, 한츙, 황희	27
	지명		강화, 거제, 당진, 당진포, 대평산, 대홍, 덕고산, 덕림, 덕젹, 덕천, 덕칠, 뎨도, 록도, 모슬포, 모지도, ᄇᆡᆨ두산, 사월곳, 소음도, 쇼즁관, 송도, 신도, 쵸도, 하동, 회녕	24

추가 분석 말뭉치로는『한영자전』에서 정의 및 설명부 구성의 다양성을 기준으로 선택한 (3) 일반 표제어 115개, (4)『한불자전』의 어휘부에

따라서 "구, 인, 향, 족"의 경우 그 의미에 해당하는 "灸, 人, 鄕, 族"이 한영자전에 등재되지 않아 분석 말뭉치에서 제외하고, 역으로 "고밀기, 삼지구엽, 시죠, 언졍"의 경우 동의어인 한영자전의 "고밀개, 삼지구엽초, 시조, 언뎡ᄒᆞ다"를 분석 대상으로 삼았다.

는 수록되지 않았으나 『한영자전』에 사전 표제어로 등재된 인명과 지명 각각 27개와 24개를 선정했다.

서문의 일러두기에 의하면, 〈표 7〉에서 " * "은 표제어가 한자 어원임을 나타내고, 정의문 뒤에 사용된 ( )는 표제어와 결합되는 어휘를 제시한다. "*l.* | *s.*"는 표제어 첫 음절의 장단 표시를, "*Also*, *Opp.*, *See*"는 표제어의 이(異)표기, 반의어, 동의어 또는 관련어를, "(Comp.), (Dim.), (Hon.), (Low), (Prov.), (Respect)"는 화계, 방언, 어휘사용 문맥을, "(A.), (B.H.), (B.O.), (C.C.), (D.M.), (M.)"은 각각 '논어(論語), 서전(書傳), 시전(詩傳), 주역(周易), 중용(中庸), 맹자(孟子)' 등 출처를 나타낸다.[36] 여기서 (Comp.)는 "바, 고(孤), 거산(居山)ᄒᆞ다, 경이(輕易)ᄒᆞ다, 반락(般樂)ᄒᆞ다, 번민(煩悶)ᄒᆞ다, 빅급(白給)ᄒᆞ다, 밧즙다, 복망(伏望)ᄒᆞ다, 가일(暇日), 거민(居民), 고비(考妣), 방초(芳草), 병인(兵刃), 부고(府庫), 빈마(牝馬), 골돌반(骨董飯), 본방(本邦), 부(部), 거가에(居家), 거무하에(居無何), 불연히, 거거(哥哥)" 등에서 찾아 볼 수 있다. 사전 편찬자는 "(Comp.) indicates that the word is used only in composition or as a book-form"이라고 정의하는데, 첫 번째 정의에는 "바"와 같은 의존 명사나 "고(孤)"와 같은 비자립 명사가 해당한다. 하지만, 문헌에서 추출한 어휘를 뜻하는 것으로 보이는 두 번째 정의의 경우, 19세기 말에 흔히 사용되는 어휘로 공통점을 찾기 힘들다고 한다.[37] 다만 이 어휘들이 문헌에서 선택한 것이라면, 참조문헌이 다양했음을 미루어 짐작할 수 있다.

서문에 소개되지 않은 기호나 약어는 〈표 7〉에서 소개한 두 종류의

36 『한영자전』에서 실제로 "(D.M.)"은 한 번도 나타나지 않는다.

37 2011년 6월 7일 부산대 한문학과 강명관 교수에게 자문받은 내용이다.

말뭉치 분석을 통해 드러나는데, 크게 ① 다의어 구분자, ② 연어 및 복합어 관계, ③ 문법적 요소, ④ 의미 · 화용적 요소, ⑤ 단순한 약어 등으로 구분할 수 있다.

(ex2) (a) 번지를ᄒᆞ다 *s.* To be smooth; to be shiny; to be glassy. *See* 반지를ᄒᆞ다.
(b) *묘슐 *l.* 妙術 (묘ᄒᆞᆯ) (슐업) An admirable trick; wonderful sleight of hand. *See* 묘법.
(c) 궁진ᄒᆞ다 s. 窮盡 (다ᄒᆞᆯ) (다ᄒᆞᆯ) To be exhausted : to have lost everything. *See* 핍절ᄒᆞ다.
(d) *가래 s. 鍤 (*삽) A shove : a spade. (질ᄒᆞ다). *See* 삽.
(e) *부등표 s. 不等表 (아닐) (무리) (밧) Sign of inequality : 〉〈.
(f) *군긔 s. 軍器 (군ᄉᆞ) (그릇) Arms : weapons; armor. *See* 군물.
(g) *부동산 s. 不動産 (아닐) (움직일) (날) Immoveable property, real estate.
(h) 번지다 *l.* 번져; 진 To spread; to overflow. To omit; to overlook.
(i) 몸 s. 身 (*신) The body; the person; the form. *See* 몸ᄯᅩᆼ아리. The gums. (니몸). The menses. (ᄒᆞ다). A commission; an order. (밧다).
(j) 버리다 *l.* 開張 (열—*ᄀᆡ) (베플—*쟝) 려; 린 To open; to separate. (v.t.) (입) To set in order; to arrange. *See* 바리다.
(k) 굴긔ᄒᆞ다 *s.* 崛起 (놉흘) (닐) To stand out prominently; to be conspicuous : —of mountains; to distinguish one's self. *See* 평디돌츌ᄒᆞ다.

다의어 구분 기호에 대해서는 사전 편찬자의 명시적 정의는 없으나, (ex2)에서 볼 수 있듯이 '마침표, 세미콜론, 콜론, 쉼표'가 사용된다. 이 중 마침표와 세미콜론은 "번지다, 몸, 버리다"에서 볼 수 있듯이, 기호 다음에 나타나는 대문자 / 소문자 사용과 함께 각각 대분류와 그 하위 분류 기호로 엄격히 구분된다.[38] 하지만 "궁진ᄒᆞ다, 가래"에 나타나는 콜론이나, "부동산"에 쓰인 쉼표의 경우, "번지를ᄒᆞ다, 묘슐" 등에 사용된 세미콜론과 비슷한 어휘의미 크기를 구분하는 데 사용된다. 콜론과 세미콜론이 모두 사용되는 (ex2-f)와 (ex2-k)를 살펴보면, 미세하나마 두 기호의 사

38 마침표와 다른 세 부호 사용 다음 제시된 정의문 또는 설명이 대문자로 시작되는 점을 함께 고려해야 한다.

용에 차이가 있다. (ex2-f)의 경우, 정의문은 "arms : weapons"과 "armor"으로 구분할 수 있으므로,[39] 콜론은 세미콜론보다 더 작은 입자의 의미를 구분하는 표식으로 볼 수 있다. (ex2-k)의 경우엔 의미 · 화용적 문맥을 기술하는 이음표와 함께 콜론 앞에 제시된 정의를 부연 설명하는 것으로, (ex2-e)의 설명과 예 사이에 사용된 콜론의 용법과 유사하다.

(ex3) (a) 고러케 *s.* Thus : in that way—used in contempt. *See* 요러케.
(b) 버슷ᄒᆞ다 *s.* To stick out—in contrast to what is curved in. To be shiftless; to be lazy.
(c) 밧ᄌᆞᄒᆞ다 *s.* 捧上 (밧을—*봉) (웃—*샹) To receive contributions—by the government. *See* 슈쇄ᄒᆞ다. To encourage—as one's coming; to welcome.

(ex4) (a) 부ᄃᆡ부ᄃᆡ *l.* 申申 (펼—*신) (펼—*신) Pray ...... Especially ...... Be sure ......
(b) *비단 *s.* 非但 (아닐) (다못) Not only that ......
(c) *방가위 *s.* 方可謂 (모) (올흘) (닐올) Known indeed as ...... ; truly said to be ...... *See* 진소위. *Also* 방가위지.
(d) 그러리뎌러리 *s.* Thus and thus ...... ; this and that ......

(ex5) (a) *금혈 *s.* 金穴 (쇠) (구멍) "Money hole;" a rich man; millionaire. A vein of gold. *See* 금광. Tax on the export of bullion.
(b) *견마지치 *l.* 犬馬之齒 (개) (물) (갈) (니) The teeth of dogs and horses—"my low birth" "my inferior age."
(c) *류류샹죵ᄒᆞ다 *l.* (뉴) 類類相從 (又흘) (又흘) (서로) (좃칠) To love each other's society—of those of the same class; "birds of a feather flock together."
(d) *거셩 *l.* 去聲 (갈) (소릐) The "sinking" or "departing" tone. (High). *See* 입셩.
(e) *호구 *l.* 戶口 (집) (입) The census or number of houses. The "house"—a place of danger on a draught-board (짓다).
(f) 갑오낭청 *s.* A call by the player making "nine points"—in cards.

이 밖에 서문에 소개되지 않은 기호로는 이음표, 말줄임표, 큰따옴표가 사용된다. (ex3), (ex5)와 (ex6)에서 볼 수 있는 이음표는 "used, in

---

39 'WordNet 2.1의 상하위어 계층구조'(http://wordnet.princeton.edu, 검색일 : 2011.6.7) 참고.

contrast to, by, as, in, of, for" 등과 함께 어휘 사용의 의미 · 화용적 문맥을 기술한다.[40] (ex4)에서 볼 수 있듯이, 말줄임표는 표제어에 대응되는 목표어 표현과 결합된 요소가 생략되었음을 나타내는 일상적인 용법으로 사용된다. 하지만 (ex5)에서 볼 수 있는 큰 따옴표의 사용은 매우 중의적이다. 큰따옴표로 표시하는 내용이 (ex5-a)는 표제어 "금혈"의 문자적 의미이고, 반대로 (ex5-b)와 (ex5-c)에서는 비유적 의미이거나 표제어와 등가적 가치를 지닌 목표어의 고정표현 expression figée이다. (ex5-d)에서는 강조하는 내용을, (ex5-e)와 (ex5-f)에서는 특정 분야의 용어임을 표시한다.[41]

(ex6)	(a)	몰기 *s.* Five bull's-eyes—in archery. The best hand—in cards. (잡다).
	(b)	비 *s.* 腹 (*복) The abdomen; the stomach. (부르다) (곱흐다). *See* 비쩍기

(ex7)	(a)	셩 *s.* 兄 (맛—*형) Older brother or older sister (used between those of the same sex.) *Also* 형.
	(b)	*현형 *s.* 賢兄 (어질) (맛) Wise elder brother (used in addressing one's own, or in speaking of another's elder brother.)
	(c)	*유젼ᄒᆞ다 *s.* 遺傳 (끼칠) (젼ᄒᆞᆯ) To be hereditary (as a disease.)
	(d)	*표문 *s.* 豹紋 (표범) (문치) Spots or speckled marks (as on the fur of a leopard.)
	(e)	*빅강잠 *s.* 白殭蠶 (흰) (죽을) (누에) White stiffened silkworms—as they are just before spinning the cocoons (a medicine.)

또한 (ex2)~(ex7)을 살펴보면, 서문에 소개된 원 괄호의 용법도 중의적이다. 우선, 괄호 안의 언어에 따라 용법이 구분되는데, (ex2)~(ex6)처

40 하지만 이음표 다음 등장하는 표현의 정규성은 찾기 어려워, 이 기호의 사용은 중의성을 낳는다.

41 "호구"와 "갑오낭청"은 각각 "바둑"과 "투전" 용어이다. 『표준국어대사전』에 의하면 "호구"의 두 번째 의미("바둑돌 석 점이 둘러싸고 한쪽만이 트인 그 속")에 해당하는 한자어는 "虎口"이므로, (ex5-e)는 두 개의 동형이의어를 잘못 묶은 『한영자전』의 오류이다. 이는 이은령 HK교수가 자문한 내용이다.

럼 한국어인 경우, 사전 편찬자의 설명처럼 체언과 용언 간 연어 관계(예 : “몸”-(하다)|(밧다), “버리다”-(입), “호구”-(짓다), “몰기”-(잡다), “빈”-(부르다)|(곱흐다))를 나타내기도 하나, “몸”-(니몸), “가래”-(질ᄒᆞ다)[42]처럼 복합어와 같이 표제어의 결합 관계를 제공하기도 하여 중의성을 낳는다. 목표어인 영어인 경우, (ex7-a)~(ex7-d)에서와 같이 이음표처럼 의미화용적 문맥을 기술하는 데 사용하거나, (ex7-e)처럼 분야명을 나타낸다.

이 밖에도 실제 말뭉치에서는 (ex8)~(ex12)에서 볼 수 있듯이 다양한 약어가 사용된다.

(ex8) (a) *뎨 *l.* 第 (ᄎᆞ례) Number (adj.).
(b) 뒤집다 *s.* 어; 은 To turn over; to upset; to turn inside out. (v.t.)
(c) 뒤집히다 *s.* 飜覆 (뒤칠—*번) (업흘—*복) 집혀; 힌 To upset; to turn over (v.i.)

(ex9) (a) 날 *l.* Me (Acc. case). *Also* 나를.
(b) *쳐에 *l.* 處 (곳) To (so and so). (Dat. case).
(c) 내가 *s.* 吾 (나—*오) I, (Nom. case). *See* 제가.

(ex10) (a) *긔톄후 *s.* 氣體候 (긔운) (몸) (쎄) Health. (Epist.) *See* 기톄.
(b) *뎨 *l.* 弟 (아오) "I" (Respectful.) (Epist.)
(c) 구쓰 *s.* Foreign shoes. (Japanese.)

(ex11) (a) *믁쥬 *s.* 默珠 (좀좀) (구슬) A chapalet. (Rom. Cath.) *See* 념쥬.
(b) *고희 *s.* 苦海 (쓸) (바다) A sea of trouble—this world. (Buddhistic.)
(c) *달마존ᄌᆞ *s.* 達摩尊者 (통달) (문질) (놉흘) (아ᄃᆞᆯ) His Excellency Dharma. (Budd.)
(d) *대ᄌᆞ대비ᄒᆞ다 *l.* 大慈大悲 (큰) (ᄉᆞ랑) (큰) (슯흘) To be all-loving and all-merciful. (Buddhist.)
(e) *독신쟈 *s.* 篤信者 (돗터올) (밋을) (놈) An earnest believer (Christ.)

42 “가래”-(질ᄒᆞ다)의 경우, “{도구류} + (질)”의 복합어 생성과 (ᄒᆞ다)라는 일반 용언과의 연어 관계를 복합적으로 나타낸다. 실제로 『한영자전』에는 {도구류}에 해당하는 “가위, 노, 다림이, 대패, 썩메[떡메], 도리깨[도리깨], 도독긔[도끼], 돌팔믜[돌팔매], 드레박[두레박], 물네[물레], 붓치[부채], 빗, 써레, 솔, 슈가락[순가락], 졀구[절구], 쳬[체], 톱”의 정의문에 (질ᄒᆞ다)와의 결합관계가 명시되어 있다.

(f) *례비 *s.* 禮拜 (례도) (절) Worship. (Christian.) A week.
(g) *옥황샹뎨 *s.* 玉皇上帝 (구슬) (황뎨) (웃) (님금) The Jade Supreme Ruler; the highest of the heavenly gods. (Taoist.)
(h) *교법亽 *l.* 教法師 (ᄀᆞᄅᆞ칠) (법) (스승) A lawyer. (Bible.)
(i) *대졔亽 *l.* 大祭司 (큰) (졔亽) (맛흘) The high priest. (Levitical).

(ex12) (a) *긔수 *s.* 奇數 (긔특) (두어) An odd root (Math.) *Opp.* 우수.
(b) *무한등비톄강급수 *s.* 無限等比遞降級數 (업슬) (한뎡) (무리) (견줄) (갈닐) (ᄂᆞ릴) (드름) (두어) Infinite Degrees. (Geom.) Progression.
(c) *사림 *s.* 沙痳 (모래) (림질) Gravel. (Pathol.)
(d) *위경 *s.* 胃經 (비위) (글) The stomach and surroundings. (Med.)
(e) *젹벽대전 *s.* 赤壁大戰 (붉을) (박람) (큰) (싸홈) The great battle on the *Chok pyok* river. (Ancient Chinese Hist.)
(f) *옹정 *s.* 雍正 (화홀) (바를) The title of the reign of Emperor Yun Chŏng, 1723~1736. (China.)
(g) *대판 *l.* 大板 (큰) (판ᄌᆞ) large type—in printing. *Opp.* 쇼판. Osaka. (Japan.)

(ex8)~(ex9)처럼 품사 표지와 격표지는 극히 일부 자료에 나타나는데, "adj., v.i., v.t."는 각각 '관형사, 자동사, 타동사'를 "(Acc. case), (Dat. case), (Nom. case)"는 각각 주로 1인칭 대명사의 '대격, 여격, 주격'의 표식으로 사용된다. 문체와 관련된 표지로는 서간문에서 사용되는 표현을 나타내는 "(Epist.)", 서문에서 밝힌 존대법 "(Respect.)"의 이(異)표지인 "(Respectful)", 일본어에서 유래된 외래어로 보는 "(Japanese)"가 사용된다. 『한영자전』에 외래어가 다수 등재되어 있음에도 불구하고 명시적인 외래어 표식은 "(Japanese)" 하나이며, 그것도 (ex10-c)의 "구쓰"에만 명기되어 있다.[43]

(ex11)~(ex12)에서는 분야를 나타내는 약어가 사용된다. 종교와 관련된 것으로는 "(Rom. Cath.), (Buddhistic.)|(Budd.)|(Buddhist.), (Christ.)|(Christian.), (Bible.), (Taoist.), (Levitical)" 이 각각 '가톨릭, 불교, 기독

43 "구쓰"는 현대 한국어 어휘 "구두"의 어원이다.(이은령, 2010 : 69)

교, 성경, 도교, 레위기'를 뜻한다. "(Math.), (Geom.), (Pathol.), (Med.), (Ancient Chinese Hist.)"는 '수학, 기하학,[44] 병리학,[45] 의학, 고대중국역사'를 표시하며, "(China), (Japan)"은 각각 중국과 일본 관련 지명, 인명을 기술하는 데 사용된다.

(ex13) (a) *빅두산 s. 白頭山 (흰) (머리) (뫼) A highest mountain in Ham-kyŏng-do (8700 feet high.) Lat. 4200. Long. 127.42.
(b) *소음도 s. 所音島 (바) (소릐) (셤) An island in Chŏl-la-do. Lat. 34.13. Long. 127.16 (Peel Gap.)
(c) *하동 s. 河東 (물) (동녁) The name of a district in ancient China. A prefect in Kyŏng-sang-do. Lat. 34.58. Long. 127.53.
(d) *회녕 l. (ㅡ령) 會寧 (모돌) (평안) A prefect in Ham-kyŏng-do. Lat. 42.29. Long. 129.29.

(ex14) (a) *황희 s. 黃喜 (누루) (깃블) A.D. 1389-1392. A courtier of four Kings F.S. Chan-su (C.L.) N.P. Pang-ch'on (#村).
(b) *류관 l. 柳寬 (버들) (너그러울) A.D. 1392-1401. A noted Minister of State of the reign of Se-jong F.S. 文化 (W.H.) N.P. Ha-jŏng (夏亭).
(C) *류관 l. 柳灌 (버들) (물대일) A.S. 1544 F.S. 文化 N.P. 松菴 A Minister of State in reign of *In-jong.*
(d) *원텬셕 s. 元天錫 (읏듬) (하늘) (줄) A.D. 1389-1392. A famous scholar and faithful courtier. F.S. Wun-ju (K.W.) N.P. Un-kok. (耘谷). Wun-ju → Wŭn-ju
(e) *죠광조 l. 趙光祖 (나라) (빗) (할아비) A.D. 1495-1506. 漢陽 A great cholar F,S, Han-yang (K.K.) N.P. Chong-an(##).
(f) *류셩룡 l. 柳成龍 (버들) (일울) (룡) A.D. 1542 F.S. 豊山 N.P. 西崖 A contemporary of Yul-gok and noted minister of state. A founder of the "South Men" (남인).
(g) 하위디 s. 河緯地 (물) (씨) (짜) A.D. 1453-1456. A faithful courtier one of the "Six" F.S. 晋州 (K.S.) N.P. (丹溪).

(ex15) (a) *근표 s. 根表 (뿌리) (밧) Radical (V.)

---

44 "(Geom.)"은 "Geometry"의 약자이나, 이 정의문에서 "geometric(al) progression"은 수학에서 "등비수열(等比數列)"을 나타낼 수도 있다. 표제어인 "무한등비톄강급수"는 등비수열의 하위 유형이다.

45 "사림(沙痳)"은 "임질(淋疾 · 痳疾)"의 한 종류인데, 제시된 한자어가 『표준국어대사전』의 "沙淋 | 砂痳"과는 차이가 있다.

(b) *계란(에)유골 *s.* 鷄卵有骨 (닭) (알) (잇슬) (뼈) Bones in a hen's egg—difficulties arising in unexpected places. *See* 옹이의마듸 (Ad.)
(C) *규장젼운 *s.* 奎章全韻 (별) (글장) (온젼) (운) The Korean dictionary of rhyme. *See* 운칙 (Ad.)
(d) 그윽ᄒᆞ다 *s.* 幽 (그을홀—*유) To be deep; to be profound; to be solitary. *See* 은윽ᄒᆞ다 (Ad.)
(c) 뒤집고할다 *s.* 타; 튼 To know exactly. (Coll.)
(d) *픔물 *l.* 品物 (픔수) (만물) The various things of the universe. (C.Y.) *See* 만물.

『한불자전』과는 달리 『한영자전』은 인명과 지명을 일반 어휘와 섞어 표제어로 제시한다.[46] (ex13)과 같은 지명은 비교적 간단한 기술 방식을 채택하고, 약어의 사용도 "Lat., Long., I. | Isl."와 같이 '위도, 경도, 섬'을 지칭하는 것에 그친다. 하지만 (ex14)처럼 인명의 경우, 다양한 약자가 사용되는데, 실세계 지식을 이용하여 "F.S., N.P."는 '본관, 호'를 나타내고, "(C.L.), (K.K), (K.S.), (K.W.), (W.H.)"는 '전라도, 경기도, 경상도, 강원도, 황해도'임을 알 수 있으나, 연도 앞에 "A.D.", "D.A.D."와 "A.S."가 나타나는데, "D.A.D."는 사망연도를 표시하나, "A.D.", 와 "A.S."가 뜻하는 내용은 정확하지 않다. 연도 앞에 사용된 "A.S."는 전체 자료에서 세 번 출현하는데, 분포가 산재된 것이 아니라 "류긔샹, 류관, 류슌뎡"에만 출현하는 것으로 미루어 보아, 해당 부분을 조판할 때 생긴 "A.D."의 오자라고 추정된다. 그렇다면 "A.D."는 '기원후'를 나타내는 통상적인 약어로 판단할 수 있다. 하지만 "A.D."와 함께 나타나는 연도가 무엇을 뜻하는 지와 자료의 정확성은 역사적인 검증이 필요하다.[47] 마찬가지로

46 게일은 『한영자전』에 수록된 지명을 영국 공사관원(British Legation authorities)으로부터 얻었고 위치정보에 오류가 있을 수 있다는 점을 두 번째 판본 서문에서 밝히고 있다.(Gale, 1911 : 5) 또한 두 번째 판본에 수록된 인명과 지명 중 약 10,000개를 세 번째 판본 편찬 시 삭제되고 일반 어휘가 추가되었음을 세 번째 판본 서문에서 밝힌다.(Gale, 1927 : 3)

47 A.D. 다음 나오는 연대가 생몰(生沒) 연대가 아님은 쉽게 추정할 수 있으나, 관직에 재임한 연대와도 잘 일치하지 않는다. 몇 가지 예를 들면, (ex14-a)에서 황희의 1389~1392년은 고려

인물을 기술하는 고유명사의 알파벳 표현 역시 검토를 필요로 한다. (ex14-a)의 "Chan-su"는 "Chang-su"로, (ex14-d)의 "Wun-ju"는 "Wün-ju"로 수정되어야 한다. 인명을 기술하는 다른 예에서도 전반적으로 이와 유사한 문제점이 다수 발견된다. 또한 (ex-15)에서 볼 수 있는 "(V.), (Ad.), (Coll.), (C.Y)"는 『한영자전』이나 사전학적인 지식만으로는 그 의미를 가늠하기 아주 어렵다. 다만 "(Coll.)"이 유일하게 사용되는 "뒤집고할다(뒤집고 핥다)"는 다른 사전에서 찾아볼 수 없는 표제어이나, 유일하게 네이버 사전에 탑재된 현대 한중사전에 표제어로 등재되고 그 등가표현으로 "深知", "了解得很細"이 등재되어 있다. 『한영자전』의 정의문 "To know exactly"와 현대 중국어사전의 정의문이 같은 의미를 나타내고, 이 표제어가 "뒤집다"와 "핥다"가 합성된 점으로 봐서, (Coll.)은 "collocation"의 약자로 보인다.[48]

〈표 8〉과 〈표 9〉는 이상에서 살펴본 기호 및 약어의 종류와 의미를 정리한 것이다.

때 관직에 재임했던 시기이며, 조선에서 관직에 있었던 1394~1449년은 제시되지 않는다. (ex14-c)의 류관[유관(柳寬)은 1371년부터 시작한 고려 때 관직 재임 기간에 대한 제시는 없고, 조선의 개국원종공신이 된 1392년부터 파직된 1401년만 표시되고, 복권된 1405년부터 우의정에 제수된 1426년까지는 언급되지 않았다. 1507년부터 관직에 나갔던 (ex14-c)의 류관[유관(柳灌)이 인종 즉위 후 우의정에 제수된 1544년만이 표시되었다. 『한국역대인물 종합정보시스템』(http://people.aks.ac.kr/index.aks 검색일 : 2011.6.8).

48 이 글에서 알고자 하는 바는 (Coll.)이라는 약어의 의미를 찾는 것이므로, 물론 네이버 사전 포탈에 제공된 『한중사전』의 콘텐츠의 신뢰도는 별개의 것이다.

〈표 8〉『한영자전』에 사용된 기호의 의미와 기호 사용의 중의성 구분 지표

표지 부류	기호	의미	중의성 구분 지표
다의어 구분자	.	대분류	–
	;	중분류	–
	:	중|소분류	• 세미콜론과 함께 사용된 경우, 하위 의미 분류자 • 다른 구분자 없이 단독으로 사용된 경우, 중분류와 소분류를 구분하기 어려움.
	,	중|소분류	• 다른 구분자 없이 단독으로 사용된 경우: 중분류와 소분류를 구분하기 어려움.
기타	–	의미 · 화용적 문맥	• 이음표 다음에 나타나는 특정 어휘가 의미화용적 문맥의 지표가 될 수 있음.
	......	말줄임	–
	" "	표제어의 문자적 의미	–
		표제어의 비유적 의미	–
		표제어에 등가적인 목표어 고정표현	–
		강조	–
		특정 분야의 전문 용어	–
	( )	연어	• 괄호 안이 한국어로 기술되며, 표제어와 괄호 안 어휘가 체언-용언 관계임.
		복합어	• 괄호 안이 한국어로 기술되며, 표제어와 괄호 안 어휘가 체언-용언 관계가 아님.
		의미 · 화용적 문맥	• 괄호 안이 영어로 기술되며, 이음표와 같이 특정한 어휘 사용이 이 용법의 지표가 될 수 있음.

〈표 9〉『한영자전』에 사용된 약어의 의미와 해당 표제어

표지 부류		약어	의미	해당 표제어
품사		(adj.)	형용사	뎨, 수
		(v.i.)	자동사	오그러지다, 이가ᄒᆞ다, 이거ᄒᆞ다, 잠기다, 조다, 쎠여지다, 틈나다, 해여지다, 헤여지다, 혼취ᄒᆞ다
		(v.t.)	타동사	안지다, 업혀놋타, 여다, 옴기다, 울이다, 일우다, 잠그다, 잣기다, 잣더리다, 제치다
격		(Acc. case)	대격	날
		(Dat. case)	여격	쳐에
		(Nom. case)	주격	내가
문체, 어원, 어휘형성		(Epist.)	서간체	뎨, 복모구구ᄒᆞ다, 복모불임, 복츅, ᄇᆡ샹, 샤형, 쇼쳡, 승후ᄒᆞ다, 시하ᄉᆡᆼ
		(Respectful.)|(Respect)	경어체	뎨, 죵쳐, 통쵹ᄒᆞ다, 과ᄃᆡᆨ, 과슈, 광가ᄒᆞ다, 광림ᄒᆞ다, 나외다, 뎨수, 량위
		(Japanese.)	일본어	구쓰
분야	종교	(Rom. Cath.)	가톨릭	믁쥬, 개두보, 고교,
		(Buddhistic.)|(Budd.)|(Buddhist.)	불교	고희, 급슈공덕, 나탁, 대ᄌᆞ대비ᄒᆞ다, 달마존ᄌᆞ
		(Christ.)|(Christian.)	기독교	례ᄇᆡ, 독신쟈,
		(Taoist.)	도교	옥황샹뎨

<table>
<tr><td rowspan="9"></td><td rowspan="2"></td><td>(Bible.)</td><td>성서</td><td>교법ᄉᆞ, 대졔ᄉᆞ쟝,</td></tr>
<tr><td>(Levitical)</td><td>레위기</td><td>대졔ᄉᆞ</td></tr>
<tr><td rowspan="5"></td><td>(Math.)</td><td>수학</td><td>ᄉᆞ방, ᄌᆞ승, ᄌᆞ승슈,</td></tr>
<tr><td>(Geom.)</td><td>기하학</td><td>무한등비톄강급수</td></tr>
<tr><td>(Pathol.)</td><td>병리학</td><td>사림</td></tr>
<tr><td>(Med.)</td><td>의학</td><td>위경</td></tr>
<tr><td>(Ancient Chinese Hist.)</td><td>고대중국역사</td><td>적벽대전</td></tr>
<tr><td rowspan="2"></td><td>(China.)</td><td>중국</td><td>옹정</td></tr>
<tr><td>(Japan.)</td><td>일본</td><td>대판</td></tr>
<tr><td rowspan="12">지명,
인명,
사건명</td><td rowspan="3">지명</td><td>Lat.</td><td>위도</td><td rowspan="2">대평산, 대홍, 당진, 당진포, 덕고산, 덕림, 덕젹, 덕쳔, 덕칠, 뎨도</td></tr>
<tr><td>Long.</td><td>경도</td></tr>
<tr><td>I. | Isl. | (Island)</td><td>섬</td><td>록도, 강화, 거졔, 모슬포, 모지도, 사월곶, 쇼즁관, 숑도, 신도, 쵸도</td></tr>
<tr><td rowspan="2">인명</td><td>F.S.</td><td>본관</td><td rowspan="3">하륜, 하연, 하위디, 한샹경, 한용구, 한응인, 한츙, 류관, 황희, 류셩원, 김주</td></tr>
<tr><td>N.P.</td><td>호</td></tr>
<tr><td rowspan="2">인명,
사건명</td><td>A.D.</td><td>기원 후</td></tr>
<tr><td>A.S.</td><td>A.D.의 오자</td><td>류긔샹, 류관, 류슌뎡</td></tr>
<tr><td rowspan="5">인명,
지명</td><td>(C.l.) | (C.L.)</td><td>전라도</td><td>류셩원, 황희</td></tr>
<tr><td>(K.K.)</td><td>경기도</td><td>긔건, 죠광조</td></tr>
<tr><td>(k.s.) | (K.S.)</td><td>경상도</td><td>김일손, 김주, 권부, 남효온, 박원슝, 변계량, 셩뎨원, 셩삼문, 셩슈탐, 셩운</td></tr>
<tr><td>(K.W.)</td><td>강원도</td><td>원텬셕</td></tr>
<tr><td>(W.H.)</td><td>황해도</td><td>류관</td></tr>
<tr><td colspan="2" rowspan="4">미상</td><td>(Ad.)</td><td>–</td><td>계란(에)유골, 규장젼운, 그윽ᄒᆞ다</td></tr>
<tr><td>(Coll.)</td><td>Collocation</td><td>뒤집고할다</td></tr>
<tr><td>(C.Y.)</td><td>–</td><td>픔물</td></tr>
<tr><td>(V.)</td><td>–</td><td>근표</td></tr>
</table>

4. LEXml을 이용한 미시구조 정의

앞 절에서 분석한 『한영자전』의 미시구조 정보를 LEXml로 표현하되, 『한불자전』과의 지식베이스 통합과 비교를 하기 위해서는, ① 호환성,

② 정합성, ③ 일반성을 유지한다는 원칙하에 〈표 4〉의 규칙을 수정 및 확장 · 보완해야 한다. 『한영자전』의 구체적인 예를 이용하여, 4절 1항에서는 표제어 정보구역을, 4절 2항에서는 의미기술 정보구역의 구성 규칙을 살펴본다.

1) 표제어 정보구역의 정규화 규칙

위의 예와 〈표 6〉에서 살펴볼 수 있듯이 『한영자전』 표제어 정보구역의 필수적인 구성요소는 ① 표제어와 ② 표제어 첫 음절의 장단 표시이다. 하지만 한자어 뜻풀이 정보는 한자어를 어원으로 하는 경우와 한자어 등가어를 제시한 경우를 구분해야 한다. (ex1-d)에서 표제어 '한딕'의 한자어 어원은 '寒帶'이며 각 한자어의 뜻풀이는 각각 '찰'과 '씌'이다. (ex1-c)의 '外'는 표제어 '한딕'의 한자 등가어이며, '밧'과 '외'는 각각 한자어의 뜻풀이와 발음 정보이다. 또한 표제어가 용언인 경우 제공되는 연결형 어미와 관형형 어미의 경우, (ex1-f)와 (ex16)에서 볼 수 있듯이 자료에 나타난 어간과 어미의 형태에 일관성이 부족하다. (ex16-b)처럼 어미만 제시되는 경우, (ex1-f)처럼 어근의 잠재태인 'ㅅ' 음이 어미의 초성에 나타나는 경우, (ex16-a, c, d)처럼 연결형 어미와 관형형 어미에서 어근의 제공 범위가 다른 경우가 있다.

(ex1) (c) 한딕 *l*. (—데) 外 (밧—*외) Outside. *Also* 한데.
(d) *한딕 *s*. 寒帶 (찰) (씌) The polar circles; the polar zones.
(f) 한량업다 *l*. 無限量 (업슬—*무) (한뎡—*한) (헤아릴—*량) 서; 슨 To be

immeasurable; to be boundless; to be infinite.

(i) *함슈쏘다익 *s.* 含水 …… 液 (먹음을) (물) …… (진) liquor Sodæ.

(ex16) (a) 글너지다 *s.* 誤 (그릇—*오) 너져; 진 To turn out badly. *See* 그릇치다.

(b) 긁다 *s.* 搔 (긁을—*소) 어; 은 To rake; to scratch; to scrape.

(c) 금닷타 *s.* 다하; 흔 To be worth the price. *See* 갑지다.

(d) *금치다 *s.* 定價 (뎡홀—*뎡) (갑—*가) 금쳐; 친 To set a price; to value.

이를 수용하여 기술하기 위해 〈표 4〉의 (2) 규칙을 〈표 4-1〉처럼 수정・제안한다.[49] 필수적 구성요소인 '표제어 첫음절의 장단 표시'는 〈Pronunciation〉 내부에서 'long' 또는 'short'이라는 값(표 4-1의 (2-2))을 갖는 'LengthOfFirstSyllable'이라는 자질로 정의한다(표 4-1의 (2-1)).

〈표 4-1〉 표제어 정보구역의 자료구조 정규화 규칙(수정)

(2)	〈HeadwordGroup〉	::==	〈HeadWord〉 (**〈Transliteration〉 | 〈Pronunciation〉**) [〈TranslationBlock | TranslationCtn〉] [〈InflectionBlock | InflectionCtn〉] [〈CaseMarkerBlock | CaseMarkerCtn〉] [〈OrthographyBlock | OrthographyCtn〉] [〈DeveloperComment〉]
(2-1)	〈Pronunciation〉	::==	**[LengthOfFirstSyllable]** [Language] CDATA
(2-2)	**LengthOfFirstSyllable**	::==	**"long" | "short"**

표제어 정보가 가장 복잡한 '한량업다'를 정의해 보자. (ex1-f')처럼 첫음절의 장단 표시는 L.4처럼 정의할 수 있으며, 한자어 뜻풀이와 활용형 정보를 모두 포함하되 각 정보를 정규화하고 변별적으로 기술해야 한다. 한자어 뜻풀이의 경우, ㉠ 전체를 뜻풀이 블록(〈TranslationBlock〉, LL.5~24)으로 묶고, ㉡ 표제어 전체의 어원([Etymology])이 한자어라면 "CHI"를, 아니라면 공백(Null)을 주거나 속성 자체를 표시하지 않으며(L.5), ㉢ 그 내부를 뜻풀이 함(〈TranslationCtn〉, LL.6~11 등)으로 분할하되, 각 함은 ㉣ 원

49 이 글 4절 2항의 〈표4-1〉에서 〈표 4〉와 상이한 부분은 강조 표시하겠다.

자료에 기술된 한자어(〈GivenForm〉, L.7), ㉤ 각 한자어의 훈(〈Translation〉, L.8), ㉦ 각 한자어의 음(〈Pronunciation〉, L.9), ㉧ 각 한자어에 해당하는 표제어 형태(〈EntryWordForm〉, L.10)으로 구성할 수 있다. 활용형의 경우도, ⓐ 전체를 활용형 블록(〈InflectionBlock〉, LL.25~34)으로 묶고, ⓑ 그 내부를 활용형 함(〈InflectionCtn〉, LL.26~29 등)으로 분할하되, 각 함은 ⓒ 원자료에 기술된 형태(〈GivenForm〉), ⓓ 이를 분석하여 유추한 활용형의 값과 어간을 복원한 형태(〈Inflection〉)를 추가함으로써, 언어적 정보를 정규화할 수 있다. 이때 각 자질에 사용된 언어(〈Language〉)는 값을 "CHI" 또는 "KOR"을 줌으로써 명시하게 된다.[50]

(ex1-f') 한량업다 *l.* 無限量 (업슬-*무) (한뎡-*한) (혜아릴-*량) 서; 슨

```
L.1  〈DictionaryEntry ENTRYid = "100001"〉
L.2    〈HeadwordGroup〉
L.3      〈Headword Language = "KOR"〉 한량업다〈/Headword〉
L.4      〈Pronunciation LengthOfFirstSyllable = "long"〉 한〈/Pronunciation〉
L.5      〈TranslationBlock Etymology = " "〉
L.6        〈TranslationCtn〉
L.7          〈GivenForm Language = "CHI"〉 無〈/GivenForm〉
L.8          〈Translation Language = "KOR"〉 업슬〈/Translation〉
L.9          〈Pronunciation Language = "KOR"〉 무〈/Pronunciation〉
L.10         〈EntryWordForm Language="KOR"〉 업다〈/EntryWordForm〉
L.11       〈/TranslationCtn〉
L.12       〈TranslationCtn〉
L.13         〈GivenForm Language = "CHI"〉 限〈/GivenForm〉
L.14         〈Translation Language = "KOR"〉 한뎡〈/Translation〉
L.15         〈Pronunciation Language = "KOR"〉 한〈/Pronunciation〉
L.16         〈EntryWordForm Language = "KOR"〉 한〈/EntryWordForm〉
L.17       〈/TranslationCtn〉
L.18       〈TranslationCtn〉
L.19         〈GivenForm Language = "CHI"〉 量〈/GivenForm〉
L.20         〈Translation Language = "KOR"〉 혜아릴〈/Translation〉
L.21         〈Pronunciation Language = "KOR"〉 량〈/Pronunciation〉
```

50 이 글의 언어 및 문자코드는 국제표준인 ISO_IEC_10646_2003을 사용한다.

```
        〈EntryWordForm Language = "KOR"〉 량〈/EntryWordForm〉
      〈/TranslationCtn〉
    〈/TranslationBlock〉
    〈InflectionBlock〉
      〈InflectionCtn〉
        〈GivenForm Language = "KOR"〉서〈/GivenForm〉
        〈Inflection InflectionValue = "conjunctive" Language = "KOR"〉 한량업서〈/Inflection〉
      〈/InflectionCtn〉
      〈InflectionCtn〉
        〈GivenForm Language = "KOR"〉슨〈/GivenForm〉
        〈Inflection InflectionValue = "adjectival" Language="KOR"〉 한량업슨〈/Inflection〉
      〈/InflectionCtn〉
    〈/InflectionBlock〉
  〈/HeadwordGroup〉
```

다음은 동형이의어와 이표기 정보가 있는 '한ᄃᆡ', 정보 오류가 있는 '금치다', 한자 등가어 정보가 일부만 나타나는 '함슈ᄊᆞ다ᄋᆡ'이 LEXml로 어떻게 정의될 수 있는지 살펴보자.

(ex1-c') 한ᄃᆡ *l.* (一데) 外 (밧一*외)

```
〈DictionaryEntry ENTRYid = "100002"〉
  〈HeadwordGroup〉
    〈Headword Language = "KOR"〉 한ᄃᆡ〈/Headword〉
    〈Pronunciation LengthOfFirstSyllable = "long"〉 한〈/Pronunciation〉
    〈OrthographyCtn〉
      〈OrthographyVariant〉 한데〈/OrthographyVariant〉
    〈/OrthographyCtn〉
    〈TranslationCtn Etymology = " "〉
      〈GivenForm Language = "CHI"〉外〈/GivenForm〉
      〈Translation Language = "KOR"〉 밧〈/Translation〉
      〈Pronunciation Language = "KOR"〉 외〈/Pronunciation〉
      〈EntryWordForm Language = "KOR"〉 한ᄃᆡ〈/EntryWordForm〉
    〈/TranslationCtn〉
  〈/HeadwordGroup〉
```

(ex1-d') *한ᄃᆡ *s.* 寒帶 (찰) (띄)

```
〈DictionaryEntry ENTRYid = "100003"〉
```

```
  ⟨HeadwordGroup⟩
    ⟨Headword Language = "KOR"⟩ 한딕 ⟨/Headword⟩
    ⟨Pronunciation LengthOfFirstSyllable = "short"⟩ 한⟨/Pronunciation⟩
    ⟨TranslationBlock Etymology = "CHI"⟩
      ⟨TranslationCtn⟩
        ⟨GivenForm Language = "CHI"⟩ 寒 ⟨/GivenForm⟩
        ⟨Translation Language = "KOR"⟩ 한⟨/Translation⟩
        ⟨Pronunciation Language = "KOR"⟩ 한⟨/Pronunciation⟩
        ⟨EntryWordForm Language = "KOR"⟩ 한⟨/EntryWordForm⟩
      ⟨/TranslationCtn⟩
      ⟨TranslationCtn⟩
        ⟨GivenForm Language = "CHI"⟩ 帶 ⟨/GivenForm⟩
        ⟨Translation Language = "KOR"⟩ 띄 ⟨/Translation⟩
        ⟨Pronunciation Language = "KOR"⟩ 딕 ⟨/Pronunciation⟩
        ⟨EntryWordForm Language = "KOR"⟩ 딕 ⟨/EntryWordForm⟩
      ⟨/TranslationCtn⟩
    ⟨/TranslationBlock⟩
  ⟨/HeadwordGroup⟩
```

동형이의어 "한딕"는 (ex1-c')과 (ex1-d')에서처럼 표제어 정보구역이 차별화된다. 고유어인 경우, (ex1-c')에서 ⟨TranslationCtn⟩의 [Etymology] 자질은 Null 값을 가지며, 이철어인 '한데'는 ⟨OrthographyVariant⟩로 규정되며, 한자어 "外"와 표제어 "한딕" 간의 의미적 등가 관계가 ⟨TranslationCtn⟩ 내에서 정의된다. 반면에 (ex1-d')에서, ⟨Translation Block⟩의 'Etymology' 자질은 "CHI" 값을 가지며, 어원인 한자어는 각 글자에 해당하는 훈, 음, 표제어 표기 정보가 ⟨TranslationCtn⟩ 내부에서 정의된다.

(ex1-f') *금치다 *s*. 定價 (뎡홀—*뎡) (갑—*가) 금쳐; 친

```
⟨DictionaryEntry ENTRYid = "100004"⟩
  ⟨HeadwordGroup⟩
    ⟨Headword Language = "KOR"⟩ 금치다⟨/Headword⟩
    ⟨Pronunciation LengthOfFirstSyllable = "short"⟩ 금⟨/Pronunciation⟩
    ⟨TranslationBlock Etymology = "CHI"⟩
      ⟨DeveloperComment⟩ 중국어 어원이 아님⟨/DeveloperComment⟩
      ⟨TranslationCtn⟩
        ⟨GivenForm Language = "CHI"⟩ 定⟨/GivenForm⟩
```

```
      〈Translation Language = "KOR"〉뎡홀〈/Translation〉
      〈Pronunciation Language = "KOR"〉뎡〈/Pronunciation〉
    〈/TranslationCtn〉
    〈TranslationCtn〉
      〈GivenForm Language = "CHI"〉價〈/GivenForm〉
      〈Translation Language = "KOR"〉갑〈/Translation〉
      〈Pronunciation Language = "KOR"〉가〈/Pronunciation〉
    〈/TranslationCtn〉
    〈EntryWordForm Language = "KOR"〉금치다〈/EntryWordForm〉
  〈/TranslationBlock〉
  〈InflectionBlock〉
    〈InflectionCtn〉
      〈GivenForm Language = "KOR"〉금쳐〈/GivenForm〉
      〈Inflection InflectionValue = "conjunctive" Language = "KOR"〉금쳐〈/Inflection〉
    〈/InflectionCtn〉
    〈InflectionCtn〉
      〈GivenForm Language = "KOR"〉친〈/GivenForm〉
      〈Inflection InflectionValue = "adjectival" Language = "KOR"〉금친〈/Inflection〉
    〈/InflectionCtn〉
  〈/InflectionBlock〉
〈/HeadwordGroup〉
```

한자어 어원 정보에 오류가 있는 "금치다"의 경우, (ex1-f')처럼 원자료에 나타난 정보는 그대로 〈TranslationBlock Etymology = "CHI"〉로 기술하되, 〈DeveloperComment〉를 통해 이 정보의 문제점을 기술함으로써 원자료를 정제할 수 있도록 한다. 두 개 이상의 음절로 구성된 한자 등가어의 각 문자("定"과 "價")에 해당하는 표제어의 형태 분석이 불가능한 경우, 〈EntryWordForm〉을 〈TranslationBlock〉의 자식 노드로 기술하여 한자어 전체("定價")와 표제어 전체("금치다") 간 의미 등가성을 정의할 수 있다.

복합어 "함슈쏘다익"과 같이 두 개 이상의 언어에서 어원을 갖는 경우도 어원 정보는 다른 표제어와 동일한 방식으로 기술된다. 다만, (ex1-i')에서 볼 수 있듯이, 말줄임표로 표시된 한자어 등가어와 훈의 공란은 각각 〈GivenForm Language = "CHI"〉과 〈Translation Language =

"KOR"〉을 Null로 주고(LL.19~20), 원자료에 표현되지 않은 "쏘다"의 영어 어원은 해당 〈TranslationCtn〉 내부에서 〈DeveloperComment〉를 통해 밝힐 수 있다.

```
(ex1-i') *함슈쏘다익 s. 含水 ...... 液 (먹음을) (물) ...... (진)
L.1  〈DictionaryEntry ENTRYid = "100005"〉
L.2    〈HeadwordGroup〉
L.3      〈Headword Language = "KOR"〉함슈쏘다익〈/Headword〉
L.4      〈Pronunciation LengthOfFirstSyllable = "short"〉함〈/Pronunciation〉
L.5      〈TranslationBlock Etymology = "CHI"〉
L.6        〈TranslationCtn〉
L.7          〈GivenForm Language = "CHI"〉含〈/GivenForm〉
L.8          〈Translation Language = "KOR"〉먹음을〈/Translation〉
L.9          〈Pronunciation Language = "KOR"〉함〈/Pronunciation〉
L.10         〈EntryWordForm Language = "KOR"〉함〈/EntryWordForm〉
L.11       〈/TranslationCtn〉
L.12       〈TranslationCtn〉
L.13         〈GivenForm Language = "CHI"〉水〈/GivenForm〉
L.14         〈Translation Language = "KOR"〉물〈/Translation〉
L.15         〈Pronunciation Language = "KOR"〉슈〈/Pronunciation〉
L.16         〈EntryWordForm Language = "KOR"〉슈〈/EntryWordForm〉
L.17       〈/TranslationCtn〉
L.18       〈TranslationCtn〉
L.19         〈GivenForm Language = "CHI"〉 〈/GivenForm〉
L.20         〈Translation Language = "KOR"〉 〈/Translation〉
L.21         〈Pronunciation Language = "KOR"〉쏘다〈/Pronunciation〉
L.22         〈EntryWordForm Language = "KOR"〉쏘다〈/EntryWordForm〉
L.23         〈DeveloperComment〉어원은 영어의 'soda'임〈/DeveloperComment〉
L.24       〈/TranslationCtn〉
L.25       〈TranslationCtn〉
L.26         〈GivenForm Language = "CHI"〉液〈/GivenForm〉
L.27         〈Translation Language = "KOR"〉진〈/Translation〉
L.28         〈Pronunciation Language = "KOR"〉액〈/Pronunciation〉
L.29         〈EntryWordForm Language = "KOR"〉액〈/EntryWordForm〉
L.30       〈/TranslationCtn〉
L.31     〈/TranslationBlock〉
L.32   〈/HeadwordGroup〉
```

2) 의미기술 정보구역의 정규화 규칙

여기에서는 〈표 8〉과 〈표 9〉에서 분석한 내용을 ① 다의어 분할과 의미정보 유형 구분, ② 연어와 복합어, ③ 이철어, 유의어, 관련어, 반의어로 묶어, 〈표 4〉의 (3)~(5)의 적용가능성을 알아보자.

(1) 다의어 분할 및 의미정보의 유형 구분

앞서 살펴본 (ex2-a)~(ex2-k)의 네 개 다의어 구분자(. ; : ,)는 어휘의미 크기와 밀접한 관련이 있으므로 이를 차별화하여 정의해야 한다. 이 중 마지막 두 개 기호는 어휘의미 크기에서 차이가 나지 않으므로, 선행연구처럼 어휘의미의 크기를 3단계로 구분하고, 이를 정의한 자질 〈SenseGrainSize〉와 그 값인 1, 2, 3으로 명시한다.[51] 또한 목표어로 기술된 의미기술 정보구역의 내용을 등가어(〈Translation〉), 설명(〈Explanation〉), 정의(〈Definition〉)로 구분하는 것은 그대로 유효하다.[52] 우선 다의어 구분자를 표현해 보자.[53]

```
(ex2-a') 번지르흐다 To be smooth; to be shiny; to be glassy.
L.1 〈DictionaryEntry ENTRYid = "100006"〉
L.2   〈SenseGroup PartOfSpeech = "Adjective"〉
L.3     〈SenseCtn SENSEid = "01" SenseGrainSize = "2"〉
L.4       〈Translation Language = "ENG"〉To be smooth〈/Translation〉
L.5     〈/SenseCtn〉
L.6       〈SenseCtn SENSEid = "02" SenseGrainSize = "2"〉
L.7       〈Translation Language = "ENG"〉to be shiny〈/Translation〉
```

51 이때, 〈SenseGrainSize〉의 값이 커질수록, 어휘의미의 크기가 작아지고, 인접한 의미 간의 거리가 가까워진다.

52 이 구분은 ISO N274(2003)에 정의되어 있다.

53 지면의 제약 때문에, 4절 2항에서는 각 예문의 표제어 정보구역을 표시하지 않는다.

```
    〈/SenseCtn〉
    〈SenseCtn SENSEid = "03" SenseGrainSize = "2"〉
      〈Translation Language = "ENG"〉to be glassy〈/Translation〉
    〈/SenseCtn〉
  〈/SenseGroup〉
```

(ex2-h') 번지다 To spread; to overflow. To omit; to overlook.

```
〈DictionaryEntry ENTRYid = "100007"〉
  〈SenseGroup PartOfSpeech = "verb"〉
    〈SenseBlock SENSEid = "03" SenseGrainSize = "1"〉
      〈SenseCtn SENSEid = "01" SenseGrainSize = "2"〉
        〈Translation Language = "ENG"〉To spread〈/Translation〉
      〈/SenseCtn〉
      〈SenseCtn SENSEid = "02" SenseGrainSize = "2"〉
        〈Translation Language = "ENG"〉to overflow〈/Translation〉
      〈/SenseCtn〉
    〈/SenseBlock〉
    〈SenseBlock SENSEid = "06" SenseGrainSize = "1"〉
      〈SenseCtn SENSEid = "04" SenseGrainSize = "2"〉
        〈Translation Language = "ENG"〉To omit〈/Translation〉
      〈/SenseCtn〉
      〈SenseCtn SENSEid = "05" SenseGrainSize = "2"〉
        〈Translation Language = "ENG"〉to overlook〈/Translation〉
      〈/SenseCtn〉
    〈/SenseBlock〉
  〈/SenseGroup〉
```

(ex2-a')에서 "번지를ᄒᆞ다"의 어휘의미는 두 개의 콜론으로 구분되는데, 각 어휘의미를 〈SenseCtn〉로 규정하고, 해당 표제어 내 고유번호("SENSEid")를 부여하며, 이는 중분류에 해당하므로 어휘크기 값을 "2"로 정의한다. 대분류와 중분류가 함께 나타난 (ex2-h') "번지다"의 경우, 두 개의 중분류 크기의 〈SenseCtn〉를 묶은 〈SenseBlock〉의 어휘의미 크기 값을 "1"로 지정하고, 대분류 두 개를 의미기술 정보영역 표지인 〈SenseGroup〉으로 묶는다. 이때 (ex2-h')에서 〈SenseBlock〉은 두 개의 〈SenseCtn〉이 모여 한 개의 좀 더 큰 어휘의미를 형성하므로 고유한

SENSEid를 갖게 된다.[54]

다음은 중의성 있는 큰따옴표와 이음표가 정의되는 방식을 살펴보자.

(ex5-a') 금혈 "Money hole;" a rich man; millionaire. A vein of gold. Tax on the export of bullion.

```
L.1  〈DictionaryEntry ENTRYid = "100008"〉
L.2    〈SenseGroup PartOfSpeech = "noun"〉
L.3      〈SenseBlock SENSEid = "04" SenseGrainSize = "1"〉
L.4        〈SenseCtn SENSEid = "01" SenseGrainSize = "2"〉
L.5          〈Translation Language = "ENG"〉"Money hole"〈/Translation〉
L.6          〈DeveloperComment〉문자적 의미임〈/DeveloperComment〉
L.7        〈/SenseCtn〉
L.8        〈SenseCtn SENSEid = "02" SenseGrainSize = "2"〉
L.9          〈Translation Language = "ENG"〉a rich man〈/Translation〉
L.10       〈/SenseCtn〉
L.11       〈SenseCtn SENSEid = "03" SenseGrainSize = "2"〉
L.12         〈Translation Language = "ENG"〉millionaire〈/Translation〉
L.13       〈/SenseCtn〉
L.14     〈/SenseBlock〉
L.15     〈SenseCtn SENSEid = "05" SenseGrainSize = "1"〉
L.16       〈Translation Language = "ENG"〉A vein of gold〈/Translation〉
L.17     〈/SenseCtn〉
L.18     〈SenseCtn SENSEid = "06" SenseGrainSize = "1"〉
L.19       〈Definition Language =  "ENG"〉Tax on the export of bullion〈/Definition〉
L.21     〈/SenseCtn〉
L.22   〈/SenseGroup〉
```

(ex5-b') 견마지치 The teeth of dogs and horses—"my low birth" "my inferior age."

```
L.1  〈DictionaryEntry ENTRYid = "100009"〉
L.2    〈SenseGroup PartOfSpeech = "noun"〉
L.3      〈SenseBlock〉
L.4        〈SenseCtn SENSEid = "01" SenseGrainSize = "2"〉
L.5          〈Translation Language = "ENG"〉The teeth of dogs and horses〈/Translation〉
L.6          〈DeveloperComment〉문자적 의미임〈/DeveloperComment〉
L.7        〈/SenseCtn〉
L.8        〈SenseCtn SENSEid = "02" SenseGrainSize = "2"〉
L.9          〈Translation Language = "ENG"〉"my low birth"〈/Translation〉
L.10         〈Translation Language = "ENG"〉"my inferior age"〈/Translation〉
```

54 〈표 4〉의 (5)의 두 번째 행 참고.

```
        〈/SenseCtn〉
    〈/SenseBlock〉
〈/SenseGroup〉
```

(ex5-a')에서 "금혈"의 문자적 의미인 "Money hole"은 등가어(〈Translation〉)로 규정하되 〈DeveloperComment〉를 이용하여 이것이 문자적 의미임을 밝힌다. 이와는 달리 (ex5-b')의 '견마지치'의 경우, 큰따옴표를 사용하지 않은 "The teeth of dogs and horses"가 문자적 의미이고, "my low birth"와 "my inferior age"가 표제어와 등가어임을 나타낸다. 이 두 개의 어휘 의미가 동일한 위상을 가지고 있음은 〈SenseCtn〉과 〈SenseBlock〉의 묶음으로 나타낼 수 있다.[55]

큰따옴표와 이음표로 나타내는 분야명과 의미화용적인 맥락의 정의는 (ex5-c'), (ex5-e'), (ex5-f')에서 살펴보자. (ex5-f)의 "—in cards"를 분야명으로 판단하면, (ex5-f')처럼 〈DeveloperComment〉로 기술하거나, (ex5-f'')처럼 해당 어휘의미의 등가어 / 정의문 / 설명문에 [Field = "card"]로 정의할 수 있다. (ex5-c')에서 이음표 이하의 "—of those of the same class"는 앞서 기술한 정의문에 대한 보충 정보이므로 별도의 표지를 추가하지 않는다. 하지만 두 번째 어휘의미는 "류류상죵ᄒᆞ다"와 등가적 가치를 지닌 영어 속담이므로 〈DeveloperComment〉를 이용하여 이를 명시할 수 있다. (ex5-e')의 "호구"에서 대분류된 두 번째 어휘의미에서 이음표 다음 "-a place of danger on a draught-board"는 큰따옴표 안의 "house"를 설명하는 부분이므로, 여기에 〈Explanation〉이라는 태그를 달아준다. 또한 "호구"가 "집"을 지칭하는 바둑 용어라는 판단은 원자료에 없는 내용이

55 'SenseGrainSize'의 기본값은 "2"이다.

므로 〈DeveloperComment〉로 기술한다.

(ex5-f') 갑오낭청 A call by the player making "nine points"—in cards.
L.1 〈DictionaryEntry ENTRYid = "100012"〉
L.2 〈SenseGroup PartOfSpeech = "noun"〉
L.3 〈SenseCtn SENSEid = "01" SenseGrainSize = "1"〉
L.4 〈Definition Language = "ENG"〉A call by the player making "nine points"—in cards.
〈/Definition〉
L.5 〈DeveloperComment〉 '—in cards'는 분야명 〈/DeveloperComment〉
L.6 〈/SenseCtn〉
L.7 〈/SenseGroup〉

(ex5-f'') 갑오낭청 A call by the player making "nine points"—in cards.
L.1 〈DictionaryEntry ENTRYid = "100012"〉
L.2 〈SenseGroup PartOfSpeech = "noun"〉
L.3 〈SenseCtn SENSEid = "01" SenseGrainSize = "1"〉
L.4 〈Definition Language = "ENG" Field = "card"〉A call by the player making "nine points"
〈/Definition〉
L.5 〈/SenseCtn〉
L.6 〈/SenseGroup〉

(ex5-c') 류류상종ᄒᆞ다 To love each other's society—of those of the same class; "birds of a feather flock together."
L.1 〈DictionaryEntry ENTRYid = "100010"〉
L.2 〈SenseGroup PartOfSpeech = "verb"〉
L.3 〈SenseBlock〉
L.3 〈SenseCtn SENSEid = "01" SenseGrainSize = "2"〉
L.4 〈Definition Language = "ENG"〉To love each other's society—of those of the same class
〈/Definition〉
L.5 〈/SenseCtn〉
L.6 〈SenseCtn SENSEid = "02" SenseGrainSize = "2"〉
L.7 〈Translation Language = "ENG"〉"birds of a feather flock together."〈/Translation〉
L.8 〈DeveloperComment〉영어 속담〈/DeveloperComment〉
L.9 〈/SenseCtn〉
L.10 〈/SenseBlock〉
L.11 〈/SenseGroup〉

(ex5-e') 호구 The census or number of houses. The "house"—a place of danger on a

```
       draught-board.
L.1 〈DictionaryEntry ENTRYid = "100011"〉
L.2   〈SenseGroup PartOfSpeech = "noun"〉
L.3     〈SenseCtn SENSEid = "01" SenseGrainSize = "1"〉
L.4       〈Definition Language = "ENG"〉The census or number of houses〈/Definition〉
L.5     〈/SenseCtn〉
L.6     〈SenseCtn SENSEid = "02" SenseGrainSize = "1"〉
L.7       〈Translation Language = "ENG"〉The "house"〈/Translation〉
L.8       〈Explanation〉a place of danger on a draught-board〈/Explanation〉
L.9       〈DeveloperComment〉"house"는 '집'을 지칭하는 바둑 용어〈/Develo perComment〉
L.10    〈/SenseCtn〉
L.11  〈/SenseGroup〉
```

(2) 연어와 복합어

(ex6-b'), (ex2-i'), (ex2-j')을 통해 원자료에 제시된 연어와 복합어의 정규화 방식을 살펴보자. (ex6-b')의 "비"는 두 개의 중분류 어휘의미로 구성되는데, 연어 관계를 가진 "부르다"와 "곱흐다"는 모두 두 번째 어휘의미인 "the stomach"과 관련된다. 그런데 "부르다"의 경우, 『한영자전』 내에 (ex17)처럼 동형이의어와 다의어가 존재하므로, 중의성 해결이 필요하다. 마찬가지로 연어인 "비부르다"와 "비곱흐다"도 (ex18)처럼 같은 사전에 표제어로 등재되어 있어 이들 간의 관계를 명시해야 한다. 이를 위해 (ex6-b')의 L.10, L.11, L.15에는 "부르다", "비부르다", "비곱흐다"의 표제어 고유번호인 ENTRYid와 해당 표제어가 다의어인 경우 어휘의미 번호 SENSEid를 제시함으로써, 본 지식베이스에서는 어휘의미 간 연계성을 중의성 없이 기술할 수 있다.[56]

---

56 여기에서 (ex17-d), (ex18-a), (ex18-b)의 표제어 고유번호를 각각 번호를 100104, 100156, 100126로 준다고 가정하자. 이하 이 글에서 예로 사용한 표제어 번호는 가상의 번호이다. 하지만 (ex6-b')의 '비부르다(L.11)'에 해당하는 (ex18-a)의 어휘의미는 두 번째 중분류에 해당하는 'to have eaten enough'이므로 SENSEis="02"로 지정해 주어야 한다.

```
(ex6-b') 비 The abdomen; the stomach. (부르다) (곱ᄒᆞ다).
L.1  〈DictionaryEntry ENTRYid = "100013"〉
L.2    〈SenseGroup PartOfSpeech = "noun"〉
L.3      〈SenseCtn SENSEid = "01" SenseGrainSize = "2"〉
L.4        〈Translation Language = "ENG"〉The abdomen〈/Translation〉
L.5      〈/SenseCtn〉
L.6      〈SenseCtn SENSEid = "02" SenseGrainSize = "2"〉
L.7        〈Translation Language = "ENG"〉the stomach〈/Translation〉
L.8        〈CollocationBlock〉
L.9          〈CollocationCtn〉
L.10           〈GivenForm ENTRYid = "100104" SENSEid = "01"〉부르다〈/GivenForm〉
L.11           〈Collocation ENTRYid = "100156" SENSEid = "02"〉비부르다〈/Collocation〉
L.12         〈/CollocationCtn〉
L.13         〈CollocationCtn〉
L.14           〈GivenForm〉곱ᄒᆞ다〈/GivenForm〉
L.15           〈Collocation ENTRYid = "100126" SENSEid = "01"〉비곱ᄒᆞ다〈/Collocation〉
L.16         〈/CollocationCtn〉
L.17       〈/CollocationBlock〉
L.18     〈/SenseCtn〉
L.19   〈/SenseGroup〉
```

(ex17) (a) 부르다 *s.* 召 (부를—*쇼) 불너; 른 To call; to summon.
(b) 부르다 *s.* 滋 (부를—*즈) 부러; 른 To swell up;to puff up; to grow large.
(c) 부르다 *s.* 飽 (비부를—*포) 불너; 부른 To be full—of the stomach. (비). *Opp.* 비곱ᄒᆞ다.
(d) 부르다 *s.* 불너; 부른 To appear; to seem; to desire—used after the future participle with 샹.

(ex18) (a) 비부르다 *s.* 飽 (비부를—*포) 부너; 불른 To be satisfied; to have eaten enough. *Opp.* 시쟝ᄒᆞ다.
(b) 비곱ᄒᆞ다 *s.* 飢 (쥬릴—*긔) 곱하; ᄒᆞᆫ To be hungry. *See* 시쟝ᄒᆞ다

(ex2-i')의 "몸"에서 네 번째 어휘의미인 "The gums"은 (ex19-a)의 "니"와 결합하여 (ex19-b)의 "니몸"이라는 복합어(〈Compound〉)를 형성한다. 『한영자전』에 수록된 표제어 및 어휘의미 간 의미적 연관성을 고유번호를 이용하여 〈CollocationCtn〉에 명시하되(LL.17~21), 원자료에 드러나지 않는 "니몸"의 형태 분석을 〈DeveloperComment〉에 기술한다. 또한

LL.25~28은 다섯 번째 어휘의미인 "The menses"가 (ex20-a)의 "ᄒᆞ다"의 첫 번째 어휘의미와 결합하여 (ex20-b)의 "몸ᄒᆞ다"라는 연어를 형성함을 나타낸다. 하지만 "몸밧다"의 경우처럼 세 번째 대분류의 두 가지 어휘의미 모두와 결합 가능하다고 판단하는 경우, LL.37~40처럼 〈CollocationCtn〉을 대분류의 직접구성요소로 정의한다.

(ex2-i') 몸 The body; the person; the form. *See* 몸ᄯᅩ아리. The gums. (니몸). The menses. (ᄒᆞ다). A commission; an order. (밧다).

L.1 〈DictionaryEntry ENTRYid = "100014"〉
L.2 〈SenseGroup PartOfSpeech = "noun"〉
L.3 〈SenseBlock〉
(......)
L.14 〈/SenseBlock〉
L.15 〈SenseCtn SENSEid = "04" SenseGrainSize = "1"〉
L.16 〈Translation Language = "ENG"〉The gums〈/Translation〉
L.17 〈CollocationCtn〉
L.18 〈GivenForm〉니몸〈/GivenForm〉
L.19 〈Compound ENTRYid = "100337" SENSEid = "01"〉니몸〈/Com pound〉
L.20 〈DeveloperComment〉'니(ENTRYid = "100311" SENSEid = "01")'와 '몸'의 복합어 〈/DeveloperComment〉
L.21 〈/CollocationCtn〉
L.22 〈/SenseCtn〉
L.23 〈SenseCtn SENSEid = "05" SenseGrainSize = "1"〉
L.24 〈Translation Language = "ENG"〉 The menses〈/Translation〉
L.25 〈CollocationCtn〉
L.26 〈GivenForm ENTRYid = "150007" SENSEid = "01"〉 ᄒᆞ다〈/Given Form〉
L.27 〈Collocation ENTRYid = "110123" SENSEid = "01"〉몸ᄒᆞ다〈/Collo cation〉
L.28 〈/CollocationCtn〉
L.29 〈/SenseCtn〉
L.30 〈SenseBlock〉
L.31 〈SenseCtn SENSEid = "06" SenseGrainSize = "2"〉
L.32 〈Translation Language = "ENG"〉A commission〈/Translation〉
L.33 〈/SenseCtn〉
L.34 〈SenseCtn SENSEid = "07" SenseGrainSize = "2"〉
L.35 〈Translation Language = "ENG"〉an order〈/Translation〉
L.36 〈/SenseCtn〉
L.37 〈CollocationCtn〉
L.38 〈GivenForm ENTRYid = "120265" SENSEid = "01"〉밧다〈/Given Form〉

L.39 〈Collocation ENTRYid = "118918" SENSEid = "02"〉몸밧다〈/Collocation〉
L.40 〈/CollocationCtn〉
L.41 〈/SenseBlock〉
L.42 〈/SenseGroup〉

(ex19) (a) 니 *s.* 齒 (*치) The teeth. *See* 치아.
(b) 니몸 *s.* 齦 (*근) The gums. *See* 니틀.

(ex20) (a) ᄒᆞ다 *s.* 爲 (ᄒᆞ—*위) ᄒᆞ야; ᄒᆞᆫ To do; to make. *See* 힝ᄒᆞ다. To say—used with 말.
(b) 몸ᄒᆞ다 *s.* To menstruate. *See* 월후ᄒᆞ다.

(ex21) (a) 밧다 *s.* 아; 은 To gold up; to support; to prop up.
(b) 밧다 *s.* 近 (갓가을—*근) 하; 흔 To be near; to be close #bu. To be short—of arms, legs etc.
(c) 밧다 *s.* 受 (밧을—*슈) 아; 은 To receive; to obtain. To like; to suit (비위).
(d) 밧다 *s.* 漉 (거를—*록) 하; 흔 To strain. off. *See* 거ᄅᆞ다.
(e) 밧다 *s.* 觸 (찌를—*촉) 아; 은 To look; to gore—with horns; to push; to strike against.
(f) 몸밧다 *s.* 遞行 (ᄃᆡ신—*톄) (힝홀—*힝) 아; 은 To be authorized by; to be commissioned.

(ex2-j')에서 "버리다" 첫 번째 어휘의미가 (ex22-b) "입"의 첫 번째 어휘의미와 결합하여 (ex22-c) "입버리다"라는 연어 관계를 명시하는 것은 앞서 살펴본 바와 같다. 두 번째 어휘의미인 "to separate"과 함께 제시된 "v.t."는 표제어가 아니라 목표어의 품사 중의성을 해결하는 정보이므로, 표제어의 품사를 기술하는 L.2와는 별개의 층위와 형식이 필요하며, 이에 따라 L.12처럼 〈Translation〉를 구성하는 자질로 정의한다.

(ex2-j') 버리다 To open; to separate. (v.t.) (입) To set in order; to arrange. *See* 바리다.
L.1 〈DictionaryEntry ENTRYid = "100015"〉
L.2 〈SenseGroup PartOfSpeech = "verb"〉
L.3 〈SenseBlock〉
L.4 〈SenseCtn SENSEid = "01" SenseGrainSize = "2"〉
L.5 〈Translation Language = "ENG"〉To open〈/Translation〉

```
      <CollocationCtn>
        <GivenForm ENTRYid = "135297" SENSEid = "01"> 입</GivenForm>
        <Collocation ENTRYid = "135994" SENSEid = "01"> 입버리다</Collocation>
      </CollocationCtn>
    </SenseCtn>
    <SenseCtn SENSEid = "02" SenseGrainSize = "2">
      <Translation PartOfSpeech = "v.t." Language = "ENG"> to separate</Translation>
    </SenseCtn>
  </SenseBlock>
  <SenseBlock>
  (......)
  </SenseBlock>
</SenseGroup>
```

(ex22) (a) *입 *s.* 入 (들) The credit side of an account. The debit side is called 거 or 하.
(b) 입 *s.* 口 (*구) The mouth; bill; muzzle. [[*See* 아가리.]]
(c) 입버리다 *s.* 開口 (열—*긔) (입—*구) 버려; 린 to open the mouth.

(3) 이철어, 유의어, 관련어, 반의어

『한영자전』에는 동의어, 이철어, 준말, 본딧말, 반의어 등이 표시되고 있는데, 저자는 서문에서 "*Also*"가 이철어, "*See*"는 동의어 또는 관련어, "*Opp.*"는 반의어를 나타낸다고 밝힌다.

(ex23) (a) *강물 *s.* 江水 (물) (물—*슈) River water; fresh water. *Opp.* 짠물.
(b) 짠물 *s.* Salt-water. *Opp.* 강물.
(c) 빈아 *s.* 釵 (*채) A hairpin. *See* 빈혀.
(d) 빈혀 *s.* 釵 A hairpin. *See* 빈아.
(e) *가외 *l.* 可畏 (올흘) (두려울) What is to be feared. *See* 가외지ᄉᆞ.
(f) *가외지ᄉᆞ *l.* 可畏之事 (올흘) (두려울) (갈) (일) A matter to be feared; things to be dreaded. *See* 가외.
(g) 구슬 *s.* 珠 (*쥬) Beads; pearls. *Also* 구솔.
(h) 구솔 *s.* 玉 (*옥) Beads; pearls. *Also* 구슬.

예를 들어 (ex23)처럼 "강물"과 "짠물"은 반의어, "빈아"와 "빈혀"는 동의어, "가외"와 "가외지ᄉᆞ"는 준말과 본딧말 관계를, "구솔"과 "구슬"은 이철어이며, 상호 대칭성이 잘 기술되어 있다. 하지만, 대부분의 경우 (ex24)~ (ex25)처럼 대칭성이 결여되고, 특히 "*See*"는 반의어나 이철어를 표시하기도 하며, 다양한 관련어를 나타내므로 이를 세분할 필요가 있다.

(ex24-a)의 "개물"에는 반의어가 "강물"로 설정되어 있으나, (ex23-a)처럼 '강물'은 대칭적 정보를 포함하지 않는다. (ex24-c)와 (ex24-e)의 "*See*"는 각각 "*Opp.*"와 "*Also*"로 이해해야 한다. (ex25)처럼 유의어 관계가 단방향으로만 설정되거나, (ex25-d)에서 "동량ᄒᆞ다"의 유의어이며 (ex25-b, c)에서 어근의 한자 등가어로 제시된 "걸식ᄒᆞ다"가 정작 표제어로 수록되지 않는 등 결여된 정보의 예는 매우 흔하다. 또한 (ex26-a, b)에는 유의어 "ᄇᆡ"와 "ᄇᆡᄭᅧᆸ기" 간 화계 정보가 추가되어야 한다.

(ex24) (a) 개물 *s.* (갯) 浦水 (개ー*포) (물ー*슈) A lagoon. Salt-water. *Opp* 강물.
(b) *가숨 *s.* 家蔘 (집) (숨) Cultivated ginseng. *Opp.* 산숨
(c) *산숨 *s.* 山蔘 (뫼) (숨) Mountain ginseng; wild ginseng. *See* 가삼.
(d) 강아지 *s.* A pup. *Also* 개아지.
(e) 개아지 *l.* 狗 (개ー*구) A dog; a puppy. *See* 강아지.

(ex25) (a) ᄇᆡ라먹다 *s.* 어; 은 To beg. (Dim.) *See* 빌어먹다.
(b) 빌어먹다 *s.* 乞食 (빌ー*걸) (밥ー*식) 먹어; 은 To beg food; to beg for a living. *See* 엇어먹다.
(c) 엇어먹다 *l.* 乞食 (빌ー*걸) (밥ー*식) 먹어; 은 To beg; to ask alms. *See* 동량ᄒᆞ다.
(d) 동량ᄒᆞ다 *l.* To beg; to ask alms. *See* 걸식ᄒᆞ다.

(ex26) (a) ᄇᆡ *s.* 腹 (*복) The abdomen; the stomach. (부르다) (곱흐다). *See* ᄇᆡᄭᅧᆸ기
(b) ᄇᆡᄭᅧᆸ기 *s.* 腹 (ᄇᆡー*복) The stomach; the abdomen. *See* ᄇᆡ.

대칭적 관계가 성립되는 유의어, 반의어, 이철어 간 비대칭적인 정보는 원자료를 (ex25-a')~(ex25-d')처럼 LEXml로 정의하면, ENTRYid와 SENSEid를 이용하여 매우 용이하게 대칭성을 회복하고, 이 정보를 추

가할 수 있다. 즉, ENTRYid “107201, 107154, 138926, 111333”과 『한영자전』에 등재되지 않은 “걸식하다”는 모두 유의어 관계가 자동으로 성립한다. 단, 이런 연결 정보가 없는 “걸식하다”는 『한영자전』에 등재되지 않은 어휘로 자동 분류된다.

(ex25-a') 비라먹다 To beg. (Dim.) *See* 빌어먹다.

```
L.1  〈DictionaryEntry ENTRYid = "107201"〉
L.2    〈SenseGroup PartOfSpeech = "verb" SENSEid = "01"〉
L.3      〈SenseCtn LanguageStyle = "Dim"〉
L.4        〈Translation Language = "ENG"〉To beg〈/Translation〉
L.5        〈Synonym ENTRYid = "107154"/〉
L.6      〈/SenseCtn〉
L.7    〈/SenseGroup〉
```

(ex25-b') 빌어먹다 To beg food; to beg for a living. *See* 엇어먹다.

```
L.1  〈DictionaryEntry ENTRYid = "107154"〉
L.2    〈SenseGroup PartOfSpeech = "verb"〉
L.3      〈SenseBlock〉
L.4        〈SenseCtn SENSEid = "01" SenseGrainSize = "2"〉
L.5          〈Translation Language = "ENG"〉To beg food〈/Translation〉
L.6        〈/SenseCtn〉
L.7        〈SenseCtn SENSEid = "02" SenseGrainSize = "2"〉
L.8          〈Translation Language = "ENG"〉to beg for a living〈/Translation〉
L.9        〈/SenseCtn〉
L.10     〈/Sense Block〉
L.11     〈Synonym ENTRYid = "138926"/〉
L.12   〈/SenseGroup〉
```

(ex25-c') 엇어먹다 To beg; to ask alms. *See* 동량ᄒᆞ다.

```
L.1  〈DictionaryEntry ENTRYid = "138926"〉
L.2    〈SenseGroup PartOfSpeech = "verb"〉
L.3      〈SenseBlock〉
L.4        〈SenseCtn SENSEid = "01" SenseGrainSize = "2"〉
L.5          〈Translation Language = "ENG"〉To beg〈/Translation〉
L.6        〈/SenseCtn〉
L.7        〈SenseCtn SENSEid = "02" SenseGrainSize = "2"〉
L.8          〈Translation Language = "ENG"〉to ask alms〈/Translation〉
L.9        〈/SenseCtn〉
```

```
    〈/Sense Block〉
    〈Synonym ENTRYid = "111333"/〉
〈/SenseGroup〉
```

(ex25-d') 동량ᄒᆞ다 To beg; to ask alms. *See* 걸식ᄒᆞ다.

```
〈DictionaryEntry ENTRYid = "111333"〉
  〈SenseGroup PartOfSpeech = "verb"〉
    〈SenseBlock〉
      〈SenseCtn SENSEid = "01" SenseGrainSize = "2"〉
        〈Translation Language = "ENG"〉To beg〈/Translation〉
      〈/SenseCtn〉
      〈SenseCtn SENSEid = "02" SenseGrainSize = "2"〉
        〈Translation Language = "ENG"〉to ask alms〈/Translation〉
      〈/SenseCtn〉
    〈/Sense Block〉
    〈Synonym〉걸식ᄒᆞ다〈/Synonym〉
〈/SenseGroup〉
```

비대칭적인 정보라도 하나의 자질값이 주어지면, 다른 자질값을 자동으로 결정하는 경우도 마찬가지다. (ex24-b')와 (ex24-c')처럼 두 어휘의미 간 양립불가능한 관계가 기술된 경우, '두 어휘의미 간 〈Antonym〉 관계가 성립하면, 해당 어휘의미 간 〈Synonym〉 또는 〈Orthography Variant〉 관계를 대체한다'는 일반 규칙을 설정함으로써 (ex24-c')의 L.11을 '〈Antonym ENTRYid = "103384"/〉'로 수정할 수 있다. 어느 한 값이 설정되면 다른 값이 결정될 수 있다는 점에서 본딧말과 준말의 관계도 이에 준한다.

(ex24-b') 가숨 Cultivated ginseng. *Opp.* 산숨

```
〈DictionaryEntry ENTRYid = "103384"〉
  〈SenseGroup PartOfSpeech = "noun" 〉
    〈SenseCtn SENSEid = "01" SenseGrainSize = "1"〉
      〈Translation Language = "ENG"〉Cultivated ginseng〈/Translation〉
      〈Antonym ENTRYid = "124837" SENSEid = "01"/〉
    〈/SenseCtn〉
  〈/SenseGroup〉
```

(ex24-c') 산삼 Mountain ginseng; wild ginseng. *See* 가삼.

```
〈DictionaryEntry ENTRYid = "124837"〉
  〈SenseGroup PartOfSpeech = "noun"〉
    〈SenseBlock〉
      〈SenseCtn SENSEid = "01" SenseGrainSize = "2"〉
        〈Translation Language = "ENG"〉Mountain ginseng〈/Translation〉
      〈/SenseCtn〉
      〈SenseCtn SENSEid = "02" SenseGrainSize = "2"〉
        〈Translation Language = "ENG"〉wild ginseng〈/Translation〉
      〈/SenseCtn〉
    〈/Sense Block〉
    〈Antonym ENTRYid = "103384" SENSEid = "01"/〉
  〈/SenseGroup〉
```

(4) 인명, 지명

선행연구에서 살펴보았던 『한불자전』과는 달리 『한영자전』에는 상당수의 인명과 지명이 수록되어 있으므로, 이 자료의 정규화가 필요하다. 앞서 살펴본 다른 표제어의 DTD를 유지하면서 자질과 값을 정의함으로써 다른 어휘의미와의 연관성을 일관되게 표현할 수 있다.

(ex13-a')~(ex13-c')에서 보듯이 지명의 품사는 "noun_place"로 제시하고, 설명란(〈Explantion〉)에서 정규화할 수 있는 위도(Lat), 경도(Long), 유형(PlaceType)을 자질로 설정하고, 원자료에 제시된 값을 부여한다. 또한 해당 지역이 속해 있는 "도"를 〈Link〉와 [ENTRYid]로 명시한다.[57] (ex13-b')에서 소음도의 영어명인 "Peel Gap."은 등가어(〈Translation〉)로 나타낸다. 또한 지명이 속한 도를 〈SenseCtn〉 내부에 위치시키는 이유는 (ex13-c')에서 볼 수 있듯이 동일한 지명이 두 개 이상의 지역을 나타내는 경우, 연관 관계를 명확하게 설정할 수 있기 때문이다.

---

57 (ex13-a')~(ex13-c')에서 〈Link〉에 제시된 "함경도, 전라도, 경상도" 등은 명시하지 않아도 된다. 이미 [ENTRYid]의 값을 통해 이들의 어휘의미를 지정하고 있기 때문이다.

(ex13-a') 빅두산 A highest mountain in Ham-kyŏng-do (8700 feet high.) Lat. 42.00. Long. 127.42.

L.1 〈DictionaryEntry ENTRYid = "129456"〉
L.2 〈SenseGroup PartOfSpeech = "noun_place"〉
L.3 〈SenseCtn SENSEid = "01" SenseGrainSize = "1"〉
L.4 〈Explanation Language = "ENG" Lat = "42.00" Long = "127.42" PlaceType ="mountain"〉 A highest mountain in Ham-kyŏng-do (8700 feet high.)〈/Explanation〉
L.5 〈Link ENTRYid = "151263"〉함경도〈/〈Link〉
L.6 〈/SenseCtn〉
L.7 〈/SenseGroup〉

(ex13-b') 소음도 An island in Chŏl-la-do. Lat. 34.13. Long. 127.16 (Peel Gap.)

L.1 〈DictionaryEntry ENTRYid = "137374"〉
L.2 〈SenseGroup PartOfSpeech = "noun_place"〉
L.3 〈SenseCtn SENSEid = "01" SenseGrainSize = "1"〉
L.4 〈Explanation Language = "ENG" Lat = "34.13" Long = "127.16" PlaceType = "island"〉An island in Chŏl-la-do〈/Explanation〉
L.5 〈Translation Language = "ENG"〉Peel Gap. 〈/Translation〉
L.6 〈Link ENTRYid = "144597"〉전라도〈/〈Link〉
L.7 〈/SenseCtn〉
L.8 〈/SenseGroup〉

(ex13-c') 하동 The name of a district in ancient China. A prefect in Kyŏng-sang-do. Lat. 34.58. Long. 127.53.

L.1 〈DictionaryEntry ENTRYid = "137374"〉
L.2 〈SenseGroup PartOfSpeech = "noun_place"〉
L.3 〈SenseCtn SENSEid = "01" SenseGrainSize = "1"〉
L.4 〈Explanation Language = "ENG"〉The name of a district in ancient China〈/Explanation〉
L.5 〈/SenseCtn〉
L.6 〈SenseCtn SENSEid = "02" SenseGrainSize = "1"〉
L.7 〈Explanation Language = "ENG" Lat = "34.58" Long = "127.53" PlaceType = "prefect"〉A prefect in Kyŏng-sang-do〈/Explanation〉
L.8 〈Link ENTRYid = "144580"〉경상도〈/〈Link〉
L.9 〈/SenseCtn〉
L.10〈/SenseGroup〉

지명의 기술 원칙은 인명에도 동일하게 적용된다. 품사의 값은 "noun_person" 설정하고, A.D.로 기술되는 연대는 〈Time〉으로 정의한다. 이때, 인물의 메타 분류 체계가 없거나 완성되지 않은 경우, 유형 분류 자질과 값을 제시하지 않는다.[58] 마찬가지로 〈Time〉 태그가 달린 연대의 내용은 미상이므로 더이상 분석 기술하지 않는다. (ex14-b')처럼 류관과 관련된 “Se-jong”은 〈Link〉와 ENTRYid를 이용하여 『한영자전』의 “세종”과 연관성을 기술한다. 본관(F.S.)과 호(N.P.)는 성명과 관련된 부분이므로 〈AliasCtn〉로 묶고, 본관 정보 내부에는 본관 지역이 속한 도를, 호 정보 내부에는 영어 표기 정보를 위치시킨다. (ex14-d')의 L.9처럼 원자료에 오류가 있다면 지식베이스 개발자의 주석으로 밝힌다.

(ex14-b') 류관 A.D. 1392~1401. A noted Minister of State of the reign of Se-jong F.S. 文化 (W.H.) N.P. Ha-jŏng (夏亭).

```
L.1  〈DictionaryEntry ENTRYid = "122641"〉
L.2    〈SenseGroup PartOfSpeech = "noun_person"〉
L.3      〈SenseCtn〉
L.4        〈Explanation Language = "ENG"〉A noted Minister of State of the reign of Se-jong
           〈/Explanation〉
L.5        〈Time〉A.D. 1392-1401〈/Time〉
L.6        〈Link ENTRYid = "131111"〉세종〈/〈Link〉
L.7        〈AliasCtn〉
L.8          〈FS Language = "CHI"〉文化
L.9            〈Link ENTRYid = "151226"〉황해도〈/〈Link〉
L.10         〈/FS〉
L.11         〈NP Language = "CHI"〉夏亭
L.12           〈Transliteration〉Ha-jŏng〈/Transliteration〉
L.13         〈/NP〉
L.14       〈/AliasCtn〉
L.15     〈/SenseCtn〉
L.16   〈/SenseGroup〉
```

(ex14-d') 원텬석 A.D. 1389~1392. A famous scholar and faithful courtier. F.S. Wun-ju (K.W.) N.P. Un-kok. (耘谷).

```
L.1  〈DictionaryEntry ENTRYid = "1391477"〉
L.2    〈SenseGroup PartOfSpeech = "noun_person"〉
L.3      〈SenseCtn〉
L.4        〈Explanation Language = "ENG"〉A famous scholar and faithful courtier〈/Explanation〉
```

58 인명의 유형을 분류하는 자질명은 ‘PersonType’이 될 것이다.

```
        〈Time〉A.D. 1389~1392〈/Time〉
        〈AliasCtn〉
          〈FS Language = "ENG" ENTRYid = "131504"〉Wun-ju
            〈Link ENTRYid = "101660"〉강원도〈/〈Link〉
            〈DeveloperComment〉'Wun-ju'는 Wün-ju의 오자〈/DeveloperComment〉
          〈/FS〉
          〈NP Language = "CHI"〉耘谷
            〈Transliteration〉Un-kok〈/Transliteration〉
          〈/NP〉
        〈/AliasCtn〉
      〈/SenseCtn〉
  〈/SenseGroup〉
```

3) 『한불자전』과 『한영자전』의 통합화된 정규화 규칙

앞 절에서 살펴 본 바와 같이, 선행연구에서 제안한 〈표 4〉의 상위규칙을 『한영자전』에 적용하기 위해서는 표제어 정보구역을 나타내는 (2)는 보완해야 하며, 의미정보 기술구역을 표상하기 위한 (3)~(5) 중 (4)에 출처 서지사항을 표시하는 〈Reference〉를 추가하고, 인명과 지명은 호환성은 유지하되 일반 어휘와는 다른 자료구조 규칙을 설정하는 것이 지식베이스 관리와 활용을 더 용이하게 할 것이다. 이 절에서는 『한불자전』과 『한영자전』의 통합적 지식베이스를 구축하는 데 필요한 자료구조 정규화 규칙을 시도하겠다.[59]

59 지명과 인명의 자료구조 정규화는 이보다 훨씬 단순하며, 〈표 10-1〉의 (31)의 일부 범주와 자질을 변경하면 되므로, 지면 제약상 이 글에서 따로 기술하지 않겠다.

〈표 10-1〉『한불자전』과 『한영자전』의 통합적 자료구조 정규화 규칙(1)

<table>
<tr><td>(1)</td><td>〈DictionaryEntry〉</td><td>::==</td><td>ENTRYid 〈HeadwordGroup〉 〈SenseGroup〉 [〈DeveloperComment〉]</td></tr>
<tr><td>(2)</td><td>〈HeadwordGroup〉</td><td>::==</td><td>〈HeadWord〉 (〈Transliteration〉 | 〈Pronunciation〉)
[〈TranslationBlock | TranslationCtn〉] [〈InflectionBlock | InflectionCtn〉]
[〈CaseMarkerBlock | CaseMarkerCtn〉] [〈OrthographyBlock | OrthographyCtn〉]
[〈DeveloperComment〉]</td></tr>
<tr><td>(3)</td><td>〈SenseGroup〉</td><td>::==</td><td>PartOfSpeech 〈SenseBlock | SenseCtn〉$^+$ [〈DeveloperComment〉]</td></tr>
<tr><td>(4)</td><td>〈AntonymBlock〉</td><td>::==</td><td>〈AntonymCtn〉$^+$ [〈DeveloperComment〉]</td></tr>
<tr><td>(5)</td><td>〈CaseMarkerBlock〉</td><td>::==</td><td>〈CasemarkerCtn〉$^+$ [〈DeveloperComment〉]</td></tr>
<tr><td>(6)</td><td>〈CollocationBlock〉</td><td>::==</td><td>〈CollocationCtn〉$^+$ [〈DeveloperComment〉]</td></tr>
<tr><td>(7)</td><td>〈DefinitionBlock〉</td><td>::==</td><td>〈DefinitionCtn〉$^+$ [〈DeveloperComment〉]</td></tr>
<tr><td>(8)</td><td>〈DerivationBlock〉</td><td>::==</td><td>〈DerivationCtn〉$^+$ [〈DeveloperComment〉]</td></tr>
<tr><td>(9)</td><td>〈ExampleBlock〉</td><td></td><td>〈ExampleCtn〉$^+$ [〈DeveloperComment〉]</td></tr>
<tr><td>(10)</td><td>〈ExlplationBlock〉</td><td>::==</td><td>〈ExlplationCtn〉$^+$ [〈DeveloperComment〉]</td></tr>
<tr><td>(11)</td><td>〈InflectionBlock〉</td><td>::==</td><td>〈InflectionCtn〉$^+$ [〈DeveloperComment〉]</td></tr>
<tr><td>(12)</td><td>〈LinkBlock〉</td><td>::==</td><td>〈LinkCtn〉$^+$ [〈DeveloperComment〉]</td></tr>
<tr><td>(13)</td><td>〈OrthographyBlock〉</td><td>::==</td><td>〈OrthographyCtn〉$^+$ [〈DeveloperComment〉]</td></tr>
<tr><td>(14)</td><td>〈RegisterBlock〉</td><td>::==</td><td>〈RegisterCtn〉$^+$ [〈DeveloperComment〉]</td></tr>
<tr><td>(15)</td><td>〈SeeAlsoBlock〉</td><td>::==</td><td>〈SeeAlsoCtn〉$^+$ [〈DeveloperComment〉]</td></tr>
<tr><td>(16)</td><td>〈SenseBlock〉</td><td>::==</td><td>[SENSEid SenseGrainSize] 〈SenseCtn〉$^+$ [〈DeveloperComment〉]
// *SENSEid is allocated, if SenseGrainSize is defined*//</td></tr>
<tr><td>(17)</td><td>〈SynonymBlock〉</td><td>::==</td><td>〈SynonymCtn〉$^+$ [〈DeveloperComment〉]</td></tr>
<tr><td>(18)</td><td>〈TranslationBlock〉</td><td>::==</td><td>〈TranslationCtn〉$^+$ [〈DeveloperComment〉]</td></tr>
<tr><td>(19)</td><td>〈AntonymCtn〉</td><td>::==</td><td>〈Antonym〉 [〈LinkBlock | LinkCtn〉] [〈DeveloperComment〉]</td></tr>
<tr><td>(20)</td><td>〈CaseMarkerCtn〉</td><td>::==</td><td>〈CaseMarker〉 [〈GivenForm〉] [〈Transliteration〉] [〈Pronunciation〉]
[〈DeveloperComment〉]</td></tr>
<tr><td>(21)</td><td>〈CollocationCtn〉</td><td>::==</td><td>(〈Collocation〉 | 〈Compound〉) 〈GivenForm〉 [〈Transliteration〉] 〈Translation〉
[〈DeveloperComment〉]</td></tr>
<tr><td>(22)</td><td>〈DefinitionCtn〉</td><td>::==</td><td>〈Definition〉 [〈DeveloperComment〉]</td></tr>
<tr><td>(23)</td><td>〈DerivationCtn〉</td><td>::==</td><td>〈Derivation〉 〈GivenForm〉 〈Transliteration〉 〈Translation〉 [〈LinkBlock | LinkCtn〉]
[〈DeveloperComment〉]</td></tr>
<tr><td>(24)</td><td>〈ExampleCtn〉</td><td>::==</td><td>〈Example〉 [〈Transliteration〉] 〈Translation〉 [〈DeveloperComment〉]</td></tr>
<tr><td>(25)</td><td>〈ExlplationCtn〉</td><td>::==</td><td>〈Exlplation〉 [〈DeveloperComment〉]</td></tr>
<tr><td>(26)</td><td>〈InflectionCtn〉</td><td>::==</td><td>〈Inflection〉 [〈GivenForm〉] [〈Transliteration〉] [〈DeveloperComment〉]</td></tr>
<tr><td>(27)</td><td>〈LinkCtn〉</td><td>::==</td><td>〈Link〉 [〈DeveloperComment〉]</td></tr>
<tr><td>(28)</td><td>〈OrthographyCtn〉</td><td>::==</td><td>(〈OrthographyVariant〉 | 〈FullForm〉 | 〈Abbreviation〉)$^+$ [〈LinkBlock | LinkCtn〉]
[〈DeveloperComment〉]</td></tr>
<tr><td>(29)</td><td>〈RegisteCtn〉</td><td>::==</td><td>〈Register〉 [〈LinkBlock | LinkCtn〉] [〈DeveloperComment〉]</td></tr>
<tr><td>(30)</td><td>〈SeeAlsoCtn〉</td><td>::==</td><td>〈SeeAlso〉 [〈LinkBlock | LinkCtn〉] [〈DeveloperComment〉]</td></tr>
</table>

<table>
<tr><td>(31)</td><td>〈SenseCtn〉</td><td>::==</td><td>SENSEid SenseGrainSize
(〈TranslationBlock | TranslationCtn〉 | 〈ExlplationBlock | ExplanationCtn〉 |
〈DefinitionBlock | DefinitionCtn〉)+ [〈DerivationBlock | DerivationCtn〉]
[〈CollocationBlock | CollocationCtn〉] [〈SynonymBlock | 〈SynonymCtn〉]
[〈AntonymBlock | AntonymCtn〉] [〈SeeAlsoBlock | SeeAlsoCtn〉]
[〈OrthographyBlock | OrthographyCtn〉] [〈RegisterBlock | RegisterCtn〉] [〈Reference〉]
[〈Style〉] [〈Domain〉] [〈ExampleBlock | ExampleCtn〉] [〈DeveloperComment〉]</td></tr>
<tr><td>(32)</td><td>〈SynonymCtn〉</td><td>::==</td><td>〈Synonym〉 [〈LinkBlock | LinkCtn〉] [〈DeveloperComment〉]</td></tr>
<tr><td>(33)</td><td>〈TranslationCtn〉</td><td>::==</td><td>〈Translation〉 [〈DeveloperComment〉]</td></tr>
</table>

〈표 10-2〉 『한불자전』과 『한영자전』의 통합적 자료구조 정규화 규칙(2) (발췌)

<table>
<tr><td>(34)</td><td>〈Abbreviation〉</td><td>::==</td><td>Language</td></tr>
<tr><td>(35)</td><td>〈Antonym〉</td><td>::==</td><td>Language</td></tr>
<tr><td>(36)</td><td>〈CaseMarker〉</td><td>::==</td><td>CaseMarkerValue Language</td></tr>
<tr><td>(37)</td><td>〈Collocation〉</td><td>::==</td><td>[PartOfSpeech] SUBENTRYid Language</td></tr>
<tr><td>(38)</td><td>〈Compound〉</td><td>::==</td><td>PartOfSpeech SUBENTRYid Language</td></tr>
<tr><td>(39)</td><td>〈Definition〉</td><td>::==</td><td>Language</td></tr>
<tr><td>(40)</td><td>〈Derivation〉</td><td>::==</td><td>PartOfSpeech Language</td></tr>
<tr><td>(41)</td><td>〈DeveloperComment〉</td><td>::==</td><td>CDATA</td></tr>
<tr><td>(42)</td><td>〈Domain〉</td><td>::==</td><td>DomainValue</td></tr>
<tr><td>(43)</td><td>〈Exlplation〉</td><td>::==</td><td>Language</td></tr>
<tr><td>(44)</td><td>〈Example〉</td><td>::==</td><td>Language</td></tr>
<tr><td>(45)</td><td>〈FullForm〉</td><td>::==</td><td>Language</td></tr>
<tr><td>(46)</td><td>〈GivenForm〉</td><td>::==</td><td>Language</td></tr>
<tr><td>(47)</td><td>〈HeadWord〉</td><td>::==</td><td>Etymology Language</td></tr>
<tr><td>(48)</td><td>〈Inflection〉</td><td>::==</td><td>InflectionValue Language</td></tr>
<tr><td>(49)</td><td>〈Link〉</td><td>::==</td><td>ENTRYid SENSEid</td></tr>
<tr><td>(50)</td><td>〈OrthographyVariant〉</td><td>::==</td><td>Language</td></tr>
<tr><td>(51)</td><td>〈Pronunciation〉</td><td>::==</td><td>[LengthOfFirstSyllable] [Language] CDATA</td></tr>
<tr><td>(52)</td><td>〈Register〉</td><td>::==</td><td>RegisterValue Language</td></tr>
<tr><td>(53)</td><td>〈SeeAlso〉</td><td>::==</td><td>Language</td></tr>
<tr><td>(54)</td><td>〈Style〉</td><td>::==</td><td>StyleValue</td></tr>
<tr><td>(55)</td><td>〈Synonym〉</td><td>::==</td><td>Language</td></tr>
<tr><td>(56)</td><td>〈Translation〉</td><td>::==</td><td>Language [PartOfSpeech]</td></tr>
<tr><td>(57)</td><td>〈Transliteration〉</td><td>::==</td><td>Language</td></tr>
<tr><td>(58)</td><td>CaseMarkerValue</td><td>::==</td><td>"subjective" | "accusative" | "dative"</td></tr>
<tr><td>(59)</td><td>DomainValue</td><td>::==</td><td>"medecin" | "math" | "</td></tr>
<tr><td>(60)</td><td>Etymology</td><td>::==</td><td>"CHI" | NONE</td></tr>
<tr><td>(61)</td><td>InflectionValue</td><td>::==</td><td>"conjuntive" | adjectival"</td></tr>
</table>

(62)	Language	::==	"KOR" | "FRA" | "CHI" | "ENG"
(63)	LengthOfFirstSyllable	::==	"long" | "short"
(64)	PartOfSpeech	::==	"noun" | "verb" | "adjective" | "adverb" | "postposition" | "ending" | "v.t" | "v.i."
(65)	RegisterValue	::==	"honorific" | "diminutive" | "province"
(66)	SenseGrainSize	::==	"1" | "2" | "3"
(67)	StyleVlaue	::==	"epistolary"
(68)	ENTRYid	::==	e〈integer〉
(69)	SENSEid	::==	e〈integer〉
(70)	SUBENTRYid	::==	e〈integer〉

최상위 구조를 기술하는 〈표 10-1〉의 (1)~(3)은 〈표 4〉 및 〈표 4-1〉에서 설명한 바와 같다. 〈표 10-1〉의 (4)~(18)은 블록이 한 개 이상의 함을 포함하는 관계를 규정한다. 단, (16)처럼 일정한 조건에서 특정한 범주나 자질이 추가 정의될 수 있다. (19)~(33)은 함의 정규화 규칙이다. 각 함은 핵이 되는 범주 / 자질과 다른 필수적, 의존적 범주 / 자질로 구성된다. 〈표 4〉에서 설명한 바 있는 (31)이 그 대표적인 예이다.

〈표 10-2〉의 (34)~(57)은 범주의 정규화 규칙인데 오른쪽 항은 이를 구성하는 필수적 또는 의존적 자질이다. (58)~(67)은 자질과 그 값을 규정한다. (68)~(70)은 표제어, 의미, 하위표제어의 고유번호를 나타내는 숫자가 정수임을 정의하고, (41) 오른쪽 항의 "CDATA"는 범주, 자질, 값으로 정규화할 수 없는 자료를 뜻하며, 〈DeveloperComment〉의 특성을 반영한다.

5. 이어가기

이 글에서는 국내 최초의 체계적인 이개어사전인 『한불자전』의 특성을 정확하게 분석하기 위해 『한영자전』과의 정밀 비교가 필요하며, 이를 위해 통합적인 지식베이스를 구축하기 위한 정규화 규칙을 제안하였다. 다양한 분야의 학문 분야에 파급력이 클 것으로 예상되는 통합적 지식베이스 구축 범위는 비단 『한불자전』과 『한영자전』에만 제한하지 않을 것이다. 이 글에서 제안한 규칙을 일부 수정 · 보완하면 다른 개항기 사전이나 현대 한국어사전의 지식베이스 구축에도 적용할 수 있다. 필자를 비롯한 다른 연구진이 동참하기 위해서는 LEXml을 이용한 표준화도 필요하지만, 통합되는 지식베이스의 원자료가 다양하고 그 수가 늘어날수록 한국어 어휘의미의 크기와 정의에 기준이 되는 사전이 필요하다. 이를 위해 우리는『표준국어대사전』을 기준으로 삼을 것이다. 이때 사용하는 '기준'이라는 용어는 모든 것이 완전한 '모범(norm)'이 아니라, 비교를 하는 데 있어 '닻(anchor)'의 역할을 하는 '참조(reference)'를 의미한다.[60]

여기서 좀 더 근본적인 두 가지 질문에 답하면서 이 글을 마치겠다.

첫째, 왜 이 시점에 『한불자전』 연구가 다시 필요한가? 『한불자전』에 상당한 언어학적, 사전학적, 문화적인 정보가 포함되었으나, 이에 대한

60 『표준국어대사전』에 대해서는 사전학 및 한국어학계의 평가가 엇갈린다. 표제어 선정, 어휘의미 분할, 기술의 정규성 부족, 편찬 과정 등 여러 가지 문제점이 지적되지만, ① 자료가 일반에게 공개되어 있고(http://www.korean.go.kr), ② 한국어 정책을 담당하는 유일한 국가 연구기관인 국립국어원이 관리하고 있으며, ③ 이를 토대로 새로운 사전의 편찬과 다른 사전과의 연계성을 모색하고 있다는 점에서 이 글과 후속 연구에서 '기준'으로 사용할 충분한 이유가 있다고 판단한다.

전체적인 분석이나 객관적인 평가가 제대로 이루어지지 못했기 때문이다. 비록 프랑스 신부들이 라틴어나 프랑스어 사전 등을 통해 사전의 체제를 잘 알고 있었고, 중국 경험을 통해 한자어에 대한 지식이 있었다고 하더라도, 미지의 언어인 한국어를 기술하는 데 『한불자전』와 같은 체계적인 형식을 만들어 내는 것은 쉽지 않은 일이다. 후에 발간된 한영사전류가 『한불자전』의 기술 체계에 기댄 점이 이를 반증한다. 편찬된 지 130년이 지난 이 사전을 과대평가할 필요도 없으나 그렇다고 지나치게 폄하해서도 안 되며, 철저하게 1차 자료에 근거하여 사실 관계를 밝혀야 한다. 하지만, 시간이 흐를수록 1차 자료에 대한 접근성이 낮아지고, 이와 더불어 분과 학문적 장벽이 평가의 시각을 좁혀, 이 사전이 부당하게 폄하되거나 자료 자체의 존재가 잊혀져 가고 있다. 사전 편찬사의 관점에서도 『한불자전』의 연구는 중요하다. 전문 학계든 일반 학자든 '제대로 된 한국어사전'[61]의 부재를 개탄하면서, 한국어사전의 역사는 소위 '베끼기'의 역사로 질타한다. 베끼기의 역사를 밝히기 위해서라도 1차 자료에 근거한 비판이 필요하며, 앞으로 제대로 된 사전을 만들어 내기 위해서도 중요한 사전의 1차 자료를 축적하고 보관해야 한다.

둘째, 왜 많은 시간과 노력을 들여 『한불자전』, 『한영자전』 등과 같이 인쇄된 텍스트를 지식베이스로 구축하는가? 이는 1차 자료의 축적 및 보관 방식뿐 아니라 활용 방식과 밀접히 관계된다. 이 글 2절에서 매우 단순하게 한자어 표제어를 디지털화 한 자료를 이용해 『한불자전』과 전

61 '제대로 된 사전'이란 많은 수의 표제어나 고도의 형식화 정도뿐만 아니라 상세한 용법, 출처, 어휘의 역사성 등이 정밀하게 수록된 프랑스어의 *TLF*(*Trésor de la Langue Française*)나 영어의 *Webster* 사전 등을 지칭할 것이다.

후 발간된 유해 및 사전류와의 관계에 대한 선행 연구의 주장을 반박한 예를 보았다. 하지만 이 자료로는 그 이상의 연구를 수행하기는 어렵다. 따라서 중요 사전을 디지털화 하되, 다양한 목적에 활용할 수 있도록 고도화된 지식베이스로 구축하자는 것이고, 그것도 많은 사전의 지식베이스를 통합할 수 있도록 하여 활용성을 높이자는 것이다.

참고문헌

1. 1차 자료

① 인쇄본

Gale, James Scarth, 「서문 : 사전」·「부록」, 『韓英字典(*A Korean-English Dictionary*)』, 耶穌教書會(Yokohama : The Fukuin Printing Co.), 1911.

______________, 「서문 : 사전」, 「부록」, 『韓英大字典(*The Unabridged Korean-English Dictionary*)』, Seoul : The Christian Literature Society of Korea, 1931.

Les Missionnaires de Corée, 「서문 : 사전」·「제1부록」·「제2부록 : addenda」, 『한불자전(韓佛字典, *Dictionnaire Coréen-Français*)』, Yokohama : C. Lévy, 1880.

② 디지털 자료

국립국어원, 『표준국어대사전』, 웹버전(http://stdweb2.korean.go.kr/main.jsp), 2008.

이은령 외, 『웹으로 보는 『한불ᄌᆞ뎐』 1880 version 1.0』, D-2008-000026(한국저작권협회 DB등록번호), 2008a.

________, 『웹으로 보는 『한영자뎐』 1911 version 1.0』, D-2008-000027(한국저작권협회 DB등록번호), 2008b.

부산대 인문학연구소 인문정보학 센터, 『지능형 개화기 한국어사전』(http://corpus.fr.pusan.ac.kr/dicSearch).

한국학 중앙 연구원, 『한국역대인물 종합정보시스템』(http://people.aks.ac.kr/index.aks).

2. 2차 자료

강이연, 「19세기 후반 조선에 파견된 파리 외방전교회 선교사들의 불한사전(Dictionnaire Français-Coréen) 연구」, 『교회사 연구』 22, 한국교회사연구소, 2004.

_____, 「최초의 한국어 연구 : 한·불, 불·한 사전들과 한국어 문법서」, 『프랑스학연구』 31, 프랑스학회, 2005.

고영근, 「19세기 중엽의 불란서 선교사들의 한국어 연구에 대하여」, 『국어국문학』 72·73, 국어국문학회, 1976.

_____, 「초기 서양인의 한국어 연구」, 『선청어문』 11·12, 서울대 국어교육과, 1981.

서민정 외, 「개화기 우리말 기술에 반영된 서구 언어적 시각 : 『한불ᄌᆞ뎐』과 『한영ᄌᆞ뎐』을 중심으로」, 『한글』 283, 한글학회, 2007.

송 민, 「19세기 천주교자료의 국어학적 고찰」, 『국어국문학』 72·73, 국어국문학회, 1976.

_____, 「프랑스 선교사의 한국어 연구 과정」, 『교회사 연구』 5, 한국교회사연구소, 1987.

신중진, 「개화기에 신생한 '電' 관련 어휘에 대하여」, 『한국어학』 29, 한국어학회, 2005.

_____, 「한국 근대 초기의 '洋' 관련 서구문명 어휘에 대하여」, 『국어국문학』 144, 국어국문학회, 2006.

안재원·김현권, 「『Parvum Vocabularium Latino-Coreanum(나선소사전)』과 『나한사전』의 학적가치와 중요성에 대하여」, 『한국사전학』 7, 한국사전학회, 2006.

윤애선, 「표준화된 전자사전 개발을 위한 정보 구조 및 사용자 환경 설계와 그 응용」, 『한국프랑스학논집』 33, 한국프랑스학회, 2001.

_____, 「지식베이스 구축을 위한 『한불ᄌᆞ뎐』(1880) 어휘부의 미시구조 분석」, 『불어불문학연구』

78, 한국불어불문학회, 2009.
윤애선 · 정휘웅, 「전자사전 국제기술표준 LEXml의 정합성 및 확장성 : 단일어 및 다국어사전에의 적용」, 『한국프랑스학논집』 54, 한국프랑스학회, 2006.
이병근, 「근대 국어 시기의 어휘 정리와 사전적 전개」, 『진단학보』 74, 진단학회, 1992.
______, 『한국어사전의 역사와 방향』, 태학사, 2000.
______, 「서양인 편찬의 개화기 한국어 대역사전과 근대화」, 『한국문화』 28, 서울대 한국문화연구소, 2001.
이상현, 「언더우드의 이중어사전 간행과 한국어의 재편과정」, 『한국어 이중어사전 : 19세기 말~20세기 초 이중어사전의 재인식』, 부산대 인문학연구소, 2010.
이숭녕, 「천주교 신부의 한국어 연구에 대하여」, 『아세아연구』 18, 고려대 아세아문제연구소, 1965.
이원순, 「초기 한국 그리스도교사의 비교사적 일고」, 『한국학보』 7(2), 한국학보, 1981.
이은령, 「19세기 이중어사전 『한불자전』(1880)과 『한영자전』(1911) 비교 연구」, 『한국프랑스학논집』 72, 한국 프랑스학회, 2010.
이은령 · 윤애선, 『통합적 지식베이스 구축을 통한 '잊혀진' 한국어 대역사전의 공시적 / 통시적 관계의 정립』, 부산대 인문학연구소 인문정보학센터, 2010.3.9(미출판).
이응호, 「외국인의 사전 편찬 사업」, 『명지어문학』 7, 명지어문학회, 1971.
______, 「『한불즈뎐』에 대하여」, 『한글』 179, 한글학회, 1983.
이지영, 「사전 편찬사의 관점에서 본 『韓佛字典』의 특징」, 『한국문화』, 48, 규장각 한국학연구원, 2009.
채 완, 「『한불즈뎐』의 뜻풀이에 대한 고찰」, 『한국어의미학』 26, 한국어 의미학회, 2008a.
______, 「『한불즈뎐』의 의태어 연구」, 『이숭령 현대국어학의 개척자 : 심악 이숭녕 선생 탄신 100주년 기념 논집』, 태학사, 2008b.
______, 「19세기 한국어의 친족어 연구 : 『한불즈뎐』 등재어를 중심으로」, 『한국어 이중어사전 : 19세기 말~20세기 초 이중어사전의 재인식』, 부산대 인문학 연구소, 2010.
허재영, 「근대계몽기 교과서와 근대어 사전 편찬의 필요성」, 『한국어 이중어사전 : 19세기 말~20세기 초 이중어사전의 재인식』, 부산대 인문학 연구소, 2010.
홍윤표, 「국어정보화와 사전」, 부산대 HK [고전번역 + 비교문화연구단] 제16차 초청강연회 발표문, 2009.11.18(미출판).
황호덕, 「번역가의 왼손, 이중어사전의 통국가적 생산과 유통 : 언어정리 사업으로 본 근대 한국(어문)학의 생성」, 『상허학보』 28, 상허학회, 2010.
황호덕 · 이상현, 「번역과 정통성, 제국의 언어들과 근대한국어 : 유비 · 등가 · 분절, 영한사전의 계보학」, 『동아시아에서의 번역과 정치』, 한국번역비평학회 · 고려대 아세아문제연구소, 2011.
ISO N274, ISO / TC37 / SC2 N274 *Presentation / Representation of Entries in Dictionaries*(www.tc37sc4.org), 2003.

제3부

『한불자전』과 19세기 한국어

19세기 한국어의 친족어 연구*

『한불자전』 등재어를 중심으로

채완

1. 서론

한국어의 친족어는 본래 친가와 외가, 즉 同姓과 異姓 친족에 대한 호칭을 구별하지 않았다가 혼인제도가 달라진 18세기 이후에야 동성과 이성 친족의 호칭을 구별하게 되었다고 한다.[1] 19세기에 와서 친족어는 현대어와 거의 같은 체계를 갖추게 되었는데 그 가운데서도 형태나 의미 면에서 현대와 차이를 보이는 친족어가 상당수 있다. 이 글에서는

---

* 이 글의 주요 내용은 다음과 같이 일본어로 먼저 발표되었다.
蔡琬, 「19世紀の韓國語における親族語 : 『韓佛字典』の見出し語お中心に」, 油谷幸利先生還暦記念論文集刊行委員會 編, 『朝鮮半島のことばと社會』, 明石書店, 2009.11.10, 214~235면.

1 박병호(2003 : 95~96)에 의하면 한국의 혼인 풍속은 16세기 무렵까지도 현재와 다른 '男歸女家婚俗'이었다고 한다. 즉 남자가 처의 친정에서 생활하면서 자식을 낳고 그 자손은 외가에서 성장하게 되므로, 친족어도 本宗과 外親을 구별하는 중국식 친족어 체계와 달랐다고 한다. 내외종 형제자매, 이종 형제자매, 외삼촌과 생질이 같은 집에서 살게 되니 호칭도 성이 같은 동종과 다르지 않았다는 것이다. 宗法的 가족제도가 뿌리를 내리고 '남귀여가혼속'이 쇠퇴한 18세기 이후에야 지금처럼 本宗(同姓)과 姨從(異姓, 外親)의 호칭이 확연히 구별되게 되었다고 한다.

『한불자전(韓佛字典)』[2]에 실린 어휘 항목을 토대로 19세기의 친족어를 살펴봄으로써 근세시기의 언어생활의 한 단면을 정리해 보고자 한다.

'친족어'란 혈연이나 혼인으로 이루어지는 인간관계를 나타내는 어휘로 '어머니, 아버지, 동생, 누나, 할아버지' 따위와 같은 말을 포함한다. 이 글에서는 친족 사이의 관계를 나타내는 관계어와, 친족원을 부르거나 가리키는 호칭 · 지칭어를 포괄하는 의미로 '친족어'라는 용어를 사용한다. 호칭과 지칭은 다른 개념이지만 대부분의 친족어가 호칭과 지칭을 겸하는 경우가 많고 또한 당시의 용례가 충분하지 않으므로 꼭 필요한 경우가 아니면 호칭어와 지칭어를 구별하지 않는다. 친족관계는 매우 복잡하고 그 범위도 넓으므로 이 글에서는 '직계친족', '방계친족', '배우자와 배우자의 친족', '기타'로 나누어 살펴보고자 한다.

아직까지 이 글의 연구 주제인 19세기 한국어의 친족어를 전반적으로 다룬 연구는 찾기 어렵다. 연관되는 연구로는 조선시대의 문헌 자료에 나오는 친족어를 정리한 이숭녕(1968b), 유창돈(1971), 이응백(1989) 등이 있다. 이숭녕(1968b)에서는 15세기의 문헌 자료를 토대로 한자어를 배제한 고유어 가족 호칭어를 정리하였고, 유창돈(1971 : 127~132)에서도 중세와 근세의 몇몇 문헌에 나타나는 고유어 친족어를 추출하여 제시하였다. 이응백(1989)은 훈민정음 창제 이후부터 현대까지를 대상으로

2 『한불자전』은 조선 말기에 프랑스 신부들에 의해 편찬되어 1880년에 일본 요코하마에서 간행되었다. 『한불자전』의 핵심이 되는 '사전(Lexicographique)'의 각 표제항은 한글 표제어, 로마자 표기, 한자 표기, 불어 뜻풀이의 순서로 서술되어 있다. 『한불자전』은 개념적 의미뿐 아니라 연관어와 같은 부가적 정보와 평가적, 사회적 의미와 같은 부가적 의미까지도 서술하여 실용사전으로서 손색없는 체계를 갖추고 있다. 부록인 '문법(Grammaticale)'과 '지리(Géographique)'도 매우 유용한 자료다. 『한불자전』의 편찬 경위에 대해서는 이숭녕(1968a), 이응호(1983), 채완(2008a · 2008b), 뜻풀이에 대해서는 채완(2008a) 참고.

주요 문헌에 나타난 친족어를 정리하였으나 『한불자전』을 비롯한 최근 세 시기의 사전들은 다루지 않아서 전체적인 체계를 보이기에는 부족하다. 이 연구들은 한정된 문헌에서 대표적인 어형만을 추출하는 형식으로서, 정밀한 연구는 이루어지지 않았다.

친족어를 어휘사적 관점에서 정리한 조항범(1987a; 1987b)도 참고가 된다. 조항범(1987a)에서는 [父母][3] 관련 호칭에 대하여, 그리고 조항범(1987b)에서는 [伯・叔父母] 관련 호칭에 대하여 어원, 형태, 의미의 변화 과정 등을 고찰하였는데, 특히 이 글에서 검토하고자 하는 『한불자전』의 자료도 일부 언급되어 있어 관심을 끈다. 그러나 여기서도 친족어 전반이 다루어진 것은 아니다.

이 글에서는 19세기의 친족어를 세밀하게 살펴보기 위해 『한불자전』에 실린 친족어를 뽑아내어 정리하고 현대어와 비교하였다. 『한불자전』에는 친족어가 9촌, 玄祖(오대조)에 이르기까지 넓은 범위가 실려 있지만 대체로 사촌 이상은 기본 호칭에 촌수를 덧붙인다든지 '堂(예 : 堂叔)', '從(예 : 從叔, 從祖)'과 같은 접두사를 더하는 식으로 규칙적으로 만들어지므로 대략 사촌 안팎으로 대상을 한정시켰다. 또한 '조부, 증조부, 숙모' 등과 같은 한자어들은 변화가 거의 없으므로 예들은 함께 제시하지만 변화 양상은 주로 고유어에 나타나는 것을 살펴보았다. 현대어에서의 쓰임은 『표준국어대사전』을 기준으로 삼았다.

---

3 친족어의 기본의미를 [ ] 속에 나타낸다.

2. 직계친족[4]

1) 직계존속

직계존속은 다시 부계와 모계로 나뉜다. 부계 직계존속은 '玄祖父母, 高祖父母, 曾祖父母, 祖父母, 父母'에 해당하는 친족어들이 『한불자전』에 실려 있다. 현조부터 증조까지는 고유어 없이 한자어로만 실려 있고, 조부모와 부모에 대해서는 다음 ①, ②와 같이 한자어와 함께 여러 개의 고유어 호칭들이 등재되어 있다. '증조할아버지, 고조할머니' 등과 같은 현대어의 용법으로 미루어 보아 증조부 이상 존속의 경우 [祖父母]의 호칭에 각각 '증죠(曾祖)', '고죠(高祖)'를 덧붙여 불렀을 것으로 추정된다.

① **[祖父]** 한아비, 할아븨양(방언), 할아베, 할아버니, 할아비, 죠부(祖父)

② **[祖母]** 할믜암, 할메, 할머니, 할미, 죠모(祖母)

①의 '할아븨양(방언)'과 같이 『한불자전』에서는 부가적 정보를 괄호 '( )' 안에 설명하였다. '할아븨양'을 '방언'이라고 부가 설명한 것으로 보아 편찬자들이 중앙어와 대비되는 방언의 존재를 인식하고 있었음을 알 수 있는데, 어떤 지역의 방언형인지는 밝히지 않았다. 현대와 같은 표준어 규정은 없었지만 한양(지금의 서울)에서 멀리 떨어진 지역의 말이었을 것으로 추측할 수 있다.

---

4 직계혈족과 그들의 배우자를 포괄하는 의미로 '직계친족'이라는 용어를 사용하였다.

같은 대상에 대해 ①, ②와 같이 다양한 표현이 존재하는 것은 존칭, 평칭, 비칭 등 경어법에 따른 변이형들과 방언형 등을 모두 수록하였기 때문으로 보인다. 표제어에 따라 '존칭', '비칭', 또는 '방언'과 같은 부가 정보가 표시되기도 했지만 일부 단어에 한정되어 부가적 의미를 모두 확인하기는 어렵다.

'할미'는 '할머니'에 대한 自稱이나 卑稱이었을 것으로 추정된다. 뜻풀이에 '늙은 여인'이라고만 서술되어 있지만 기원적으로 친족어에서 일반어로 용법이 확장된 것이다. '한아비'도 일반어로 확장되었지만 [祖父]의 의미도 여전히 나타냈던 것으로 설명되어 있다. 현대어에서도 '할아비(< 한아비), 할미'는 '할아버지, 할머니'의 자칭이라는 본래의 용법과 함께, 친족이 아닌 늙은이를 가리키는 말로도 사용된다.

③ 한아비(祖)[5] = 늙은이, 할아버지(늙은이를 부르는 말로, 진짜 할아버지가 아닐 때도 그렇게 부를 수 있다.)

'부모'를 호칭하거나 지칭하는 말들은 다음과 같다.

④ **[父]** 아바님, 아비암, 아베, 아범, 아버니, 아버지, 아비, 가친(家親. 존칭어), 부(父), 엄부(嚴父. 존칭어), 엄친(嚴親. 존칭어), 부친(父親)

⑤ **[母]** 어매암(방언), 어맘, 어메, 어멈, 어머니, 어미, 모(母), 모친(母親. 존칭어)

---

5 뜻풀이 앞에 '='는 『한불자전』의 표제어와 뜻풀이를 분명하게 구별하기 위해 필자가 표시하였다.

당시에는 부모에 대한 호칭이 상민과 양반이 달랐던 것으로 나타난다. 『한불자전』을 보면 상민은 아버지를 '아버니'라 부르는데, 특히 양반 앞에서 부를('appeler') 때는 '아베'라 하고 가리킬('désigner') 때는 '아범'이라 하며, 양반도 상민의 아버지를 '아범'이라 부른다고 설명하고 있다. 지칭이나 호칭의 대상이 되는 사람이 화자보다 높은 등급이더라도 청자가 그 대상자보다 더 높은 등급인 경우에는 말을 낮추어야 하는 압존법이 있었던 것이다.[6]

⑥ ㄱ. 아베(父) = 아버지(상민의 자식이 양반 앞에서 자기 아버지를 부르는 말)
ㄴ. 아범(父) = 아버지(상민의 자식이 양반 앞에서 자기 아버지를 가리키는 말로, 양반도 그들에게 같은 말을 쓴다)
ㄷ. 아버니(父) = 아버지(상민의 말)

'모친, 가친, 엄부, 엄친' 등에는 '존칭어'라는 부가 설명이 있어 당시에 한자어가 고유어보다 존칭어로 인식되고 있었음을 알 수 있다. '부친'에는 존칭어라는 부가 설명이 없으나 '모친'으로 미루어 존칭어였을 것이다.

①, ②, ④, ⑤에 제시된 예들 중 일부는 현대의 경북 북부지역(영해, 안동, 영풍 지역) 班村 방언형과 유사한 형태들이 있어 그 연관성이 주목된다. 이들 지역에서 남성 화자가 직계존속을 부를 때는 '할배, 할매, 아배, 어매'라 하고, 여성 화자가 남편의 직계존속을 부를 때는 '할뱀, 할맴, 아뱀, 어맴'이라 하는데, 의미영역은 다르지만[7] 형태상으로 『한불자전』과

6 '압존(壓尊)ᄒᆞ다'라는 표제어도 『한불자전』에 실려 있다.

7 최명옥(1982 : 6 · 14)에 의하면, 세 지역 모두 종조부모를 '할배, 할매'라 하고, 영풍에서는 증

상당한 일치를 보인다. 다만 『한불자전』의 '아베'는 상민의 말인 데 반하여, 경북 방언의 '아배'는 양반(반촌)의 말이라는 점에서 직접적인 대응은 어렵다. '祖父' 어휘는 직접적인 대응어는 없지만 참고로 제시하였다.

〈표 1〉 『한불자전』과 경북 북부 방언의 친족어 비교

분류	祖父	祖母	父	母
한불자전	(할아베) / *	할메 / 할믜암	아베 / 아븨암	어메 / 어매암
경북 북부 방언	할배 / 할뱀	할매 / 할맴	아배 / 아뱀	어매 / 어맴

모계 직계존속에 대한 친족어는 따로 구별되어 있지 않다. 『한불자전』에 다음 ⑦의 예들 정도만 실려 있으며, ⑧과 같이 기본 친족어에 '외'를 덧붙여 만드는 것으로 설명되어 있다.

⑦ 외죠(外祖), 외죠모(外祖母)

⑧ 외(外) = 친족명 앞에 붙어 어머니 쪽 친척이거나, 딸 쪽 후손임을 가리킨다.

아버지의 외가, 즉 아버지의 어머니 쪽 친족을 가리키는 말은 기본 친족어에 '陳外-'를 접두시켜 만들었다. 예를 들면 아버지의 외삼촌 내외는 '진외삼촌(陳外三寸), 진외슉모(陳外叔母)'이고 아버지의 외조부모는 '진외죠부(陳外祖父), 진외죠모(陳外祖母)'이다(이 글의 3절 2항 참고).

조부모와 조부모도 같은 말로 부른다고 하며, 여성의 경우 세 지역 모두 시종조부모를 '할뱀, 할맴'이라 부르고, 영풍에서는 증조부모와 조부모도 같은 말로 부른다고 한다. 경북 북부 지역 반촌과 민촌의 친족어에 대해서는 강신항(1976) 참고.

2) 직계비속과 그 가족

직계비속 친족어는 ⑨~⑫와 같다. 현대어와 비교해 볼 때 표기법의 차이로 인한 변화 외에는 거의 그대로 이어져 옴을 알 수 있다. 아들 딸 모두 맏이를 이르는 말이 따로 있는 점에서 장남, 장녀를 중하게 여겼음을 짐작할 수 있다. '맛-(＞맏-)'은 형제자매 중 첫째를 의미하기도 하고 손위를 의미하기도 하여 중의적이지만 『한불자전』에서는 '長子, 長女'라고 한자로 명시하였으므로 '첫째'로 해석하였다. 비속 관련 친족어는 다양하게 발달하지 않았다. 비속에게는 직접 이름을 부르기 때문이다. 다음 예들은 지칭어들이다.

⑨ **[子]** 아ᄃᆞᆯ, ᄌᆞ(子); 맛아ᄃᆞᆯ, 맛놈, 쟝ᄌᆞ(長子)

⑩ **[女]** ᄯᆞᆯ; 맛년(長女)

⑪ **[孫]** 손(孫), 손ᄌᆞ(孫子), 손녀(孫女); 외손(外孫), 외손ᄌᆞ(外孫子)

⑫ **[曾孫]** 증손ᄌᆞ(曾孫子), 증손녀(曾孫女)

직계비속의 배우자를 이르는 친족어는 ⑬~⑮와 같다. 직계비속의 배우자는 이름을 부르지 않는다. 현대어에서는 '새아기(며느리)'라든지 '성 + 서방(사위)' 같은 호칭이 따로 있는데, 『한불자전』에는 그에 해당하는 호칭어는 없고 지칭어만 실려 있다. '밋며ᄂᆞ리'는 '결혼할 수 있는 나이가 될 때를 기다리며 장래의 시아버지 집에 미리 가서 사는 어린 소녀'를 가리킨다.

⑬ **[아들의 배우자]** 며느리(媳婦), ᄌᆞ부(子婦); 믓며느리(幼婦)

⑭ **[딸의 배우자]** 사회(婿)

⑮ **[손자녀의 배우자]** 손부(孫婦), 손셔(孫婿)

직계비속의 배우자(며느리, 사회)의 부모는 현대어와 마찬가지로 '사돈(査), 사장(査丈)'으로 불렀다. '사쟝'은 '자매의 시아버지, 며느리의 아버지, 사돈'으로 풀이되어 있다. 현대어라면 '자매의 시아버지'는 '사장', '며느리의 아버지'는 '사돈'으로 구별되나, 『한불자전』에서는 '사쟝'과 '사돈'을 같은 말로 보았다. 그러나 '사돈' 쪽 뜻풀이에서는 '사쟝'에 대한 언급이 없다.

3. 방계친족[8]

1) 형제자매[9]와 그 가족

(1) 남성 화자

남성 화자가 [兄]을 부르거나 가리키는 말은 다음과 같다.

8 자기의 형제자매와, 형제자매의 직계비속, 직계존속의 형제자매 및 그 형제자매의 직계비속을 방계혈족이라 이른다. 여기서는 혈족뿐 아니라 그들의 배우자까지를 포함하기 위해 '방계친족'이라 하였다.

9 '兄弟'는 좁은 의미로는 같은 부모에게서 태어난 남자 동기를 가리키는 말이지만 현대에는 여자 동기(자매)에게도 쓴다. 그러나 이 글에서는 혼란을 피하기 위해 '兄弟'는 남자에게만 한정해서 쓰고, 여자에게는 '姊妹'라는 용어를 쓰기로 한다. 예를 들면 여성의 손위 남자 동기는 '오라버니'지만 기본 의미로 나타낼 때는 [兄]이 되는 것이다.

⑯ **[兄]** 형(兄), 엄부형(嚴父兄. 존칭어); 빅씨(伯氏. 존칭어), 쟝형(長兄); 즁형(仲兄)

19세기에는 '형'의 의미 영역이 현대어와 상당히 달랐던 것으로 나타난다. 『한불자전』에 의하면 '형'은 ⓐ 남녀 각각 同性인 손위의 동기를 부르는 말, ⓑ 친족이 아닌 연장자에 대한 존칭어, ⓒ 오빠의 아내를 부르는 말, ⓓ 손위의 시누이를 부르는 말('형님'의 형태로)이다.[10] 이 중 ⓐ과 ⓒ의 의미가 현대어와 다르다. 현대어에서는 여성끼리는 '형'이라 하지 않고 '언니'라고 부르며, 오빠의 아내도 '형'이라고 부르지 않고 '새언니'라 부른다. 현대의 표준어에서 여성끼리 '형'을 쓰는 경우는 '형님'의 형태로 굳어져서 손위의 동서나 손위의 시누이를 호칭 · 지칭하는 경우뿐이다. 남편의 형의 아내에 대해서 '형님'이라고 부르는 용법은 『한불자전』에는 실려 있지 않다(〈표 8〉 참고).

『한불자전』에는 '언니'가 실려 있지 않고 『한영자전』에도 없어서 19세기 말 무렵에 '언니'가 사용되었는지 여부가 나타나지 않는다. 그러나 1920년에 출간된 『朝鮮語辭典』에서는 '언니'를 '幼兒가 '兄'을 부르는 말'이라고 설명하고 있다. 즉 '언니'가 당시에는 '형'의 유아어로서 남녀 모두가 同性의 손위 동기를 부르는 말이었던 것이다. 그러던 것이 현대에 와서 '형'은 남자끼리, '언니'는 여자끼리 부르는 말로 변하였다.

다음은 남성 화자가 [弟]를 이르는 말이다.

---

10 '형님'은 표제어로는 실려 있지 않고 '싀누의' 항의 설명에 나타난다. 친족 관계의 설명은 어휘 항 하나하나의 뜻풀이뿐 아니라 연관어의 뜻풀이까지 종합한 것이다.

⑰ **[弟]** 아ᄋᆞ / 아으 / 아이 / 아오,[11] 뎨(弟), 동싱(同生), 뎨씨(弟氏. 존칭어), 계씨(季氏. 존칭어)

'아ᄋᆞ'와 '동싱'은 남녀 각각 동성의 손아래 동기를 가리키는 말로 풀이되어 있는데, 현대어에서는 성별의 차이 없이 이성의 손아래 동기에게도 사용한다. 예컨대 '아우 보다, 아우 타다' 같은 관용어에서 '아우'는 특정한 性을 지시하지 않는다.

다음은 남성 화자가 [姊妹]를 부르거나 가리키는 말들이다. '누의'는 손위, 손아래를 통칭하였다.

⑱ **[姊]** 누님(娣), 맛누의(娣), 누의

⑲ **[妹]** 누의, 매(妹)

이상 살펴본 내용을 표로 정리하면 다음과 같다. 그들의 배우자는 현대어와 같으므로 〈표 2〉로만 보인다.

〈표 2〉 남성의 형제자매와 그 배우자

분류	형제자매	형제자매의 배우자
兄	형, 빅씨, 쟝형, 즁형	형슈(兄嫂), 아자먼이
弟	아ᄋᆞ, 동싱	계슈 / 계수(季嫂), 뎨슈(弟嫂), 아자먼이
姊	누님, 맛누의	매형(妹兄)
妹	누의, 매(妹)	매부(妹夫)
姊妹(通稱)	누의	–

11 '아ᄋᆞ / 아으 / 아이 / 아오'는 별개의 표제어로 실려 있으나 의미는 모두 같으므로 이하 '아ᄋᆞ'를 대표형으로 인용한다. 이들이 방언형인지 또는 다른 차이를 반영한 형태인지는 드러나 있지 않다.

(2) 여성 화자

여성 화자가 형제자매를 부르거나 가리키는 말은 다음과 같다.

⑳ **[兄]** 오라버니(男同生), 오라비(男同生)

㉑ **[弟]** 뎨(弟), 뎨씨(弟氏. 존칭어)

㉒ **[姊]** 형(兄)

㉓ **[妹]** 아ᄋᆞ(弟), 동싱(同生), 계씨(季氏. 존칭어)

⑳과 ㉓을 보면 '同生'이 손위, 손아래의 동기에게 모두 사용되었다. 본래 '동싱'은 같은 부모에게서 난 친동기간이라는 뜻으로 『대명률직해』에 '同生姊妹, 同生兄弟'와 같은 용례가 나타난다(박병호, 2003 : 98). '同生姊妹, 同生兄弟'에서의 '同生'은 같은 부모의 자식이라는 뜻의 수식어로 사용된 것이다. 『17세기 국어사전』에도 그러한 의미로 '동싱형(親兄), 동싱아ᄋᆞ(친아우), 동싱형뎨처(친형제의 아내)' 같은 예들이 실려 있다.

'동싱'이 ⑳에서는 ⓐ '親同氣', ⑰과 ㉓에서는 ⓑ '同性의 손아래 同氣'라는 의미로 사용되어 앞뒤가 맞지 않는 것은 '동싱'의 의미 이동 과정을 보여주는 것이다. 본래 ⓐ의 의미였던 말이, 『한불자전』의 시대에는 ⓐ, ⓑ가 혼용되어 쓰이다가, 이후에 ⓑ의 의미로 이동된 것으로 해석된다.

㉒는 남성뿐 아니라 여성도 동성의 손위 동기를 '형'이라고 불렀던 것을 보여준다. 현대어에서는 중부방언 일부와 서남방언에 '성('형'이 구개음화된 형태)'이 손위의 여자 동기를 부르는 호칭으로 남아 있다.

흥미로운 것은 형제자매의 배우자를 이르는 친족어들이다. '오라비'의 배우자는 '오러미'로서, '오러미'는 '올 + 어미(母)', '오라비'는 '올 + 아비(父)'로 분석되어 각각 '어미(母)'와 '아비(父)'에서 파생된 말들임을 알 수 있다. '오라버니'도 '올 + 아버니'로서 역시 '올'에 '父'를 의미하는 '아버니'가 결합되어 만들어졌다. 그러나 '올계'에서의 '계'의 의미는 분명하지 않다. 자매의 배우자는 '진아ᄌᆞ비'인데, 현대에는 쓰이지 않고 한자어인 '형부(兄夫)', '제부(弟夫)'로 바뀌었다.

이상의 내용을 표로 나타내면 〈표 3〉과 같다.

〈표 3〉 여성의 형제자매와 그 배우자

분류	형제자매	형제자매의 배우자
兄	오라버니, 오라비	오러미, 형
弟	뎨	올계
姊	형	진아ᄌᆞ비(眞叔)[12]
妹	아ᄋᆞ, 동싱	진아ᄌᆞ비(眞叔)

2) 부계 직계존속의 형제자매와 그 가족

아버지의 형제자매와 그 배우자를 가리키는 말들은 다음과 같다.

㉔ ㄱ. **[父의 兄弟]** 아자버니(叔父), 아자씨(叔父), 아즈비암; 빅부(伯父); 즁부(仲父); 계부(季父); 삼촌(三寸), 슉부(叔父)

ㄴ. **[父의 兄弟의 配偶者]** 아자먼이(叔母), 아지메암; 빅모(伯母), 빅슉모(伯叔母); 슉모(叔母)

12 한자 표기의 근거가 확실하지 않다.

㉕ ㄱ. [父의 姊妹] 아자먼이, 아지메암, 고모(姑母)

ㄴ. [父의 姊妹의 配偶者] 아자버니, 아즈비암, 고모부(姑母夫)

㉔, ㉕의 예들에서 '아자버니'는 '아주버니'로, '아자씨'는 '아저씨'로, '아자먼이'는 '아주머니'의 형태로 현대어로 이어졌다. 현대어에서는 '아주머니, 아저씨'가 친족보다는 남에게 주로 사용된다. '아즈비암'과 '아지메암'은 각각 '아자버니,' '아자먼이'의 동의어로 처리되어 있다. '아지메암', '아즈비암'은 최명옥(1982 : 20)에 보고된 경북 북부 방언의 '아지맴', '아지뱀'과 연관이 있어 보이는데, '아즈비암'은 『사전』에[13] '아주버니'의 방언(경남)으로 등재된 '아지뱀'과도 형태가 유사하다. 즉 '아즈비암'과 '아지메암'은 방언형일 가능성이 크다. '아자먼이'는 친족 여성뿐 아니라 친족 관계가 아닌 사람에게도 쓴다고 서술되어 이미 당시에도 현대어와 같이 일반어로 의미가 확장되어 있음을 보여준다. 조항범(1987b : 312)에서는 19세기에는 '아자머니'가 일반어의 용법을 갖지 않았다고 하였으나 『한불자전』에는 이미 일반어로서의 의미가 서술되어 있는 것이다.

『한불자전』에 '아자버니, 아즈비암'이 부모의 형제, '아자먼이, 아지메암'이 부모의 자매에 대한 호칭으로 설명되어 있으므로, '아자버니, 아즈비암'은 숙부와 외숙부에게 적용되고, '아자먼이, 아지메암'은 '고모, 이모'에게 적용된다. 이 호칭들은 그 밖에 아저씨, 아주머니뻘의 친척에게 폭넓게 사용한다고 설명되어 있으므로 고모부, 이모부에게도 적용되는 것으로 해석하였다. 박병호(2003 : 95)에 의하면 '남귀여가혼속'

13 이하 『표준국어대사전』을 『사전』으로 약칭한다.

이 쇠퇴한 18세기 이후에는 본종(同姓)과 이종(異姓, 外親)의 호칭이 확연히 구별되게 되었다고 하나 '아자버니, 아자먼이' 계열의 호칭들은 19세기에도 친가와 외가의 친족에게 두루 사용되고 있었음이 『한불자전』의 뜻풀이에 나타나 있다.

'아자버니'와 '아자먼이'는 의미의 변화에 있어 흥미로운 대조를 보인다. '아자버니'는 『한불자전』에 ⓐ '아버지나 어머니의 남자 동기(伯父, 叔父, 外叔)' 즉 1세대 위인 친족원을 가리키기도 하고, ⓑ 동세대인 'beau-frère'[14]를 가리키기도 하는 것으로 뜻풀이되어 있다. 그러나 현대어의 '아주버니'는 ⓑ의 의미는 '아저씨'나 '큰 / 작은아버지'에 넘겨주고 ⓑ의 '남편의 형'만을 가리키는 말로 변하여 의미가 축소되었다.[15] 한편 '아자먼이'도 19세기에는 '아자버니'와 평행적으로 '부모의 자매(고모, 이모), 일 세대 위의 여자 친족'과 동세대인 'belle-sœur'[16]를 의미했던 것으로 서술되어 있으나, 의미가 축소된 '아자버니'와 달리 현대어에서도 일 세대 위인 '부모 세대의 여자 친족'과 동세대인 '兄嫂'를 이르는 '아주머니'로 이어졌다.[17]

이상의 내용을 표로 보이면 〈표 4〉와 같다. 그들의 자녀도 함께 보인다.

14 'beau-frère'는 '매형, 처남, 동서, 남편의 형제, 형부, 시누이 남편' 등 동세대의 남자 인척을 두루 가리키는 말이다.

15 조항범(1987b : 305)에 의하면, '아자바니'의 의미가 19세기에는 ⓐ [백 · 숙부], [외숙] ⓑ [부모 항렬의 남자 친족] ⓒ [媤叔]이었다가 19세기 말~20세기 초에 ⓐ의 의미를 상실하고 20세기 초에 ⓑ의 의미도 상실하여 ⓒ '媤叔'만을 가리키게 되었다고 한다.

16 'belle-sœur'는 'beau-frère'의 여성형이다.

17 조항범(1987b : 312)에서는 '아자머니'의 의미가 19세기에 ⓐ [姑母] ⓑ [父母 行列의 여자] ⓒ [형제 또는 같은 항렬의 남자의 아내]를 의미했는데, 20세기 초에 ⓑ의 의미를 상실하고 ⓓ [부인네]라는 의미를 획득하였다고 설명하였다.

〈표 4〉 아버지의 형제자매와 그 가족

분류		형제와 그 가족	자매와 그 가족
형제자매	손위	ᄇᆡᆨ부, 즁부	고모, 아자먼이, 아지메암
	손아래	계부	
	통칭	삼촌, 숙부, 아자버니, 아자씨, 아ᄌᆞᄇᆡ암	
배우자	손위	ᄇᆡᆨ모, ᄇᆡᆨ숙모	고모부, 아자버니, 아ᄌᆞᄇᆡ암
	손아래	–	
	통칭	숙모, 아자먼이, 아지메암	
아들		죵형(從兄), 죵뎨(從弟), ᄉᆞ촌(四寸)	고죵씨(姑從氏), ᄂᆡ죵씨(內從氏), ᄂᆡ죵ᄉᆞ촌(內從四寸)
딸		ᄉᆞ촌죵ᄆᆡ(四寸從妹)	고죵ᄆᆡ(姑從妹), ᄂᆡ죵ᄆᆡ(內從妹)

다음은 조부의 형제자매와 그 배우자를 가리키는 말들이다. 祖父의 자매의 배우자는 따로 실려 있지 않다.

㉖ ㄱ. **[祖父의 兄弟]** 넛한아비(從祖父), 죵죠부(從祖父)

ㄴ. **[祖父의 兄弟의 배우자]** 넛한미(從祖母), 죵죠모(從祖母)

㉗ **[祖父의 姊妹]** 왕고모(王姑母), 대고모(大姑母)

㉖의 '넛한아비', '넛한미'는 현대어에서 전혀 다른 대상을 가리키는 말로 의미가 이동하였다. 『한불자전』에서 '할아버지의 형제와 그 배우자'였던 의미가 『사전』에서는('넛할아버지, 넛할머니'의 형태로) '할머니의 형제와 그 배우자, 즉 아버지의 외숙부모'로 의미가 달라진 것이다. 『한불자전』에 '할머니의 형제와 그 배우자, 즉 아버지의 외숙부모'를 이르는 말은 '진외삼촌(陳外三寸), 진외숙모(陳外叔母)'로 올라 있으나 이 말들은 『사전』에는 실려 있지 않다(이 글의 2절 1항 참고).[18] 이와 같은 의미 이동을 표로 나타내면 〈표 5〉와 같다.

〈표 5〉 '넛한아비'와 '넛한미'의 의미 이동

분류	한불자전	사전	참고
祖父의 兄弟	넛한아비, 죵죠부	종조부	–
祖父의 兄弟의 배우자	넛한미, 죵죠모	종조모	–
祖母의 兄弟	진외삼촌	넛할아버지	'진외삼촌'은 소멸
祖母의 兄弟의 배우자	진외숙모	넛할머니	'진외숙모'는 소멸

이와 같은 '넛한아비'와 '넛한미'의 의미 이동에 대해서는 두 가지 해석이 가능하다. 하나는 방언 차이로 보는 것이다. 유창돈(1971 : 130)에 의하면 평북 지방에서는 從祖, 從孫을 '널할아버지, 널손주'로 부른다고 하는데 바로 『한불자전』의 '넛할아버지, 넛손주'의 의미와 일치한다. 또 하나의 해석은 '넛-'계 친족어가 '조부모대의 방계존속'에게 폭넓게 적용된다고 보는 것이다. 이숭녕(1968b : 244)에서는 『飜譯小學』에 나오는 '넛할미(尊姑)'를 '大姑母(=할아버지의 자매)'로 해석하였다. 그렇다면 '넛한미 / 넛할미'는 '대고모, 종조모, 아버지의 외숙모'를 두루 가리키는 말이었다는 것인데, 각 문헌에는 그중 어느 한 용례만이 기록되어 결과적으로 제각기 다른 의미로 해석된 것으로 생각된다.

'넛할머니, 넛할아버지'는 현대어에서는 거의 사용되지 않는다. 과거 농경사회와는 달리 현대 생활에서는 조부모대의 방계친족을 만날 기회가 거의 없고, 따라서 그러한 친족어들도 점차 사라져 갈 것으로 예상된다.

18 참고로, 필자의 집안에서는 '진외삼촌, 진외숙모'를 쓴다.

3) 모계 직계존속의 형제자매와 그 가족

모계 직계존속의 형제자매와 그 가족을 가리키는 친족어는 대부분 현대어와 같으므로 간단히 표로 보인다. 외삼촌의 배우자와 딸을 이르는 친족어는 실려 있지 않지만 각각 '외숙모'와 '외죵ᄆᆡ'였을 것으로 유추된다. '외구'는 '장인'에 대해서도 사용되었다(〈표 8〉 참고).

〈표 6〉 어머니의 형제자매와 그 가족

분류	형제와 그 가족	자매와 그 가족
형제자매	외숙(外叔), 외구(外舅), 외삼촌(外三寸), 아자버니, 아즈비암	이모(姨母), 아자먼이, 아지메암
배우자	(외숙모), 아자먼이, 아지메암	이모부(姨母父), 아자버니, 아즈비암
아들	외죵씨(外從氏)	이죵(姨從), 이죵ᄉᆞ촌(姨從四寸), 이죵씨(姨從氏)
딸	(외죵ᄆᆡ)	이죵ᄆᆡ(姨從妹)

4) 형제자매의 직계비속과 그 가족

형제자매의 자녀와 그 배우자를 이르는 말은 표기법의 차이 외에는 현대어와 같다. 형제자매의 손자녀에 대한 친족어는 '죵손(從孫), 넛손자, 죵손녀(從孫女), 죵손부(從孫婦), 죵손서(從孫婿)'로 실려 있어 '넛손자'를 제외하고는 현대어와 같다. '넛손자'는 『한불자전』에는 '형제의 손자'로 풀이되어 있으나 『사전』에서는 '누이의 손자'로 의미가 달라졌다. '사위' 혹은 '자매의 아들'을 가리켰던 '외싱(外甥)'은 『사전』에는 '사위'로만 풀이되어 있다. '외구(外舅)'가 『한불자전』에는 '장인, 외삼촌'으로, 『사전』에는 '장인'으로만 설명되어 있는 것과 함께 묶어 보면 '외싱'과

'외구'의 의미 영역이 축소된 것으로 해석된다.

〈표 7〉 형제자매의 직계비속과 그 가족

분류	형제의 가족	자매의 가족	
		남성 화자	여성 화자
아들	죡하	ᄉᆡᆼ질(甥姪), 외ᄉᆡᆼ(外甥)	이질(姨姪)
아들의 배우자	죡하며ᄂᆞ리	ᄉᆡᆼ질부(甥姪婦)	이질부(姨姪婦)
딸	질녀, 죡하ᄯᆞᆯ	ᄉᆡᆼ질녀(甥姪女)	이질녀(姨姪女)
딸의 배우자	죡하사회	생질서(甥姪婿)	이질서(姨姪婿)

4. 배우자와 배우자의 친족

1) 배우자

배우자를 가리키는 말은 다음과 같다. '남진'과 '마누라'를 '男眞'과 '抹樓下'로 표시한 것은 잘못된 어원 표기로 보인다.

㉘ **[남편]** 남편(男便), 남진(男眞), 난편네, 낭군(郎君), 지아비(夫)

㉙ **[아내]** 안ᄒᆡ(妻), 마누라(抹樓下), ᄂᆡᄌᆞ(內子), 녜편네, 녀편네, 지어미(婦), 쳐(妻)

한편 현대어에서 부부 사이의 호칭으로 널리 쓰이는 '여보'에 대해서는 부부간의 호칭이라는 설명이 없다. 이 말은 1920년의 『朝鮮語辭典』에도 일반 호칭으로만 설명되어 있다.

㉚ 여보 = (여보다) 어, 저. 여봅시오(존대어)

2) 배우자의 친족

배우자의 친족을 부르거나 가리키는 말은 기본적으로 일반 친족어에 접두사를 붙여서 만들었다. 여성은 남편의 친족에 대해 '싀(媤)'를 접두시키고, 남성은 아내의 친족에 대해 '쳐(妻)'를 접두시켰다. 남편의 형은 '아자버니'라 하였다. '싀아ᄌᆞ비'로 미루어보아 '싀'를 덧붙인 '싀아자버니'도 가능했을 것 같은데 '싀아자버니'는 실려 있지 않다. 참고로 『朝鮮語辭典』에는 '싀슉(媤叔), 싀아ᄌᆞ비'가 실려 있다.

아내의 직계존속에 대해서는 '쟝(丈)'을 붙여 '쟝인(丈人), 쟝모(丈母), 쟝죠모(丈祖母), 쟝죠부(丈祖父)'로 불렀다. '가싀아비'는 특히 노비들에게 사용하는 낮춤말로 풀이되어 있다.

〈표 8〉 배우자의 친족

분류	남성 화자-아내의 친족	여성 화자-남편의 친족
父	악장(岳丈), 쟝인(丈人), 가싀아비, 외구(外舅), 빙부(聘父), 빙쟝(聘丈)	싀아비, 싀부(媤父)
母	악모(岳母), 쟝모(丈母), 빙모(聘母)	싀어미, 싀모(媤母)
兄	쳐남(妻男)	(싀)아자버니
弟	쳐남(妻男)	싀아ᄌᆞ비
姊	쳐형(妻兄)	싀누의, 형님
妹	쳐뎨(妻弟)	싀누의, 아기씨
형제의 아내	ⓐ	동셔(同壻)
자매의 남편	동셔(同壻); 인형(姻兄), 인뎨(姻弟)	ⓑ

〈표 8〉을 보면 ⓐ, ⓑ와 같은 빈칸이 있다. ⓐ은 '처남의 아내', ⓑ는 '시누이의 남편'에 해당하는데, 전통적으로 서로 대화를 나눌 수 없고 '內外'를 하는 대상이므로 관계로만 지칭할 수 있을 뿐 호칭어는 없었던 것이다.

배우자의 친족 중에는 '빙장, 빙모'의 의미가 『사전』과 다르다. 『사전』에는 '빙장, 빙모'가 '다른 사람의 장인, 장모를 이르는 말'로 풀이되어 있는데, 『한불자전』에는 '아내의 아버지, 아내의 어머니'로 풀이되어 자신의 장인, 장모를 배제하는 뜻이 없다. 『朝鮮語辭典』에도 '外舅(장인), 外姑(장모)'와 같이 풀이되어 특별히 남의 처부모라는 단서가 없다. 또 '빙쟝'과 달리 '빙부'는 『한불자전』과 『사전』에 모두 '장인'으로만 설명되어 있다. 이응백(1989 : 58)에서도 '빙장, 빙모'에 대해 '자신의 장인, 장모를 남에게 일컬을 때나 남의 장인, 장모를 이르는 말'로 설명하여 『사전』과 다르다. 이들을 종합해 보면 '빙장, 빙모'를 다른 사람의 장인, 장모를 가리키는 말로 풀이한 『사전』의 설명이 틀렸거나, 불충분한 것임을 알 수 있다. 이처럼 현대어에서의 뜻풀이가 서로 엇갈리는 것은 '빙장, 빙모'가 점차 사어화하고 있다는 점도 하나의 요인이 될 것이다.

한편 현대어에서 남편의 미혼 남동생을 부르는 말인 '도련님'이 『한불자전』에는 친족어가 아니라 '상민이 미혼의 양반을 부르는 존칭어'로 설명되어 있다. 현대어에서 기혼의 시동생을 부르는 '셔방님(>서방님)'도 친족어가 아니라 '상민이 젊은 양반을 부르는 존칭어'로 풀이되어 있다. 또 남편의 누이동생을 부르는 말인 '아기씨'도 '상민이나 종이 양반의 아내를 부르는 말'로 설명되어 있다. 즉 '도련님, 서방님, 아기씨'는 상민이 양반을 부르는 존칭어였던 것이 여성이 남편의 형제자매를 부르는 말로 확장된 것으로서, 시집에서의 여성의 지위를 암시한다고 할 수 있다.

5. 기타

1) 재혼 가족

재혼에 의해 새로 얻게 된 가족을 가리키는 친족어는 다음과 같다.

㉛ **[後妻]** 후실(後室), 후쳐(後妻), 지실(再室)

㉜ **[後妻의 前夫의 자식]** 의즈(誼子), 가봉즈(加捧子), 더바지(前夫所生)

㉝ **[後夫]** 후부(後夫)

㉞ **[母의 後夫]** 의부(義父)

㉟ **[父의 後妻]** 계모(繼母)

㊱ **[父의 後妻의 자식]** 이복동싱(異腹同生)

위의 예들은 『사전』에도 실려 있다. 그러나 현대에는 차별적 어감 때문에 대놓고 사용하지는 않으며 지칭으로만 가능하다. 가족끼리는 이름을 부르거나 '어머니, 아버지' 같은 호칭을 사용하므로 ㉛~㊱과 같은 호칭을 사용하지 않는다.

㉜의 '의즈(誼子)'는 『사전』에는 '義子'로 표기되어 있다. '誼子'를 단순한 오자로 볼 수도 있겠으나, 『한불자전』에 '의즈(義子)'가 따로 등재되어 '기독교 신자를 신의 독실한 자식으로 표현하는 말'로 풀이하고 있으므로 의도적으로 구별하여 표기한 것으로 보인다. '더바지'는 『사전』에 '덤받이'[19]의 형태로 실려 있다.

어머니의 새 남편은 '義父'이다. '繼母'는 어머니를 잇는다는 느낌이 있으나 '義父'는 의리로 맺은 관계, 즉 남남이라는 느낌이 더 강하다. 그런 이유에서인지 현대어에서는 '계부(繼父)'가 주로 사용되고 있다. '계부'는 『한불자전』에는 실려 있지 않다. 어머니의 재혼으로 생긴 아버지가 '의부'이므로 새로 얻은 형은 '義兄'이 될 것 같으나, '의형'은 『한불자전』에 '의리로 맺은 형, 형제 같은 친구'로 풀이되어 있어 친족이 아닌 남을 가리킨다.

2) 서족

조선시대에는 '쳡(妾)'을 두는 것이 흔한 일이었으므로 '庶子' 계열의 친족어가 따로 있었다. 첩의 소생에게는 친족어에 접두사 '셔(庶)' 또는 '얼(孼)'을 덧붙였다. '적자' 계열은 기본형이므로 접두사 같은 것이 필요하지 않지만 특별히 '서자' 계열과 구별 지을 필요가 있거나 서자 쪽에서 적실 쪽 친족을 이를 때는 '뎍(嫡)'이 접두된 말을 사용하였다. 예를 들어 '뎍실형'은 아버지의 적실 소생인 형이고 '뎍실ᄉᆞ촌'은 아버지 쪽 적실 계열의 사촌을 가리킨다. ㊲은 서자 계열, ㊳은 적자 계열의 친족어들이다.

㊲ ㄱ. 얼형(孼兄), 얼동싱(孼同生, 또는 庶弟), 얼ᄌᆞ(孼子, 또는 庶子)

ㄴ. 셔뎨(庶弟), 셔ᄌᆞ(庶子), 셔삼촌(庶三寸)

㊳ 뎍모(嫡母), 뎍실(嫡室), 뎍ᄌᆞ(嫡子), 뎍손(嫡孫), 뎍형(嫡兄)

---

19 **덤받이** : 제 값어치 외에 거저로 조금 더 얹어 주는 일. 또는 그런 물건.

3) 입양 가족

입양에 의해 이루어진 가족은 '양ᄌᆞ' 계열과 '슈양ᄌᆞ' 계열이 있었는데 그 의미가 조금 다르다. 역사적으로 '양자'는 동성동본, 주로 형제의 아들을 자신의 아들로 삼아 대를 잇는 것이고, '수양자'는 형제에게도 아들이 없을 때 세 살 이전의 남의 아이에게 자신의 성을 주어 아들로 삼은 것을 가리킨다. 즉 '슈양ᄌᆞ'는 혈족이 아니므로 혈족인 '양ᄌᆞ'에 비해 가족으로서의 권리가 제한되었다.[20]

㊴ ㄱ. 양아ᄃᆞᆯ(養子), 양ᄌᆞ(養子), 양형(養兄), 양모(養母), 양부(養父)
ㄴ. 슈양ᄌᆞ(受養子),[21] 슈양모(受養母), 슈양부(受養父)

6. 결론

이 글에서는 『한불자전』에 수록된 어휘를 토대로 19세기 한국어의 친족어를 고찰하였다. 친족어 중에 현대로 오면서 형태나 의미가 달라진 예들이 있는데, 이들 중 표기법의 차이와 음운 변화로 인해 단순히

---

20 고려 시대에는 수양자에게도 養嗣子의 지위가 주어졌으나 차츰 繼嗣 자격과 상속권을 상실하게 되었다고 한다.

21 『사전』에는 '收養子'로 표기되었다.

형태만 달라진 경우는 제외하고, 의미와 용법의 변화에 초점을 맞추어 살펴보았다. 이 글에서 논의된 내용을 정리하면 다음과 같다.

첫째, 친족어 중에는 19세기 당시에도 일반어로 그 용법이 확대되어 사용되던 것들이 있었다. '한아비, 할미, 아자먼이' 등은 각각 '늙은 남자, 늙은 여자, 결혼한 여자'를 가리키거나 부르는 말로도 쓰이며, '형'은 '이인칭에 대한 존칭어'로도 사용할 수 있다고 『한불자전』에 설명되어 있다. 이들은 현대 한국어의 '할아버지, 할머니, 아주머니, 형'에 대응하는 말들로서 현대어에서도 친족어와 일반어로 모두 쓸 수 있다.

둘째, 19세기에는 친족어로만 사용되었으나 현대에 와서 일반어로 의미가 확장된 경우가 있는데, '아자씨'가 그 예로, '부모의 兄弟'에 대해 쓰던 말이었다. 현대어에서는 '아저씨'가 친족보다는 오히려 남에게 주로 사용된다.

셋째, 의미가 확대된 경우로서 '아ᄋᆞ, 동싱'을 예로 들 수 있다. '아ᄋᆞ, 동싱'은 19세기에는 동성의 손아래 동기에 대해서만 사용했는데 현대어에서는 성별에 관계없이 쓴다.

넷째, 의미 영역이 축소된 경우로 '형'과 '아자번이'를 들 수 있다. '형'은 남녀 모두 동성의 손위 동기를 가리키는 말로 썼으나 현대어에서는 남성만이 사용하게 되었다. 여성 화자의 경우 '오빠의 아내'와 '남편의 누나('형님'의 형태로)'에 대해서도 사용했으나 현대어에서는 '오빠의 아내'에게는 쓰지 않는다. '아자번이'는 일 세대 위인 '부모의 형제'에게도 사용하고 동세대인 '남편의 형'에게도 사용하였으나 현대어에서는 '남편의 형'만을 '아주버니'라고 부르게 되어 의미가 축소되었다.

다섯째, 의미가 이동된 경우로 '넛한아비, 넛한미'를 들 수 있다. 이들은 『한불자전』에는 '할아버지의 형제와 그 배우자' 즉 '종조부모'로 설명되어 있으나 『사전』에는 '아버지의 외숙부모'로 되어 있어 가리키는 대상이 전혀 다르다. 이에 따라 자연히 '넛손ᄌᆞ'도 '형제의 손자'에서 '자매의 손자'로 의미가 이동하였다. 그러나 사실상 현대어에서 '넛할아버지, 넛할머니, 넛손자'는 거의 사용되지 않는다.

여섯째, 현대어에서 사라진 예들이다. 현대어의 '형부, 제부'가 『한불자전』에는 '진아ᄌᆞ비'로 나타나는데 이 말들은 『사전』에는 없다. '오빠의 아내'를 나타내는 '오러미'도 현대어에서는 찾을 수 없다. '진외삼촌, 진외슉모'가 사라지고 그 자리를 '넛할아버지, 넛할머니'가 채웠다.

일곱째, 19세기에는 친족어가 아니었다가 현대어에 와서 친족에 대한 호칭이 된 경우로 '여보'와 '도련님, 셔방님', '아기씨' 등이 있다. '도련님, 셔방님'과 '아기씨'는 상민이 상전을 부르는 호칭이었다가 현대에 와서 '시동생'과 '시누이'를 부르거나 가리키는 친족어로 변하였다.

참고문헌

1. 1차 자료

국립국어연구원 편, 『표준국어대사전』, 두산동아, 1999.
조선총독부 편, 『朝鮮語辭典』, 1920.
홍윤표 외편, 『17세기 국어사전』, 한국정신문화연구원, 1995.
Les Missionnaires de Corée de la Société des Missions Étrangères de Paris, 『한불자전(韓佛字典, *Dictionnaire Coréen-Français)*』, Yokohama : C. Lévy, Imprimeur- Libraire, 1880.
Underwood, H. G., 『한영자전(韓英字典)』, Yokohama : Seishi Bunsha, 1890.

2. 2차 자료

강신항, 「경북 안동, 봉화, 영해지역의 이중언어생활」, 『성균관대 논문집』 22, 성균관대학교, 1976.
문무영, 「친족어휘」, 서울대 국어연구회 편, 『국어연구 어디까지 왔나』, 동아출판사, 1990.
박병호, 「여말선초의 친족의 칭호와 범위」, 『서울대 법학』 44(4), 서울대 법학연구소, 2003.
유창돈, 『어휘사연구』, 이우출판사, 1980(1971).
이기문, 「'아자비'와 '아ᄌᆞ미'」, 『국어학』 12, 국어학회, 1983.
이숭녕, 「천주교 신부의 한국어 연구에 대하여」, 『아세아연구』 18, 고려대 아세아문제연구소, 1968a.
_____, 「중세국어의 가족 호칭에 대하여」, 『동양문화』 6 · 7, 영남대 동양문화연구소, 1968b.
이응백, 「친척의 계보와 호칭」, 『국어생활』 19, 국어연구소, 1989.
이응호, 「『한불ᄌᆞ뎐』에 대하여」, 『한글』 179, 한글학회, 1983.
조항범, 「국어친족어의 통시적 고찰(II) : '부 · 모 호칭어'를 中心으로」, 『동덕어문논집』 5, 동덕여대 국어국문학과, 1987a.
_____, 「국어친족어의 통시적 고찰(III-2) : '백 · 숙부', '백 · 숙모' 호칭어를 중심으로」, 『관악어문연구』 12, 서울대 국어국문학과, 1987b.
채 완, 「『한불ᄌᆞ뎐』의 뜻풀이에 대한 고찰」, 『한국어 의미학』 26, 한국어 의미학회, 2008a.
_____, 「『한불ᄌᆞ뎐』의 의태어 연구」, 서울대 대학원 국어연구회 편, 『심악 이숭녕 선생 탄신 100주년 기념논집 이숭녕 현대국어학의 개척자』, 태학사, 2008b.
최명옥, 「친족명칭과 경어법 : 경북 북부지역 반촌어를 中心으로」, 『방언』 6, 한국정신문화연구원 어문연구실, 1982.

선교와 번역*

『한불자전』과 19세기 조선의 종교 용어들

조현범

"그(종교) 현상들을 아우르는 우리 나름의 특정한 개념어는 어떤 것일까, 아니면 그러한 개념어가 도대체 우리의 문화 속에 있는가, 있다면 전승되고 있는가, 그리고 그러한 개념어가 전승되고 있다면 그것이 그 현상을 이해하고 설명하고 해석하는 적합한 준거를 함축하고 있는가, 그리고 그 언어의 역사적 변천을 추적할 수 있는가, 더 나아가 지금 여기에서 그 용어를 사용한다는 것은 직면하는 그러한 현상을 지칭하기 위해 여전히 유효한가?"[1]

* 이 글은 『교회사연구』 36집(2011)에 실렸던 원고이며, 한국교회사연구소의 동의를 얻어 수정, 보완하여 전재한다.

1 정진홍(2003 : 167).

1. 타자 이론의 불편함

돌이켜 보니 가톨릭 선교사들에 관해서 지금껏 적지 않은 글을 썼구나 하는 생각이 든다.[2] 주로 그들이 이러저러한 사람들이며, 이러저러한 일들을 하였고, 또 조선과 조선인, 나아가서 조선의 종교에 대해서 이러저러한 기록을 남겨 놓았다는 사실들을 다루었다. 그러면서도 늘 무언가 불편하면서도 미진하다는 느낌이 마음 한 구석에 남아 있었다. 선교사라는 존재, 그리고 선교사와 조선의 관계를 자기-타자라는 틀 속에서 사고하는 일에 익숙해진 데서 오는 관성과 같은 것을 느꼈기 때

2 「19세기 프랑스 선교사들의 문명관」, 『교회사연구』 15, 한국교회사연구소, 2000; 「19세기 중엽 프랑스 천주교 선교사의 조선 인식」, 『종교연구』 27, 한국종교학회, 2002; 「19세기 중엽 프랑스 선교사들의 조선 인식과 문명관」, 한국정신문화연구원 박사논문, 2002; 「19세기 중엽 프랑스 선교사들의 극동 정세 인식과 출병 문제」, 『한국사상사학』 19, 한국사상사학회, 2002; 「철종대 프랑스 선교사들의 조선 활동과 일상생활」, 『교회사연구』 19, 한국교회사연구소, 2002; 「선교사와 오리엔탈리즘: 일제시대 어느 천주교 선교사의 조선 스케치」, 『정신문화연구』 92, 한국학중앙연구원, 2003; 「박해기 프랑스 선교사들의 성향 분석」, 정두희 외, 『한국근현대사와 종교문화』, 천주교 호남교회사연구소, 2003; 「모방 신부의 조선 전교」, 『교회사연구』 22, 한국교회사연구소, 2004; 「19세기 종교문화를 바라보는 천주교 선교사의 시선」, 『역사민속학』 18, 한국역사민속학회, 2004; 「19세기 프랑스 선교사의 조선 이미지에 관한 사례 연구」, 『프랑스학 연구』 30, 프랑스학회, 2004; 「선교사와 오리엔탈리즘」, 『종교문화비평』 7, 한국종교문화연구소, 2005; 「프랑스 선교사들과 한국 천주교회의 성모신심」, 『교회사학』 3, 수원교회사연구소, 2006; 「파리외방전교회와 조선대목구의 분할」, 『교회사연구』 29, 한국교회사연구소, 2007; 『조선의 선교사, 선교사의 조선』, 한국교회사연구소, 2008; 「중국 체류 시기 페레올 주교의 행적과 활동」, 『교회사학』 5, 수원교회사연구소, 2008; 「분도회 선교사들의 한국문화 연구」, 『교회사연구』 33, 한국교회사연구소, 2009; 「안중근 의사와 빌렘 신부」, 안중근의사기념사업회 편, 『안중근 연구의 성과와 과제』, 채륜, 2010; 「브뤼기에르 주교 연구를 위한 서설」, 조현범 외, 『한국 천주교회사의 빛과 그림자』, 디자인흐름, 2010; 「브뤼기에르 주교의 여행 기록에 나타난 샴과 중국」, 『동국사학』 49, 동국사학회, 2010; 「브뤼기에르 주교의 복건 체류」, 마백락 선생 교회사연구 50주년 기념논총 간행위원회, 『발로 쓰는 한국 천주교의 역사』, 분도출판사, 2011; 「브뤼기에르 주교의 자취를 찾아 산서를 떠돌다」, 『김성태 신부 고희 기념논총 한국 천주교회의 역사와 문화』, 한국교회사연구소, 2011; 「특별권한(Facultates) 연구 : 브뤼기에르 주교의 경우를 중심으로」, 『교회사연구』 38, 한국교회사연구소, 2012.

문이 아닌가 한다. 즉 조선의 입장에서 보자면 남일 수밖에 없는 사람들, 그러면서도 금단의 땅 조선에 잠입하여 선교 활동을 벌이면서 조선을 자기 자신이면서 동시에 남인 존재로 묘사하는 사람들이 바로 선교사이므로, 그들의 존재와 사고방식을 설명하려면 결국에 가서는 타자 이론에 손을 벌릴 수밖에 없다는 생각이 굳어져 버렸던 것이다.

그러면서도 에드워드 사이드의 오리엔탈리즘 개념만으로는 선교사의 사고방식을 설명하는 데 적절한 이론적 틀을 만들어 낼 수 없다는 생각이 들어서, 담론 이론, 독일 일상사 이론, 로제 샤르티에(Roger Chartier)의 문화사 이론 등을 도입하려고 시도하였다. 그러나 어떻게 하더라도 타자 이론이 갖는 존재론적인 무게를 덜어 내기란 어려운 일이었다. 유럽인의 입장에서 조선을 타자로 설정하고 묘사한 내용을 분석하건, 유럽인의 자의식을 유보하고 조선 내부의 타자로 들어가서 조선에 대한 토착적 관점을 획득하는 과정을 추적하건, 선교사와 조선을 자기와 타자의 관계로 바라보면 이미 둘 사이에는 건널 수 없는 심연이 가로놓이게 되는 것이다. 이 말은 주체와 대상의 관계가 자기와 타자로 고정되어 버려서 더 이상 생산적인 논의가 불가능하게 되는 상황이 초래될 수도 있음을 뜻한다. 즉 사용하는 자료는 달라도 언제나 동일한 결론을 마치 판화를 찍어 내듯이 양산하고 있는 것은 아닐까 하는 의구심이 들게 되는 것이다.

이런 이유로 선교 주체와 선교 대상 사이에서 서로 소통할 수 있는, 나아가서 서로 자리바꿈까지 지향할 수 있는, 무언가 공통의 토대를 발견하려는 작업은 타자 이론이 지닌 불편함을 극복하자는 취지와도 맞물리는 한편, 한국종교사 속에서 가톨릭이란 어떤 존재인가라는 물음에 답변을 마련해보고 싶다는 지적 포부와도 내밀하게 연관되어 있다.

말하자면 19세기까지 지속된 조선의 종교적 풍토와 새로 전래된 가톨릭교회가 만나고, 충돌하고, 그러면서도 혼효를 일으키는 과정에서 새로운 기압골이 형성되어 종래에는 볼 수 없었던 종교적 에토스가 싹트기 시작하였음을 입증하고 싶은 것이다. 그렇다면 선교사와 조선의 만남에 대한 학문적 성찰은 타자 이론의 편향성을 넘어서야만 한다. 선교사들이 가지고 있었던 왜곡된 인식에 대한 비판의 도구로는 유용할지 몰라도, 그들의 인식과 활동이 지닌 문화적 함의를 종교사라는 거시적인 틀 속에 위치 짓는 데에는 부족함이 많다는 말이다.

그러므로 이제 선교사에 관한 연구에는 새로운 기획이 필요하지 않은가 하는 생각을 가지게 되었다. 하지만 이 문제를 해결하기 위한 단초를 어디에서 발견해야 할지 막막할 따름이었다. 그러다가 종교학자 조나단 스미스(Jonathan Z. Smith)의 글을 읽으면서 일종의 돌파구가 될 만한 것을 발견하였다. 그리고는 이것에 나름대로 '타자에서 차이와 번역으로의 패러다임 전환'이라는 이름을 붙여보았다. 일단 그의 언명을 청취해보자.

> 타자(other)라는 말은 인류학적 구별보다는 존재론적 간극을 제시함으로써 언제나 오해만을 가져다준다. 그래서 차이(difference)라는 말이 훨씬 더 낫다. 타자가 절대적인 것인 반면에, 차이는 관계적이며(relational) 상대적인(relative) 개념이다. 타자성(otherness)은 언어화와 개념화를 가로막는다. 하지만 차이는 협상(negotiation)과 지적 작용(intellection)을 불러일으킨다. 왜냐하면 차이는 활동적인 개념이기 때문이다. 차이의 동사 형태(differre)는 바라보는 지점을 달리 하면 '같은 것'으로 보일 수도 있는 것을 떼어놓는다는

> 뜻을 함축하고 있다. 이와 반대로 '타자'는 동사 형태를 취하지 않는다. 아마 한 가지 예외가 있다면 '멀리하다, 따돌리다, 불화케 하다(alienate)'는 동사가 있는데, 대개 활기가 없는 수동적인 어조로 들리는 것이다. 이런 점에서 볼 때 차이가 더 흥미로운 현상이다. 그럼에도 불구하고 그에 상응할 만큼 충분히 주목받지 못했다.[3]

종교적 타자에 대한 논의는 현재 종교학 연구에서 자주 다루는 분야이다. 가톨릭과 프로테스탄트를 망라하여 그리스도교가 비서구 지역에 전파되는 과정에서 발생한 다양한 종교 현상들을 연구하는가 하면, 중세 유럽에서 벌어진 종교재판을 종교적 타자 만들기라는 틀로 설명하기도 한다. 아예 시계 바늘을 한참 되돌려서 고대 지중해 지역에서 발생한 종교 변동 속에서 타자성의 원초적인 모습을 확인하려는 연구 경향도 있다. 하지만 위에서 인용한 글의 저자 조나단 스미스는 타자라는 개념 범주를 존재론적인 방향으로 사용하게 되면 '우리'와 '그들'의 거리를 절대적인 것으로 고정시켜서 생산적인 논의를 차단할 우려가 있다고 보는 듯하다. 사실 타자 이론에서 가장 흥미로운 대상으로 삼아야 할 것은 전혀 무관하고 이질적인 존재들의 만남이 아니다. 남이라고 하기에는 너무나도 비슷해서 혼동할 우려가 있는 이질성과의 만남이다. 말하자면 선교사의 눈을 사로잡고 무언가 설명할 말이 필요하다고 느끼게 만드는 것은 자기와 뒤섞일 위험을 안고 있는 타자라고 하겠다. 이런 인식에 기초하여 조나단 스미스는 존재론적인 타자 개념보다는 인식론적

3 Jonathan Smith(2004 : 241~242).

인 차이 개념을 더 중시하자고 제안하고 있다.

동시에 그는 차이 개념에서 한 걸음 더 나아가서 차이란 완전히 극복될 수 없는 것임을 확인하면서 이 차이가 낳는 간극을 좁히기 위한 문화적 실천을 번역이라는 말로 설명하고자 한다. 그러므로 조나단 스미스에게 번역이란 어떤 언어에서 다른 언어로 이행하는 행위이면서, 동시에 종교 현상을 설명하는 해석의 패러다임이기도 하고, 종교학이라는 학문의 실천적 지향이라 말할 수 있다. 다시 한 번 그의 주장을 되새겨보자.

> 인간의 차별이라는 이슈는 신체 수준에서 더 많이 관찰한다고 해결될 것이 아니라, 지성적인 종류의 이론에 의해서 해결될 것이라고 대답해야 한다. 차이를 배제하는 분류에 의해서 해결되는 것이 아니라, 상호적인 차이의 비교 구조에 의해서 해결된다. 문화의 수준에서 보자면 중재 역할을 하는 담론의 사려 깊은 계획 즉 번역이라는 기획에 의해서 해결된다. 문화들 사이에서건 문화 내부에서건, 번역은 결코 충분히 충족될 수 없으며 늘 불일치가 있기 마련이라는 점을 상기한다면 더욱 그러하다. 번역(traduttori)은 반역(traditori)이다. 그러므로 번역과 관련한 모든 계획에서 핵심적인 것은 적합성(appropriateness) 내지는 '알맞음(fit)'에 관한 문제들이다. 이것은 비교와 비평이 동시에 필요하다는 이중적 방법론의 요청으로 표현될 수 있다. …… 여기에 내가 추가하고 싶은 말은 언어에서와 마찬가지로 문화에서도 의미를 생성시키는 것은 차이라는 것이다. 아메리카의 발견과 관련된 새로운 경험은 서구인들에게 최초로 강력한 차이의 언어를 가져다주었고, 그럼으로써 본질이 우연을 통해서 관철된다는 식의 낡은 종합 이론을 부수어버렸다. 하지만 아직 우리는 이 새로운 언어에 적합한 강제력 있는 문화 이론과 비교 이론을 갖고 있지 못하다. 그래서 발진시켜

야 한다. 오늘날 이것은 인간 과학에서 아직 완수되지 않은 도전이다.[4]

조나단 스미스의 주장을 전체적으로 간추려서 풀어쓰면 이렇다. 차이에 대한 인식은 인지부조화를 해결하기 위하여 새로운 언어를 낳게 되고, 그리고 이 새로운 언어 속에서 번역은 의미를 생성하는 중요한 실천이 된다는 것이다. 그의 말은 서구 종교사 및 지성사에서 지속적으로 등장하는 주제인 '서구에 의한 비서구의 타자화'라는 현상을 직시하되, 좀 더 생산적인 방향으로 논의를 이끌기 위해서는 자기와 타자라는 서로 절연된 고정 불변의 범주를 재구성하여 차이에 대한 인식과 이러한 인식이 낳게 되는 번역 행위의 문제로 사고의 패러다임을 전환하려는 노력이 필요하다는 뜻으로 읽힌다. 이러한 문제의식을 확장한다면 서구 종교가 비서구 종교의 이질성을 인식하는 과정에서 서로의 다름을 언어화한 역사는 서구 종교학이 비서구 종교 현상을 설명하기 위하여 만들어낸 다양한 개념적 도구들의 역사와도 긴밀하게 연결되어 있다고 하겠다. 그러므로 이미 한물 간 것으로 치부되기는 하지만 애니미즘, 토테미즘, 마나이즘 혹은 페티시즘 등과 같이 고전 종교학의 이론적 도구라 간주되었던 개념 장치들 역시 인식을 위한 도구가 아니라 인식의 대상이 되어야 하는 것은 당연하다. 결국 조나단 스미스가 말하는 번역의 기획이란 종교적 타자와의 만남에서 비롯한 차이에 대한 인식의 역사를 기록함과 동시에 종교학이 신학이나 민족지학, 인류학 등을 통해서 무분별하게 흡수하여 사용하였던 학문적 개념어들의 생성과 변형,

4 *Ibid.*, p.316.

수용과 배제의 역사를 성찰하는 일까지 망라한다.

다시 조선 가톨릭교회로 돌아와서 말하자면, 사실 가톨릭 선교사가 사명으로 삼는 것 역시 자신들의 언어로 된 종교적 가치를 해당 지방의 언어로 옮겨서 전파하는 일이 아니겠는가? 그러므로 선교사는 라틴어 혹은 불어로 되어 있던 교회의 가르침을 한문 또는 한글로 옮겨서 복음의 본래 의미를 전달하고자 노력하였을 것이다. 그러자면 자연히 해당 서구어에 대응하는, 또는 서구어의 의미를 담은 번역어를 선택하거나 새로 만들어내는 지적 작업을 펼칠 수밖에 없다.

다른 한편으로 볼 때 선교사들은 선교 지역의 문화와 종교를 관찰하면서 자기 종교와의 다름을 발견하고 이것을 차이의 언어로 드러내었을 것이다. 차이의 언어가 조선을 타자화하는 효과를 수반하였겠지만, 이와 더불어 조선이라는 타자를 언어적인 방식으로 재구성하여 묘사하고 설명하는 번역의 과정을 거쳤다는 점 역시 간과할 수 없다. 그러므로 가톨릭 선교사의 활동에서 자신의 언어를 상대편 언어로 옮기는 작업, 그리고 상대편 문화나 종교를 자신의 언어로 다시 전유하는 해석의 작업에 주목하는 것은 조선과 가톨릭교회의 만남을 문화사 내지 종교사 속에서 재서술하려는 시도로 평가해도 좋지 않을까 한다.

덧붙여 말하자면 현재 한국종교학은 가톨릭 선교사 그리고 그 뒤를 이어 진출한 프로테스탄트 선교사들이 남겨놓은 지적 유산을 이어받고 있다. 즉 한국종교와 종교 일반을 설명하기 위하여 사용하는 수많은 개념어들의 연원을 찾아 올라간다면 기필코 가톨릭 선교사들이 수행한 번역 작업과 만날 수밖에 없다는 말이다. 그럼에도 불구하고 이에 대한 진지한 성찰이 지금까지 부족했던 것은 부인할 수 없다. 한국종교학이 자신의 학문적 개념에 대한 반성적 성찰을 제대로 진행하지 않았다는 것은 그 학문의 정체성을 모호하게 만드는 직접적인 요인이 된다.

게다가 설상가상으로 현재 한국종교학이 사용하고 있는 개념들은 19세기 중엽까지 지속된 조선의 토착적 종교 상황을 반영한다고 보기 어려운 점이 많다. 이것은 '종교(宗教)'라는 용어 자체가 일본을 통해서 도입된 번역어라는 사실이 잘 말해주고 있다. 나아가서 종교의 하위 범주들이라고 할 수 있는 신성, 신앙, 숭배, 교리, 경전, 의례, 신화, 교회, 교파, 금기, 주술과 같은 용어들 역시 나름대로 생성과 변화의 역사를 지니고 있다. 처음부터 자명한 학문적 개념어로 출발한 용어들이 아니었다는 말이다. 어쩌면 이 용어들의 변천사를 추적하다 보면 현재 한국종교학이 무비판적으로 차용하고 있는 종교적 사유의 패러다임을 발견하게 될지도 모를 일이다.

만약 한국종교학이 기대고 있는 패러다임이 조선과 가톨릭이 만나던 시기에 발생했던 차이에 대한 인식과 그 언어화 과정에서 빚어졌던 번역이라는 문화적 실천의 역사를 간과하거나, 의도적으로 누락시키면서 성립한 것이라면 어떻게 될까? 흔히 근대성이라는 일컫는 사유의 수로를 비판적으로 검토하는 논의들이 확인해준 것처럼, 개항 이후 밀어닥친 서구 근대성의 수용은 유일무이한 대안이 아니라 다양한 가능성들 가운데 하나가 우월한 지위를 형성하면서 굳어진 것이라고 말한다. 그것도 처음부터 단일한 방향을 전제하고 기획된 것이 아니라, 역사적 우연 속에서 관철된 벡터적인 방향성만을 가진 것으로 보아야 한다고 말한다. 이와 유사하게 한국종교학이 무반성적으로 전제하고 있는 종교에 대한 사유방식 역시 다양한 가능성 가운데 특정한 갈래가 정착되면서 다른 갈래들을 배제하는 과정을 거쳐서 만들어진 것으로 바라보는 시각도 가능하지 않을까 한다.

서론이 장황하다는 것은 문제의식이 제대로 정리되어 있지 않다는 사실을 반영하는지도 모르겠다. 좌우간 가톨릭 선교사 연구에서 타자 이론이 갖는 한계를 극복하려면 새로운 연구 과제 또는 이론화의 방향성을 모색할 필요가 있다고 본다. 특별히 차이를 언어화함으로써 자기-타자의 거리감을 줄이려는 문화적 실천으로서 선교사들의 번역 행위에 주목하고, 그러한 활동이 어떠한 방식으로 이루어졌는지, 그 과정에서 발생하는 제반의 언어적인 현상들(기존 언어의 오용과 오해, 수용과 의미 전환, 신조어의 생성 등)을 어떻게 해석할 것인지를 탐구하는 작업을 제안하고자 한다. 여기에는 선교사들이 가지고 있던 그리스도교라는 언어적 세계와 피선교지 문화가 담겨 있던 토착 언어의 세계가 만나서 서로 영향을 주고받으면서 조금씩 닮아가는 모습을 그려내기에 적절한 방법론적 지침이 담겨 있다고 본다.

이하의 본론에서 진행될 논의는 가톨릭 선교사의 번역 행위에 대한 연구의 시발점을 그들이 편찬한 사전에서 찾고자 한다. 리델 주교가 작업을 진두지휘하여 1880년에 발간한 『한불자전』을 일차적인 연구 대상으로 삼았다.[5] 그리고 부분적으로는 페롱 신부를 주저자로 한 수고본 『불한사전』도 참고하였다. 사실 사전이라는 저작물은 표제어와 간단한 정의부(定義部)의 기술만으로 이루어져 있기 때문에 선교사들의 관념 세계 전체를 들여다보기에는 불충분한 점이 많다. 하지만 당시 통용되던 조선

5 이 글은 국어학적 연구가 아닌 만큼, 『한불자전』의 표제어들을 현대어의 규범에 맞게 고쳐서 표기하였다. 해당 낱말의 원래 표기는 부기된 『한불자전』의 해당 면수를 찾아가서 확인하면 된다.

어 낱말들을 27,000여 개에 이를 정도의 방대한 양으로 수집하였다는 점, 그리고 여기에 일일이 선교사 자신의 설명을 불어로 첨부한 이개어사전을 만들었다는 점 등은 간과할 수 없는 중요성을 지닌다고 하겠다.

앞으로 연구가 더 진전된다면 가톨릭 선교사들이 펴낸 각종 교리서, 기도서 및 의례서 그리고 기타 교회 서적들을 통해서 그들의 관념과 언어의 세계에서 출현하였던 차이에 대한 인식과 번역을 통한 가교 놓기 등을 종합적으로 다룰 수 있으리라고 본다. 이를 위해서도 그들이 발간한 이개어사전에 대한 연구를 출발점으로 삼는 것은 적절한 선택이라고 생각한다. 가령 선교사들이 교리서나 기도서를 번역 또는 편술하여 간행할 때에 사용한 조선어 낱말들이 어떤 의미를 담고 있는지를 확인하는 초보적인 작업조차도 그들이 발간한 사전을 참고하는 데에서 출발할 수밖에 없을 것이다.

이미 『한불자전』 자체에 대해서는 여러 편의 연구 성과들이 제출된 바 있다.[6] 하지만 대부분 편찬 경위나 사전 자체의 거시구조에 대한 연구에 치중하는 편이다.[7] 게다가 수록된 표제어와 정의항의 설명 내용에 대한 분석적 작업은 아직 미진한 편이다.[8] 다양한 학문 분야에서 『한불

6 『한불자전』에 관한 연구사 정리는 따로 하지 않겠다. 왜냐하면 2005년 이후에 제출된 몇 편의 연구들이 지속적으로 기존 연구들의 목록을 제시하고 있기 때문이다. 그런 만큼 새삼스럽게 또 다시 연구목록들을 재구성할 필요는 없다고 본다. 이하에 제시할 연구들이 소개하고 있는 참고문헌을 확인하면 『한불자전』에 대한 기존 연구들은 대부분 망라할 수 있을 것이다. 강이연(2005); 심지연(2008); 채완(2008); 윤애선(2009); 이지영(2009); 채완(2009); 이은령(2010); 황호덕(2010); 이은령(2011).

7 『한불자전』과 『불한사전』, 1890년에 간행된 『라한사전(羅韓辭典)』 사이의 계보학적 관계 해명, 그리고 이들 사전류 저술들을 편찬하기 위하여 사용하였을 것으로 짐작되는 중국어-유럽어 이개어사전들과의 비교 검토 등 아직 밝혀야 할 것들이 산적해 있다.

8 『한불자전』에 등장하는 표제어들 가운데에는 전통적인 조선의 문물과 언어생활에 관한 것들이 많은 비중을 차지하지만, 당시 동아시아 지역에서 형성되고 있던 근대적인 신문물과 관련한 용어들도 상당수 들어 있다. 이에 대해서도 연구가 많이 필요한 형편이다. 지금까지 나온

자전』을 대상으로 삼는 연구들이 계속 진행될 것이라고 예상하면서, 이 글은 특별히 『한불자전』의 표제어 가운데 종교 관련 항목들에 주목하고자 한다. 왜냐하면 선교사들의 자의식과 조선 문화의 이질성에 대한 차이 인식이 가장 극명하게 드러나는 분야가 바로 종교 관련 항목들이기 때문이다.

글을 준비하는 과정에서 『한불자전』 전체를 통독하면서 추출한 종교 관련 표제어는 약 1,000여 개에 이른다.[9] 일단 이 항목들을 모두 나열한 다음에 유사성과 연관성을 토대로 하여 범주화를 시도하였는데 차이와 번역의 논리에 입각하여 세 가지의 범주를 설정하였다. 첫째 범주는 자기 진술의 언어이다. 즉 가톨릭 용어를 표제어로 삼고 이에 대한 설명 또는 상응하는 불어 명칭을 병기한 낱말들을 이 범주에 할당하였다. 어떤 의미에서 자기 진술의 언어는 동어반복 내지 자기회귀의 언어이기도 하다. 왜냐하면 그 원천이 조선어에 귀속되는 것이 아니라 서구어로 이루어진 그리스도교에서 나온 것이기 때문이다. 즉 본래 서구어로 확정되어 있었던 가톨릭 용어를 중국교회에서 한자어로 번역하였거나, 혹은 조선교회에서 독자적으로 번역한 것을 다시 표제어로 내세운 것이다. 그런 점에서 이 범주에 해당하는 용어들은 서구어→ 한자어→조선어→서구어의 순환회로를 구성하고 있다. 그래서 동어반복의 언어라고 지칭할 수 있다는 것이다.

연구들에서도 오류가 많이 발견되며, 개념사의 관점에서 본격적인 연구가 시작되었다고 보기도 어렵다. 이 문제에 관해서는 차후에 별도의 지면을 통해서 연구 성과를 제출할 생각이다.

9 이 글 이전에 『한불자전』의 표제어들을 내용적으로 분류하는 작업은 오미나, 이지아에 의해서 이루어진 바 있다. 하지만 종교 관련 항목 전체를 추출하지는 않았으며, 정의 항목에 담긴 내용들을 제대로 파악하지 못한 탓에 잘못 분류된 경우도 상당수 존재한다. 오미나(2003 : 121~125); 이지아(2003 : 86~99).

둘째 범주는 타자 기술의 언어이다. 즉 조선의 여러 종교들과 관련된 용어들이나, 가톨릭에서 신학적 타자로 설정하는 대상을 지칭하는 용어들을 모아 놓은 것이다. 이 표제어들에 부기된 정의부의 내용들은 단순한 용어 정의에 그친 경우도 있지만, 간혹 해당 종교 현상에 대한 인상적인 묘사를 담을 때도 있다. 그래서 타자 진술의 언어는 해석적 언어이기도 하다. 물론 일방적인 비하나 매도에 머무는 경우들도 많다. 하지만 어떤 형태로건 조선의 종교를 대하면서 형성한 차이의 감각을 언어적인 형태로 표출하고 있음은 분명하다고 하겠다. 문제는 이 범주에 속한 언어들 가운데 독특한 해석이나 기술을 담는 경우가 있다면, 이러한 현상에 어떤 의미를 부여해야 할 것인가 하는 점이다. 이 문제는 셋째 범주와 연결된다.

셋째 범주는 분명한 기준을 가지고 표제어들을 선발한 것이 아니다. 둘째 범주인 타자 기술의 언어에서 한 걸음 더 나아간 경우를 염두에 둔 것이다. 즉 첫째 범주가 자기의 영역이라면, 둘째 범주는 타자의 영역이라 할 수 있다. 그런데 『한불자전』의 종교 관련 용어들을 추출하면서 두 범주 모두에 포괄적으로 걸쳐 있거나, 혹은 어느 범주에도 포함시키기 어려운 용어군을 접하게 되었다. 어쩌면 이 용어들에서 자기와 타자가 혼효를 일으키면서 상위의 언어, 유적 범주의 언어를 배태하는 징후를 발견할 수 있을지 모르겠다는 생각을 가지게 되었다. 그래서 자기의 언어인지 타자의 언어인지 불분명한 영역의 용어들을 셋째 범주로 묶어서 자타혼효의 언어로 다루고자 하였다.

이제 이들 세 범주의 언어들을 차례대로 소개하면서 가톨릭 선교사의 의식 속에서 꿈틀거리고 있었음직한 언어와 사유의 대위법적 상승

작용을 그려보도록 하겠다. 본격적인 논의를 전개하기에 앞서서 가톨릭 선교사들이 어려운 상황 속에서 수집하였던 조선어 낱말들이 활자의 몸을 얻어 세상에 그 모습을 드러내던 순간을 상상하면서 약간 치기어린 감회에 사로잡히기도 했었다는 것을 솔직히 고백해야 할 것 같다. 그래서 긴 서론의 끝을 어느 독일 사람의 본을 따서 간단한 격언 한 토막으로 장식할까 한다. "잘생긴 용모는 운명의 덕택이지만 읽고 쓰는 능력은 자연이 갖춰주는 것이다."[10]

2. 자기 진술 또는 동어반복의 언어들

『한불자전』에 수록된 종교 용어들 가운데 명백하게 교회 용어로 명기되어 있거나, 정의부에 서술된 내용으로 미루어 볼 때 당시 조선 가톨릭 교회에서 고유한 용어법으로 사용하였다고 간주할 수 있는 용어들을 가톨릭 어휘로 추출하면 대략 438개 정도의 표제어들이 여기에 포함된다. 『한불자전』의 종교 관련어들이 대부분 가톨릭 용어들일 것이라고 추측하겠지만 실제로는 절반 정도에 머무는 셈이다. 이 용어들을 조금 더 세분하면 교회조직이나 제도에 관한 것, 미사 및 기타 가톨릭 전례에서 사

10 William Shakespeare, "Much Ado About Nothing", in William George Clarke and William Aldis Wright eds., *The Plays and Sonnets of William Shakespeare*, Chicago : Encyclopaedia Britannica, Inc., 1952, p.517.

용되는 것, 그리고 그 밖에 포괄적인 의미에서 교리적인 내용을 담은 것들로 나눌 수 있겠다. 가톨릭 어휘를 다시 세분한 이유는 당시 가톨릭교회 안팎의 상황을 이해하는 데 도움을 주기 때문이다. 그 각각에 대해서 살펴보자.

1) 교계용어

감목(監牧)(125); 고교(古敎)(185); 고수(苦修)(195); 고수원 회장(苦修院 會長)(195); 고수원(苦修院)(195); 공소(公所)(190); 공회(公會)(188); 교우(敎友)(198); 교종(敎宗)(199); 교중(敎中)(199); 교화황(敎化皇)(198); 구교(舊敎)(204); 구마품(驅魔品)(205); 당가(當家)(457); 대녀(代女)(464); 대모(代母)(464); 대부(代父)(465); 대자(代子)(466); 도회장(都會長)(485); 득승지회(得勝之會)(477); 복사(服事)(332); 복사(服事)하다(332); 부제(副祭)(350); 부주교(副主敎)(350); 사교(司敎)(389); 사탁(司鐸)(391); 성교(聖敎)(402); 성교회(聖敎會)(403); 성당직이[聖堂直](404); 성품(聖品)(403); 성회(聖會)(402); 수고지회(受苦之會)(440); 수녀(修女)(441); 수련지회(受煉之會)(444); 수사(修士)(445); 수원(修院)(439); 신교(新敎)(418); 신문교(新問敎)(419); 신부(神父)(419); 신사(神師)(420); 신자(神子)(420); 신전지회(神戰之會)(420); 신친(神親)(421); 신품(神品)(419); 실교우(實敎友)(422); 여교우(女敎友)(276); 여복사(女服事)(280); 열입성품(列入聖品)하다(280); 영승지회(永勝之會)(29); 조당(阻擋)(574); 종도(宗徒)(572); 주교(主敎)(582); 차부제(次副祭)(593); 탁덕(鐸德)(506); 허원(許願)하다(88); 회(會)(106); 회우(會友)(106); 회장(會長)(108)

위에서 나열한 용어들을 일별하면 교황을 교종 또는 교화황이라 불렀다는 점, 대목구장인 감목 아래에 부주교가 있고, 사제를 가리키는 용어로는 사탁, 신부, 탁덕 등이 주로 쓰였다는 점, 그리고 도회장과 회장을 구분하여 사용하였다는 점 등이 눈에 띈다. 그리고 교회 구성원들에 대한 여러 가지 지칭어들이 혼용되고 있었음도 확인할 수 있다. 또한 오늘날의 교회 용어법과는 다른 용어 사용을 찾아볼 수 있다. 가령 오늘날 일반 사회의 용어법에서 구교(舊教)와 신교(新教)라고 하면 대체로 가톨릭교회와 프로테스탄트교회를 지칭한다고 알려져 있다. 하지만 『한불자전』에 기재된 구교는 가톨릭교회를 가리키는 말이 아니다. 용어 설명을 보면 "옛 교우, 오래 전부터 교우였던 자"로 되어 있어서 이른바 '구교(舊教) 집안'을 가리킴을 알 수 있다. 그리고 신교는 가톨릭교회를 말하며, 이와 대비되는 말로서 고교가 있는데 이는 모세의 율법을 따르는 유대교를 일컫는 말이었다.

특기할 만한 것으로는 아직 조선에 수도회가 진출하기 이전임에도 불구하고 수도원, 수도원장, 수도자 등에 해당하는 용어들이 등장하고 있다는 점이다. 그리고 조선 내에서는 박해 상황으로 말미암아 신학교 교육이 정상적으로 이루어지지 못했음에도 불구하고 구마품, 차부제, 부제 등 신품에 관련한 일부 용어들이 나타난다. 이런 것으로 미루어 보자면 당시 중국 가톨릭교회에서 사용하던 용어를 그대로 가져온 경우가 상당수 있지 않았을까 한다.

게다가 당시 조선의 가톨릭교회가 대목구 체제였기 때문에 엄밀한 의미에서 교계제도에 관한 용어들이 체계적으로 정리되어 있지 않았음을 알 수 있다. 왜냐하면 교황청, 관구, 교구, 대교구, 대목구, 지목구, 본당, 추기경, 대주교, 보좌주교, 주임신부, 보좌신부 등 가톨릭 교계용어들이 많이 빠져 있기 때문이다. 아마 이러한 용어들은 1917년에 공포된 비오-베네딕도 교회법전의 용어들이 조선 가톨릭교회에도 도입된 뒤에 서서히 정착되었을 것으로 보인다. 실제로 1929년에 가면 가톨릭교회의 성직자 칭호들을 요약 정리하여 신자들에게 보급하는 일이 생긴다.[11] 하지만 『한불자전』이 나오던 당시까지는 대목구 체제하에서 요긴한 교계용어들만을 번역하여 사용하였던 것 같다.

2) 전례용어

개두보(蓋頭帕)(121); 개두포(蓋頭袍)(121); 개재(開齋)하다(121); 거양하다 성체거양(141); 건립성체(建立聖體)(145); 견진(堅振)(154); 경덕경(敬德經)(157); 경문(經文)(155); 경본(經本)(156); 경판(經板)(156); 경패(經牌)(156); 고대(苦帶)(195); 고명(告明)(186); 고명(告明)하다(186); 고상(苦像)(194); 고죄(告罪)하다(197); 고죄경(告罪經)(197); 고해(告解)(184); 공과(功課)(189); 공심재(空心齋)(190); 권도(權道)(200); 기관례(起棺禮)(161); 기도(祈禱)하다(162); 대세(代洗)하다(465); 대송(代誦)하다(465); 대재(大齋)(452); 덕서도문(德敍禱文)(469); 도문(禱文)(487); 동계소재(冬季小齋)(489); 만과(晚課)(219); 매괴(玫瑰)(228); 매괴경(玫瑰經)(228); 면병(麪餠)(234); 면주(麪酒)

11 「6. 성교회 성직자의 칭호」, 『경향잡지』(1929 : 542~46); 「7. 교황의 외교관」, 「8. 수도회의 장상 칭호」, 『경향잡지』(1929 : 566~567) 참고. 첫째 기사에는 교황과 추기경을 비롯하여 20개의 성직자 칭호가 소개되어 있고, 둘째 기사에는 교황청 외교관 명칭과 수도회 장상들의 명칭들이 정리되어 있다.

(234); 모고해(冒告解)하다(242); 모령(冒領)하다(246); 묵주(默珠)(237); 미사[彌撒](240); 방사(放赦)하다(303); 범재(犯齋)하다(314); 변체(變體)하다(320); 보례(補禮)하다(336); 보속(補贖)(337); 보속(補贖)하다(337); 봉성체(奉聖體)하다(335); 봉재(封齋)(335); 부첨례(副瞻禮)(350); 사계재(四季齋)(389); 사백주일(卸白主日)(375); 사죄경(赦罪經)(385); 삼종(三鐘)(371); 상본(像本)(382); 성납(聖蠟)(403); 성낭(聖囊)(403); 성대(聖帶)(404); 성대(聖臺)(404); 성로선공(聖路善功)(403); 성명(聖名)(403); 성모경(聖母經)(403); 성물(聖物)(403); 성반(聖盤)(403); 성보(聖褓)(403); 성상(聖像)(404); 성석(聖石)(404); 성세(聖洗)(404); 성수(聖水)(404); 성수채[聖水鞭](404); 성유(聖油)(401); 성작(聖爵)(404); 성작보(聖爵褓)(404); 성지주일(聖枝主日)(405); 성체(聖體) (404); 성촉(聖燭)(405); 성판(聖板)(403); 성패(聖牌)(403); 성포(聖布)(403); 성혈(聖血)(402); 세(洗)(393); 소백의(小白衣)(434); 소백장의(小白長衣)(434); 소재(小齋)(436); 소회죄경(小悔罪經)(431); 송경(誦經)하다(434); 수세(受洗)하다(445); 수재(守齋)하다(447); 수할손례(受割損禮)(439); 신공(神功) (418); 십사처(十四處)(422); 십이단(十二端)(421); 연미사(煉彌撒)(278); 염경(念經)하다(277); 영경(鈴經)(279); 영경자(鈴經者)(279); 영광경(榮光經) (29); 영복경(榮福經)(29); 영성체(領聖體)하다(280); 영세(領洗)하다(279); 영정첨례(永定瞻禮)(29); 장궤(長跪)하다(533); 장림(將臨)(534); 장림수주일(將臨首主日)(534); 장백의(長白衣)(533); 재계(齋戒)(537); 재극(齋克)(537); 재소(齋素)(538); 재일(齋日)(536); 전사(全赦)(547); 제대(祭臺)(544); 제병(祭餠)(543); 제성첨례(諸聖瞻禮)(554); 조과(早課)(570); 조만과(早晩課)(570); 종도신경(宗徒信經)(572); 종부(終傅)(576); 주모경(主母經)(583); 주수병(酒水甁)(588); 주일(主日)(582); 찰고(察考)하다(593); 참례(參禮)하다(591); 창미사(唱彌撒)(594); 천

주경(天主經)(514); 첨례(瞻禮)(596); 총고해(總告解)(606); 축문(祝文)(611); 축성(祝聖)하다(611); 춘계소재(春季小齋)(611); 취결례(取潔禮)(610); 칠성사(七聖事)(604); 통경(通經)하다(518); 판공(判功)하다(352); 판공주다[許判功](352); 판신공(判神功)(352); 할손례(割損禮)(80); 해죄경(解罪經)(86); 헌당첨례(獻堂瞻禮)(90); 헌작(獻酌)(90); 혼배보례(婚配補禮)(110); 활동첨례(活動瞻禮)(104); 회죄경(悔罪經)(108)

이상의 낱말들은 가톨릭 전례에 관련한 용어들로 골라서 뽑은 것들이다. 이 가운데에는 개두포, 성체거양, 견진, 공심재, 묵주, 미사, 보속, 삼종, 영성체, 판공 등 현재도 그대로 사용하고 있는 용어들을 상당수 발견할 수 있다. 하지만 의미는 그대로 두고 낱말만 바꾼 경우(고명, 도문, 매괴, 봉재, 활동첨례)도 있고, 또 전례 자체의 개혁에 따라서 사라진 용어들도 많이 있다. 특히 트리덴틴 전례에 따른 성물, 제구, 제대 차림, 제의의 명칭들에는 전례 개혁에 따라서 현재 사용되지 않은 것들이 포함되어 있다. 이런 용어들이 언제까지 사용되었는지, 중간에 변경된 용어는 없는지를 따져보는 것도 필요하리라고 본다.

이에 관해서는 『경향잡지』 671호(1929.10.15)부터 674호(1929.11.30)까지 '명사'라는 항목으로 연재된 용어 정리를 참고하면 도움이 될 것이다. 여기에는 성물 이름으로 성작, 성반, 성체합, 월형성합, 봉성체합, 성광, 성유합, 성척잔, 주수병 등 미사 제구 명칭 15개, 성당과 성소 명칭 19개, 영대, 예절영대, 수대, 장백의 등 제의 관련 명칭 35개, 경본과 경판, 초, 촛대 등 기타 전례 명칭 11개가 소개되어 있다. 이것을 보면 『한불자전』에 나오는 전례 관련 용어보다 더 상세하게 분류되어 있음을 알 수 있다.

그런데 『한불자전』에 실린 가톨릭 전례 관련 낱말들 가운데 '권도'라는 용어가 독특하다. 이 말은 "(견진을 베푸는 사제에게 주어진) 위임, 위탁, 특별 허가"를 뜻한다. 말하자면 주교만이 행할 수 있는 성사인 견진성사를 선교지의 특수 상황에서 일반 선교사가 대신 행할 수 있도록 위임된 권한을 가리킨다. 즉 오늘날의 용어법으로 말하자면 '특별권한'이다. 원래 권도란 유학자들이 특수하고 예외적인 상황에서 적절하게 대처하는 재량을 가리키는 말이었다. 저울 한쪽에 추를 올려놓고 균형을 잡듯이 상황에 맞게 대응하는 것을 나타내며, 원론적으로는 유교의 이상적인 행위 규범에서 약간 벗어나 있지만, 특수한 상황에서 선택할 수 있는 최선의 방안을 말한다. 그런데 『한불자전』에서는 권도의 원래 말뜻을 새겨서 이것을 교회 용어로 옮겨서 사용하였다는 점이 흥미롭다. 이처럼 선교사들의 관념과 언어 세계는 동아시아 토착 언어의 영역과 완전히 절연되어 있지 않았으며, 다양한 방식으로 서로 교차하고 있었음을 알려주는 징표들이 불현듯 튀어나오기도 한다. 기도서를 경문이라 번역하고, 미사 통상문을 경본, 식사 전후 기도를 축문이라고 번역한 것 역시 그러한 사고의 연장선 위에서 이해할 수 있지 않을까 한다.

3) 기타 교리용어

각혼(覺魂)(122); 간구(懇求)하다(127, 140); 강론(講論)하다(130); 강림(降臨)하시다(130); 강복(降福)하다(130); 강생(降生)하다(130); 강잉(降孕)하시다(129); 경교비(景教碑)(155); 경언(經言)(154); 계(誡) 십계 (150); 계명(誡

命)(151); 고경(古經)(185); 고공(苦功)(185); 고성(古聖)(195); 고성소(古聖所)(195); 공경(恭敬)하다(189); 공심판(公審判)(190); 교강(教綱)(198); 구령(救灵)하다(210); 구마(驅魔)하다(205); 구사(驅邪)하다(211); 구세(救世)하시다(211); 구세자(救世者)(211); 구세주(救世主)(211); 구속(救贖)하다(212); 그리스당[基利斯當](171); 그리스도[基利斯督](171); 냉담(冷淡)하다(272); 농리편(農理篇)(289); 당옥(堂獄)(457); 대부(大父)(450); 대사(大赦)(451); 대월(對越)하다(464); 대천신(大天神)(452); 두겁조상(頭匣祖上)(501); 등천(登天)하다(479); 림보[臨簿](284); 막비주명(莫非主命)(217); 만나[瑪納](219); 만복(萬福)(219); 만선(萬善)(220); 망덕(望德)(222); 모병(毛病)(246); 몰약(沒藥)(246); 몽소승천(蒙召昇天)(246); 무염원죄(無染原罪)(249); 묵도(默導)(237); 묵도(默禱)하다(237); 묵상(默想)하다(237); 묵상신공(默想神功)(237); 묵상지장(默想指掌)(237); 묵시(默示)하다(237); 묵조(默照)(237); 묵존(默存)하다(237); 문교(聞教)하다(253); 반교(叛教)하다(299); 배교(背教)하다(309); 백부장(百夫長)(310); 보수(補修)하다(337); 복음(福音)(331); 복지(福地)(332); 본명(本名)(333); 본죄(本罪)(334); 봉교(奉教)(334); 부활(復活)(339); 부활(復活)하다(339); 분심(分心)하다(342); 분심잡념(分心雜念)(342); 사교(邪教)(380); 사규(四規)(389); 사말(四末)(389); 사성사(四聖史)(391); 사심판(私審判)(391); 사죄(赦罪)하다(385); 사죄지은(赦罪之恩)(385); 사추덕(四樞德)(392); 사학(邪學)(380); 삼구(三仇)(370); 삼덕(三德)(371); 삼덕송(三德誦)(371); 삼왕내조(三王來朝)(369); 삼위일체(三位一體)(369); 상등통회(上等痛悔)(383); 상주(上主)(384); 생혼(生魂)(386); 서교(書教)(397); 서악(西惡)(393); 서학(西學)(396); 선종(善終)하다(401); 선지(先知)(401); 선지(先知)하다(401); 선지자(先知者)(401); 성가(聖歌)(402); 성가(聖架)(402); 성경(聖

經)(402); 성공(聖功)(402); 성광(聖光)(402); 성교(性教)(403); 성구(聖軀)(403); 성규(聖規)(403); 성녀(聖女)(403); 성당(聖堂)(404); 성두(聖櫝)(404); 성모(聖母)(403); 성부(聖父)(403); 성사(聖史)(404); 성사(聖事)(404); 성사적(聖事蹟)(404); 성삼(聖三)(404); 성서(聖書)(404); 성신(聖神)(404); 성신강림(聖神降臨)(404); 성심(聖心)(404); 성영(聖嬰)(401); 성영(聖詠)(401); 성우(聖佑)(401); 성의(聖衣)(401); 성인(聖人)(401); 성자(聖子)(404); 성적(聖蹟)(404); 성전(聖傳)(404); 성전(聖典)(404); 성전(聖殿)(404); 성지(聖地)(404); 성지(聖枝)(405); 성총(聖寵)(405); 성탄(聖誕)(404); 성해(聖骸)(402); 성호(聖號)(402); 성회(聖灰)(402); 세자(洗者)(395); 수진(袖珍)(447); 승천(升天)(411); 승천(升天)하다(411); 신경(信經)(418); 신교(新教)(418); 신량(神糧)(419); 신력(神力)(419); 신령(神領)하다(419); 신망애삼덕송(信望愛三德誦)(419); 신명초행(神命初行)(419); 신은(神恩)(417); 심판(審判)(416); 십계(十誡)(421); 십일조(十一條)(421); 십자가(十字架)(422); 안지그리스도(7); 애긍(哀矜)(16); 양학(洋學)(13); 연령(煉靈)(278); 연옥(煉獄)(277); 연죄(煉罪)(279); 열세(熱洗)(30, 281); 영벌(永罰)(29); 영복(永福)(29); 영성(靈性)(280); 영신(靈神)(280); 영적(靈迹)(280); 예수[耶穌](26); 요리문답(要理問答)(61); 원조(原祖)(63); 원죄(原罪)(63); 유다스[茹答斯](74); 은수(隱修)(35); 은총(恩寵)(35); 인호(印號)(39); 입교(入教)하다(41); 자헌(自獻)하다(539); 잠벌(暫罰)(525); 재제(才齊)하다(538); 전교(傳教)하다(547); 전구(轉求)(547); 전구(轉求)하다(474, 547); 전지(全知)하다(548); 제성영해치명(諸聖嬰孩致命)(554); 제성통공(諸聖通功)(554); 조물(造物)하다(570); 조물주(造物主)(571); 조배(朝拜)하다(498); 조찰하다[潔淨](574); 조화(造化)하다(498); 죄종(罪宗)(570); 주당(主堂)(588); 주명(主命)(583); 주모(主母)(583); 주보(主保)(586); 주성(主性)(587);

주은(主恩)(582); 주훈(主訓)(582); 지옥(地獄)(482); 지의용절(知義勇節(558); 진교(眞敎)(562); 진교(進敎)하다(562); 진복(眞福)(563); 진복팔단(眞福八端)(563); 찬류(竄流)(591); 찬미(讚美)하다(591); 찬송(讚誦)하다(591); 찬양(讚揚)하다(591); 척사문(擲邪文)(596); 척죄정규(滌罪正規)(512); 천국(天國)(513); 천당(天堂)(513); 천로(天路)(513); 천명(天命)(513); 천신(天神)(513); 천신구품(天神九品)(513); 천주(天主)(513); 천주성(天主性)(514); 천주악(天主惡)(513); 천주학(天主學)(514); 천주학문(天主學文)(514); 초성(超性)하다(609); 총령천신(總領天神)(606); 추덕(樞德)(615); 추사이망(追思已亡)(614); 치명(致命)하다(601); 친구(親口)하다(602); 칠극(七克)(603); 칠죄종(七罪宗)(604); 통고(痛苦)하다(518); 통공(通功)하다(518); 통화색(通貨色)하다(518); 통회(痛悔)(518); 통회(痛悔)하다(518); 특은(特恩)(515); 파공(罷工)하다(351); 패수(怕羞)하다(351); 편태(鞭笞)(359); 피정(避靜)하다(362); 하등통회(下等痛悔)(81); 해죄(解罪)하다(86); 향주(向主)하다(82); 헌병(獻餠)(90); 현성용(顯聖容)(93); 혈세(血洗)(95); 호수천신(護守天神)(114); 회개(悔改)하다(106); 회과자책(悔過自責)하다(106); 회두(回頭)하다(108); 흠숭(欽崇)하다(97)

가톨릭교회의 공식적인 가르침이 담긴 교리용어들과 기타 가톨릭 용어들을 한데 묶어서 이상과 같이 분류하였다. 여기에는 교계용어라 분류하기도 어렵고, 그렇다고 전례용어라고 볼 수도 없는 다양한 낱말들이 포괄되어 있다. 그러므로 이 낱말 묶음에서 특별한 경향성을 발견하거나 두드러진 특성을 찾아내기란 쉽지 않은 일이다. 하지만 그리스도, 예수, 유다스와 같이 서구어의 음을 그대로 적은 사례들이 발견된다는 것 자체만으로도 특징적인 일이라고 하겠다. 왜냐하면 프랑스 선교사들이 들어오기 이전에 조선 가톨릭교회에서는 중국어 발음으로 표기된 교회용어들을 일반적으로 사용하였기 때문에 세례명이든 기타 교회 인물의 이름이든 대부분 중국식 발음으로 표기되었다. 그런데 프랑스 선교사들에 의해서 그리스도나 예수, 유다스와 같은 이름들이 중국어 음차를 거치지 않고 곧바로 조선어의 음가로 표기되기 시작하였던 것이다.

그러나 대부분의 용어들은 중국에서 번역어로 성립된 교리용어들을 그대로 수용한 것으로 짐작된다. 생혼, 각혼, 영혼의 삼분법이나, 공심판과 사심판, 몽소승천, 무염원죄, 신망애 삼덕, 영벌과 잠벌, 칠죄종, 흠숭 등의 용어들은 대부분 중국의 한역 서학서에서 이미 출현하여 통용되고 있던 말들이기 때문이다. 또한 상제라는 낱말은 가톨릭교회에서 사용하면 안 되는 것이라고 명기하고, 대신에 천주라는 용어를 표기한 것에서도 이미 중국 가톨릭교회에서 확정된 용어법을 받아들이고 있음이 드러난다. 하지만 귀양살이를 뜻하는 찬류라는 낱말이나, 척사문과 같은 용어가 중국에서 만들어진 것인지, 아니면 조선 가톨릭교회에서 새로 만들어낸 말인지에 대해서는 좀 더 연구할 필요가 있다.

한 가지 특이한 것은 두겁조상이라는 낱말이다. 『한불자전』에는 이 말이 "가족의 시조, 혈통상의 첫 인물"로 설명되어 있다. 그런데 여기에 '아담'이라는 말을 첨가하였다. 즉 인류의 시조로서 아담을 두겁조상이라는 말로 설명한 것이다. 원래 이 말은 '조상 가운데 이름을 떨친 인물' 또는 '중시조(中始祖)'를 가리키는 낱말이었다. 그리고 두겁이라는 수식어 역시 한자어가 아니라 기원을 알 수 없는 고유어에 해당한다.[12] 이것

12 박영섭(1992 : 19).

을 한자어로 표기하고 아담이라고 부기한 것을 보면 『한불자전』을 편찬한 선교사들이 가톨릭 용어에 대응하는 전통적인 용어법을 발견하기 위하여 상당히 고심하였음을 알 수 있다. 뿐만 아니라 '조찰하다'라는 표현 역시 18세기 조선의 고어에서 '깨끗하다'는 뜻을 담은 고유어였다.[13] 『한불자전』에서는 이 말을 차용하여 '천주에게 바치는 깨끗한 제물'이라는 의미로 사용하였던 것이다.[14]

4) 번역을 통한 자기 인식

『한불자전』에 실린 가톨릭 용어들은 조선어로 되어 있는 낱말들을 표제어로 제시하고, 해당하는 한자를 적시한 다음에, 여기에 대응하는 불어 용어 설명을 대응시키는 형태로 구성되어 있다. 일단 가톨릭 용어라는 점에서 자기 진술의 언어라고 볼 수 있다. 뿐만 아니라 불란서어나 라틴어 등 서구어에서 유래한 용어들을 한자로 번역하는 절차가 이미 진행된 상태에서, 다시 이것을 조선어-불어로 낱말 대응을 이루고 있다는 점에서 동어반복의 언어인 셈이다. 하지만 자기 진술이자 동어반복이라고 해도 여기에는 선교사들의 지적 활동이 들어 있다. 어떤 점에서 그러한가?

첫째, 짐작컨대 많은 경우에 중국 가톨릭교회에서 성립된 번역 용어를 그대로 수용하였을 가능성이 농후하다. 가령 천주와 상제의 용어를

13 박재연(2001 : 837).

14 '조찰하다'는 말은 '잘 헤아려 살핀다'는 뜻의 한자어 조찰(照察)과는 다른 낱말이다. 현행 가톨릭 성가 117번과 156번에 나오는 '조찰하다'는 표현은 '깨끗하다'는 뜻이다.

정리한 것이나, 각종 전례용어, 교계용어, 교리용어들을 살펴보면 그런 느낌을 지울 수 없다. 그러므로 『한불자전』을 편찬하기 이전 단계, 또는 중국에서 한역 교리서가 나오던 단계에 성립된 가톨릭 용어의 한자어 번역이 어느 정도 영향을 미쳤을 것임은 분명하다. 하지만 이러한 용어들을 검토하여 『한불자전』의 표제어로 선정하는 과정에는 진지한 자기 성찰이 들어가 있었을 것이다. 혹은 이미 박해시기 선교사들의 활동 과정에서 번역어를 확립하려는 노력이 선행하였을 것으로 추측된다. 다블뤼 주교, 푸르티에 신부, 프티니콜라 신부 등의 서한에서 조선어 낱말을 수집하여 조선어-불어 사전, 조선어-라틴어 사전을 준비하고 있다는 기록들이 들어 있었음을 감안한다면 단순한 추측이 아니라 상당한 신빙성을 갖춘 진술이라고 보아야 할 것이다.

둘째, 『한불자전』의 표제어가 중국 가톨릭교회의 용어 정리를 그대로 옮겨 실은 것이 아니라 나름의 지적 가공물이라고 말하는 또 다른 이유는 조선식 한자어 발음을 확정하려는 선교사들의 노력 때문이다. 가령 병인박해 이전에 다블뤼 주교는 한자어의 조선식 발음이 별도로 있고, 조선의 선교사들은 이를 존중해야 한다는 주장을 수차례 거론한 바 있었다. 그래서 초기에 입국했던 모방 신부, 샤스탕 신부, 앵베르 주교 등은 조선의 지명이나 인명 등을 중국식 발음으로 표기하는 일이 종종 있었지만, 페레올 주교의 입국 이후에는 조선식 발음을 따르게 되었던 것이다. 아울러 조선식 발음을 로마자로 표기하는 문제 역시 간단히 해결하기는 어려운 일이었다. 이것은 『한불자전』을 편찬하면서 큰 성과를 이루게 되었고, 급기야 조선 선교지에서 선교사들이 행해야 할 법규들을 정리하여 1887년에 『조선 선교지 관례집』을 간행할 때에 그 부록으로 조선어 자모의 유럽식 표기법을 실었던 것이다.[15] 이 표기법 규칙을 확정짓는 데 큰 역할을 한 사람은 『한불자전』을 편찬하였던 리델 주교였을 것으로 보인다.

셋째, 중국과 조선에서 한 번 정해진 가톨릭 번역어가 계속 유지되었으리라고 단정할 수도 없다. 말하자면 여러 가지 사정으로 말미암아 용어 변경이 이루어졌을 가능성도 있다. 여기에는 조선어와 한문에 대한 이해력의 증대나 유능한 조선인 신자들의 협력 등을 주요한 변수로 고려할 수 있다. 그러므로 과연 『한불자전』의 교회 용어가 중국 교회의 것 그대로인지, 또는 박해시기 선교사들이 정착시킨 용어를 계속 준수한 것인지, 그것도 아니라면 리델 주교 당대의 선교사들이 노력을 기울여 개정하거나 새로 만들어낸 경우는 없는지 따져볼 필요가 있다. 이런 작업을 진행하려면 조선의 선교사들이 번역하거나 저술한 교리서, 기도문 등을 모아서 용례와 뜻풀이를 분석하는 일이 필요하다.[16] 아울러 당시 중국 가톨릭교회에서 사용하던 교리서나 사전들도 검토해야 한다.[17] 그

15 *Coutumier de la Mission de Corée*(1887 : 73).

16 여기에는 페롱 신부를 주저자로 한 수고본 『불한사전』도 포함될 수 있다. 『한불자전』과 『불한사전』을 교차 검토하면 많은 가톨릭 용어들이 서로 일치한다. 가령 이런 등식이 성립한다. '부주교 = coadjuteur(『한불자전』)' → 'coadjuteur = 부주교(『불한사전』)' 하지만 정확하게 대응하지 않는 경우도 있다. 『한불자전』에는 '공소 = chapelle'로 되어 있지만, 『불한사전』을 보면 'chapelle = 성당, (공소방, chambre de réunion des chrétiens), 예배당, 회당, 성전'으로 되어 있다.

17 귀주 대목구 소속의 파리외방전교회 선교사 폴 페르니(Paul Perny, 1818~1907) 신부가 1869년 파리에서 불어-라틴어-중국어 대역사전을 발간한 바 있다. 현재 한국교회사연구소에는 폴 페르니 신부의 사전이 한 권 소장되어 있다. 이 사전의 첫째 쪽 상단에 조선 대목구의 알렉상드르 마르티노(Alexandre Martineau, 1841~1875) 신부가 직접 적은 자필 서명이 들어 있어, 마르티노 신부가 소장하고 있던 사전임을 알려주고 있다. 이것으로 미루어 짐작컨대 마르티노 신부, 리샤르 신부 등과 요동 반도 차쿠에서 함께 체류하던 리델 주교는 『한불자전』을 편찬할 때에 페르니 신부의 불어-라틴어-중국어사전도 이용하였을 것이다. 이 사전에 실린 가톨릭 용어들을 전면적으로 검토하지 못했지만, 『한불자전』과 정확하게 일치하는 낱말도 있고, 간혹 그렇지 않은 경우도 보인다. 앞으로 『한불자전』의 계보학을 밝히는 데 중요한 실마리가 될 사전임에는 분명하다.

래야만 『한불자전』의 가톨릭 용어들이 중국 교회에서 성립된 번역어에 불과한지, 조선의 선교사들이 독자적인 노력을 통하여 정착시킨 토착 번역어는 없었는지 등을 구체적으로 검증할 수 있을 것이다.

이 글에서 행한 가톨릭 용어 정리는 조선을 비롯한 동아시아 가톨릭 교회의 번역어 변천사를 종합적으로 검토하는 작업에 작은 실마리가 되었으면 하는 소박한 바람에 불과하다. 여기서 『한불자전』과 『불한사전』의 가톨릭 용어 비교, 『한불자전』과 중국어사전들과의 비교 등을 모두 진행할 수는 없다. 다만 지금까지 정리한 가톨릭 용어들을 출발점으로 삼아서 19세기와 20세기에 조선 가톨릭교회에서 사용하던 낱말들의 세계에 접근할 수 있지 않을까 한다. 그러한 작업을 위해서 최소한의 용어 목록을 이 글에서 제시하였다고 보아 주었으면 좋겠다.

마지막으로 첨언할 것은 『한불자전』 소재 가톨릭 용어들의 사회적 파급 효과이다. 현재 한국사회에서 정착되어 통용되는 수많은 종교적 개념어들, 가령 영혼, 양심, 원죄, 주일, 구세주, 묵상, 배교, 심판, 부활과 같은 용어들은 어느 때부터인지 알 수 없지만 가톨릭교회의 범위를 넘어서 사회적으로 확산되었다. 1895년에 이준영, 정현, 이기영, 이명선, 강진희에 의해서 편찬된 최초의 국어사전인 '국한회어(國漢會語)'에도 『한불자전』의 영향이 보인다.[18] 뿐만 아니라 프랑스 가톨릭 선교사의 뒤를 이어서 조선으로 진출한 미국 프로테스탄트 선교사들이 조선어를 습득하여 선교 활동에 나설 때 『한불자전』의 언어들은 많은 영향을 미쳤을 것으로 짐작할 수 있다. 실제로 계량적인 연구를 통해서 『한불자전』이 국한회

18 『국한회어』 한국어학자료총서 제1집, 1986.

어와 언더우드의 『한영자전』에 미친 영향이 실증되기도 하였다.[19]

그러나 1890년에 나온 언더우드의 『한영자전』이나 1897년에 나온 이후로 여러 차례 수정 증보한 게일의 『한영자전』 등은 『한불자전』과 분명한 차이를 지니고 있었다. 즉 가톨릭 용어들을 선택적으로 수용하였던 것이다. 실제로 세 개의 사전들을 나열하여 비교하면, 가톨릭교회 용어로 분류될 수 있는 낱말들이 대부분 빠져 있음을 확인할 수 있다. 가령 언더우드의 『한영자전』을 보면 영혼, 영세, 성신, 심판과 같이 가톨릭 용어를 그대로 수용하여 사용한 경우도 있지만, 신부, 견진, 미사 등 가톨릭 고유 용어들은 찾아볼 수 없다. 그리고 언더우드 사전의 제2부인 『영한사전』에서 사제를 뜻하는 단어(priest)를 '중, 선사'라고 한 것을 보면 프로테스탄트의 관점에서 용납하기 어려운 몇몇 가톨릭 용어들을 의도적으로 배제하였다는 인상을 준다. 이런 사정은 게일의 『한영자전』에서도 대동소이하다. 1897년 초판에서 35,000단어를, 1911년판에서는 50,000단어, 1931년 『한영대자전』의 단계에서는 82,000단어를 수집하였던 게일의 『한영자전』도 『한불자전』을 참고하였음에도 불구하고, 가톨릭 용어라고 명시하여 표제어로 수록한 경우도 있지만, 언더우드의 『한영자전』과 마찬가지로 가톨릭 용어들을 누락시킨 경우가 많았다.

그렇지만 『한불자전』의 가톨릭 용어들이 프로테스탄트의 성경 번역에 많은 영향을 미친 것은 부인할 수 없는 사실이다. 즉 만주에서 신약성경의 한글 번역본을 준비하던 존 매킨타이어(John MacIntyre, 1837~1905), 일본 동경에서 신약성경을 번역한 이수정(李樹廷, 1842?~1887) 등이 『한불

19 이지영(2009) 참고.

자전』에서 많은 도움을 얻었다는 것은 익히 알려져 있다. 뿐만 아니라 언더우드는 자신의 조선어 교사가 송덕조라는 사람인데, 과거에 가톨릭 신자였으며 『한불자전』의 편찬에도 관여한 바가 있었다는 기록을 남겼다.[20] 이처럼 프로테스탄트 선교사들의 성경번역을 세밀하게 연구하면, 한때나마 프로테스탄트 선교사들이 기존에 가톨릭 선교사에 의해서 성립된 번역어를 사용하였던 흔적들을 찾을 수도 있을 것이다.

그런데 한 가지 이해하기 어려운 점이 있다. 프로테스탄트의 한글성경 번역에 관한 기록 가운데 다음과 같은 구절을 발견할 수 있다. "한국어와 같이 빈약한 언어로 번역하는 일은 무척 힘든 것이다. 특히 한국어에는 믿음, 소망, 사랑, 거룩, 은혜, 진리, 영생 등과 같은 단어들이 없었다."[21] 이것은 1903년에 작성된 영국성서공회(The British and Foreign Bible Society)의 연례보고서 부록에 실려 있으며, 영어로 된 문장이다. 이미 『한불자전』에는 이러한 용어들이 풍부하게 실려 있었음에도 불구하고 조선어에 결여되어 있다고 말한 까닭이 무엇일까?

프로테스탄트 계열의 한글성경 번역에 참여한 사람들의 진정성을 의심하지 않는다면, 이 말은 가톨릭의 용어법과 프로테스탄트의 용어법 사이에 존재하는 신학적 차이에서 비롯한 것이 아닐까 싶다. 가령 프로테스탄트의 신학적 견해에 따르면 믿음과 소망과 사랑은 전적으로 신적인 은총을 통해서 인간에게 주어진 것이다. 이에 비해서 가톨릭교회는 믿음, 희망, 사랑을 신덕, 망덕, 애덕으로 표현하고, 이것이 은총으로

---

20 대한성서공회(1993 : 52~53 · 124~125 · 128 · 182~185 · 193~197 · 201); 류대영 · 옥성득 · 이만열(1994 : 46~47) 참고.

21 위의 책, 67쪽에서 재인용.

주어진 것이기는 하지만, 인간이 주체적인 노력을 통해서 단련하여 완성해야 하는 덕목으로 간주한다. 이러한 사고방식의 차이가 번역어를 대하는 태도에도 영향을 미쳤고, 급기야 프로테스탄트의 정신에 적합한 번역어를 찾기 어렵다고 술회한 것은 아닐지 모르겠다.

그렇다면 우리가 유사한 낱말이라고 간주하는 가톨릭과 프로테스탄트의 교리적 용어들 역시 그 의미론적 맥락에 따라서 차이와 이질성을 띠기도 할 것이다. 어떤 번역어를 선택하느냐에 따라서 가톨릭과 프로테스탄트는 상이한 자기 정체성을 구성하게 된다는 말이다. 결국 우리가 『한불자전』에서 발견한 자기 진술의 언어들 역시 고유한 종교적 의미망을 형성하고 있었으며, 이에 바탕을 두고 가톨릭으로서의 자기 인식을 주조해내었다고 말해도 무방할 것이다.

3. 타자 기술 또는 해석의 언어들

『한불자전』의 종교 관련 용어들 가운데 가톨릭의 정체성과 관련된 낱말들을 제외하고, 불교나 유교, 도교, 민간신앙 등과 관련한 어휘들을 별도로 추출하였다. 그리고 여기에 특정 종교에 귀속된다고 보기는 어려우나, 포괄적인 의미에서 종교 용어에 해당하는 낱말까지 합쳐서 368개의 표제어를 종교적 타자에 대한 기술을 담은 어휘로 뽑았다. 즉 이 범주의 언어는 가톨릭교회가 가톨릭 이외의 존재를 어떤 식으로 표상하고 있는

지를 알아보려는 목적으로 선택된 것이다. 종교별로는 불교, 유교 및 도교, 민간신앙 그리고 기타 종교의 용어들이 여기에 해당하는데, 특별히 인간의 죽음과 관련된 개념 및 문화적 행위들을 나타내는 용어들을 별도로 상제례라는 범주로 묶었다. 아울러 가톨릭 신학의 가치평가를 함축하고 있는 타자 지칭어들도 독립된 영역으로 설정하였고, 이들을 모두 타자 기술의 언어로 다루었다. 그 각각에 해당하는 낱말들을 간단히 살펴본 다음에, 이 타자 기술의 언어들에 들어 있는 사고방식을 나름대로 그려보고자 한다.

1) 불교

가사(袈裟)(135); 거사(居士)(148); 고사(古寺)(194); 고해(苦海)(184); 관음보살(觀音菩薩)(178); 극락세계(極樂世界)(164); 남무아미타불(南無阿彌陀佛)(264); 노승(老僧)(291); 대사(大師)(451); 대찰(大刹)(452); 도선(道銑)이(496); 도승(道僧)(496); 명불(名佛)(236); 목탁(木鐸)(244); 바랑(鉢囊)(312); 반승반속(半僧半俗)(300); 발낭(鉢囊)(305); 백팔염주(百八念珠)(310); 법고(法鼓)(313); 범승(凡僧)(314); 법당(法堂)(316); 보살(菩薩)(336); 부처[불](350); 불(佛)(343); 불가(佛家)(344); 불경(佛經)(345); 불공(佛供)하다(345); 불당(佛堂)(347); 불도(佛道)(347); 불사(佛寺)(346); 불씨(佛氏)(346); 불양답(佛養畓)(343); 불종지말(佛種之末)(347); 산승(山僧)(373); 살생(殺生)하다(378); 석가모니(釋迦牟尼)(397); 석가여래(釋迦如來)(397); 석교(釋敎)(397); 선사(禪師)(400); 소승(小僧)(435); 승군(僧軍)(410); 승녀[女僧](410); 승답(僧畓)(411);

승당(僧堂)(411); 승도(僧道)(411); 승도(僧刀)(411); 승명(僧名)(410); 승방(僧房)(410); 승석(僧夕)(410); 승속(僧俗)(411); 승속가이(僧俗可異)(411); 승장(僧長)(411); 승통(僧統)(411); 시주(施主)(425); 아귀(3); 염라대왕(閻羅大王)(277); 염불(念佛)(28); 염불(念佛)하다(277); 염주(念珠)(277); 윤회(輪回(295); 재가승(在家僧)(537); 재공(537); 절[寺](551); 중[僧](581); 중년[女僧](581); 중놈[男僧](581); 중속한이[退俗漢](581); 총섭(總攝)(606); 통도사(通道寺)(519); 퇴속(退俗)(517); 파사(破寺)(355); 판도방(判道房)(353); 환생(還生)하다(101)

불교 관련 용어에서 두드러진 것은 도선, 석가모니, 석가여래, 통도사 등 구체적인 인명이나 사찰명이 등장한다는 사실이다. 특히 석가모니의 경우에는 "샤카 집안의 은둔자, 부처의 이름 샤카무니, 첫 번째 이름은 싯다르타였으며, 주전(主前) 622년까지 80세를 살았음"과 같이 인물의 구체적인 생애와 내력을 적고 있다. 하지만 도선에 대해서는 "이교도 예언자의 이름, 저명한 지관(地官) 승려의 이름"과 같이 간략한 설명을 달았지만, 도선(道詵)의 한자 이름이 잘못 기재되어 있다. 게다가 통도사는 "경상도와 전라도 사이에 있는 큰 사찰로서, 많은 불경들이 보관되어 있음"이라 되어 있어, 사실 관계가 전혀 맞지 않다. 경상도와 전라도 사이에 있는 큰 사찰이라면 송광사일 것이고, 많은 불경이 보관되어 있는 사찰이라면 해인사일 것이다. 뿐만 아니라 남무아미타불은 "승려들의 기도문, 노자 교단의 신봉자들이 행하는 회구의 형식으로 된 외침(남무는 감탄사로서 '아!'의 의미이고, 아와 미는 중국의 황제가 파견한 두 명의 이름이며, 타불은 부처, 즉 채색된 부처 그림을 인도인들에게 가져갔다는 뜻임)"이라고 설명하여 완전히 엉뚱한 해석을 제시하였다.

말하자면 불교 관련 표제어의 경우에는 가톨릭 선교사들이 어디에서 획득한 것인지는 알 수 없지만 잘못 되었거나 부정확한 지식에 근거한 서술들이 간혹 눈에 띈다. 하지만 대사, 선사, 승군, 승통, 총섭 등 불교 교단에서 사용하던 전문적인 용어들을 정확하게 파악하고 있는 경우도 찾아볼 수 있다. 게다가 불양답을 "승려가 불공을 드리기 위하여 소작료를 받는 전답"으로 정의한 것은 상당히 정확한 지식이다. 그렇지만 중년과 중놈을 표제어로 등재하였다는 것은 경멸하는 의미를 담은 비속어와 규범적인 어휘를 구별하지 못하고 있음을 말해준다. 그러나 장녀와 장남을 가리키는 표제어를 맏년(長女)(226), 맏놈(長男)(226)으로 선택한 것을 보면 특별히 불교 승려만을 비하하기 위한 의도를 담았다고 보기는 어렵다.

2) 유교 및 도교

가례(嘉禮)(133); 강상(綱常)(130); 강상죄(綱常罪)(130); 격물궁리(格物窮理)하다(152); 격물치지(格物致知)하다(151); 경서(經書)(156); 공부자(孔夫子)(190); 공자(孔子)(191); 관례(冠禮)(180); 군자(君子)(207); 길례(吉禮)(175); 논어(論語)(288); 대성전(大聖殿)(451); 대제(大祭)(452); 대학(大學)(448); 도유사(都有司)(484); 망궐례(望闕禮)(221); 맹자(孟子)(229); 명륜당(明倫堂)(236); 무극(無極)(251); 반고씨(盤古氏)(299); 복희씨(伏羲氏)(331); 부자(夫子)(350); 사서삼경(四書三經)(391); 사직(社稷)(379, 384); 산림(山林)(373); 삼

강(三綱)(369); 상교(庠校)(381); 상제(上帝)(383); 서원(書院)(396); 서전(書傳)(408); 성리(性理)(404); 시전(詩傳)(424, 425); 신농씨(神農氏)(420); 알성(謁聖)하다(9); 오륜(五倫)(57); 오상(五常)(57); 유교(儒教)(71); 유도(儒道)(74); 유림(儒林)(73); 음양(陰陽)(33); 이기(理氣)(284); 장의(掌議)(532); 재임(齋任)(536); 종묘(宗廟)(576); 주역(周易)(582); 태극(太極)(505); 팔괘(八卦)(353); 하도낙서(河圖洛書)(81); 학당(學堂)(76); 향교(鄕校)(82); 홍몽(鴻濛)(111)

유교 용어와 관련해서는 유교 경전들이 많이 수록되어 있으며, 도유사, 명륜당, 산림, 서원, 유림, 장의, 재임, 향교 등 유학자들의 실제 생활과 연관된 낱말들도 찾아볼 수 있다. 그러나 공자와 맹자 이외에는 유교 성현들의 인명이 나타나지 않으며, 대신에 반고씨, 복희씨, 신농씨 등 고대 중국사에 등장하는 신화적인 인물에 대한 설명들이 들어가 있다. 아마 이 부분은 중국 역사에 관한 유럽 저술을 참고한 것으로 추측된다. 그 밖에도 상제를 설명하면서 "(이교도들에 따르면) 하늘의 왕, 창공의 주인, 하늘에 있는 지고의 황제(가톨릭 신자들이 하느님에 대한 관념을 표현하기 위해서 사용해서는 안 되는 용어)"라고 설명한 것이 인상적이다. 이미 17세기와 18세기에 벌어졌던 중국 의례 논쟁이 종결되면서 가톨릭교회에서 말하는 '데우스(Deus)'의 번역어로 상제를 사용해서는 안 되며 오직 천주만이 가능하다는 교황청의 입장이 확고해진 사정을 반영하는 것 같다.

노군(老君)(288); 노도(老道)(291); 노자(老子)(291); 도관(道觀)(485); 도교(道教)(485); 도사(道士)(496); 도사(道師)(496); 무릉도원(武陵桃源)(255); 벽곡(辟穀)하다(319); 선경(仙境)(399); 선녀(仙女)(399); 선도(仙道)(400);

선복(仙服)(399); 신선(神仙)(420); 옥황상제(玉皇上帝)(53); 요지(瑤池)(61); 월궁선녀(月宮仙女)(63); 월궁항하(月宮恒娥)(63)

『한불자전』에서 도교에 관련된 용어는 상당히 빈약한 편이다. 이것은 조선 후기에 도교가 종교 전문가 집단에 의해서 운영되는 종교 교단으로 성립하기보다는 수련 도교의 형태로 존재하였음을 보여준다. 즉 도교 사원을 가리키는 도관이라든가 도교 수련자를 가리키는 도사와 같은 표제어들도 있지만, 선녀, 신선, 옥황상제, 월궁선녀 등 문학과 설화에서 주로 등장하는 도교적인 요소들이 주로 반영되어 있다. 특이한 것은 내단 도교의 수련법인 벽곡이라는 낱말이 표제어로 들어가 있다는 것이다. 일상적으로 접하기 어려운 용어인데도 『한불자전』에 포함된 것을 보면 수련 도교의 일종으로서 조선 사회에 어느 정도 퍼져 있었던 개념이었거나, 아니면 중국 문헌에서 찾아낸 낱말이었을 것으로 짐작된다.

3) 상제례 관련 용어

감실(龕室)(125); 감장(監葬)하다(126); 거상(居喪)(148); 거상하다(148); 곡반(哭飯)(185); 국기(國忌)(204); 국상(國喪)(205); 국장(國葬)(205); 굴건(屈巾)(210); 굴총(掘冢)하다(211); 금장(禁葬)하다(167); 금정(金井)(167); 기고(忌故)(161); 기일(忌日)(160); 기장(忌葬)하다(163); 기제(忌祭)하다(163); 납평(臘平)(267); 노제(路祭)(291); 담사(禫祀)(455); 당고(當故)하다(458); 당상(當喪)하다(458); 대상(大祥)(451); 도장(倒葬)하다(497); 독(櫝)(485); 두

건(頭巾)(501); 망곡(望哭)(221); 망두석(望頭石)(222); 매장(埋葬)하다(229); 매헌(埋獻)하다(216); 명당(明堂)(236); 명정(銘旌)(236); 목패(木牌)(244); 묘호(廟號)(248); 문상(問喪)하다(254); 반구(返柩)하다(299); 반혼(返魂)하다(299); 발상(發喪)하다(306); 발인(發靷)하다(304); 봉사(奉祀)하다(334); 봉안(奉安)하다(334); 불천지위(不遷之位)(347); 빈례(殯禮)(326); 빈소(殯所)(326); 사당(祠堂)(378); 사우(祠宇)(367); 삼우(三虞)(369); 삽전(揷牋)(376); 상례(喪禮)(375); 상례비(喪禮備)(375); 상식(上食)하다(375); 소상(小祥)(435); 수의(壽衣)(438); 승제(承祭)하다(411); 시묘(侍墓)하다(416); 시사(時祀)(424); 시제(時祭)(425); 신주(神主)(420); 양례(襄禮)(14); 운감하다(67); 위판(位板)(65); 위패(位牌)(65); 음복(飮福)하다(34); 졸곡(卒哭)(573); 지방(紙方)(564); 지석(誌石)(483); 천장(遷葬)하다(598); 치제(致祭)하다(604); 친기(親忌)(602); 칠성판(七星板)(604); 탈상(脫喪)하다(509); 투장(偸葬)하다(522); 파묘(破墓)하다(352); 현고학생(顯考學生)(92); 호상(護喪)(114); 혼교(魂轎)(110); 화장(火葬)(105); 흠향(歆享)하다(97)

상례와 제례에 관련된 용어들을 따로 묶은 이유는 당시 조선인들이 가지고 있었던 죽음을 처리하는 의례들과 죽은 조상을 추념하는 의례들이 상당히 자세하게 들어 있기 때문이다. 가령 매장하기 위하여 관을 내리는 구덩이를 뜻하는 금정, 초상을 치를 때 행하는 의례적인 동작인 반혼과 반구, 그리고 상례의 시간 주기를 나타내는 삼우, 소상, 대상, 졸곡 등의 용어를 망라하고 있는 것을 보면 당시의 상장례 관련 용어들을 세심하게 수집하였음을 알 수 있다. 게다가 불천지위는 탁월한 조상의 신주로서 절대로 옮기거나 파괴하면 안 되는 것으로 설명한다. 이것은 다블뤼 주교가 조선인에게도 영혼불멸의 관념과 유사한 것이 있음을 보여주는 증거로 지적한 바 있다. 그러나 발인(發軔)과 같이 한자가 잘못 기재된 경우도 가끔 보인다. 그밖에도 유교 관련 용어에는 오늘날에는 그다지 사용하지 않는 희귀한 낱말들도 들어 있다. 가령 흠향과 유사한 의미를 담고 있는 운감(殞感)은 『한불자전』을 편찬하던 당시에 일반적으로 사용하던 용어였던 것 같다.

4) 민간신앙 및 기타 종교

가신(家神)(136); 강시(殭尸)(131); 개벽(開闢)하다(120); 걸귀(乞鬼)(147); 걸귀(乞鬼)들리다(147); 걸신(乞神)(148); 고사(告辭)(194); 고사(告辭)하다(194); 고수레[祭飯語](195); 관상(觀相)(180); 굿(212); 굿기다(212); 궤배(跪拜)하다(200); 금시발복(今時發福)(167); 급살(急殺)맞다(170); 기문벽서(奇文僻書)(161); 길(吉)하다(174); 길복(吉服)(175); 길복(吉福)(175); 길일(吉日)(174); 길흉(吉凶)(174); 넉[魂](274); 능견난사(能見難思)(281); 단수점(單數占)(456); 덕담(德談)(469); 도섭하다(496); 도술(道術)(496); 도통(道通)하다(497); 독각수(獨角獸)(486); 독갑이[魍魎](486, 497); 독경(讀經)하다(486); 동틔[動頉]나다(492); 동학(東學)(488); 마마[痘疫](218); 명기(明氣)(235); 명복(名卜)(235); 명일(名日)(235); 목신(木神)(244); 무녀(巫女)(252); 무당[巫](259); 문복(問卜)하다(253); 미력[石人](240); 박수[覡](297); 벽사(闢邪)하다(319); 복자(卜者)(332); 봉황(鳳凰)(334); 부작(符作)(349); 비기(秘記)(325); 사주(四柱)(392); 산제(山祭)(374); 삼신항(三神缸)(371); 상보다[觀狀](382); 상뵈다[觀相](382); 선앙당

[魔堂](398); 성주받이[成造異端](405); 성황당(城隍堂)(402); 신당(神堂)(420); 신묘(神廟)(419); 신장(神將)(420); 신접(神接)하다(420); 앙천축수(仰天祝手)하다(8); 업구렁이[業蟒](21); 영물(靈物)(279); 용날[辰日](292); 원귀(寃鬼)(62); 원혼(寃魂)(62); 인제(人祭)(40); 잡술(雜術) (528); 잡신(雜神)(528); 장승[堠](534); 저주(咀呪)다(555); 저주하다[呪罵](476); 점(占)(474); 점돈[占錢](474); 점장이[占客](474); 점치다[占](474); 점치이다 (474); 정감록(鄭鑑錄)(549); 제석항하리[異端缸](544); 지관(地官)(482); 지당 (地堂)(483); 지리(地理)(483); 지사(地師)(483); 지술(地術)(483); 지술하다 (483); 진언(嗔諺)(562); 축지법(縮地法)(611); 태주년[巫女](510); 택일(擇日)하다(510); 터주[基主](512); 터주항(垈主缸)(512); 파일(罷日)(351); 팔자(八字)(354); 풍수(風水)(365); 혈식(血食)하다(95); 혼(魂)(110); 혼백(魂魄)(110); 혼호(魂號)(110); 화랑이[覡](104); 회회(回回)(106); 희생(犧牲)(96)

위의 목록을 보면 선교사들이 조선의 전통적인 민간신앙에 관한 낱말들도 상당히 자세하게 수집하였음을 알 수 있다. 고사를 "악마에게 바치는 제사의 일종"으로 규정하면서도, 고사를 지내는 것을 "귀신에게 빌기 위하여 쌀이 담긴 사발을 바치는 것"으로 자세하게 설명한다. 그리고 도깨비나 업구렁이, 영물 등의 용어나, 삼신, 성황당, 성주, 터주와 같이 전통적인 민간신앙의 숭배 대상들도 빠짐없이 수록하였다. 관상이나 점복에 관한 용어들도 눈에 띈다. 특이한 것은 이슬람을 가리키는 회회나, 정감록, 동학 등 전통 종교와 관련된 용어들도 등장한다는 점이다. 그런데 회회란 "돌아오는 사람들이라는 뜻으로 마호멧 교도를 가리키는데, 그렇게 불리는 이유는 첫째, 그들이 윤회를 믿기 때문이며, 둘째 그들의 조상이 위구르 족이기 때문임"이라고 설명한다. 이슬람이 윤회를 믿는다는 말은 받아들이기 어렵다. 아마 이 대목에서는 중국 문헌들을 인용한 것으로 추측된다. 왜냐하면 과거 중국에서는 이슬람을 투르크 계열의 유목부족 위구르[回紇] 족이 믿는 가르침이라는 의미에서 회회교라 칭했기 때문이다.

그리고 무녀, 무당, 박수, 화랑이 등 무속의 종교 전문가를 가리키는 용어나, 독경과 같이 잡귀를 물리치기 위하여 행하는 굿의 유형과 관련한 용어도 찾아볼 수 있다. 일반적으로 독경이라고 하면 불교 용어일 것으로 생각한다. 하지만 무속 의례 가운데 집안에 우환이 있거나 병자가 있을 때 축귀의 의미를 담아서 행하는 병굿의 경우에 맹인 무당, 즉 맹격(盲覡)을 불러서 '옥추경(玉樞經)' 따위의 경문을 외는 것을 독경이라고 부른다. 과연 『한불자전』에는 독경을 "맹인들의 기도, 기도의 형식을 취하지만 아무런 의미를 지니고 않은 소리들임"이라고 설명하고 있다.

대부분 가톨릭교회의 입장에서 부정적인 용어들로 설명하고 있지만, 그 가운데에는 해당 개념을 상당히 정교하게 서술하는 면도 있다. 가령 사람을 제물로 바치는 제사를 가리키는 인제에 대해서는 "사람 제사, 옛날에 조선에서, 특히 장산에서 자주 있었음, 사람의 목을 자른 다음에 바다에 던졌음"이라고 서술되어 있다. 목을 잘랐다는 구절에는 의문의 여지가 있으나, 배가 난파되는 경우가 많았던 황해도 장산곶에서 사람을 제물로 바쳤다는 이야기는 구전 설화 등으로 자주 접할 수 있는 것이기도 하다.

5) 신학적 타자 지칭어

귀(鬼)(201); 귀매(鬼魅)(202); 귀신(鬼神)(202); 대마(大魔)(450); 마(魔)(215); 마감(魔感)(216); 마계(魔計)(216); 마귀(魔鬼)(216); 마귀들리다(481); 마노(魔奴)(218); 마당(魔堂)(226); 마력(魔力)(223); 마몽(魔夢)(218); 마상(魔像)(225); 마술(魔術)(225); 마유(魔誘)(216); 마접(魔接)하다(227); 사감(邪感)(380); 사감입다[被邪感](380); 사당(邪堂)(384); 사도(邪道)(384); 사마(邪魔)(380); 사망(邪妄)(380); 사묘(邪廟)(380); 사상(邪像)(384); 사술(邪術)(384); 사신(邪神)(384); 사질(邪疾)(385); 악귀(惡鬼)(3); 열교(裂敎)(280); 외교(外敎)(50); 외교인(外敎人)(50); 외술(外術)(51); 요술(妖術)(61); 이교(異敎)(38); 이단(異端)(46); 이단으로 면박하다(234); 접마(接魔)하다(551); 접사(接邪)하다(551); 축귀(逐鬼)하다(611); 축마(逐魔)하다(611); 축사(逐邪)하다(611); 통마지죄(通魔之罪)(518); 통신(通神)하다(519); 허배(虛拜)(90); 환술(幻術)(101)

타자 기술의 언어 가운데 신학적 타자 지칭어로 분류한 낱말들은 대부분 부정적인 의미를 함축한 용어들이다. 그런데 가톨릭교회의 신학적 입장에서 유래한 것도 있지만, 조선에서 이미 사용하고 있던 것들도 있다. 좀 더 엄밀하게 말하자면 한자로 이루어진 표제어들 가운데에는 조선에서 사용되던 타자 지칭어와 가톨릭교회가 신조어로 만들어낸 타자 지칭어가 섞여 있으며, 표제어 오른쪽의 정의부 항목에는 유럽에서 사용하던 신학적 가치 판단에 내재된 서술이 배당되어 있다. 위에서 보듯이 주로 귀(鬼), 마(魔), 사(邪), 악(惡)과 같은 글자가 포함되어 있다.

그런데 여기서 한 가지 확인하고 넘어가야 할 것이 있다. 그것은 현재 사용되는 번역어와 혼란을 일으키는 경우들이 있기 때문이다. 가톨릭교회가 중국과 조선, 일본 등 동아시아 지역에서 신조어로 만들어낸 신학적 타자 지칭어들 가운데 조선사회에 정착하여 지금까지도 사용되는 것이 몇 가지 있는데, 이것이 당시에는 현재의 용어법과는 달리 쓰였음을 『한불자전』을 통해서 확인할 수 있다. 가령 열교는 "이단(héritique), 이교(離敎, schismatique)"로 나와 있다. 그 후 열교라는 용어는 가톨릭교회에서 프로테스탄트를 가리킬 때 주로 사용하였다. 그러므로 오늘날의 용어법으로 볼 때 해당 종교 내에서 교리적 가르침과 관련하여 정통적인 입장과 상반되는 주장을 가리키는 이단이라는 말은 『한불자전』에 열교로 나와 있는 셈이다. 그렇다면 당시에 사용되던 이단이라는 낱말은 무엇을 가리키는 것이었을까? 『한불자전』을 보면 이단은 "미신(supersitition)"이라고 나와 있다. 즉 오늘날 우리가 미신이라고 흔히 지칭하는 용어법이 『한불자전』에는 이단으로 사용되었다는 말이다. 그밖에 외교와 이교는 비슷한 의미를 담고 있었는데, 가톨릭교회가 자신과 다른 이질적인 종교를 가리킬 때 흔히 사용하던 말이었다.

6) 일방적인 매도(denouncement)와 객관적인 기술(description)의 모호한 경계선

가톨릭교회의 입장에서 볼 때 종교적 타자라 부를 수 있는 존재들, 그러니까 당시 조선의 종교들인 불교, 유교, 도교, 민간신앙에 해당하는 낱말들은 타자에 대한 기술이 담긴 언어들이라 할 수 있다. 일차적으로 눈에 띄는 현상은 당시 조선의 종교와 신앙, 풍속, 관습에 대해서 미신(superstition, 앞서 보았듯이 당시의 용어법으로는 이단)으로 간주하는 경향이 분명히 존재하였다는 점이다. 즉 타자에 대한 가치 판단을 내장한 언어 사용이 있었다. 가톨릭교회의 관점에서 종교적 타자들을 고정된 시선으로 바라보면서 언어라는 수단을 사용하여 그들을 특정한 범주로 포획하려는 시도였다고 하겠다.

하지만 타자 기술의 언어들 가운데에는 현상 자체를 객관적으로 기술하는 언어도 찾을 수 있다. 이미 가치 평가를 내린 상태에서 시작하기 때문에 별도로 이에 대한 부정적인 묘사를 첨가할 필요가 없었던 것인지는 알 수 없다. 그러나 좌우간 특정 용어들은 있는 사실을 담담하게 기술하고 있다. 가령 불교의 극락세계를 "조선인들의 낙원, 부처를 잘 공경한 덕이 높은 사람들의 영혼이 가는 낙원의 장소, 승려들의 천국, 이것은 곧 부처의 니르바나임"이라고 설명한다. 또한 태극에 대해서는 "세계 창조 이전부터 존재하였던 최초의 물질"로 되어 있다. 나아가서 가장 취약한 종교적 타자인 민간신앙과 무속에서 행하는 굿에 대해서도 "집안에서 드리는 제사의 일종, 주술사들이 행하는 성대한 예식, 광적인 춤, 떠들썩한 소동, 성대한 축제, 예식"으로 설명한다. 마지막으로 성황당에 대한 설명을 찾아보면, "산꼭대기를 향하는 길가에 세워진 돌무더기 또는 작은 사원, 길의 귀신에게 경의를 표하는 것, 산기슭에 작은 돌을 놓아두기도 하는데, 귀신에게 경의를 표하려는 목적임" 등으로 기술되어 있다.

그렇다면 종교적 타자를 기술하는 낱말들 가운데 어떤 것들은 가치 평가를 최소한으로 자제하고, 있는 그대로 묘사하는 이유가 무엇일까? 중국의 문헌 자료, 사전이나 역사서, 또는 중국 종교에 대한 가톨릭 계통의 소개서를 그대로 참고하여 그곳에 실려 있는 서술 내용들을 가져왔기 때문일 수도 있겠다. 또는 『한불자전』 자체가 가톨릭교회의 입장을 호교론이라는 형태로 적극적으로 개진해야 하는 교리서나 지침서가 아니기 때문에 상대적으로 유연한 서술이 가능했는지도 모른다. 게다가 사전이라는 특수한 문헌 형식 자체가 선교사의 가치 판단을 절제하게 만들었을 수도 있다. 비록 가톨릭 선교사라는 신분이기는 하지만 사전의 특성상 조선인들의 언어생활을 전체적으로 보여주어야 하기 때문에 가급적 가치 평가의 언어를 자제하고 객관적으로 묘사했을 가능성도 있다.

하지만 무엇보다도 주목하고 싶은 것은 자기와 타자의 영역이 그렇게 분명하게 구획되지 않는, 일종의 회색지대가 분명히 존재했을지도 모른다는 점이다. 사실 가톨릭교회가 무엇을 이단(현대의 용어법으로 미신)으로 규정하고, 어느 것을 이단이 아니라고 허용할지는 생각보다 쉬운 일이 아니다. 좀 더 일반적으로 말한다면 당시 조선인들의 다양한 문화적 관습들을 어디까지 용인하고, 어디서부터 단죄할 것인지 하는 문제가 그렇게 분명하게 나뉠 수 있었겠는가? 이 때문에 일제강점기에 가서도 가톨릭교회의 기관지에 이단과 이단 아닌 것을 식별하는 기사들이 종종 등장한다.[22] 사태가 이렇다 보니 가치 판단이 확실하게 진행될 수 있는 부분과 그렇지 않은 부분이 혼재된 상황을 낳았고, 이에 따라서 객관적 기술에 치중하는 용어 설명도 나타났던 것이 아닐까 한다.

---

22 「거짓교와 이단」, 『경향잡지』(1912.6.30 : 265); 「관상과 손금 보는 것은 이단이뇨」, 『경향잡지』(1917.2.15 : 67); 「輓詞, 輓章, 輓詩, 輓歌」 · 「향나무 달인 물로 시체를 씻음」 · 「산서와 궁합」 · 「사람이 죽어 환생한다 함은 윤회라 하는 이단」, 『경향잡지』(1925.1.31 : 41~44); 「기우제, 천제는 다 이단이니」, 『경향잡지』(1929.12.15 : 548).

어느 쪽이든 타자 기술의 언어에는 해석의 노력이 개입되어 있다고 보아야 한다. 말하자면 타자를 부정적인 의미 규정으로 제한한다고 하더라도 자기에게 익숙한 언어로 종교적 타자를 설명하는 것 자체가 해석 행위의 일종이다. 그리고 좀 더 객관적인 기술에 치중할 경우에 불교나 유교, 민간신앙 등 타자의 언어도 아니요, 그렇다고 가톨릭의 언어가 아닌, 제3의 언어 또는 일상어를 통하여 조선의 종교를 설명하려는 시도도 나타나게 된다. 이 역시도 해석의 언어라고 하겠다. 이렇게 되면 타자화의 논리가 아니라, 다름에 대한 인식이 싹트게 된다. 즉 차이를 해석하는 과정에서 새로운 언어의 필요성이 증대하고, 이를 해결하기 위한 지적인 작용이 활발하게 펼쳐진다.

바로 이러한 의미에서 타자 기술의 언어에서 발견할 수 있는 몇몇 특이한 사례들은 한국의 종교에 대한 객관적 기술의 맹아적 형태를 담고 있다고 보면 어떨까 한다. 말하자면 한국종교학의 기원이라고 할까. 분명히 『한불자전』을 만든 프랑스 가톨릭 선교사들이 최초의 '한국인' 종교학자는 아니었다. 하지만 최초의 한국종교학자들이었을 가능성은 없는가?[23] 일부에 불과하지만 한국의 종교문화에 대한 객관적인 기술 내지 묘사를 시도했다는 점에서 말이다.

23 방원일은 19세기 말에서 20세기 초에 이르는 시기에 한국에서 활동한 프로테스탄트 선교사들이 한국에 보편적 개념으로서 '종교'를 최초로 적용한 사람들이기 때문에 한국 종교학사에서 중요한 의미를 갖는다고 보았다. 물론 이 언명을 전면적으로 부정할 생각은 없다. 다만 한국의 종교에 대한 직접적인 연구나 서술이라는 측면을 떠나서, 종교라는 용어가 통용되기 이전의 시기에 오늘날의 종교 개념으로 볼 때 그 하위 범주들에 해당하는 다양한 개념들을 수집하여 정의내리는 작업을 하였다는 점에서 가톨릭 선교사의 사전 편찬 역시 간과할 수 없는 중요성을 지닌다고 생각한다. 그러므로 방원일의 작업은 앞으로 연대기적으로 좀 더 거슬러 올라가서, 한국의 종교에 대한 체계적인 서술보다는 종교적 개념과 용어들이 담긴 다양한 저수지들을 탐색하는 일에 치중해도 좋지 않을까 싶다. 방원일(2011) 참고.

사실 한국종교학이 생겨난 경위에 대한 연구는 여태껏 시도된 적이 없었다. 극히 일부에서 서양인 선교사들과 조선 총독부의 관방 학자들이 한국의 종교에 관해서 서술한 내용들을 정리한 적은 있었다.[24] 그러나 이 연구들은 과연 한국종교학이 어떤 학문적 관심에서 출현하였고, 무엇을 자신의 학문적 정신으로 삼았는지를 따져 보아야 한다는 문제의식 내지는 자기 성찰이 전무하기 때문에 제대로 한국종교학의 기원과 역사를 서술했다고 말하기 어렵다. 한국 종교에 관한 언급들이 들어있는 초기 자료들을 나열식으로 묶어 놓았을 뿐이었다.

또한 구한말의 대표적인 지식인 이능화(李能和, 1868~1943)가 서세동점의 시대적 상황 속에서 서구적 근대성을 성찰하는 과정에서 한국 종교에 대한 지적 탐구를 시작한 것을 한국종교학의 출발로 보아야 한다는 주장도 있다.[25] 문제는 한국종교학의 학문적 정신을 무엇이라 규정할 것인가에 달려 있다고 본다. 이능화의 경우에서 보듯이 서구 근대성에 대한 성찰에서 출발하여 비서구의 정체성과 결부된 한국의 종교와 종교사에 관심을 기울이게 된 데에서 찾을 것인가. 아니면 가톨릭 선교사가 펼쳐보였던 바와 같이 종교적 타자에 대한 객관적 인식을 진술하는 차이의 언어가 출현한 데서 찾을 것인가. 어느 쪽을 선택하느냐에 따라서 한국종교학의 기원은 달리 설명될 것이다. 어쩌면 양자택일의 방식을 지양하고 근대와 타자를 아우르는 새로운 문제 설정이 필요한지도 모르겠다. 어떤 경우라도 『한불자전』에서 등장하는 종교적 개념들과 이에 대한 기술 내용은 한국종교학의 생성과 관련하여 중요한 단서가 될 것이다.

---

24 김종서(1993 : 243~314); 김종서(2006b).

25 조현범(2004 : 131~133).

물론 『한불자전』과 한국종교학의 기원을 잇는 문제는 19세기 이전에 나온 조선의 문헌들, 특히 각종 유서(類書)들이나 한자 어휘의 목록에서 종교 관련 용어 및 종교적 서술들이라 부를 수 있는 말들을 추적하는 작업을 진행해야만 더 선명해질 것이다.[26] 아마 가톨릭 선교사 이전에는 종교적 용어들에 대한 체계적인 수집이나 정리, 기술의 작업이 제대로 이루어진 바가 없었음을 입증해야 성립할 수 있는 주장이리라. 하지만 어느 정도 가능성은 열어놓아야 한다고 보며, 19세기 이전의 조선 문헌에 관한 연구는 차후의 과제로 남기고자 한다.

4. 자타혼효 또는 유적 범주의 언어들

지금까지 『한불자전』에 들어 있는 종교 관련 용어들 가운데 가톨릭교회에서 사용하던 낱말들, 다른 말로 표현하여 자기 진술의 언어들, 그리고 가톨릭교회에서 볼 때 타자에 해당하는 조선의 전통적인 종교 용어들, 즉 타자 기술의 언어들을 살펴보았다. 특히 자기 진술의 언어 규범에 비추어 보았을 때 이단인지 아닌지, 가치 판단이 모호한 타자의 존재 가능성을 지적하였다. 차이에 대한 인식과 이를 언어화하려는 노력은 타자를 기술하는 해석의 자리에서 이루어진다고 하겠다.

그런데 『한불자전』에는 조금 독특한 낱말들이 검출된다. 이것은 자

26 정양완 · 홍윤표 · 심경호 · 김건곤(1997 : 1~34) 참고.

기와 타자를 가르는 경계선 자체가 모호해지는 현상과 관련된다. 즉 자기와 타자 사이의 혼효 현상이 발생하면서 양자를 아우르는 상위 범주가 출현할 가능성마저 내포한 낱말들이 존재하였다는 것이다. 이러한 현상은 이른바 '종교'라는 범주를 다시 생각하는 계기를 마련해준다. 분명히 『한불자전』에는 종교라는 낱말이 나오지 않는다. 대신에 '교(教)'를 "교리, 가르침, 종교, 교단"으로 설명하는 경우만 존재한다. 하지만 현재 한국인들이 사용하고 있는 종교 개념의 중심 범주와 관련된 언어의 흔적은 찾아볼 수 있다. 가령 거룩함, 성(聖), 신(神), 이것과 대비되는 개념으로서의 속(俗), 그리고 이런 글자들이 포함된 낱말들이 그러하다.

거룩하다[聖](147); 성(聖)(401); 성애(聖愛)(401); 성언(聖言)(401); 성업(聖業)(401); 성의(聖意)(401); 성인(聖人)(401); 대성(大聖)(451); 성학(聖學)(402); 성현(聖賢)(402); 성훈(聖訓)(402); 성계(聖誡)(402); 성녀(聖女)(403); 성리(聖理)(404); 성속(聖俗)(404); 성제(聖祭)(404); 성조(聖祖)(405); 성조(聖朝)(405)

속(俗)(431); 속인(俗人)(431); 속한이[俗漢](431); 속교(俗教)(432); 속법(俗法)(432); 속례(俗禮)(432); 속사(俗事)(432); 속세(俗世)(432); 속촌(俗村)(433); 속취(俗娶)하다(433); 경탈세속(輕脫世俗)하다(157); 탈속(脫俗)하다(509); 진속(塵俗)(563)

신(神)(417), 신은(神恩)(417); 신이(神異)하다(417); 신익(神益)(418); 신인(神人)(418); 신형(神形)(418); 신기(神奇)하다(418); 신권(神權)(418); 신명(神命)(419); 신병(神兵)(419); 신령(神靈)하다(419); 신성(神聖)(420); 신

체(神體)(420); 신직(神職)(420); 신축(神祝)하다(421)

전통적인 조선의 용어법에서 성(聖)은 군왕이나 공자, 맹자와 같은 인물의 덕을 칭송하거나 유교의 근본적인 가르침을 높여서 일컫는 수사적 표현이었다. 그리고 속(俗)은 불교적 개념으로서 불법을 닦는 수행의 세계와 대비되는 현실 세계를 가리킨다. 또한 신(神)은 민간신앙적인 의미에서 죽은 사람의 혼령 또는 자연물에 담겨 있는 정밀한 기운을 일컫는 말이었다. 그런데 『한불자전』에는 성(聖)을 '거룩함, 신성함, 성별됨' 등으로 설명하면서 가톨릭교회의 관념 세계로 흡수하고 있다. 그래서 『한불자전』 속에는 대성, 성학, 성현, 성조 등 전통적인 용어법과 성인, 성녀, 성제 등 가톨릭의 용어법이 혼재되어 있다. 또한 속(俗)이라는 낱말 역시 기존의 의미망 속에서 속세, 진속, 탈속 등과 같은 용어법으로 사용되기도 하지만, 한편으로는 가톨릭교회와 대극적인 위치에 놓인 존재 내지 상황을 가리키는 말로도 쓰인다. 가령 속인, 속교, 속법 등이 여기에 해당한다. 신(神)은 주로 귀신을 가리키지만, 가톨릭 용어법으로 수용되면 "영, 영적인 속성, 영적인 존재" 등의 의미를 담아서 신부, 신공, 신은과 같은 낱말들을 생성시키기도 한다.

이렇게 볼 때 『한불자전』 속에 종교라는 낱말은 등장하지 않았지만 근대적인 종교 범주의 핵심적인 속성을 담은 개념으로서 속됨과 대비되는 거룩함, 성스러움, 신성함과 같은 표현들이 사용되고 있음을 알 수 있다. 이런 말들은 가톨릭교회의 자기 진술을 담은 언어와 종교적 타자들의 언어, 어느 한 쪽으로 귀속되지 않는 새로운 영역을 형성한다. 그리고 이러한 혼효 현상은 새로운 언어를 빚어내는 토양이 된다. 즉 자기 진술을 상대화하고 타자 기술을 객관화한 다음에 양자의 뒤섞임 속에서 싹틔운 언어가 바로 유적(類的) 범주의 언어인 것이다. 『한불자전』 속에는 이와 같이 새로운 유적 범주의 출현을 준비하는 언어적 움직임이 꿈틀거리고 있었다고 보아야 할 것이다.

그러면 '종교'가 되었든 다른 어떤 낱말이 되었든 그 외적 형태를 아직 갖추지 않았을 뿐이고, 그러한 그릇에 담길 내용물들은 이미 마련되어 있었다고 보아야 할 것인가? 약간 자의적인 판단이 개입해 있지만, 이 글에서 주목하고 싶은 또 다른 부류의 낱말 더미가 존재한다. 그것은 앞으로 형성될 예정인 유적 범주의 용어에 담길 가능성이 농후한 하위 진술들이며, 동시에 조선 시대 사람들이 가지고 있었던 종교적 삶의 구성 원리를 드러내 보여주는 지표라고 할 수 있다. 즉 종교적 인식과 종교적 실천을 빚어내는 그루터기와 같은 관념을 담고 있는 언어들이 존재하는데, 이것을 '닦다' '빌다' '바치다'의 세 가지 동사로 압축하여 제시할 수 있다.[27] 거룩함이나 성스러움과 마찬가지로, 또는 오히려 더 실질적으로 혼효 현상이 발생하는 것은 바로 이 부류의 낱말 더미가 아닐까 한다.

> 닦다[修](453); 수녀(修女)(441); 수사(修士)(445); 수도(修道)하다(446); 덕닦다[修德](469); 수원(修院)(439); 선수(善修)하다(400); 고수(苦修)(195); 고수원(苦修院)(195); 고수원 회장(苦修院 會長)(195)

닦는다는 것은 일상적인 용어법으로는 주변의 세계를 정리하고 깨끗

27 정진홍은 제의의 유형을 나누면서 기원의 몸짓, 봉헌의 몸짓, 수행의 몸짓으로 설명한 바 있다. '닦다' '빌다' '바치다'는 여기에서 차용한 것이다. 정진홍(1995 : 133) 참고.

이 한다는 의미, 정화한다는 의미, 나아가서 종교적 이상을 달성하기 위하여 몸과 마음을 훈련한다는 의미를 담고 있다. 그래서 도나 덕을 닦거나, 괴로움을 참고 심신을 단련한다는 의미에서 다양한 종교적 용어들이 생겨났다. 수도나 수덕과 같이 닦음의 낱말들은 전통적인 용어법이면서도 동시에 가톨릭교회에서도 그대로 수용하여 사용하였던 것이다. 앞서 보았던 자기 진술의 언어에서도 권도나 경문, 경본, 축문처럼 전통적인 용어들을 받아들인 경우도 있었지만, 어느 정도 의미 변형을 거쳐서 받아들인 것이다. 하지만 닦음의 낱말들은 의미 변형보다는 자기-타자의 공통부분을 모색하는 과정에서 수용된 것으로 볼 수 있지 않을까 한다.

> 도(道)(483); 정도(正道)(550); 진도(眞道)(563), 도인(道人)(484); 도덕(道德)(497); 도리(道理)(494); 진리(眞理)(563); 도학(道學)(484); 동도(同道)(491); 영도(永道)(29); 리(理)(283); 정리(正理)(549)

닦음과 결부하여 닦음의 대상이 되는 범주들도 존재한다. 바로 도(道) 또는 리(理)와 같은 범주이다. 도라고 해서 굳이 도교를 연상할 필요는 없으며, 리 역시 성리학을 가리키는 것이 아님은 자명하다. 오히려 가톨릭교회와 불교, 유교, 도교 등 제반 종교들의 가르침을 총괄하는 어법으로 정착되어 가는 느낌이 강하다. 가령 리에 대해서는 "이성, 상식, 정의, 옳음, 교리, 신비" 등으로 설명하며, 도는 "길, 교리, 교의, 지방"으로 해석되고 있다. 페롱 신부를 주저자로 하는 『불한사전』에서는 '렐리지온(religion)'에 대응하는 조선말로 '도, 교'를 꼽았다. 그러므로 일반적인 종교적 가르침으로서 도 혹은 리, 그리고 도나 리를 닦아서 수행하는 실천 등은 생성 과정 중에 있는 유적 범주의 첫 번째 구성 원리였다고 판단된다.

> 빌다[祈](328); 간구(懇求)하다(127, 140); 경배(敬拜)하다(156); 기구(祈求)하다(161); 기도(祈禱)하다(162); 축(祝)(610); 축원(祝願)하다(611); 축문(祝文)(611); 축수(祝手)하다(611)

닦음의 종교적 실천이 한편을 구성한다면, 종교적 권능의 담지자에게 자신의 현실적 소원을 간청하는 행위가 다른 한편을 이룬다. 그것은 '빌다'는 말로 설명할 수 있다. 위의 낱말들은 빔의 종교적 행위와 연관된 것들로서, 유교나 불교, 민간신앙에서 기원한 용어들이지만 가톨릭교회에도 그대로 수용되어 일반화되었다. 물론 비는 대상의 속성과 권능에 대해서는 다양하게 말할 수 있겠지만, 그러한 행위 자체가 종교적 성격이 지니고 있다는 데에는 이론의 여지가 없다. 그것이 기복이냐 아니냐를 따지는 것은 신학적 논의의 대상이 될 수 있을지는 몰라도, 일반적인 조선인의 종교적 심성에서는 그다지 문제가 되지 않는 개념이었다. 그래서 가톨릭교회 역시 조선의 종교적 용어들을 선별하여 선택적으로 받아들일 때에도 '빌다'에 해당하는 용어들에 대해서도 별다른 거부감 없이 수용하였던 것으로 보인다. 다만 비는 대상이 무엇이냐 하는 문제를 세부적으로 따지고 들어갈 때에 이단, 이교, 나중에 가서는 미신과 같은 용어법이 등장한다. 하지만 유적 범주로의 상승을 구성하는 종교적 삶의 주요 원리 가운데 하나로서 비는 행위 자체는 그대로 유지된다.

봉헌(奉獻)하다(334); 제(祭)(542); 제의(祭衣)(543); 제향(祭享)(543); 제향(祭香)(543); 제(祭)하다(543); 제헌(祭獻)하다(543); 제기(祭器)(543); 제관(祭官)(543); 제미(祭米)(543); 제문(祭文)(543); 제물(祭物)(543); 제반(祭飯)(543); 제병(祭餠)(543); 제복(祭服)(543); 제편(祭編)(543); 제품(祭品)(544); 제례(祭禮)(544); 제상(祭床)(544); 제사(祭祀)(544); 제석(祭席)(544); 제대(祭臺)(544); 제청(祭廳)(544); 제지내다[奉祭](544); 주제(主祭)(588); 참사(參祀)하다(591)

마지막으로 '바치다[祭, 獻]'와 관련된 낱말들도 조선 시대 사람들의 종교적 삶에서 중심적인 원리를 구성하였다. 현실적인 소원을 간청하는 행위인 '빌다'와는 달리, '바치다'는 인간이 종교적 숭배의 대상과 맺는 관계를 나타내는 말이라고 할 수 있다. 그래서 완전한 헌신이나 희생, 자기 자신 또는 규정된 사물의 봉헌 등이 바치는 행위를 구성한다. 전례(典禮)의 종교라 불릴 만큼 봉헌과 전례 거행에 역점을 두었던 당시 가톨릭교회는 비록 조상 제사는 거부하였지만, 바침의 종교적 원리와 관련된 조선의 용어법 자체는 대부분 수용하였다. 그래서 미사성제라는 말을 자주 사용하였고, 제의, 제물, 제사, 제대 등 전례 관련 용어들도 전통적인 용어법과 큰 차이가 없다. 바치는 행위의 대상과 구체적인 행위 규범 몇 가지만 변경한다면 가톨릭교회에서도 그대로 수용할 수 있다고 생각하였던 것이다. 결국 자기와 타자 사이의 언어적 혼효가 발생하는 중요 지점이 '닦다' '빌다' '바치다'의 종교적 실천들을 중심으로 구성되었던 것이라고 하겠다.

다시 말하자면 『한불자전』에서 추출한 종교 관련 낱말들 가운데에는 자타혼효의 발생 가능성을 추측하게 하는 말들이 존재한다. 즉 개별 종교나 종교적 현상들에 대한 지칭어를 넘어서 유적 범주로의 상승이 벌어질 가능성도 있었던 것이다. 이런 가능성들이 모여서 구체적인 모습으로 가시화될 때 비로소 현실에 존재하는 유교, 불교, 가톨릭, 프로테스탄트 등을 아우르는 일반적인 범주로서 '종교' 개념이 생성된다고 하겠다.

그런데 한 가지 의문이 생긴다. 우리가 사용하는 종교 개념을 구성하는 하위 범주들 가운데 핵심적인 것으로 거론되는 것이 '신앙(信仰)' 또는 '믿음'이다. 유적 범주로 이행할 가능성을 담은 낱말들 가운데 왜 신앙이나 믿음과 관련된 용어들은 보이지 않는 것일까? 『한불자전』을 보더라도 신앙이라는 낱말 자체가 실려 있지 않다. 게다가 종교적 믿음에 관한 용어들이 구체적으로 정착되어 있지 않음을 발견한다. '믿다'라는 행위와 관련된 낱말들로는 다음의 것들이 있다.

> 믿다[信](242); 신(信)(417); 신인(信人)(418); 신사(信士)(420); 신실(信實)하다(420); 신덕(信德)(420)

여기서 보듯이 믿음이나 신(信)이라는 글자가 들어간 낱말들은 특별히 종교적인 대상을 지칭하는 것이 아니라, 일반적으로 신뢰할 만한 사람 또는 선비를 가리키는 용어법에 국한되어 있다. 게다가 미신(迷信), 맹신(盲信), 광신(狂信), 속신(俗信) 등 현대에 와서 종교의 핵심으로 간주되는 신앙의 불충분한 형식들을 지칭하는 낱말들도 나오지 않는다. 또한 신앙이라는 한자어의 뒷부분을 구성하는 낱말도 우러러보다[仰視], 우러러듯다[仰聽] 우럴다[仰](68)와 같이 일반적인 용어로 쓰일 뿐이다. 그러므로 신(信)과 앙(仰)을 합쳐서 서구어의 '피데스(fides, faith, croyance)'

에 해당하는 고유한 용어로서 신앙이라는 말이 생겨나고, 나아가서 신앙심과 같은 낱말이 정착하는 것은 『한불자전』이 편찬된 뒤로도 한참 지나서 이루어진 일이었다. 1890년에 나온 언더우드의 『한영자전』에도 아직 이 말이 실리지 않았으며, 1911년에 발간된 게일의 『한영자전』 수정판에 가서야 '신앙심'이라는 낱말이 나온다.

이런 현상은 무엇을 말해주는 것일까? 어쩌면 19세기에서 20세기에 걸쳐서 진행된 한국종교사의 거대한 변동을 반영하고 있는 것을 아닐까 하는 생각이 든다. 구체적인 시점을 특정할 수는 없지만 19세기에는 가톨릭교회가 만났던 조선의 종교, 그래서 양자가 공유하고 있었던 종교적 삶의 지대가 분명히 존재하였다. 그것은 닦음(수도와 수덕), 빔(기도), 바침(제사)을 주된 에토스로 가지고 있었다. 말하자면 지속적인 반복을 통하여 몸에 익히는 종교적 훈련이 가톨릭교회와 전통종교의 양 진영에 고루 퍼져 있었다고 하겠다. 그리고 이런 개념들은 혼효 과정을 거치면서 유적 범주로 상승할 준비를 갖추고 있었다.

하지만 이런 종교적 원리가 구체적인 유적 범주로 상승하여 일반적인 종교 범주를 구성해내는 과정에서 새로운 변수가 등장하였다. 그것은 바로 19시기 말부터 믿음 또는 내적 결단을 중요한 종교적 형식으로 간주하는 사고방식이 지배적인 위치를 차지하게 된 것이었다. 여기에는 구한말과 일제 식민통치라는 격변기 속에 유입된 서구 근대성, 외면적 물질세계와 내면적 의식세계를 이원적으로 파악하는 계몽주의 세계관, 그리고 루터와 칼뱅의 구호대로 오로지 믿음만이 종교적 구원의 토대가 될 수 있다는 프로테스탄트의 종교적 의식이 서로 맞물려 있었다. 그리고 이러한 관념들이 혼합되면서 오늘날 우리가 사용하는 종교 개념이 형성되었던 것이다. 그러므로 신앙 중심의 종교 개념은 '프로테스탄트 패러다임'의 토대 위에서 정착한 것이라고 말할 수 있다.[28]

프로테스탄트 패러다임이 정착하려면 인간의 내면을 별도의 영역으로 설정하고, 종교적 확신을 내면적 자각으로 이해하는 사고방식이 필요하다. 물론 『한불자전』에도 내면에 관한 지칭어들이 실려 있다. 가령 양능(良能)(270), 양심(良心)(271), 양지(良志)(271)와 같은 낱말들이 그러하다. 이 용어들 자체는 과거 양명학에서 사용하던 개념이었다. 그렇지만 특별히 양심 개념은 양명학적 색채를 탈각하고 서구에서 수용된 근대적인 개념으로 탈바꿈하였다. 그리하여 양심(conscience)은 근대 계몽주의의 핵심적인 원리로 통용되기 시작한다. 하지만 『한불자전』이 발간되던 당시의 조선사회에서 양심이라는 용어는 그렇게까지 완결된 의미로 사용되지는 않았다. 박해시대에 페레올(Ferréol, 1808~1853) 주교가 조선에서 종교 자유를 획득하는 문제를 '양심의 자유'로 표현한 적이 있기도 했지만, 조선사회에서 일반적으로 통용되는 관념으로 정착된 것은 아니었다. 그리고 가톨릭 선교사들 역시 양심이라는 개념을 신앙과 결부시키는 사고에 익숙하지 않았다.

따라서 19세기 말부터 20세기 초에 이르는 시기의 조선사회에서 내적 확신을 뜻하는 신앙이 인간 내면의 고유한 영역인 양심과 만나서 종교 개념의 핵심적인 원리로 자리 잡은 것을 과연 유적 범주의 형성에서

---

28 탈랄 아사드는 클리포드 기어츠의 종교 개념을 비판하면서 종교 담론의 역사성을 강조할 때 아우구스티누스 시대의 종교 개념에서는 규율과 훈련이 더 중요하였던 점을 언급하였다. 현대 사회에 와서 널리 쓰이는 믿음을 강조하는 종교 개념은 근대적이고 사사화된(privatized) 기독교, 다시 말해서 프로테스탄트적인 인식에 토대를 두고 생겨났다는 것이다. Talal Asad(1993 : 34~47) 참고.

필연적인 진전으로 보아야 할 것인지 의심스럽다. 오히려 『한불자전』의 종교 관련 용어들에서 보이는 유적 범주의 가능성이 차단되고, 프로테스탄트 패러다임 위에서 다양한 낱말들이 신앙을 중심으로 재편성되는 과정을 거쳐서 확립된 것은 아닌지 되물어 보아야 할 것이다. 만약 이런 가정이 어느 정도 설득력을 지닌다면 20세기가 잃어버린 19세기의 언어, 초기의 다양한 가능성 가운데 끝내 성장하지 못하고 사라져 버린 언어의 흔적을 더듬는 행위는 현재 자명하게 사용되는 개념과 범주들을 상대화함으로써 새로운 인식의 가능성을 찾으려는 시도로서 정당한 대접을 받아야 할 것이다.

사정이 이러함에도 불구하고 현재 한국종교학은 자신의 연구 대상을 제대로 개념화하고 있지 못하다. 종교, 신앙, 의례, 교리 등의 낱말을 종교학 용어로 사용하고 있으면서도 이런 용어들이 어떤 역사적 맥락 속에서 형성된 것인지, 또 그러한 용어들이 사용됨으로써 사유가 흘러가는 도랑을 타고 어떠한 인식 태도가 빚어졌는지를 성찰하지 못하고 있다는 말이다. 사실 연구의 대상이 되는 언어적 구성물인지, 아니면 대상을 분석하는 도구가 되는 학문적 언어인지도 제대로 구분하지 못하고 있다. 말하자면 용어 자체의 역사도 알지 못한 채 무분별하게 사용하고 있다는 것이다. 그러다보니 한국종교학자들은 자신의 언어가 어떤 틀 위에서 주조된 것인지도 자각하지 못하는 것 같다.[29]

---

29 "개화기 종교 인식의 변화는 전근대적 종교 개념들이 내포하였던 이른바 비본질적인 종교의 껍데기들이 떨어져 나간 것"이고 "결국 원초적인 것들만 남게 된 일종의 종교 자체의 순수화 과정"이라고 말한다거나, 신분제도의 변화에 따라서 "종교가 사대부 양반층의 전유물이 아니라 누구나 누릴 수 있는 기본 권리로 인식된 것, 소위 '종교의 대중화'는 한국적 상황에서 마침내 종교 개념의 보편성을 담보하는 계기가 되었다"고 보면서, 이것을 "종교 공동체의 상징 체계가 신분제도라는 부차적 요소로부터 해방되어 신앙 중심으로 재편성되는 일종의 내면

이 글의 서두에서 인용한 구절에서 보듯이 종교 개념의 역사성에 주목하면서, '종교' 이전의 종교와 '종교' 이후의 종교는 동일한 '종교' 개념으로 접근할 수 없다는 사실을 강조하는 경우도 간혹 존재한다. 심지어 개항 당시에 통용되던 종교 개념을 서구 근대성과 더불어 도입된 일종의 담론 구성물로 보고 그 생성 원리를 유형화하여 분석하는 연구도 제출된 바 있었다.[30] 그러나 이념형에 가까운 유형화 작업을 시도하다보니 종교 개념을 견고한 단일체로 보려는 경향이 은연중에 깔려 있다는 점, 종교 개념의 형성을 가능하게 한 서구 근대성을 지나치게 완결적인 것으로 보는 바람에 오히려 근대성을 물신화하여 본래의 취지와는 다르게 해체적 독법이 불가능하게 된다는 점 등이 문제점으로 거론된다.[31]

뿐만 아니라 종교라는 낱말에 속박되면 종교 담론에 속하는 하위 개념들에 대한 천착이 제대로 이루어지기 어렵다. 결국 종교 개념에 대한 연구가 앞으로 개척해야 할 연구 방향을 놓치고 말 우려도 존재한다. 이 때문에 여전히 종교 담론의 하위 언술들에 대한 치밀한 연구가 부족한 형편이다. 어쩌면 한국종교학은 가톨릭교회와 전통종교가 만나던 19세기적 가능성의 역사를 잊어버린 채, 20세기 이후에 형성된 프로테스탄트 패러다임의 자장 속에서 종교라는 자신의 연구 대상, 연구 방법, 인식태도를 주조하여 답습하고 있는지도 모를 일이다. 그런 점에서 이 글에서

적 정화 과정"이었다고 평가하는 태도를 보면 한국종교학이 학문 연구의 대상이 되는 언어와 학문 연구의 도구가 되는 언어를 구별하지 못하는 개념적 혼란에 빠져 있음을 여실하게 알 수 있다. 게다가 프로테스탄트 패러다임 위에서 성립한 종교 개념을 아무런 반성적 검토 없이 자명한 실체로 사용하고 있음도 확인할 수 있다. 김종서(2006a : 185) 참고.

30 장석만(1992).

31 개항기 종교 담론에 대한 분석이 어떤 문제점을 지니고 있는지에 관해서는 다음의 글을 참고할 것. 조현범(2006 : 38~49) 참고.

시도한 바와 같이 『한불자전』을 비롯하여 19세기와 20세기 문헌에 등장하는 종교 관련 용어들을 분석하는 연구는 한국종교학의 자기 성찰을 촉구하고, 그 연구 방향을 제시하는 계몽적인 가치를 지닌다고 하겠다.

5. 타자를 넘어 차이와 번역의 지평으로

다시 타자 이야기로 돌아오자. 동서양을 막론하고 고대나 중세 시절에 종교적 타자를 표상하는 방식은 크게 세 가지이다. 첫째는 신체적 기형이다. 알 수 없는 이국의 땅에 사는 존재는 대개 외눈박이, 난장이, 여러 동물의 요소를 뒤섞은 괴물 인간의 모습으로 그려졌다. 중세 유럽에서 널리 유행하였던 세계지(世界誌, cosmographia)나 중국의 산해경(山海經)을 떠올리면 금방 이해할 수 있는 타자 표상의 방식이다. 둘째는 기이하고 비상식적인 관습이다. 즉 식인 풍습이나 인신공희(人身供犧)의 관습은 타자를 부정적으로 그릴 때 곧잘 등장하던 스테레오타입이다. 셋째는 언어적 소통불능이다. 흔히 야만인이라고 번역하는 그리스어 '바르바로스(barbaros)'는 알아들을 수 없는 이상한 발음을 지껄이는 자들이라는 뜻이다. 그러니까 언어를 사용하여 서로 소통하지 못한다는 것이 상대방을 이질적인 타자로 그리는 데 중요하게 작용함을 보여준다.

신체적 기형은 직접 경험하지 못한 대상에 대한 상상의 산물이기 때문에 구체적인 만남의 과정에서 금방 해소되기도 하는 반면에, 이질적인 관습에 대한 오해와 언어적 소통불능은 자기와 타자를 분리시키는 핵심적인 장치로 기능한다. 물론 신체적 기형은 인종적 이질성으로 변형된 채로 지속되기도 한다. 그렇지만 인식의 차원에서 타자성을 강화하는 것은 아무래도 언어적인 장벽이 아닐까 한다. 마치 우리와 그들 사이에는 무한히 접혀지는 주름(pli)이 있어서 어떠한 다림질로도 펼칠 수 없고, 주름을 사이에 두고 마주보고 있는 양쪽은 끝내 만날 수 없다는 생각처럼 말이다.

하지만 낯선 사람들이 사는 고장에 가서 지내면서 그들의 말을 이해하게 되고, 그들의 글을 읽을 수 있게 되면 사정은 달라진다. 이제 그들은 이해 가능한 대상으로 변화되고, 인식의 대상으로 떠오르게 된다. 그래도 여전히 그들은 인식의 객체로 남아 있다. 인식하는 주체는 나이고, 그들은 내 인식의 대상으로 고정되어 있는 것이다. 그런데 어느 순간에 내가 그들을 바라보는 바로 그 시선으로 나 자신을 바라보는 것도 가능하다는 것을 깨닫게 된다. 바꾸어 말하면 그들이 나를 쳐다보는 시선으로 내가 나 자신을 관찰하는 것 역시 가능할 수 있다. 이렇게 되면 인식의 주체와 객체는 역전되며, 이 역전의 경험을 통해서 내 인식의 지평은 새롭게 열린다. 인간 이해를 향한 치열한 열정은 새로운 도약을 이루게 되고, 서로 상대방을 인식의 주체로서 인정함으로써 상호적인 대화를 나눌 수 있는 기반을 마련한다. 이런 의미에서 통약가능성(commensurability)은 인간들 사이의 이해가 가능하다는 것을 보장하는 최소한의 토대이다. 이마저 부정한다면 말 그대로 인간은 외부로 난 유리창 하나 없이 완전히 밀폐된 단자(單子, monad)와 같은 존재로 간주되며, 글머리에서 인용하였던 조나단 스미스의 말처럼 인간을 이해하려는 어떠한 인간과학도 실현 불가능할 것이다.

자기와 타자의 만남에서 출발하여 타자의 타자다움, 즉 이질성을 비언어적 상태, 즉 역겨워하기, 존재하지 않는 것으로 간주하기, 어떠한 물음도 제기하지 않고 괄호 친 상태로 남겨 두기에 맡겨놓지 않을 때 우리는 중요한 해석적 실천을 감행하게 된다. 즉 차이의 언어를 생성시키는 것이다. 이 순간에 마주치게 되는 고통스러운 경험이 바로 번역이다. 폴 리쾨르(Paul Ricoeur, 1913~2005)가 생각한 번역과 해석의 문제를 알기 쉽게 잘 소개하고 있는 다음의 말을 경청해보자.

> 번역한다는 것은 단순히 하나의 언어에서 다른 언어로 옮기는 것을 넘어서서, 이렇게 함으로써 사태와 상황을 이해하게 한다는 의미에서 해석이다. 이미 번역은 이런 점에서 하나의 세계를 다른 세계와 연결시켜 주고 매개해 주는 탁월한 하나의 해석이다. 이때 언어들 간의 번역은 낯선 두 세계 사이를 다리로 연결 짓는 일이자 세계들 간의 만남이다. 따라서 낯설고 어색하며 불명료하고 시공간적으로 떨어진 것을 친숙하고 명료한 것으로, 우리의 시공간과 가까운 것으로 이해 가능하게 하는 것이 번역이라면, 곧 그것은 해석이다.[32]

번역이 두 세계의 만남이고 낯선 대상을 친숙한 존재로 전환시키는 실천인 한에서 해석의 어려움과 고통스러움을 수반한다. 즉 두 세계의 완전한 합일이란 불가능하며, 낯설음의 완전한 소멸도 역시 불가능하다. 이런 불가능성은 번역의 필연적인 숙명일지도 모른다. 그럼에도 불

32 윤성우(2006 : 34).

구하고 불가능한 것을 가능하다고 말한다면 여기에는 이데올로기적 기제가 숨어 있다고 보아야 할 것이다. 말하자면 타자의 언어를 자기의 언어로 완전히 번역할 수 있다는 말 속에는 자기의 무한한 확장으로 타자의 영역을 정복하겠다는 권력 의지가 들어 있으며, 타자성의 완전한 소멸을 꿈꾼다는 말은 절대적 자기 긍정의 세계를 건설하겠다는 폭력적인 언사에 불과하다는 것이다. 따라서 번역은 자기와 타자의 완전한 일치를 희망하지 않으며, 타자의 영역을 침범하지 않으면서도 차이를 통한 비교라는 형식으로 타자에게 다가가는 온건한 방법이라 하겠다. 이 때문에 발터 벤야민(Walter Benjamin, 1892~1940)도 원문의 말들은 내용과 언어가 마치 과일의 껍질과 알맹이처럼 일종의 통일성을 이루고 있다면, 번역의 언어는 그 내용을 겹겹이 주름 잡혀 있는 왕의 옷처럼 하나하나 펼쳐낸다고 말했던 것이 아닐까 싶다.[33]

폴 리쾨르는 인간이 자기 자신을 타자로(soi-même comme un autre)[34] 바라볼 수 있어야 한다는 것, 그럼으로써 자기 안에 들어 있는 타자성을 인식해야 한다는 요지의 말을 한 적이 있다. 과연 조선어를 수집하고, 여기에 라틴어나 불어 해설을 달아서 수고본을 만들었던 다블뤼 주교, 푸르티에 신부, 프티니콜라 신부, 그리고 이러한 선배 선교사들의 노력을 『한불자전』이라는 형태로 집대성한 리델 주교를 위시한 가톨릭 선교사들은 타자를 바라보는 시선으로 자기 자신을 응시하는 경지까지 나아갔을까? 즉 자기 자신을 여럿 중의 하나로 간주하는 자기 해석학을 달성하였을까? 이것은 유적 범주의 언어들이 일반적 개념으로 정착하

33 발터 벤야민(1983 : 326).

34 이것은 폴 리쾨르가 1990년에 쇠이으(Seuil) 출판사에서 간행한 책의 제목이기도 하다.

여 종교라는 낱말을 실현할 때 가능하게 되는 것일까?

이 글은 낱말들에 대한 사색과 추적이다. 말하자면 프랑스 가톨릭 선교사들이 생각한 의미상의 등가물로 이루어진 목록 즉 어휘집을 검토한 것이다. 하지만 실질적으로 이 낱말들이 어떤 의미를 담아서 어떤 방식으로 쓰였는지를 따져 보아야 좀 더 확장된 연구가 가능할 것이다. 결국 낱말들이 모여서 문장을 이루고, 문장들이 모여서 텍스트를 이루고, 텍스트들이 모여서 텍스트의 다발(context)을 이루는 과정을 세밀하게 분석한다면 그 낱말들의 말뜻과 쓰임새는 더 자세하게 드러날 것이다. 이것은 선교사들이 행했던 지적 활동을 거꾸로 되짚어 들어가는 작업이라고 할 수 있다. 왜냐하면 선교사들은 조선어의 말뜻이 담긴 맥락을 이해하고 이를 바탕으로 교리서와 같은 텍스트들을 저술하였으며, 그 속에 담긴 낱말들의 순수 결정체를 모아서 사전을 편찬하였기 때문이다.

가톨릭 선교사들이 사용하던 낱말들의 확장된 쓰임새를 추적하는 작업은 앞으로의 연구 과제가 될 것이다. 이 과제는 두 가지 방식으로 진행될 수 있다. 먼저 유사한 등가물의 목록들을 모아서 『한불자전』과 병치하여 비교 검토하는 작업이 있다. 『한불자전』을 필두로 하여 19세기 말과 20세기에는 『한영자전』, 조선어 사전 등 다양한 사전들이 출현하였다. 1880년부터 1945년까지 대략 65년 정도에 걸친 조선 사회의 격변기에 조선 사람들의 언어를 수집한 이 사전류의 저술들을 비교하면 『한불자전』의 특성이 더욱 잘 드러나지 않을까 싶다. 이 낱말들이 여기에는 나오는데 왜 저기에는 나오지 않는 것일까, 이 낱말이 왜 사전에 따라 그 뜻을 달리 하고 있는가, 온갖 물음이 꼬리에 꼬리를 물고 분출될 것이다.

다음으로는 가톨릭 선교사들의 서한과 기록, 간행물에서 낱말의 쓰임새, 문장의 의미론적 구조, 맥락의 화용론적 구성 방식 등을 추적하는 연구도 병행되어야 할 것이다. 이것은 가톨릭교회의 언어규범 내부에 존재하는 개념 체계가 현실적으로 어떻게 작동하는지, 용어의 변경에 따른 사고방식의 변화는 없었는지 등을 규명하기 위한 작업이다. 조선의 가톨릭교회와 선교사들 역시 종교 범주가 정착되면서 형성된 새로운 종교적 사유에서 자유로울 수는 없었을 것이다. 싫든 좋든 혹은 의도하였든 의도하지 않았든 가톨릭교회의 종교적 에토스로 볼 때 이질적인 요소들이 은연중에 스며들어 영향을 미쳤으리라 추측된다. 이러한 지점들을 정확하게 짚어내는 일은 근현대 한국종교사를 개념과 사유의 역사로 다시 서술하는 데 도움을 주리라고 기대한다.

글을 마무리하려는 마당에 두 가지 단상이 떠오른다. 하나는 유럽에서 번역가의 수호성인이라 불리는 예로니모(Eusebius Sophronius Hieronymus, 347~419) 성인에 관한 것이다. 예로니모 성인은 괴팍하면서도 복합적인 기질의 소유자였던 것으로 알려져 있다. 그러나 번역가로서 뛰어난 자질을 지니고 있음을 꿰뚫어본 다마소 1세 교황은 라틴어를 사용하는 대중들이 알아들을 수 있는 말로 성경을 번역하라는 사명을 주었고, 예로니모 성인은 불가타 성경을 번역해냄으로써 성원에 훌륭히 보답하였다. 전설에 따르면 그리스도가 그의 꿈에 나타나 "너는 키케로의 추종자이지 그리스도인이 아니다"라고 꾸중할 만큼 라틴어에 열중하였던 인물이었다. 뿐만 아니라 70인역(Septuaginta)의 그리스어 본문이 미덥지 못하다고 판단했던지 유대교 회당의 랍비들과 치열한 토론을 벌이면서 히브리 성경에서 구약을 새로 번역하였다. 히브리어, 그리스어, 라틴어가 경합을 벌이던 예로니모 성인의 머릿속에서는 무슨 일이 벌어졌을까? 부글부글 끓어

넘치는 발효의 향기가 느껴지지 않나?

다른 하나는 인도 출신의 승려로서 한역 불경을 새로이 편찬하여 중국의 불교가 격의(格義)의 수준을 벗어나는 데 크게 기여한 구마라집(鳩摩羅什, 343~413)과 관련된 일화이다. 구마라집은 번역의 고통스러움을 표현하면서 어미 새가 뱃속에서 완전히 소화시킨 모이를 토해내어 새끼에게 먹이는 것에 비유하였다. 말하자면 양쪽 언어를 잇는 가교의 역할을 하는 번역자는 원래 언어의 단단한 외피를 깨뜨려서 속뜻을 잘 헤아린 다음에, 대상 언어의 풍부한 맥락을 고려하여 이해 가능한 형태로 변형시키는 고된 노동을 수행해야 한다. 그러나 이것은 기계적인 반복 행위가 아니다. 자식을 양육하는 어미의 심정으로 두 언어 모두를 사랑해야만 가능한 일이다. 이런 점에서 예로니모 성인의 머릿속과 구마라집의 손에서는 향기로운 냄새가 난다. 이 향기는 번역에 몰두하다가 해가 지는 줄도 모르는 사람들에게 더욱 진하게 다가오리라.

참고문헌

1. 1차 자료

『경향잡지』 256, 한국천주교중앙협의회, 1912.6.30; 『경향잡지』 367, 1917.2.15; 『경향잡지』 558, 1925.1.31; 『경향잡지』 675, 1929.12.15; 『경향잡지』 676, 1929.12.31.

2. 2차자료

이준영 외, 『한국어학자료총서 제1집 국한회어』, 태학사, 1986.

강이연, 「최초의 한국어 연구, 한-불, 불-한 사전들과 한국어 문법서」, 『프랑스학연구』 31, 프랑스학회, 2005

김종서, 「근대화와 한국 종교의 개념」, 서울대 종교문제연구소 편, 『종교와 역사』, 서울대 출판부, 2006a.

______, 『서양인의 한국 종교 연구』, 서울대 출판부, 2006b.

______, 「한말 일제하 한국종교 연구의 전개」, 『한국사상사대계』 6, 한국정신문화연구원, 1993.

대한성서공회, 『대한성서공회사』 Ⅰ, 대한성서공회, 1993.

류대영 · 옥성득 · 이만열, 『대한성서공회사』 Ⅱ, 대한성서공회, 1994.

박영섭, 『개화기 국어 어휘자료집(신소설편)』, 솔터, 1992.

박재연, 『고어사전』, 이회문화사, 2001.

발터 벤야민, 반성완 역, 「번역가의 과제」, 『발터 벤야민의 문예이론』, 민음사, 1983.

방원일, 「초기 개신교 선교사의 한국 종교 이해」, 서울대 박사논문, 2011.

심지연, 「개화기 프랑스 사람들의 한국어 연구에 대하여」, 『민족문화연구』 48, 고려대 민족문화연구원, 2008

오미나, 「『한불ᄌᆞ뎐』에 대한 사전학적 고찰」, 『숙명어문논집』 5, 숙명여대 숙명어문학회, 2003.

윤성우, 「역자 해제」, 폴 리쾨르, 윤성우 · 이향 역, 『번역론: 번역에 관한 철학적 성찰』, 철학과현실사, 2006.

윤애선, 「지식베이스 구축을 위한 『한불ᄌᆞ뎐』 어휘부 미시구조 분석」, 『불어불문학연구』 78, 2009

이은령, 「19세기 이중어사전 『한불자전』(1880)과 『한영자전』(1911) 비교 연구」, 『한국프랑스학논집』 72, 한국프랑스학회, 2010.

______, 「이중어사전으로 본 문화번역」, 『코기토』 70, 부산대 인문학연구소, 2011.

이지야, 「『한불ᄌᆞ뎐』의 사전학적 연구」, 숙명여대 석사논문, 2003.

이지영, 「사전 편찬사의 관점에서 본 『韓佛字典』의 특징」, 『한국문화』 48, 서울대 규장각 한국학원구원, 2009.

장석만, 「개항기 한국사회의 '종교' 개념 형성에 관한 연구」, 서울대 박사논문, 1992.

정양완 · 홍윤표 · 심경호 · 김건곤, 『朝鮮後期 漢字語彙 檢索辭典 : 物名考, 廣才物譜』, 한국정신문화연구원, 1997.

정진홍, 『경험과 기억』, 당대, 2003.

______, 『종교문화의 이해』, 청년사, 1995.

조현범, 「'종교와 근대성' 연구의 성과와 과제」, 강돈구 외, 『근대 한국 종교문화의 재구성』, 한국학중앙연구원 종교문화연구소, 2006.
_____, 「서구 종교학의 역사에 대한 지성사적 재조명」, 『대순사상논총』 17, 대순사상학술원, 2004.
채 완, 「『"한불ᄌᆞ뎐』의 뜻풀이에 대한 고찰」, 『한국어 의미학』 26, 한국어의미학회, 2008.
_____, 「『한불ᄌᆞ뎐』에 실린 부정적 의미의 인물명사」, 『어문연구』 37(3),한국어문교육연구회, 2009.
황호덕, 「번역가의 윈손, 이중어사전의 통국가적 생산과 유통」, 『상허학보』 28, 상허학회, 2010.

Coutumier de la Mission de Corée, Seoul : Typographie de la mission catholique, 1887.
Jonathan Smith, *Relating Religion*, Chicago : The University of Chicago Press, 2004.
Talal Asad, *Geneaologies of Religion : Discipline and Reasons of Power in Christianity and Islam*, Baltimore : The Johns Hopkins University Press, 1993.

부록. 한불자전에 수록된 종교 관련 용어

가례(嘉禮)(133)	왕의 결혼식
가사(袈裟)(135)	승려들의 예식용 복장
가신(家神)(136)	집에 사는 귀신들, 수호신들, 가정의 수호신들
각혼(覺魂)(122)	감각을 지닌 영혼, 동물들의 영혼, 영혼의 감각들
간구(懇求)하다(127, 140)	열심히 기도함, 간청함
간절하다[懇切], 간절한 마음(141)	열렬한, 뜨거운, 경건한, 급박한, 절박한(기도)
간청(懇請)하다(141)	열렬히 기도함, 간청함, 간곡히 요청함, 요구함, 청원함
감목(監牧)(125)	주교, 목자(일차적으로는 '양치는 이', 그리고 은유로서 '주교'를 의미함)
감실(監室)(125)	신주를 모신 방, 작은 기도실이나 신주를 모셔둔 사당
감장(監葬)하다(126)	매장을 함, 장례식을 치름
강론(講論)하다(130)	설교함, 이야기함, 입장을 개진함, 연설함, 교리를 설명함
강림(降臨)하시다(130)	내려오심(높임말)
강복(降福)하다(130)	행복이 ~위에 내리도록 함, 축복함
강상(綱常)(130)	세 가지 중요한 관계, ① 왕에 대한 신하의 관계, ② 남편에 대한 아내의 관계, ③ 주인에 대한 종의 관계[35]
강상죄(綱常罪)(130)	존속 살해범, 국왕 시해범, 반역자, 국왕 시해의 범죄 즉 반란, 또는 왕이나 자기 부모, 자기 남편, 자기 주인에 대해서 존경심이 결여되어 있음
강생(降生)하다(130)	육신을 입고 태어남 (교회 용어)
강시(殭尸)(131)	길 위에서 굶어죽은 채 발견된 익명의 시신, 길 위에 쓰러져 있는 시신
강잉(降孕)하시다(129)	육신을 입고 태어남(우리 주 예수 그리스도를 가리킴)
개두보(蓋頭帕)(121)	개두포
개두포(蓋頭袍)(121)	개두포
개벽(開闢)하다(120)	(하늘과 땅, 우주의)창조, 창조함, 이교도들이 말할 때에는 현재의 세상을 끝내고 다른 세상을 창조하는 대재앙을 의미함
개재(開齋)하다(121)	대재와 소재를 끝냄, 즉 단식을 끝마침
거룩하다[聖](147)	거룩함, 성스러움, 의로움
거사(居士)(148)	도교의 승려, 승려들의 하인. '사당'이라 불리는 여자를 아내로 데리고 다니는 남편, 관객들 앞에서 노래를 부르게 하고 아무에게나 몸을 팔게 함.
거상(居喪)(148)	아버지나 어머니의 죽음으로 상을 당함
거상하다(148)	상을 당함, 상중에 있음
거양하다, 성체거양(141)	보여주고 나타내기 위하여 들어 올림, 미사에서 성체를 들어 올림

35 원래 삼강령은 부위자강(父爲子綱), 군위신강(君爲臣綱), 부위부강(夫爲婦綱)이다.

건립성체(建立聖體)(145)	성체성사의 제정
걸귀(乞鬼)(147)	굶주린 귀신
걸귀(乞鬼)들리다(147)	굶주린 귀신에게 사로잡힘, 곧 만족할 줄 모름, 대단히 게걸스러움, 허기짐
걸신(乞神)(148)	굶주린 귀신, 허기증, 굶주림
격물궁리(格物窮理)하다(152)	자연 과학, 철학, 자연의 사물들을 지배하는 법칙들을 연구함, 깊이 관찰하고 숙고함
격물치지하다(格物致知)하다(152)	철학, 사물들을 지배하는 법칙들에 대한 지식, 사물의 본성을 이해함
견진(堅振)(154)	견진(성사)
경교비(景教碑)(155)	(당나라 때에) 중국의 황제가 그리스도교 역사의 주요 시대들을 새기게 했던 돌
경덕경(敬德經)(157)	흠숭의 마음을 표현하는 기도문
경문(經文)(155)	기도, 기도문, 기도서
경배(敬拜)하다(156)	공경하는 마음으로 절을 함
경본(經本)(156)	기도서, 성무일도서, 미사경본 등
경서(經書)(156)	거룩한 책(말하자면 공자와 맹자의 책들)
경언(經言)(154)	복음서의 말씀들 (교회 용어)
경일(慶日)(155)	축제와 향연의 날
경전(經典)(157)	성인들의 생애, 착한 사람들의 이야기, 거룩한 책, 왕국의 형법 법전, 민법 법전, 법령집
경탈세속(輕脫世俗)하다(157)	모든 일에 무관심함, 현세를 멸시하고 도외시함, 세상에서 물러남
경판(經板)(156)	성작개, 미사경본 받침대
경패(經牌)(156)	독송액자
계(誡) 십계 (150)	(하느님의) 열 가지 계명
계명(誡命)(151)	계율, 명령
고경(古經)(185)	구약성경
고공(苦功)(185)	십자가와 공덕, 고행
고교(古教)(185)	옛날 율법, 유대의 율법, 모세 율법
고대(苦帶)(195)	산양의 털로 짠 허리띠, 허리띠 모양으로 된 거친 피륙
고명(告明)(186)	고백하여 밝힘, 솔직한 고백, 고백성사의 다섯 부분 가운데 하나
고명(告明)하다(186)	고백함, 고해함
고사(古寺)(194)	오래된 절
고사(告辭)(194)	악마에게 바치는 제사의 일종
고사(告辭)하다(194)	(뱃사람들이) 귀신에게 빌기 위하여 쌀이 담긴 사발을 바침
고상(苦像)(194)	십자고상
고성(古聖)(195)	고대의 성인, 옛 율법 시대의 성인들
고성소(古聖所)(195)	옛날 성인들이 있는 곳, 조선의 낙원. 림보 (교회 용어)
고수(苦修)(195)	수도자, 은수자, 은둔자, 고행에 몰두함 (교회 용어)
고수레[祭飯語](195)	이교도들이 식사를 하기 전에 밥 한 숟갈을 던지면서 발음하는 미신적인 말이나 외침
고수원(苦修院)(195)	수도원, 대수도원

고수원 회장(苦修院 會長)(195)	수도원장, 작은 수도원의 원장
고죄(告罪)하다(197)	잘못을 인정함, 죄를 고백함
고죄경(告罪經)(197)	고백성사때의 기도문
고해(告解)(184)	고백(성사), 고해, 자백
고해(苦海)(184)	고뇌의 바다, 말하자면 현세, 인간들의 고통
곡반(哭飯)(185)	고통의 밥, 상 위에 올려놓은 밥 세 그릇, 그 앞에서 사람들이 왕의 죽음을 애도함, 죽은 사람의 신주 앞에 애도를 표하면서 바치는 음식 (미신)
공경(恭敬)하다(189)	존경함, 공경함, 흠숭함, 숭배함
공과(功課)(189)	매일의 기도, 매일의 종교적 실천, 주일과 축일 및 여러 가지 상황에서 행하는 기도문들의 모음집, 기도서, 성무일도 기도서
공부자(孔夫子)(190)	중국의 철학자인 공자
공소(公所)(190)	경당, 교우들의 회합 장소, 공소에 소속된 교우들
공심재(空心齋)(190)	(성찬 단식과 같은) 완전 단식, 대재
공심판(公審判)(190)	공심판, 마지막 심판
공자(孔子)(191)	공자
공회(公會)(188)	공회, 총회, 그리스도교, 가톨릭교회
관례(冠禮)(180)	갓을 착용하는 예식(젊은 남자의 결혼식), 결혼하기 전에 젊은 사람에게 갓을 씌우는 예식
관상(觀相)(180)	관상, 점, 얼굴을 관찰하면서 그 사람의 운수를 말해주는 기술
관음보살(觀音菩薩)(178)	중국의 여신. 승려들의 탄원 또는 기도(죽을 때 이 말을 암송하면 모든 죄를 용서받을 수 있음) (미신)
교(敎)(198)	교리, 가르침, 종교, 교단
교강(敎綱)(198)	그리스도교의 규칙, 율법
교우(敎友)(198)	그리스도인
교종(敎宗)(199)	교황
교중(敎中)(199)	종교, 그리스도교에 관련된 사람
교화황(敎化皇)(198)	교황, = 교종
구(救)하다(203)	구원함, 구출함, 해방시킴, 죄를 사함
구교(舊敎)(204)	옛날 교우, 오래 전부터 교우였던 사람
구령(救灵)하다(210)	구함, 구원함 (교회 용어)
구마(驅魔)하다(205)	마귀를 쫓아냄
구마품(驅魔品)(205)	마귀를 쫓는 사람, 구마의 품계
구사(驅邪)하다(211)	마귀를 쫓아냄, 구마를 행함
구세(救世)하시다(211)	세상을 구원함(우리 주님만을 가리킴)
구세자(救世者)(211)	세상의 구원자, 메시아
구세주(救世主)(211)	구원자, 세상의 구원자 하느님
구속(救贖)하다(212)	구원하여 죄를 없애줌, 해방함, 풀어줌 (교회 용어)
구원(救援)하다(203)	(환자 또는 적들에 의해 억압당하는 동맹자를) 도움, 구함

국기(國忌)(204)	선왕들의 기일에 왕이나 국가가 제사를 드리는 때
국상(國喪)(205)	왕실 인물의 죽음, 왕이 죽어서 나라 전체가 상을 당함
국장(國葬)(205)	왕의 장례식, 왕실 인물의 장례식, 장례식이 거행되는 시기(죽은 뒤 약 3개월)
군자(君子)(207)	학식 있는 사람, 박식한 사람, 선한 사람, 덕이 있는 사람
굴건(屈巾)(210)	상을 당한 사람이 장사를 치르고 제사를 드릴 때 갓 위에 씌우는 대마로 짠 작은 천 조각
굴총(掘冢)하다(211)	사사로운 권한으로 관을 파냄, 다른 집안의 시신이나 관을 파냄
굿(212)	집안에서 드리는 제사의 일종. 주술사들이 행하는 성대한 예식, 광적인 춤, 떠들썩한 소동, 성대한 축제, 성대한 예식
굿기다(212)	운이 없음, 불운함, 불행을 당함
굿기다(212)	죽음(높임말)
권교(勸教)하다(200)	종교를 가르침, 종교를 실천하도록 권면함
권도(權道)(200)	(견진을 베푸는 사제에게 주어진) 위임, 위탁, 특별한 허가
궤배(跪拜)하다(200)	귀신들과 우상들 앞에 엎드림, 굴종함
귀(鬼)(201)	악마
귀매(鬼魅)(202)	마귀, 악마, 귀신 (이교 용어)
귀신(鬼神)(202)	귀신, 신들, 마귀들, 악마, 나쁜 귀신들
그리스당[基利斯當](171)	그리스도인 (교회 용어)
그리스도[基利斯督](171)	그리스도 (교회 용어)
극락세계(極樂世界)(164)	조선인들의 낙원, 부처를 잘 공경한 덕이 높은 사람들의 영혼이 가는 낙원의 장소, 승려들의 천국, 이것은 곧 부처의 니르바나임
금시발복(今時發福)(167)	갑작스러운 행복 (미신)
금장(禁葬)하다(167)	자신의 땅에 매장하는 것을 가로막음
금정(金井)(167)	관을 안치하는 구덩이, (관을 내리기 위하여) 구덩이의 크기를 재는 데 쓰는 나무로 만든 틀
급살(急殺)맞다(170)	(벼락을 맞거나 전염병에 걸려서) 갑자기 죽음, 마귀의 화살에 맞아서 갑자기 죽음 (미신)
기고(忌故)(161)	아버지나 어머니, 조상들의 기일.
기관례(起棺禮)(161)	장례예식, 발인예식 (교회 용어)
기구(祈求)하다(161)	기도, ~에게 기도함, 탄원함
기도(祈禱)하다(162)	탄원함, 기도함, 전구함
기문벽서(奇文僻書)(161)	마술, 주술과 미신을 담은 비밀스러운 책
기운(氣運)(160)	공기, 기체, 건강, 힘, 기질, (사물의) 힘, 행운, 번영, 운수, 생명, 말하자면 정신, 감정, 영혼, 영의 존재
기일(忌日)(160)	부모나 조상들이 돌아가신 날
기장(忌葬)하다(163)	관을 무덤 속에 내려놓는 일에 참석하는 것을 거절하거나 무서워함 (미신)
기제(忌祭)하다(163)	돌아가신 날에 제사를 드림. (조상들에게는 쓰는 말이지만, 아버지와 어머니에 대해서는 쓰지 않음)
길(吉)하다(174)	행운이 따름, 유리하게 작용함. (일이) 적절하게 닥침, 길조임.
길례(吉禮)(175)	행복한 예식들, 말하자면 결혼 예식. 상(喪)을 끝내기로 정한 날짜.
길복(吉服)(175)	행복의 복장, 말하자면 결혼식 복장, 축제 복장, 상을 끝낼 때 상중인 사람에게 입히는 복장.

길복(吉福)(175)	행복, 행운, 행복한 성공, 모든 것에 성공해서 행복한 사람
길일(吉日)(174)	좋은 날, 행복한 날, 행운의 날. 음력으로 매달 첫째 날
길흉(吉凶)(174)	좋은 것과 나쁜 것, 행복과 불행의 징조
남무아미타불(南無阿彌陀佛)(264)	승려들의 기도문, 노자 교단의 신봉자들이 행하는 희구의 형식으로 된 외침(남무는 감탄사로서 '아!'의 의미이고, 아와 미는 중국의 황제가 파견한 두 명의 이름이며, 타불은 부처, 즉 채색된 부처 그림을 인도인들에게 가져갔다는 뜻임)
납평(臘平)(267)	음력 12월에 하늘에 제사지내는 날, 추위가 끝나는 날(2월 2일 또는 3일 무렵) = 납일
냉담(冷淡)하다(272)	미지근함, 열의가 없음, 다시 차가워짐, 약해짐 (교회 용어, 정신이나 열성에 대해서만 사용함)
넉[魂](274)	영, 생명, 이교도들이 말하는 일종의 영혼. 승려들이 사람들에게 있다고 가정하는 영혼들 가운데 하나이며, 땅으로 내려옴
노군(老君)(288)	철학자 노군, 이교의 위대한 인물, 공자와 동시대 인물이며, 도사들로 이루어진 교단의 창시자
노도(老道)(291)	노군이라고도 불리는 노자의 교리
노승(老僧)(291)	늙은 승려
노자(老子)(291)	이교도들의 위대한 인물, 노군과 동의어
노제(路祭)(291)	시신을 장지로 모셔갈 때 길 위에서 지내는 제사
논어(論語)(288)	공자가 지은 책 이름
농리편(農理篇)(289)	교우들이 가지고 있다고 이교도들이 믿는 책 이름, 자기네보다 더 잘 농사를 지을 수 있도록 가르쳐 준다고 믿음
능견난사(能見難思)(281)	같은 크기의 그릇 열두 개를 가지고 어떤 규칙에 따라서 하나를 다른 하나 속에 집어넣은 것을 이렇게 부름. 볼 수는 있지만 이해할 수 없는 것, 이해 불가능한 것, 볼 수는 있지만 설명할 수 없는 것(조선에는 그런 것이 세 가지 있는데, 예를 들면 떠 있는 돌, 부석이 그것임)
닦다[修](453)	청소함, 정화함, 닦음, 윤을 냄, 완전하게 함, 열중함, 아름답게 함, 개선함, 바로잡음, 육체에 고통을 줌, 억누름
단수점(單數占)(456)	점, 행운 (미신)
담사(禪祀)(455)	상의 후반기를 끝내는 시기, 즉 대상을 끝낸 지 두세 달 뒤에 드리는 제사, 담복을 입고 드림[36]
당가(當家)(457)	회계, 경리, 재무 담당관, 집의 관리인, 집의 우두머리[37]
당고(當故)하다(458)	상을 당함, 부모를 잃음, 부모를 잃는 일을 당하여 견딤
당상(當喪)하다(458)	부모를 잃음, 부모를 잃는 일을 견딤
당옥(堂獄)(457)	천당과 지옥
대녀(代女)(464)	딸을 대신하는 사람, 대녀
대마(大魔)(450)	큰 마귀
대모(代母)(464)	어머니를 대신하는 사람, 대모 (교회 용어)
대부(代父)(465)	아버지를 대신하는 사람, 대부 (교회 용어)
대부(大父)(450)	공경하올 아버지(하느님을 가리킴), = 대부모(같은 뜻).

36 담(禫)의 한자 표기가 잘못 되어 있다.

37 전통적인 용어법으로 '집안일을 주관하여 맡음'이란 뜻인데, 이를 차용하여 가톨릭교회에서는 경리 담당 신부의 직함으로 사용하였다.

대사(大師)(451)	교양 있는 승려, 큰 승려(존칭어)
대사(大赦)(451)	크게 죄를 사함, 대사면, 총사면
대상(大祥)(451)	부모님의 두 번째 기일(2년 후), 큰 기일
대성(大聖)(451)	위대한 성인
대성전(大聖殿)(451)	공자의 사당
대세(代洗)하다(465)	예절 없이 사적으로 주는 세례, 약식 세례, 약식 세례를 줌
대송(代誦)하다(465)	의무적이지만 행할 수 없는 것을 대신하기 위한 기도문들. (교회 용어) 어떤 기도문을 다른 기도문 대신에 암송하거나, 병자와 같이 기도를 할 수 없는 사람을 대신해서 기도문을 암송함
대월(對越)하다(464)	하느님의 현존, (하느님을) 묵상함, 하느님의 현존과 마주함 (교회 용어)
대자(代子)(466)	아들을 대신하는 사람, 대자 (교회 용어)
대재(大齋)(452)	금식, 큰 재계
대제(大祭)(452)	조정에서 거행하는 큰 제사
대찰(大刹)(452)	큰 파고다, 큰 사찰
대천신(大天神)(452)	대천사
대학(大學)(448)	큰 학문, 증자가 지은 한문 책 이름
덕닦다[修德](469)	덕을 획득함
덕담(德談)(469)	광대들의 노래, 악마에게 바치는 기도 (미신)
덕서도문(德敍禱文)(469)	(성모님께 바치는) 호칭 기도
도(道)(483)	길, 가르침, 교의, 지방
도관(道觀)(485)	마귀의 사당과 같은 것, 파고다
도교(道教)(485)	공자와 거의 동시대(주전 450년) 인물인 중국의 철학자 노자가 설립한 도(raison) 교단의 신봉자들이 따르는 교리
도덕(道德)(497)	교리와 덕성
도리(道理)(494)	교리, 가르침, 학문
도문(禱文)(487)	호칭 기도
도사(道士)(496)	노자의 신봉자
도사(道師)(496)	철학자 노자가 설립한 도교 교단. 신선이 되기 위하여 평생 고행을 하고, 모든 것을 버리고, 계속 단식 등을 행하는 남자
도선(道銑)이(496)	이교도 예언자의 이름, 저명한 지관 승려의 이름[38]
도섭하다(496)	변신(잘못된 것), 존재하지 않는 것을 보이게 하여 눈을 속임. '환술'을 볼 것
도술(道術)(496)	신비술에서 행하는 술법, 얼굴을 보고 그 사람의 미래를 알아맞히거나, 묘를 쓰기에 좋은 땅을 발견하는 기술
도승(道僧)(496)	유식하고, 조예가 깊으며, 독실한 승려
도유사(都有司)(484)	어떤 일을 맡은 사람, 우두머리(특히 공자에게 드리는 제사를 감독하는 일을 담당하는 양반을 일컬음), (각 향교에서) 공자를 숭배하는 사람들의 우두머리

38 도선(道詵)을 잘못 표기하였다.

도인(道人)(484)	교리에 정통한 사람
도장(倒葬)하다(497)	이치에 맞지 않게 매장함(아들을 아버지보다 높은 곳에 묻음), 반대로 함, 거꾸로 행함(머리를 낮은 곳에 둠)
도통(道通)하다(497)	모든 교리를 아주 잘 알고 있음, 교리를 깊이 연구하여 정통함
도학(道學)(484)	교리, 교의
도회장(都會長)(485)	가장 중심적인 회장, 우두머리 회장 (교회 용어)
독(櫝)(485)	미신적인 신주들을 넣어두는 상자
독각수(獨角獸)(486)	유니콘. 머리 가운데에 뿔이 하나만 있는 동물
독갑이[魍魎](486)	장난꾸러기 꼬마 악마, 장난꾸러기 요정, 악마
독경(讀經)하다(486)	맹인들의 기도, 기도의 형식을 취하지만 아무런 의미도 없는 소리. 이런 기도문들을 암송함
돗갑이[魍魎](497)	장난꾸러기 요정, 장난꾸러기 꼬마 악마
동계소재(冬季小齋)(489)	겨울의 사계(대림 제3주일) 때에 행하는 소재
동교(同敎)(489)	같은 교리를 따르는, 같은 스승의 제자들. 마찬가지로 교우인 사람
동도(同道)(491)	비슷한 교리, 같은 교리를 따르는 사람
동티[動頉]나다(492)	불운을 가져옴, 귀신을 화나게 하여, 분노와 복수를 초래함 (미신)
동학(東學)(488)	동양의 교리
두건(頭巾)(501)	상을 당한 남자들이 쓰는 삼베로 짠 모자
두겁조상(頭匣祖上)(501)	가족의 시조, 혈통상의 첫 인물(아담)
득승지회(得勝之會)(477)	승리한 교회, 천국
등천(登天)하다(479)	하늘로 올라감, 승천함
리(理)(283)	이성, 상식, 정의, 옳음, 교리, 신비
림보(臨簿)(284)	림보
마(魔)(215)	악마
마감(魔感)(216)	마귀의 유혹
마계(魔計)(216)	사탄의 계략, 마귀의 책략
마귀(魔鬼)(216)	마귀, 악마
마귀들리다(481)	악마에게 사로잡힘
마노(魔奴)(218)	악마의 노예
마당(魔堂)(226)	마귀의 사당
마력(魔力)(223)	마귀의 힘, 악마의 권세
마마[痘疫](218)	이교도들이 천연두를 부르는 이름, 그것에 경의를 표하여 화나지 않게 하려는 것임
마몽(魔夢)(218)	마귀의 꿈, 마귀가 꾸게 만드는 꿈, 마귀가 나오는 환영
마상(魔像)(225)	마귀의 형상이나 그림, 우상
마술(魔術)(225)	마귀의 책략, 마술, 마귀의 술책, 주술, 요술
마유(魔誘)(216)	마귀의 유혹
마접(魔接)하다(227)	마귀 들림, 사로잡힘, 악마에게 사로잡힘

막비주명(莫非主命)(217)	모든 것이 하느님의 뜻임. 하느님의 뜻이 없으면 아무 것도 일어나지 않음
만과(晩課)(219)	저녁 기도
만나[瑪納](219)	만나 (교회 용어)
만복(萬福)(219)	만 가지 복, 완전한 행운, 지고한 복
만선(萬善)(220)	완벽한 선, 만 가지 선, 지고한 선
만수무강(萬壽無疆)(220)	변함없이 1만 년을 사는 것, 오래 사는 것, 즉 영원, 불멸
만수받이하다(220)	만수를 받음(주술사들이 만수, 즉 만 년 동안 산다는 말을 계속 반복하는 것), 결혼식을 함, 양보하지 않음, 호의나 비난에 응답함. 대거리함
망곡(望哭)(221)	왕이 죽었을 때 백성들이 눈물 흘리며 애도하는 것, 왕이 죽었을 때 모든 마을에서 행하는 예식(모든 사람들이 모여서 한양을 향해서 몸을 돌려 절을 하고 눈물을 흘림)
망궐례(望闕禮)(221)	관리들이 왕에게 바치는 환호와 찬사들. 모든 관리들이 매달 두 번 (음력 초하루와 보름) 거행하는 예식, 높은 곳에 있는 방으로 가서 대궐을 향해서 몸을 돌린 다음에, 왕에게 존경을 표하는 의미에서 절을 함
망덕(望德)(222)	희망(덕)
망두석(望頭石)(222)	무덤 앞과 정면에 각각 놓아두는 두 개의 돌(새로 변한 망자의 영혼이 편히 쉴 수 있도록 하기 위한 것)
매괴(玫瑰)(228)	장미나무, 묵주기도
매괴경(玫瑰經)(228)	묵주기도 기도문
매장(埋葬)하다(229)	관을 땅에 묻음
매헌(埋獻)하다(216)	조상들의 오래된 신주를 묻음
맹자(孟子)(229)	맹자(중국의 철학자 이름)
면병(麪餠)(234)	누룩을 넣지 않은 떡, 밀떡, 성체 (교회 용어)
면주(麪酒)(234)	미사용 면병과 포도주 (교회 용어)
명기(明氣)(235)	맑은 날씨, 건강에 좋은 기후 (이교도 사이에서) 좋은 기운
명당(明堂)(236)	뛰어나고 훌륭한 장소, 묘를 쓰기 좋은 장소, 좋은 무덤
명륜당(明倫堂)(236)	조상들을 모신 불당, 공자의 사당에 부속된 강의실(이곳은 불가침의 보호권을 누림)
명복(名卜)(235)	주술사, 점쟁이
명불(名佛)(236)	기교가 뛰어난 불상
명일(名日)(235)	성대한 날, 기쁜 날, 즐거운 날, 축제 날, 이교도들의 축일(1년에 네 번 있음, 음력 1월 1일, 2월 또는 3월 중의 한 날, 5월 5일, 8월 15일)
명정(銘旌)(236)	장례식에 드리우는 붉은 천, 그 위에 흰색으로 고인의 이름과 신분이 적혀 있음
모고해(冒告解)하다(243)	신성모독적인 고해, 신성모독적인 고해를 함
모령(冒領)하다(246)	(성사를) 모독함, 부당하게 받음, 신성모독을 범함 (교회 용어)
모병(毛病)(246)	오류, 악습, 나쁜 습관 (교회 용어)
목신(木神)(244)	나무에 사는 귀신 (미신)
목탁(木鐸)(244)	죽은 사람의 머리 같은 것인데, 나무로 만들고 속이 비어 있음, 승려들이 구걸하면서 두드림
목패(木牌)(244)	나무로 된 조상들의 신주
몰약(沒藥)(246)	미르라, 몰약 (교회 용어)

몽소승천(蒙召昇天)(246)	성모승천(그러한 부르심)
묘호(廟號)(248)	신주에 새긴 선왕의 이름, 사당 안에 봉안함
무극(無極)(251)	근원적인 힘, '홍몽'을 볼 것
무녀(巫女)(252)	여자 약장수, 여자 주술사, 떠돌이 여자 음악가
무당[巫](259)	마을을 돌아다니며 좋은 운을 빌어주고, 점도 치고, 병자들을 고쳐주는 일을 하는 여자 주술사 따위(최하층 사람임)
무릉도원(武陵桃源)(255)	중국 사람들의 티볼리(경치 좋은 관광지), 중국에 있는 유명한 장소의 이름, 아름다운 계곡을 가리킴
무염원죄(無染原罪)(249)	원죄의 흠을 갖고 있지 않음, (성모님의) 무염시태
묵도(默導)(237)	내적인 영감(靈感) (교회 용어)
묵도(默禱)하다(237)	명상함, 침묵 중에 기도함
묵상(默想)하다(237)	명상함, 성찰함 (교회 용어)
묵상신공(默想神功)(237)	명상(경건한 마음을 실천함)
묵상지장(默想指掌)(237)	(책 이름), 명상하는 방법 또는 입문서, 명상하는 방식
묵시(默示)하다(237)	직관으로 봄, 영감을 받음, 내면을 밝게 비춤 (교회 용어)
묵조(默照)(237)	영감, 내면의 빛. ~하다, 정신, 영혼을 밝게 함, 영감을 받음 (교회 용어)
묵존(默存)하다(237)	침묵 속에 있음, 성찰함, 주시함. 명상함, 침묵하는 가운데 정신이나 마음에 각인시킴 (교회 용어)
묵주(默珠)(237)	묵주
문교(聞敎)하다(253)	그리스도교를 받아들임, 종교에 관해서 말하는 것을 들음, 가톨릭교회에 들어감
문복(問卜)하다(253)	여자 주술사에게 물어봄, 점쟁이에게 문의함, 맹인에게 운수를 들음
문상(問喪)하다(254)	위로의 형식으로 물어봄, 아버지나 형제 등의 상을 당한 사람에게 행하는 일. 장례나 매장에 관한 일을 물어봄
미력[石人](240)	돌로 만든 석상, 돌로 만든 거대한 우상[39]
미사[彌撒](240)	미사
믿다[信](242)	믿음, ~를 신뢰함, 신임함, 신용함
바랑[鉢囊](312)	승려들의 여행용 보따리 같은 것, 승려들의 자루, 배낭
박수[覡](297)	남자 주술사, = 화랑이
반고씨(盤古氏)(299)	이교도들이 땅, 하늘, 공기, 물 등의 제작자(창조자)에게 붙인 이름, (중국인들에 따르면) 이 세상에서 최초의 인간
반교(叛敎)하다(299)	배교함, 종교를 버림
반구(返柩)하다(299)	자기 집 바깥의 길에서 죽은 사람을 집으로 다시 모셔옴, 관을 운반함
반승반속(半僧半俗)(300)	반은 짐승(승려), 반은 사람. 어느 쪽도 아님. 절반은 승려이고, 절반은 세속 사람임. 좋지 않은 것을 가리킴.
반혼(返魂)하다(299)	장례식 때의 돌아옴(매장이 끝난 후에 영혼이 집으로 돌아오거나, 다시 불러들임)
발낭(鉢囊)(305)	승려의 자루나 보따리(바랑을 가리킴)

39 미력이라는 표제어는 미륵(彌勒)을 연상시킨다. 내용도 어느 정도 통하는 것 같다.

발상(發喪)하다(306)	부모의 죽음을 당하여 머리를 풀어헤치고 산발을 함. 매장하기 전에 죽음을 애도함
발인(發軔)하다(304)	고인의 집에서 장례 행렬이 출발함, 장례식을 치르기 위해서 집에서 시신을 빼냄[40]
방사(放赦)하다(303)	물건에 대하여 관용을 베풀어줌, 죄를 사해줌
배교(背教)하다(309)	배교함, 종교를 부정함, 그리스도교 신앙을 부정함
백부장(百夫長)(310)	백인대장, 군인 백 명의 우두머리
백팔염주(百八念珠)(310)	승려들이 사용하는 108개의 알로 된 큰 묵주와 같은 것
벅고[法鼓](313)	큰 북, 승려들이 사용하는 손잡이 달린 타악기
범승(凡僧)(314)	하급의, 서열이 낮은 승려. 평범한 지위의 승려
범재(犯齋)하다(314)	대재와 소재를 범함, 대재와 소재의 규칙을 어김
법당(法堂)(316)	파고다, 부처의 사당
벽곡(辟穀)하다(319)	매일 조금씩 덜 먹다가 결국 더 이상 아무것도 안 먹는 경지에까지 이를 것을 가르치는 교리, 쌀 또는 다른 곡물을 먹지 않고 사는 것에 익숙해짐.
벽사(闢邪)하다(319)	나쁜 교리를 멀리함, 사악한 교리를 금지하여 물리침.
변체(變體)하다(320)	본체의 변화함, 실체 변화함 (교회 용어)
보례(補禮)하다(336)	예식의 보충, (세례, 혼배 등) 성사 예식을 보충함 (교회 용어)
보살(菩薩)(336)	머리를 깎지 않은 재속 여승의 일종, 이교도 사당에 있는 우상, 승려들이 숭배하는 여신.
보속(補贖)(337)	벌, 성사로 행하는 속죄 (교회 용어)
보속(補贖)하다(337)	속죄함, 대가를 치름
보수(補修)하다(337)	고침,~을 준비함, 마련함. 세례받기로 약속함, 예비신자로 받아들여짐, 아직 세례를 받지 않은 상태에서 세례 지원자 신분을 받음
복(福)(331)	행복, 행운, 유복함, 지복, 천복, 운, 운수
복사(服事)(332)	심부름꾼, 선교사의 하인
복사(服事)하다(332)	선교사의 하인이 됨 (교회 용어)
복음(福音)(331)	행복한 말씀, 복된 말씀, 좋은 소식
복자(卜者)(332)	주술사 그리고 점쟁이와 같은 것
복지(福地)(332)	매혹적인 장소, 아름다운 곳, 지상의 낙원. 행복한 고장, 복된 장소 (교회 용어)
복희씨(伏羲氏)(331)	음절문자 또는 자모를 발명하였다는 조선의 왕 이름[41]
본명(本名)(333)	본래의 이름(세례명을 이렇게 부름), 그리스도인의 성이나 이름
본죄(本罪)(334)	개별적인 죄, 자기 자신의 죄
봉교(奉教)(334)	교우가 됨, 그리스도교를 실천함
봉사(奉祀)하다(334)	제사를 바침 (미신)
봉성체(奉聖體)하다(335)	성체 성사를 받음
봉안(奉安)하다(334)	(신주를 공경하기 위하여) 고유한 장소에 모심, 경건하여 안치함

40 발인(發軔)의 한자가 잘못되어 있다.

41 세종대왕의 한글 창제와 혼동하고 있다.

봉재(封齋)(335)	사순시기, 대재를 지키는 시기 (교회 용어)
봉헌(奉獻)하다(334)	바침, (경건하게) 제사를 바침
봉황(鳳凰)(334)	전설상의 새, 불사조, 아마 독수리인 듯
부자(夫子)(350)	공자와 맹자에게 붙이는 칭호
부작(符作)(349)	마귀를 쫓거나 병고를 피하기 위하여 미신으로 쓴 글씨
부제(副祭)(350)	성직자, 부제 (교회 용어)
부주교(副主教)(350)	부주교
부처[佛](350)	불 또는 붓다, 인도 왕 쿠도다나와 마야의 아들. 주전 622년부터 543년까지 80세를 살았음. 그의 아들은 라훌라, 아내는 고파, 야쇼다라, 웃팔라바르나. '석가모니'를 볼 것
부첨례(副瞻禮)(350)	부활대축일 다음의 월요일과 화요일, 그리고 성령강림대축일 다음의 월요일과 화요일
부활(復活)(339)	부활대축일, 다시 살아나심 (교회 용어)
부활(復活)하다(339)	다시 살아나심 (교회 용어)
분심(分心)하다(342)	부주의함, 방심함, 걱정함
분심잡념(分心雜念)(342)	기도하는 도중에 부주의함, 걱정함
불(佛)(343)	부처(인도인들과 중국인들의 신)
불가(佛家)(344)	파고다, 절, 불교의 교리
불경(佛經)(345)	불교의 책, 8만 권
불공(佛供)하다(345)	부처에 경의를 표하는 큰 제사, 기도, 축하연. 부처를 숭배함, 경배함, 기도함
불당(佛堂)(347)	작은 절, 부처의 사당
불도(佛道)(347)	불교, 부처 또는 붓다가 가르친 교리. 석가모니에 의해서 창시되고 그의 제자들이 발전시킨 불교, 브라만교와 대립하거나 경쟁함
불사(佛寺)(346)	절, 부처의 파고다, 부처 숭배
불씨(佛氏)(346)	붓다의 교리, 붓다
불양답(佛養沓)(343)	불공을 위해서 승려들이 소작료를 받는 토지, 불공과 파고다의 유지 및 유지에 할당된 논[42]
불종지말(佛種之末)(347)	부처를 위해서 고용된 자들 가운데 최하위 사람. '거사'를 볼 것
불천지위(不遷之位)(347)	법으로 금지되어 있기 때문에 옮길 수 없는 신주, 위대한 인물의 신주, 가문의 영광이며 절대로 파괴하면 안 됨
비기(秘記)(325)	예언, 미리 알려진 전조, 조선인들의 예언서
빈례(殯禮)(326)	수의를 입히는 예식
빈소(殯所)(326)	매장하기 전에 관을 놓아두는 곳
빙소[殯所](326)	집 외부에 특별히 만들어놓은 작은 집 안에, 아니면 나무로 된 조각들 위에 관을 놓아두고, 매장할 날이 될 때까지 기다림
빌다[祈](328)	기도함, 간청함, 탄원함, 용서를 청함
사감(邪感)(380)	악마의 유혹
사감입다[被邪感](380)	몸에 마귀가 붙음
사계재(四季齋)(389)	사계의 소재
사교(邪教)(380)	사악한 교리, 이교도들이 가톨릭교에 붙인 이름

사교(司敎)(389)	교회 당국자, 교리와 종교의 책임자(통상적으로 주교, 때때로 사제)
사규(四規)(389)	네 가지 규칙, 교회의 네 가지 규율[43]
사당(祠堂)(378)	조상들의 신주를 넣어두는 방
사당(邪堂)(384)	사악한 집. 마술, 요술을 행하는 사람, 주술사
사도(邪道)(384)	미신, 추잡한 교리, 악으로 이끌리는 나쁜 교리
사마(邪魔)(380)	마귀, 악마
사말(四末)(389)	네 가지 종말(사후, 심판, 천당, 지옥) (교회 용어)
사망(邪妄)(380)	미신, 헛되고 사악한 숭배
사묘(邪廟)(380)	파고다, 절, 악마의 사원
사백주일(卸白主日)(375)	부활대축일 후 첫째 주일
사상(邪像)(384)	우상, 마귀의 모상이나 상본
사서삼경(四書三經)(391)	이교도들의 책 이름, 공자의 저서로 간주됨
사성사(四聖史)(391)	네 명의 복음서 저자들.
사술(邪術)(384)	주문, 요술, 기교, 주술적인 또는 마귀에 의한 작용. 신비술
사신(邪神)(384)	마귀, 악마, 귀신, 이교도들의 신, 사악한 영
사심판(私審判)(391)	개별적인 심판
사우(祠宇)(367)	조상들의 신주를 모신 작은 집, 미신적인 신주를 놓아두는 방
사죄(赦罪)하다(385)	죄를 용서함, 죄를 없애줌
사죄경(赦罪經)(385)	죄를 사하는 기도문 양식, 성사를 통한 죄 사함
사죄지은(赦罪之恩)(385)	죄 사함을 받은 은혜
사주(四柱)(392)	네 개의 기둥, 출생의 네 시기(연월일시), 점을 치기 위해서 점집에 알려주는 것들
사직(社稷)(379)	하늘에 제사를 바치는 사원이나 집
사직(社稷)(384)	땅과 수확물, 왕국을 보호하는 귀신, 사원 안에 그 신주를 모심 (각 지방마다 이런 사원이 있음)
사질(邪疾)(385)	마법에 의해서 치유되는 질병 같은 것의 이름 (미신), 열병, 폐병
사추덕(四樞德)(392)	네 가지 주요 덕(지, 의, 용, 절)
사탁(司鐸)(391)	사제, 신부
사학(邪學)(380)	사악한 교리, 이교도들이 가톨릭교에 붙인 이름
산림(山林)(373)	산과 숲. 벼슬을 구하지 않고 은거하여 사는 유학자, 현인, 철학자. 항상 큰 옷을 입고 있는 은둔자, 현인과 비슷한 사람임. 자기 방에서 책으로 둘러 싸여 있고, 절대 웃지 않으며, 모든 일을 근엄하게 행하고, 문장을 지어서 대답하며, 모든 것을 아는 체함
산승(山僧)(373)	산에 사는 승려
산제(山祭)(374)	산의 귀신에게 바치는 제사, 산에서 거행하는 제사

42 문헌상으로는 불량답(佛糧畓)으로 표기하는 경우가 더 자주 나타난다.

43 ① 주일과 축일을 지키고 미사에 참례할 것, ② 교회가 정한 날에 단식재와 금육재를 지킬 것, ③ 최소 1년에 1회 고해성사를 받을 것, ④ 최소 1년에 1회 부활시기에 영성체를 할 것 등이다.

살생(殺生)하다(378)	살아 있는 것을 죽임, 생명을 빼앗음(승려들의 대죄)
삼강(三綱)(369)	유학자들에 따르면 모든 사물들 가운데 가장 고귀한 것 세 가지(하늘, 땅, 사람). 세 가지 관계, 세 가지 우월한 것, 즉 대신들에 대해서 왕, 자식들에 대해서 아버지, 아내에 대해서 남편
삼구(三仇)(370)	세 가지 원수(세상, 육체, 악마)
삼덕(三德)(371)	신학상의 세 가지 덕(믿음, 희망, 사랑)
삼덕송(三德誦)(371)	신망애의 세 가지 기도문
삼신항(三神缸)(371)	토기에 담아서 집안의 잘 꾸민 곳에 갖다 둔 쌀(귀신임. 만약 잘 공경하면 아이를 얻고, 그렇지 못하면 아이가 생기지 않음 (미신)
삼왕내조(三王來朝)(369)	동방박사 3인. 주님 공현 축일 (교회 용어)
삼우(三虞)(369)	근심의 셋째 날, 부모를 매장한 지 셋째 날, 이날 부모를 위해서 성대한 제사를 드림 (미신)
삼위일체(三位一體)(369)	삼위가 한 본체임, 성삼위
삼종(三鐘)(371)	세 가지 소리로 이루어진 기도. 안젤루스(기도)
삽전(揷牋)(376)	장례식에서 마귀를 겁주려고 두 개의 뿔 또는 뾰족한 것에 걸어두는 깃발 (미신)
상교(庠校)(381)	공자의 사당, 공자의 신주를 봉안한 큰 파고다. = 향교
상등통회(上等痛悔)(383)	전적인 회개
상례(喪禮)(375)	죽은 사람들에게 공경을 표하는 의례, 예식
상례비(喪禮備)(375)	개인의 죽음과 관련하여 지켜야하는 미신의례들의 목록, 상례에 관한 예식서
상보다[觀狀](382)	좋은 운수를 점침, 태어난 연월일시에 따라서, 그리고 개인의 생김새를 관찰한 것에 따라서 그 사람이 뭐가 될지, 무엇을 할지, 아이는 몇이나 둘 것인지 등을 예견함
상본(像本)(382)	그림, 이미지
상뵈다[觀相](382)	좋은 운수를 점침, 운명을 문의함
상식(上食)하다(375)	돌아가신 부모의 신주 앞에서 아침과 저녁에 드리는 일상적인 제사. (미신) 제사를 지내기 위하여 상에 밥을 올림
상제(上帝)(383)	(이교도들에 따르면) 하늘의 왕, 창공의 주인, 하늘에 있는 지고의 황제(가톨릭 신자들이 하느님에 대한 관념을 표현하기 위해서 사용해서는 안 되는 금지된 용어)
상주(上主)(384)	하느님, 높으신 주인, 지고한 주님
생혼(生魂)(386)	식물적인 혼(식물의 혼, 그리고 아마 동물에게도 있는 것임)
서교(書教)(397)	글로 된 율법, 모세의 율법 (교회 용어)
서악(西惡)(393)	서양의 나쁜 것, 그리스도교를 가리키는 경멸적인 말
서원(書院)(396)	위대한 인물들, 각자의 학설들로 유명한 인물들을 위해서 세운 집(그곳에 그 인물들의 신주가 들어 있음) 각 마을마다 있는 위대한 인물들의 사당
서전(書傳)(408)	공자가 지은 책의 이름
서학(西學)(396)	서양의 교리, 말하자면 가톨릭교
석가모니(釋迦牟尼)(397)	'샤카 집안의 은둔자'라는 뜻. 부처의 이름 샤카무니(첫 이름은 싯다르타였으며, 주전 622년까지 80세를 살았음)
석가여래(釋迦如來)(397)	부처 또는 붓다
석교(釋教)(397)	불교의 교리, 불교 교단
선경(仙境)(399)	멋진 산책길, 경치가 아름다운 곳, 유령들이 사는 곳, 다른 세상에서 돌아온 영들이 출몰하는 곳

선녀(仙女)(399)	요정, 도사들이 신으로 떠받드는 여자
선도(仙道)(400)	노자, 노군 혹은 노공의 교리
선복(仙服)(399)	도사들에 따르면 요정이나 귀신들이 입는 옷
선사(禪師)(400)	승려
선수(善修)하다(400)	덕을 닦음, 선행에 몰두함
선앙당[魔堂](398)	산 속의 길 꼭대기에 있는 작은 사당
선종(善終)하다(401)	아름다운 죽음, 거룩한 죽음. 아름다운 죽음을 맞이함, 거룩하게 죽음, 잘 돌아가심
선지(先知)(401)	예언자
선지(先知)하다(401)	예언함, 미리 알게 됨
선지자(先知者)(401)	예언자, 점쟁이, 미리 아는 자
성(聖)(401)	거룩함, 신성함, 성별됨
성가(聖歌)(402)	시편, 경건한 성가
성가(聖架)(402)	성십자가, 십자가
성경(聖經)(402)	거룩한 바이블, 거룩한 책들, 거룩한 복음서, 성서
성계(聖誡)(402)	경건한 훈계, 거룩한 가르침
성공(聖功)(402)	착한 일들, 거룩한 행위, 행운
성광(聖光)(402)	은총의 빛
성교(聖教)(402)	거룩한 종교, 가톨릭교
성교(性教)(403)	자연법, 자연의 법칙 (교회 용어)
성교회(聖教會)(403)	거룩한 교회, 가톨릭교회
성구(聖軀)(403)	거룩한 몸, 성골함
성규(聖規)(403)	거룩한 규칙, 완전한 법률
성낭(聖囊)(403)	성체포를 넣는 주머니 (교회의 제의용 물품)
성녀(聖女)(403)	성녀, 거룩한 여인
성당(聖堂)(404)	교회, 경당
성당직이[聖堂直](404)	교회나 경당 관리자
성대(聖帶)(404)	영대
성대(聖臺)(404)	제대
성두(聖櫝)[44](404)	성해, 성유골
성랍(聖蠟)(403)	거룩한 밀랍, 축성된 밀랍, 하느님의 어린양
성로선공(聖路善功)(403)	십자가의 길을 행함
성리(聖理)(404)	거룩한 교리
성리(性理)(404)	사물들의 본성, 속성

44 성독(聖櫝)이 정확한 발음일 것이며, 그 내용도 성해를 넣어두는 유골함으로 보아야 할 것 같다.

성명(聖名)(403)	세례명
성모(聖母)(403)	거룩한 어머니, 즉 동정 마리아
성모경(聖母經)(403)	성모님께 드리는 기도, 천사의 인사, 아베 마리아
성물(聖物)(403)	거룩한 물건, 축성된 물건, 신심 행위를 위한 물건, 가령 십자가, 메달, 상본
성반(聖盤)(403)	(성작의) 성반
성보(聖褓)(403)	(성작의) 보자기
성부(聖父)(403)	아버지, 성삼위의 첫째 위격
성사(聖史)(404)	거룩한 복음서 저자들
성사(聖士)(404)	거룩한 학자들, 교회박사들
성사(聖事)(404)	성사, 거룩한 일들
성사적(聖事蹟)(404)	거룩한 일들의 표지, 즉 성사의 표지
성삼(聖三)(404)	거룩한 삼위일체
성상(聖像)(404)	상본, 거룩한 이미지, 거룩한 형상
성서(聖書)(404)	거룩한 글, 거룩한 책, 경건한 책
성석(聖石)(404)	거룩한 돌, 제대의 돌 (교회 용어)
성세(聖洗)(404)	거룩한 세례
성속(聖俗)(404)	종교와 세속, 종교와 현세, 교회와 세상
성수(聖水)(404)	축성된 물
성수채[聖水鞭](404)	성수 살포기, 성수채
성신(聖神)(404)	성령, 성삼위의 세 번째 위격
성신강림(聖神降臨)(404)	성령께서 내려오심, 오순절
성심(聖心)(404)	(예수나 마리아의) 거룩한 마음
성애(聖愛)(401)	거룩한 사랑
성언(聖言)(401)	거룩한 말씀, 좋은 말
성업(聖業)(401)	거룩한 일, 거룩한 활동
성영(聖嬰)(401)	거룩한 아이, 아기 예수
성영(聖詠)(401)	시편, 성가
성우(聖佑)(401)	거룩한 은총, 거룩한 도우심, 초자연적인 도움 (교회 용어)
성유(聖油)(401)	성유, 축성된 기름 (교회 용어)
성의(聖衣)(401)	거룩한 옷, 즉 스카풀라 (교회 용어)
성의(聖意)(401)	거룩한 의지, 거룩한 생각
성인(聖人)(401)	성인, 거룩한 사람, 복된 사람
성자(聖子)(404)	아들, 성삼위의 두 번째 위격
성작(聖爵)(404)	성작
성작보(聖爵褓)(404)	성작보
성적(聖蹟)(404)	기적, 계시, 전조

성전(聖傳)(404)	(성인들의) 삶에 대한 이야기, 전기, 거룩한 역사책
성전(聖典)(404)	거룩한 규칙, 루브리카, 예식서, 교회법전
성전(聖殿)(404)	경당, 교회
성제(聖祭)(404)	거룩한 제사
성조(聖祖)(405)	거룩한 가장, 족장
성조(聖朝)(405)	거룩한 궁궐, 천상의 궁전.
성주받이[成造異端](405)	술을 적셔서 새 집의 벽에 붙인 종이(그러면 종이가 이 집의 귀신이 됨, 사람들은 귀신에게 제사를 바침), 문 위에 엽전과 쌀을 종이로 싸서 올려놓는 것으로 이루어진 미신
성지(聖地)(404)	축복받은 땅, 거룩한 땅, 묘지
성지(聖枝)(405)	축성된 종려나무 가지
성지주일(聖枝主日)(405)	종려 주일
성찰(省察)하다(405)	양심을 검토함, 양심을 관찰함
성체(聖體)(404)	거룩한 본체, 성체
성촉(聖燭)(405)	축성된 초
성총(聖寵)(405)	은총, 거룩한 사랑
성탄(聖誕)(404)	거룩한 탄생, 예수 성탄
성판(聖板)(403)	성작개 (교회 용어)
성패(聖牌)(403)	(경건한) 메달
성포(聖布)(403)	거룩한 천, 성체포
성품(聖品)(403)	거룩한 품계, 거룩한 지위, 성인들의 지위 또는 명단
성학(聖學)(402)	거룩한 가르침
성해(聖骸)(402)	성인의 유골 (교회 용어)
성현(聖賢)(402)	거룩한 사람, 거룩한 현인
성혈(聖血)(402)	고귀한 피 (교회 용어)
성호(聖號)(402)	거룩한 표시 또는 거룩한 이름, 십자가 표시 (교회 용어)
성황당(城隍堂)(402)	산꼭대기에 있는 길가의 돌무더기 또는 작은 사당, 길의 귀신에 경의를 표하는 것(사람들은 산기슭으로 작은 돌을 가져가서 귀신에게 경의를 표하기 위하여 돌을 그 장소에 놓아두기도 함)
성회(聖會)(402)	거룩한 모임, 거룩한 단체, 교회 (교회 용어)
성회(聖灰)(402)	거룩한 재, 축성된 재
성훈(聖訓)(402)	거룩한 가르침, 경건한 교육
세(洗)(393)	세례 (교회 용어)
세속(世俗)(395)	시대, 세상, 인류, 현세적임
세자(洗者)(395)	세례자 (세례자 요한)
소백의(小白衣)(434)	소백의
소백장의(小白長衣)(434)	소백의
소상(小祥)(435)	고인의 첫 기일(이것은 작은 것이고, 둘째 기일이 큰 것임)

소승(小僧)(435)	작은 승려, 승려들이 다른 사람에게 말할 때 자기를 일컫는 칭호
소재(小齋)(436)	금육재 (교회 용어)
소회죄경(小悔罪經)(431)	간략한 통회의 기도문
속(俗)(431)	세상, 현세, (가톨릭교와 대비해서) 이교(異教, paganisme)
속교(俗教)(432)	현세적인 교리. 교우가 아닌 세속 사람들이 따르는 교단
속례(俗禮)(432)	세속의 관습, 의례, 관례. 시민적인 의례(교우들은 시민적인 결혼 예식을 이렇게 부름)
속법(俗法)(432)	세상의 법률, 이교 법, 세상의 관습
속사(俗事)(432)	현세, 세상, 이교도들의 사무
속세(俗世)(432)	세상
속인(俗人)(431)	세상 또는 세속의 사람, 이교도
속촌(俗村)(433)	이교도들이 사는 마을
속취(俗娶)하다(433)	이교도 결혼식, (홀아비가) 다시 장가듦
속한이[俗漢](431)	승려를 제외한 모든 사람, 평신도, 세속의 사람(승려들은 다른 모든 사람들을 이렇게 부름). 승려가 되었다가 속세로 되돌아가려고 이 직업을 떠난 사람에게 붙이는 명칭
송경(誦經)하다(434)	기도문을 암송함
수계(守誡)하다(439)	종교의 실천, 종교를 실천함, 계명을 지킴, 그리스도인으로서의 의무를 다함
수고지회(受苦之會)(440)	고통 받는 교회, 연옥
수녀(修女)(441)	수녀, 동정녀
수도(修道)하다(446)	세상에서 물러남, 수도자가 됨, 규칙을 준수함, 덕을 닦는 일에 전념함
수련지회(受煉之會)(444)	고통 받는 교회[45]
수사(修士)(445)	수도자, 수도사, 덕을 닦는 일에 전념하는 남자
수세(受洗)하다(445)	세례를 받음
수원(修院)(439)	수도원의 일종, 몇 명이 모여서 공부하거나 일하는 집 (교회 용어)
수의(壽衣)(438)	죽은 이에게 입히는 옷, 부모의 장례를 위하여 미리 준비한 옷
수재(守齋)하다(447)	금육재와 금식재를 지킴
수진(袖珍)(447)	한문으로 된 책, 4권으로 된 그리스도교 서적, 매일과 주일, 연중 축일 등의 기도문들이 들어 있음, 공과(조선말로 번역되기 이전에 있었던 한문책의 제목임)
수할손례(受割損禮)(439)	할례를 받음
술(術)(444)	기술, 실행, 솜씨(대개 나쁜 방향으로 사용함), 가르침, 철학
술법(術法)(445)	기술의 규칙. 주문, 요술, 주술, 마법. 주술적인, 마귀에 의한 작용
술사(術士)(445)	요술사, 주술사
술수(術手)(445)	요술사, 주술사
술업(術業)(444)	기법, 주문, 요술. 주술적인, 마귀에 의한 작용
술자(術者)(445)	요술사, 주술사

45 연옥을 말한다.

숭상(崇尙)하다(443)	열성적으로 존경하고 경배를 바침, (하느님과 같은 존재에게) 크게 충성함, (부처에게) 마음을 쏟음, 존경하여 말하고 크게 공경함
습선(習善)하다(411)	선을 훈련함, 좋은 습관을 행함, 선에 익숙해짐
습속(習俗)(411)	세속의 관습, 뿌리 깊은 습관
습악(習惡)(411)	악, 악한 습관, 나쁜 습관, 뿌리 내린 사악함
승군(僧軍)(410)	승려 군인
승년[女僧](410)	여승
승답(僧畓)(411)	승려들에게 속한 논
승당(僧堂)(411)	여승들의 사찰.
승도(僧道)(411)	승려들의 교리
승도(僧刀)(411)	승려의 칼
승명(僧名)(410)	승려의 이름(처음으로 머리를 깎을 때 이 이름을 받음)
승방(僧房)(410)	여승들의 사찰
승석(僧夕)(410)	승려들의 저녁 식사. 그들이 저녁 식사하는 시간, 즉 해 지기 전
승속(僧俗)(411)	승려와 민가의 남자
승속가이(僧俗可異)(411)	승려와 세속의 남자는 다름
승장(僧長)(411)	승려 군인들의 장군. 사찰의 지도자
승제(承祭)하다(411)	돌아가신 부모에게 제사를 바침
승천(升天)(411)	하늘에 오름, 예수 승천
승천(升天)하다(411)	하늘에 오름
승통(僧統)(411)	승려들의 우두머리, 승려들의 대지도자, 여러 문중을 아우르는 지도급 승려
시묘(侍墓)하다(416)	부모의 무덤을 3년 동안 지킴. 3년 즉 상례의 전 기간 동안 움막에서 고기를 먹지 않고 옷을 갈아입지도 않고 지냄
시사(時祀)(424)	음력 10월에 4대 이상의 조상 가운데 돌아가신 날을 기억하지 못하는 분들에게 바치는 제사
시전(詩傳)(424, 425)	이교도의 책 이름, 옛날 노래로 이루어진 책 이름
시제(時祭)(425)	4대 이상으로 올라가는 조상들에게 경의를 표하기 위하여 음력 10월에 산소에서 드리는 큰 제사
시주(施主)(425)	절에서 부처에게 또는 그곳에 사는 승려에게 선물을 바침, 승려에게 은혜를 베풂
신(信)(417)	믿음, 신뢰
신(神)(417)	영, 영적 속성, 영적인 실재. 영적임, 영적인 속성을 지님. 경이로움
신경(信經)(418)	신앙고백, 사도신경
신공(神功)(418)	경건함의 실천, 영적인 실천, 경건한 행위
신교(新教)(418)	새로운 율법, 신약, 그리스도교 (교회 용어)
신권(神權)(418)	영혼의 권위, 위엄, 영혼의 권능, 영적인 권위
신기(神奇)하다, 신기롭다(418)	경이로움, 놀라움, 찬탄할 만함, 기묘함
신농씨(神農氏)(420)	고대 왕의 이름. 의술을 창시한 중국의 황제
신당(神堂)(420)	파고다, 마귀의 사당

신덕(信德)(420)	믿음의 덕, 믿음
신량(神糧)(419)	영혼의 양식, 영적인 양식
신력(神力)(419)	영혼의 힘, 영적인 힘
신령(神領)하다(419)	영적으로, 정신적으로 받음
신령(神靈)하다(419)	영적임, 영과 관련된 모든 것. 경이로움, 찬탄한 만함
신망애삼덕송(信望愛三德誦)(419)	믿음, 희망, 사랑의 세 가지 덕에 대한 기도문
신명(神命)(419)	영적인 생명
신명초행(神命初行)(419)	두 권으로 된 그리스도교 책 이름, 조선말로 '잘 생각하시오'
신묘(神廟)(419)	귀신들의 집
신문교(新問敎)(419)	예비신자, 신입교우, 새 교우 (교회 용어)
신병(神兵)(419)	영의 병사들, 천사 또는 악마의 병사들
신부(神父)(419)	영적인 아버지, 신부
신사(信士)(420)	신뢰할 만한 사람
신사(神師)(420)	신부, 영적인 지도자
신선(神仙)(420)	되살아나서 상층의 구역에서 사는 사람, 유령, 다른 세상에서 돌아온 영. 불멸성을 획득한 노자 교단의 승려들
신성(神聖)(420)	천사와 성인
신실(信實)하다(420)	올바름, 정당함, 충실함. 자기 말을 지키는 사람. 신뢰할 가치가 있음. 정직함. 충성스러움, 성실함.
신은(神恩)(417)	영적인 은혜
신이(神異)하다(417)	경이로움, 놀라움, 기묘함, 찬탄할 만함
신익(神益)(418)	영혼의 유익함, 공덕, 영적인 유익
신인(信人)(418)	신뢰할 만한 사람, 믿을 만한 사람
신인(神人)(418)	천사와 인간, 영적인 존재와 인간
신자(神子)(420)	영적인 아이
신장(神將)(420)	장군이 된 마귀, 우두머리 마귀. 이교도들이 믿는 마귀나 귀신과 같은 것, 나쁜 사람을 벌주는 일을 함
신전지회(神戰之會)(420)	싸우는 교회[46]
신접(神接)하다(420)	악마에게 사로잡힘
신주(神主)(420)	조상들의 신주. 홈이 있는 작은 널빤지, 그 안쪽에 아버지, 할아버지의 이름을 써놓음, 그곳에 그들의 영혼이 거주함 (미신)
신직(神職)(420)	영적인 직분, 거룩한 직분
신체(神體)(420)	영적인 본체
신축(神祝)하다(421)	구원, 숭배. 존경과 숭상의 표시. 구원함
신친(神親)(421)	대부와 대자 사이, 대부와 대자의 부모 사이의 영적인 혈연관계

46 유혹과 싸우는 지상 교회를 말한다.

신품(神品)(419)	신품(칠성사의 하나), 거룩한 품계, 서품
신형(神形)(418)	영혼과 육체
실교우(實敎友)(422)	참된 교우
심판(審判)(416)	심판(사말의 하나)
십계(十戒)(421)	십계, 하느님의 열 가지 계명
십사처(十四處)(422)	십자가의 길에서 열네 군데 멈추는 곳
십이단(十二端)(421)	열두 가지 기도문(주님의 기도, 성모송 등)
십일조(十一條)(421)	10분의 1세, 십일조
십자가(十字架)(422)	십자가
씻다[洗](424)	씻다, 깨끗이 하다, 청소하다, 정화하다, 닦다, 세례주다
아귀(3)	미신에서 숭배하는 마귀의 이름
악(惡)(2)	악함, 악독함, 사악함
악(惡)하다(3)	악함, 사악함, 타락함, 악독함
악귀(惡鬼)(3)	나쁜 귀신, 악독한 귀신
악덕(惡德)(3)	잘못된 덕
악어(惡語)(2)	나쁜 말
악언(惡言)(2)	저주하는 말, 비방하는 말
악욕(惡慾)(3)	나쁜 욕망, 나쁜 욕구, 나쁜 열정
악을 하다[爲惡](2)	악독한 짓이나 나쁜 행위를 함. 악독함, 나쁨, 사악함
악행(惡行)하다(3)	나쁜 행실을 행함
안지그리스도(7)	반(反)그리스도
알성(謁聖)하다(9)	위대한 인물의 사당을 방문함. 과거 시험에 합격하고 나서 공자에게 바치는 제사
앙천축수(仰天祝手)하다(8)	하늘을 올려다보고 떨면서 간청함. 하늘을 올려다보고 머리를 숙이면서 두 손을 비비는 것(조선의 이교도들이 기도하는 방식)
애긍(哀矜)(16)	동냥, 자선 사업
양능(良能)(270)	이성, 지성, 정신, 용기, 힘, 재간, 능력
양례(襄禮)(14)	장례 예절
양심(良心)(271)	이성, 지성, 정신, 마음, 양심
양지(良志)(271)	이성, 지성, 정신, 선한 의지, 선한 마음, 선한 의도
양학(洋學)(13)	서양의 교리, 그리스도교
업구렁이[業蟒](21)	뱀. 집을 지키는 귀신
여교우(女敎友)(276)	여자 그리스도인
여복사(女服事)(280)	여자 복사, 하녀
연령(煉靈)(278)	연옥의 영혼
연미사(煉彌撒)(278)	연옥 영혼을 위한 미사
연옥(煉獄)(277)	연옥

연죄(煉罪)(279)	자신의 죄를 정화함, 과오를 속죄함, 잘못을 고침
열교(裂教)(280)	이단(異端), 이교(離教)
열세(熱洗)(30, 281)	열망의 세례 (교회 용어)
열입성품(列入聖品)하다(280)	성인 명단, 순교록. 시성됨, 성인의 반열에 들어감
염경(念經)하다(277)	소리를 내서 하는 기도들, 그 기도문을 암송함. 기도함, 기도문을 암송함, 성무일도를 바침
염라대왕(閻羅大王)(277)	지옥과 죽은 자들의 대왕, 시종을 보내어 죽은 자의 영혼을 데려 오도록 함(승려들의 교리)
염불(念佛)(28)	승려들의 가창, 승려들의 기도
염불(念佛)하다(277)	기도함(승려들에 대해서만 쓰는 말)
염주(念珠)(277)	묵주
영(靈 또는 灵)(279)	영혼
영감(靈感)스럽다(279)	주술사, 점쟁이가 됨. 경이로움, 초자연적임
영경(鈴經)(279)	기도를 시작함, 기도의 영창
영경자(鈴經者)(279)	독서자. 기도를 주재하는 사람, 노래를 시작하고 이끌어 나감
영광경(榮光經)(29)	'영광이 성부와~' 영광송
영도(永道)(29)	영원과 교리. 영원의 교리
영물(灵物)(279)	불멸의 직관(거의 영적인 것). 지능을 갖춘 존재(통찰력을 보여주는 동물들을 가리킴)
영벌(永罰)(29)	영원한 벌
영별(靈別)하다(279)	영을 가짐, 지능을 가짐, 명민함, 기지가 뛰어남, 영적임
영복(永福)(29)	영광과 행복. (하늘에서 성인들의) 영광스러운 찬미. 영원한 행복
영복경(榮福經)(29)	'하늘 높은 데서는 하느님께 영광 ~', 미사의 대영광송
영성(靈性)(280)	영혼과 영, 영혼과 자연
영성체(領聖體)하다(280)	성체를 영함, 성체성사를 받음
영세(領洗)하다(279)	세례를 받음
영승지회(永勝之會)(29)	승리한 교회[47]
영신(靈神)(280)	영혼, 영
영이지지(靈而知之)(279)	직관, 계시된 앎. 선견지명이 있음, 혜안이 있음, 현명함
영정첨례(永定瞻禮)(29)	이동하지 않는 고정 축일
영적(靈迹)(280)	기적
영험(靈驗)(279)	더 나은 점, 이득. 좋은 효력, 계시, 영적인 효험, 기적
영혼(靈魂)(279)	(인간의) 영혼
예(禮)(276)	예절바름, 정중함, 예법, 예의, 의례, 예식
예규(禮規)(276)	루브리카(전례법규), 의례, 예식
예도(禮道)(276)	루브리카(전례법규), 의례, 예식

47 천국을 말한다.

예수[耶蘇](26)	예수
예언(預言)(26)	예언, 사전에 미리 말해진 것
예의(禮義)(276)	정당하고 이치에 맞는 의례
예절(禮節)(276)	예식, 의례
예절책(禮節冊)(276)	의례서, 예식서
오륜(五倫)(57)	다섯 가지 법규 같은 것. 모든 사회의 필수적인 기초가 되는 다섯 가지 자연스러운 관계. 아버지와 아들 사이의 자애(부자유친), 왕과 신하 사이의 정의(군신유의), 부부 사이의 구별, 즉 아내의 복종(부부유변),[48] 노인과 젊은이 사이의 순서와 존경(장유유서), 친구 사이의 신뢰(붕우유신)
오상(五常)(57)	사회의 토대가 되는 다섯 가지 중심적인 덕목. (잘 쓰지 않는 말) = 오륜
옥황상제(玉皇上帝)(53)	이교도신의이름. 공자의라이벌이자송나라사람이었던노공을가리킴, 그는의종에의해서신의반열에들었음
외교(外教)(50)	이교도들. 이교(異教)
외교인(外教人)(50)	이교도
외술(外術)(51)	이상한 교리. 사기, 요술, 주술 등. 공자의 교리와 상반되거나, 공자의 교리 바깥에 있는 모든 것
요리문답(要理問答)(61)	묻고 답하는 형식으로 된 교리의 핵심, 말하자면 교리문답서
요술(妖術)(61)	사기꾼, 주술사, 마법사. 요술, 사기
요지(瑤池)(61)	진주호수. 열락의장소. 신선이사는조선인들의낙원
운감하다[欽饗](67)	조상들을 공경하여 차린 음식들의 향기를 맡음, 음미함(귀신들에 대해서 말하는 것임), (죽은 자의 영혼이) 제사의 향기를 음미함[49]
운명(殞命)하다(67)	숨을 거둠, 돌아가심
원귀(寃鬼)(62)	적대적인 악마, 악의를 품은 마귀
원조(原祖)(63)	첫 인간(인류의 아버지). 최초의 조상
원죄(原罪)(63)	원죄
원혼(寃魂)(62)	고통당하는 영혼. 죽을 때에 큰 고통으로 호흡 곤란을 느낌
월궁선녀(月宮仙女)(63)	옛날에 아름답기로 유명했던 여인의 이름, 달에서 왔다고 함
월궁항하(月宮恒娥)(63)	달에 사는 여인의 이름, 잘못을 저질러 하늘에서 유배된 것임
위판(位板)(65)	부모의 관으로 쓰일 널빤지
위패(位牌)(65)	조상들의 미신적인 신주. 각 지방마다 보관된 왕의 신주인데, 관리들이 음력 초하루와 보름날 여기에 경배함
유교(儒教)(71)	공자의 교리, 유학자들의 교리. 공자의 철학
유다스[茹答斯](74)	유다의 조선식 이름. 배신자, 다른 교우들을 배반하여 넘겨준 교우를 가리킴
유도(儒道)(74)	공자의 교리, 공자와 유학자들의 교리
유림(儒林)(73)	공자의 신봉자들. 유학자들
윤회(輪回)(295)	윤회, 또는 차라리 (승려들에 따르면) 어떤 존재가 연속적으로 겪게 되는 이행의 순환

48 부부유별의 한글이 잘못 적여 있다.

49 운감(殞感)의 한자가 빠져 있다. 그리고 흠향(歆饗)의 한자도 잘못 되어 있다.

은수(隱修)(35)	은둔자, 은수자
은총(恩寵)(35)	은총, 큰 축복
음복(飮福)하다(34)	제사에서 상 위에 바친 술로서, 죽은 사람의 후손들만이 그것을 마실 권리가 있음. 제사에서 바친 것이어서 행복을 가져다준다고 여겨지는 술을 마심
음양(陰陽)(33)	짝수와 홀수. 달과 태양. 그늘과 빛. 여성과 남성. 마니교와 아주 흡사한 체계를 따르는 모든 사물의 원리. '홍몽'을 볼 것
이교(異敎)(38)	이교. 그 나라에 중요하게 여기는 교리가 아닌 다른 모든 교리(가령 이교 나라에서는 가톨릭교가 이교가 됨) 이상한 교리, 이단
이기(理氣)(284)	이치와 기운(창조의 원리이며, 모든 사물의 원리)
이단(異端)(46)	미신, 미신 행위
이단으로 면박하다(234)	미신으로 비난함
인제(人祭)(40)	사람을 바치는 제사(옛날에 조선에서는, 특히 장산에서 자주 행했음, 사람의 목을 자른 다음에 바다에 던졌음)
인호(印號)(39)	성사의 표시
입교(入敎)하다(41)	종교에 들어감. 교우가 됨. 종교를 실천하기 시작함
자헌(自獻)하다(539)	~에 자신을 바침 ,스스로 봉헌물이 됨
잠벌(暫罰)(525)	일시적인 처벌, 잠깐 동안 지속되는 벌
잡술(雜術)(528)	사악한 술법, 신비술, 요술, 주술
잡신(雜神)(528)	꼬마 악마, 나쁜 귀신
장궤(長跪)하다(533)	무릎을 꿇음, 무릎으로 몸을 곧게 세움, 무릎을 대고 똑바로 섬
장림(將臨)(534)	대림, 대림시기
장림수주일(將臨首主日)(534)	대림 첫 주일
장백의(長白衣)(533)	장백의 (교회 복식)
장승[堠](534)	길가에 세워둔 나무로 만든 사람, 거리를 나타내는 기둥, 나무로 만든 군사적인 경계표로서 거칠게 사람의 형태를 취하고 있는 것
장의(掌議)(532)	직위의 이름, 공자 사당의 관리인. = 재임
재가승(在家僧)(537)	결혼해서 가족과 함께 사는 승려. 불교에 몹시 헌신적인 남자
재계(齋戒)(537)	고기를 절제하거나 먹지 않음. 금육재를 지킴. 금식재를 지킴
재공(537)	부처에게 바치는 제사[50]
재극(齋克)(537)	소재를 지키는 데 익숙해짐. 금식하며 고행함
재소(齋素)(538)	고기를 절제함. 금육과 금식
재수(財數)(538)	행운, 부자가 되는 행운
재수(在數)하다(538)	운명(임), '이것은 운명이다 (미신)', '이것은 섭리다(그리스도교)'
재일(齋日)(536)	금육재와 금식재를 하는 날
재임(齋任)(536)	공자 신봉자들의 우두머리, 공자에게 바치는 제사를 주재하는 양반

50 재공양(齋供養)을 가리키는 것 같다.

재제(才齊)하다(538)	다스림, 창조하고 다스림 (교회 용어)
저승[地獄](554)	죽은 사람의 영혼이 가는 곳, 승려들이 말하는 지옥
저주(咀呪)다(555)	투덜거림, 중얼거림
저주하다[呪罵](476)	저주, 누군가에 대해서 불행을 기원함
전교(傳敎)하다(547)	(선교사가) 복음을 전함, 선교함, 교우들에게 성사를 거행함, 종교를 전파함
전구(轉求)(547)	중재, ~를 위한 기도, 호평
전구(轉求)하다(474, 547)	~를 위하여 전구함, 기도함, 변론함, 대신 간청하여 기도함
전사(全赦)(547)	전대사
전지(全知)하다(548)	전지, (하느님께서) 모든 것을 아심
절[寺](551)	파고다, 부처의 사원, 사찰
점(占)(474)	운수, 예언, 운세 (미신)
점돈[占錢](474)	미신을 위한 돈, 미신에 쓰이는 엽전
점장이[占客](474)	점쟁이, 운수를 예언해주는 사람, 주술사, 요술사
점치다[占](474)	운수를 점침, 미래를 알아맞힘, 예언함, 숨겨진 사물을 알아맞힘, 요술사가 됨
점치이다(474)	운수를 점치게 함
접마(接魔)하다(551)	악마에게 붙들림, 악마에게 사로잡힘
접사(接邪)하다(551)	주술사. 주술을 행함. 마귀와 연결된 요술사. 마귀와 어울림
정감록(鄭鑑錄)(549)	500년 전 조선에서 살았던 정감의 예언서(이 책들이 다시 명성을 얻고 있음)
정도(正道)(550)	이성에 따른 참되고 바른 교리
정리(正理)(549)	참된 교리, 바른 이성에 따른 참되고 정당한 교리
제(祭)(542)	제사, 번제
제(祭)하다(543)	제사를 드림, 제사를 바침, 제사함
제관(祭官(543)	제사장. 왕의이름으로제사를바치는관리. 특별한 존재들의 제사를 주재하는 사람. 제사의고관
제기(祭器)(543)	봉헌물이나 봉헌한 희생물의 고기를 올려놓을 때 쓰는 제사용 그릇
제대(祭臺)(544)	제단
제례(祭禮)(544)	제사의 예절, 제사
제문(祭文)(543)	돌아가신 부모에게 제사를 드리면서 고인에게 바치는 추도사, 인사말
제물(祭物)(543)	제사의 재료, 제사에서 바치는 물건, 제사에서 사용하는 물건
제미(祭米)(543)	제사용 쌀, 껍질을 벗긴 아주 좋은 쌀
제반(祭飯)(543)	제사에서 바치는 밥
제병(祭餠)(543)	제사에서 바치는 제사용 과자. 면병, 제대 빵
제복(祭服)(543)	제사용 의복 (이교도 용어)
제사(祭祀)(544)	제사, 제사드림, 제사를 거행함 (이교도 용어이자 교회 용어)
제상(祭床)(544)	제사용 탁자 (이교도 용어)
제석(祭席)(544)	제사용 돗자리
제석항하리[異端缸](544)	약간의 쌀을 담아서 마귀에게 바치는 항아리, 집을 부유하게 만들어 달라는 것

제성영해치명(諸聖嬰孩致命)(554)	죄 없는 성인들(의 축일)[51]
제성첨례(諸聖瞻禮)(554)	모든 성인들의 축일
제성통공(諸聖通功)(554)	성인들의 통공
제의(祭衣)(543)	제사용 옷, 예복, 도구. 미사용 상제의(上祭衣)
제지내다[奉祭](544)	제사드림, 제사를 거행함, 제사를 바침, 제사를 올림
제청(祭廳)(544)	돌아가신 부모의 신주를 돌아가신 날부터 3년 동안 모셔두는 집이나 방. (미신) 무덤 앞에 제사를 지내기 위하여 설치한 움막
제편(祭鯿)(543)	제사에서 바치는 제사용 떡
제품(祭品)(544)	제사의 물건
제향(祭享)(543)	왕이 드리는 제사, 왕의 이름으로 공자에게 바치는 제사
제향(祭香)(543)	귀신이 먹이로 삼는 제사의 향기
제헌(祭獻)하다(543)	제사를 바침, 제사에서 봉헌을 함, 바침
조과(早課)(570)	아침 기도
조당(阻擋)(574)	장애, 지장, 반대
조만과(早晩課)(570)	아침 기도와 저녁 기도
조물(造物)하다(570)	(하느님께서) 창조하심
조물주(造物主)(571)	창조주, 창조주 하느님
조배(朝拜)하다(498)	(하느님 또는 왕에게) 인사함, 몸을 숙임, 엎드림
조찰하다[潔淨](574)	고유한, 깨끗한, 순수한, 정결한[52]
조화(造化)하다(498)	창조함
졸곡(卒哭)(573)	장례식 5~6일 후에 울음과 곡소리와 탄식을 그침 (미신)
종도(宗徒)(572)	사도
종도신경(宗徒信經)(572)	사도신경
종묘(宗廟)(576)	돌아가신 왕의 사당
종부(終傅)(576)	마지막 기름부음 (교회 용어)
죄악(罪惡)(569)	죄, 수치스럽고 나쁜 행동, 죄의 악의
죄인(罪人)(569)	죄인, 범인. 조선의 교우들이 선교사 앞에서 쓰는 호칭, '불쌍한 죄인'
죄종(罪宗)(570)	중대한 죄
주교(主敎)(582)	주교, 고위 성직자, 대목구장 (교회 용어)
주당(主堂)(588)	하느님의 집, 교회, 성당 (교회 용어)
주명(主命)(583)	하느님의 명령, 하느님의 뜻, 거룩한 명령

51 무죄한 어린이들의 순교 축일이다.

52 발음은 같으나, 한자어가 다른 용어들이 있다. 위의 표제어는 조선시대에 사용되던 고유어로서, "사정이나 형편 따위를 비추어 보아 잘잘못을 살핌"을 뜻하는 조찰(照察)이나 "죄를 씻고 닦음"을 의미하는 조찰(澡擦)과는 다른 뜻을 지닌 낱말이다.

주모(主母)(583)	하느님의 어머니, 지극히 거룩하신 동정 마리아
주모경(主母經)(583)	주님의 기도와 성모송
주보(主保)(586)	주보, 수호자, 보호자 (교회 용어)
주성(主性)(587)	신의 본성[53] (교회 용어)
주수병(酒水瓶)(588)	술과 물을 담는 작은 병, 미사용 포도주병과 물병 (교회 용어)
주역(周易)(582)	공자의 저술로 간주되는 한문책 이름
주은(主恩)(582)	하느님의 은혜
주일(主日)(582)	주님의 날, 일요일
주제(主祭)(588)	제사장, 사제
주훈(主訓)(582)	하느님의 계시, 하느님의 가르침
중[僧](581)	승려
중년[女僧](581)	불교 교단의 여자 승려
중놈[男僧](581)	불교 교단의 남자 승려
중속한이[退俗漢](581)	절을 떠나서 세속으로 돌아온 승려, 일반인으로 돌아온 승려
지관(地官)(482)	땅을 관찰하는 사람(Géoscope). 묘를 쓰기에 좋은 장소를 지적해주는 직업을 가진 사람(이 일을 하기 위해서 나침반을 사용함)
지당(地堂)(483)	지상의 낙원
지리(地理)(483)	땅의 성질과 외관, 어떤 장소의 운수, 운수가 좋은 장소(무덤) (미신)
지방(紙方)(564)	가난한사람들이신주또는목패를대신하여사용하는종이[54]
지사(地師)(483)	땅을 관찰하는 사람
지석(誌石)(483)	죽은 사람의 성과 이름, 죽을 때 나이, 죽은 해 등을 적은 돌, 무덤 속에 시신과 함께 안치함
지술(地術)(483)	땅을 관찰하는 일
지술하다(483)	묘를 쓰기에 좋은 장소를 지적해주는 직업을 행함
지옥(地獄)(482)	땅속의 감옥. 지옥(사말의 하나)
지의용절(知義勇節)(558)	지혜, 정의, 용기, 절도. 사추덕 (교회 용어)
진교(眞敎)(562)	참된 교리(가톨릭교)
진교(進教)하다(562)	그리스도교를 받아들임, 교우가 됨
진도(眞道)(563)	참된 교리, 진실한 교리
진리(眞理)(563)	참된 교리, 참된 이치
진복(眞福)(563)	참된 행복, 하늘의 복
진복팔단(眞福八端)(563)	여덟 가지 참된 행복
진속(塵俗)(563)	이 세상, 세속, 덧없는 현세

53 천주성(天主性)과 동의어이다.

54 지방(紙榜)의 한자가 잘못 되어 있다.

진언(嗔諺)(562)	주술사들의 주문, 주술사들이 주술을 쓸 때 암송하는 말, 주술사들이 망령 따위를 불러내는 일[55]
차부제(次副祭)(593)	(내림 순으로) 세 번째 등급의 제사. 차부제. 세 번째 등급의 제사장
찬류(竄流)(591)	유배를 떠남. 유배지. 유배되어 있음
찬미(讚美)하다(591)	찬양함, 찬탄함, 현양함, 찬미함
찬송(讚誦)하다(591)	찬양함, 찬탄함, 현양함, 설교함
찬양(讚揚)하다(591)	찬양함, 찬송을 드림, 찬탄함. 지극히 거룩한 성사의 축복
찰고(察考)하다(593)	(교리문답의) 시험을 치름
참례(參禮)하다(591)	(미사에) 참여함, 참가함, 출석함, 나아감. 협력함, 참석함
참사(參祀)하다(591)	제사에 참석함, 참여함
창미사(唱彌撒)(594)	대미사, 노래로 바치는 미사
척사문(擲邪文)(596)	미신과 싸우기 위한 글. 백성들이 나쁜 교리를 받아들이지 못하도록 하기 위한 공문, 조선에서 가톨릭교에 반대하는 소책자의 이름[56]
척죄정규(滌罪正規)(512)	자신이 저지른 잘못을 용서받기 위한 지침(그리스도교 책 이름). 죄를 소멸시키는 올바른 방법(종교 책 이름)
천(天)(513)	하늘
천국(天國)(513)	하늘의 왕국
천노(天怒)(513)	하늘의 노함
천당(天堂)(513)	낙원, 하늘(사말의 하나)
천로(天路)(513)	하늘로 가는 여정, 하늘로 가는 길 (교회 용어)
천명(天命)(513)	하늘의 명령
천복(天福)(513)	하늘의 복락
천상(天上)(513)	하늘 위, 하늘
천상(天賞)(513)	하늘이 내리는 상급
천신(天神)(513)	천상의 영, 천사
천신구품(天神九品)(513)	천사들의 아홉 등급
천은(天恩)(513)	하늘의 은혜
천의(天意)(513)	하늘의 뜻, 하늘의 계획, 하늘의 의지
천장(遷葬)하다(598)	다른 곳으로 옮기기 위하여 관을 파냄, 두 번째 매장을 함
천주(天主)(513)	하늘의 주인, 하느님
천주경(天主經)(514)	하늘의 주인에게 드리는 기도, 주님의 기도. '하늘에 계신 우리 아버지~'
천주성(天主性)(514)	하느님의 본질, 하느님의 본성

55 불교에서 사용하는 진언(眞言)의 한자와는 다르다. 위에 표기된 진언(嗔諺; 성을 내는 속된 말)이 어디에 근거한 한자인지는 알 수 없다.

56 조선에서 사용하던 용어는 척사문(斥邪文)이었다. 선교사들은 이 낱말의 정확한 한자어를 알지 못하는 상태에서 뜻으로만 풀었던 것으로 보인다.

천주악(天主惡)(513)	이교도들이 교우들을 가리킬 때 사용하는 모욕적인 명칭
천주학(天主學)(514)	신학, 하느님에 대한 학문, 그리스도교
천주학문(天主學文)(514)	신학, 가톨릭교를 다루는 글 또는 책
첨례(瞻禮)(596)	축일, 기도, 종교 축제, 휴일
초성(超性)하다(609)	초자연적임 (교회 용어)
총고해(總告解)(606)	총고해 (교회 용어)
총교(寵敎)(608)	은총의 율법, 사랑의 율법, 가톨릭교 (교회 용어)
총령천신(總領天神)(606)	대천사, 천사들의 대장, 즉 미카엘 천사 (교회 용어)
총섭(總攝)(606)	승려들의 지도자
추덕(樞德)(615)	사추덕, 중심이 되는 덕
추사이망(追思已亡)(614)	죽은 이들을 위한 축일. 돌아가신 분들을 기억하여 추도함
축(祝)(610)	기도문
축귀(逐鬼)하다(611)	귀신, 마귀를 쫓아냄
축마(逐魔)하다(611)	마귀를 쫓아냄
축문(祝文)(611)	기도문, 식전 및 식후기도, 식사기도와 (식후의) 감사기도
축사(逐邪)하다(611)	나쁜 영을 쫓아냄
축성(祝聖)하다(611)	축복함, 죄를 사함, 축성함, 봉헌함
축수(祝手)하다(611)	손을 비비며 기도함, 하늘에 기도함
축수(祝數)하다(611)	행운이나 성공을 간청함 (이교 용어)
축원(祝願)하다(611)	바라는 것을 실현할 수 있도록 청함, 원하는 것을 얻도록 기도함
축지법(縮地法)(611)	땅을 주름잡는 기교, 말하자면 마음대로 공간을 줄이거나 늘이는 기법(주술). 걸어가는 수고를 면하기 위하여 손으로 땅을 붙잡아서, 가려고 하는 장소가 지나갈 때까지 돌리는 주술사의 기법
춘계소재(春季小齋)(611)	봄의 사계(사순 제1주일) 때에 행하는 소재
취결례(取潔禮)(610)	동정 성모의 정결 (축일), 출산 후 산부의 축성 예식, 주님 봉헌 축일
치명(致命)하다(601)	순교자, 순교자가 됨, ~을 위하여 죽음, 순교의 고통을 당함, 목숨을 바침
치제(致祭)하다(604)	나라를 위해서 헌신하였던 고인의 가족들이 제사를 드리는 데 쓰도록 왕이 보내는 선물, 왕의 명령에 따라서 왕의 이름으로 바치는 장엄한 제사
친구(親口)하다(602)	입맞춤, 입술을 갖다 댐, 껴안음
친기(親忌)(602)	아버지나 어머니, 부모가 돌아가신 기일
칠극(七克)(603)	칠죄종에 대응하는 일곱 가지 덕목, 일곱 가지 고행, 이것을 다룬 책 이름
칠성사(七聖事)(604)	일곱 가지 성사들
칠성판(七星板)(604)	시신을 나르는 데 사용하는 가벼운 널빤지
칠죄종(七罪宗)(604)	일곱 가지 중대한 죄
탁덕(鐸德)(506)	종(鍾)의 덕, 덕을 권하는 사람, 신부
탈상(脫喪)하다(509)	아버지나 어머니의 상을 벗음
탈속(脫俗)하다(509)	세속에서 물러남, 속세를 떠남

태극(太極)(505)	세계 창조 이전부터 존재했던 첫 번째 물질, 카오스(중국의 우주생성론에서 보자면 세계의 세 번째 시기임, 원초적인 힘인 무극에서 생겨난 충일을 가리킴) '홍몽'을 볼 것
태주년[巫女](510)	여자 주술사, 각 가정을 찾아가서 미신을 행하는 여자[57]
택일(擇日)하다(510)	날을 선택함 (미신)
터주[基主](512)	집이 세워진 장소의 귀신 (미신)
터주항(垈主缸)(512)	장소의 귀신에게 바치는 쌀을 담은 토기
통경(通經)하다(518)	공동으로 함께 기도문을 암송함, 함께 기도를 바침
통고(痛苦)하다(518)	고통, 비탄, 아픔을 함께 함, 괴로워함, 고통스러워함
통공(通功)하다(518)	공로를 서로 나눔, 공로를 공유함
통도사(通道寺)(519)	경상도와 전라도 사이에 있는 큰 사찰, 불교 서적이 많이 있음
통마지죄(通魔之罪)(518)	저주, 어떤 형상이나 그림을 찔러서 그것이 나타내는 사람을 고통스럽게 하려는 주술적인 작용
통신(通神)하다(519)	마귀와 접촉함. 주술사가 됨
통화색(通貨色)하다(518)	재물과 여자를 공유함(무례한 이교도들이 교우들에게 가한 모욕적인 말)
통회(痛悔)(518)	고통과 뉘우침, 회개, 가책
통회(痛悔)하다(518)	후회함, 뉘우침
퇴속(退俗)(517)	세속으로 돌아와서 일반인처럼 부부생활을 하며 사는 승려. 속세로 돌아옴
투장(偸葬)하다(522)	무덤을 훔침, 다른 사람의 무덤이 있는 산에 몰래 매장함
특은(特恩)(515)	특별한 은혜
파공(罷工)하다(351)	의무 축일에 노동을 하지 않음 (교회 용어)
파묘(破墓)하다(352)	시신을 파냄, 무덤을 발굴함, 무덤 장소를 변경함, 관을 다른 장소에 묻으러 감
파사(破寺)(355)	파괴되어 버려진 절
파일(罷日)(351)	불길한 날, 음력 5일, 15일, 25일 (미신)
판공(判功)하다(352)	성사를 받음, 고해를 함 (교회 용어)
판공주다[許判功](352)	성사를 줌, 고해를 들음
판도방(判道房)(353)	승려들이 수행하는 큰 방(외부 방문객을 위한 침실, 식당, 응접실로도 사용됨)
판신공(判神功)(352)	성사를 받음, 성사를 집전함
팔괘(八卦)(353)	이어진 또는 완전한 선, 그리고 끊어진 또는 불완전한 선, 두 가지로 이루어진 도식. 끊어지거나 이어진 세 개의 선으로 구성된 여덟 가지 도식을 팔각형으로 배열한 것. 각기 다른 조합으로 자연에서 일어나는 변화들을 나타냄. 이것은 중국의 첫 번째 황제인 복희의 발명품으로 여겨짐. 복희는 철학적 사색의 도구로 쓰기 위하여 팔괘를 구상하였음. 점쟁이들이 운세를 뽑을 때 이외에는 더 이상 거의 사용되지 않음
팔자(八字)(354)	(연월일시, 각 두 자씩) 여덟 자. 현세에서의 행운을 보장하는 여덟 가지 요소(태어난 연월일시 그리고 생사복덕)(태어날 때 이 모든 것을 가지고 나온다고 함. 점성술에서 따져보는 것 역시 팔자임)

57 『표준국어대사전』에는 '태주' 항목을 다음과 같이 풀이하였다. "마마를 앓다가 죽은 어린 계집아이의 귀신. 다른 여자에게 신이 내려서 길흉화복(吉凶禍福)을 말하고, 온갖 것을 잘 알아맞힌다고 함. ≒명도(明圖), 명도귀, 명두(明斗), 태자귀."

패수(怕羞)하다(351)	수치심 때문에 몸을 숨김 (교회 용어)
편태(鞭笞)(359)	채찍질하는 채찍, 막대, 채찍질함 (교회 용어)
풍수(風水)(365)	바람과 물, 행복의 바람, 영향을 미치는 좋거나 나쁜 기운(집을 짓거나 묘를 쓰는 데 적합한 장소를 고르는 미신)
피정(避靜)하다(362)	은둔하는 실천을 행함, 물러남, 피정함 (교회 용어)
하도낙서(河圖洛書)(81)	어떤 거북이가 신농씨라는 중국의 왕에게 갖다 준 신성한 책의 이름. 그 책에는 팔괘와 수리학(數理學)이 실려 있었음
하등통회(下等痛悔)(81)	불완전한 회개, 낮은 등급의 회개
학(學)(75)	교리, 가르침, 종파, 교육
학당(學堂)(76)	학교, 소신학교, 대신학교, 고등학교, 교육하는 집. 공자의 파고다
학행(學行)하다(75)	공자의 교리. 예의바름, 점잖음, 아름다운 행실, 품행. 예를 들면 현자(賢者)의 행실로서, 언제나 멋지고 큰 옷을 입고, 모든 행동을 무겁게 천천히 절도 있게 행하며, 문장을 지어서 말하는 등, 매사에 공자와 맹자를 본받고자 노력함. '산림'을 볼 것
할손례(割損禮)(80)	할례
항덕(恒德)(87)	항구한 덕, 확고부동한 덕
해상(解喪)하다(86)	상(喪)을 끝냄
해죄(解罪)하다(86)	죄를 용서함
해죄경(解罪經)(86)	죄를 용서함, 죄를 용서하는 기도문
행공(行工)하다(84)	종교를 실천하기 시작함
행상(行喪)(85)	관을 나르는 데 사용하는 들것, 장례식의 행렬
향교(鄕校)(82)	각 고을마다 있는 공자의 사당
향주(向主)하다(82)	하느님을 향하여 바라봄, 하느님에게로 서둘러 감, 하느님을 향하여 몸을 돌림. 생각을 하느님에게로 들어 올림
허배(虛拜)하다(90)	헛된 계율이나 미신에 굴종함, 헛되고 무망한 인사 말하자면 부모의 시신이나 신주 앞에서 엎드리는 것
허원(許願)하다(88)	서약함, 맹세함, 헌신함, 어떤 것을 약속함
헌당첨례(獻堂瞻禮)(90)	우리 주님의 봉헌 축일
헌병(獻餠)(90)	미사에서 제병을 봉헌함(빵과 포도주의 봉헌)
헌작(獻酌)(90)	미사에서 성작을 봉헌함
현고학생(顯考學生)(92)	무덤으로 가지고 가는 붉은 색의 깃발에 쓴 글씨. 돌아가신 부모에게 부여된 칭호로서, 신주 위에도 새김
현성용(顯聖容)(93)	우리 주님의 거룩한 변모
혈세(血洗)(95)	피의 세례, 즉 순교
혈식(血食)하다(95)	(가령 위대한 인물의 초상 앞에) 제사를 바침, 희생물의 피를 바침
호상(護喪)(114)	관을 지키는 사람, 보호자, 장례식에서 예식들을 이끄는 사람
호수천신(護守天神)(114)	수호천사
혼(魂)(110)	영혼
혼교(魂轎)(110)	영혼을 나르는 데 사용하는 의자. 고인의 신주를 장지로 옮겼다가 나중에 도로 가져올 목적으로 신주를 놓아두는 의자

혼배보례(婚配補禮)(110)	혼배 예절의 보충
혼백(魂魄)(110)	일반적으로 영혼. 신주 또는 하얀색 종이 같은 것으로, 그 위에 글씨가 적혀 있는데, 고인의 영혼이 거주한다고 여겨짐 (이교 용어)
혼호(魂號)(110)	한자로 된 (영혼의) 이름
홍몽(鴻濛)(111)	중국의 우주생성론에서 홍몽은 카오스이며, 근원적인 힘을 의미하는 무극을 낳음. 무극은 충일함을 뜻하는 태극을 생성시킴. 태극은 그늘과 빛, 남성 원리와 여성 원리를 가리키는 음양을 낳음. 음양은 네 가지 중심 요소를 뜻하는 사생[58] 을 낳고, 사생에서 천지가 나옴
화랑이[覡](104)	광대, 주술사 따위. 무당의 남편
화장(火葬)(105)	시신을 불태워서, 고인의 몸이 재로 돌아가게 함
환생(還生)하다(101)	변신, 윤회, 윤회에 의해서 다시 살아남
환술(幻術)(101)	사기꾼, 주술사, 마법사, 요술, 사기
활동첨례(活動瞻禮)(104)	날짜를 옮길 수 있는 이동축일들
회(會)(106)	의회, 연합, 평신도회, 회합, 협회, 시노드, 공의회, 단체
회개(悔改)하다(106)	개종함, 뉘우쳐서 고침. 정신을 차리고 행실을 바로잡음
회과자책(悔過自責)하다(106)	잘못을 바로잡고 고행을 함. 자기 자신을 개선함
회두(回頭)하다(108)	개종, 변경, 개종함
회우(會友)(106)	동료, 회원, 수도회원, 벗, 단체의 동지, 단체의 구성원
회장(會長)(108)	종교와 관련하여 말하자면 교리교사, 교우촌의 우두머리
회장(會葬)하다(108)	장례식을 치르기 위하여 모임
회죄경(悔罪經)(108)	죄를 뉘우치는 기도문
회회(回回)(106)	돌아온 사람들, 즉 마호멧 교도를 가리킴. 그렇게 불리는 첫째 이유는 그들이 윤회를 믿기 때문이며, 둘째 이유는 그들의 조상이 위구르[回紇] 족이기 때문임

58 사상(四象, 음양에서 나온 태양, 태음, 소양, 소음)을 잘못 적은 것으로 보인다.

이개어사전으로 본 문화번역*

『한불자전』(1880)의 뜻풀이를 중심으로

이은령

1. 서론

이 글은 이개어사전의 뜻풀이를 대상으로 문화번역의 입장에서 언어 간 접촉과 소통이 이루어지는 양상을 고찰해 보고자 하는 시도로 이루어졌으며 현재 진행형의 연구이다. 이개어사전의 뜻풀이를 번역의 관점에서 살펴보고자 하는 시도는 물론 그리 새로운 것은 아니다. 왜냐하면, 이개어사전은 두 언어 간 어휘의 대응이 목록화된 것이기에 번역의 문제는 이미 이개어사전에 내재한 것이라고 하겠다. 특히, 한국어 어휘 사전이 없었던 19세기 말엽에 프랑스 선교사(F. C. Ridel)에 의해 출판된 『한불자전』은 한국어와 프랑스어의 이개어사전이지만, 사전의 본문 곳곳에서도 드러나듯이 한자와 프랑스어, 그리고 라틴어 및 영어라는 다언어 환경에서 집필된 텍스트이다. 그런데 그동안의 연구는 번역 그 자

* 이 글은 『코기토』 70집(2011)에 실렸던 원고를 수정 · 보완하여 전재한다.

체의 문제보다는 오히려 최초의 이개어사전으로서 한국어 어휘의미 기술이 당시의 언어현실을 어떻게 반영하는가 하는 문제나, 표제어에 드러난 서양의 근대적 개념과 그것의 번역 문제에 더욱 집중해 왔다. 그러나 한불자전은 본격적인 근대문물의 유입 이전에 집필된 것이어서 오히려 19세기 중, 후반의 한국어의 어휘지식을 서양에 번역한 결과물로서 재조명 받을 필요가 있다고 본다.[1]

그렇다면 이개어사전을 재조명하는 시각으로 문화번역에는 어떤 의미가 있는가? 우선 문화번역이라는 용어의 개념, 전제와 함축, 대상 등에 대한 명확한 규정이 없음에 반해, 문화번역에 대한 담론이 대상으로 삼는 것은 인문학 전반의 번역 텍스트로 그 적용 영역은 비교적 구체적이다. 한 문화에 대한 '참된 설명'을 번역된 텍스트로 쓰는 인류학적 실천에서 출발하여 '문화적 격차와 차이'를 쓰고 — 이것이 제국주의적 권력을 행사할 수 있는 '문화적 근거'가[2] 되었으며 — , 문화를 번역하는 모습을 비판하는 것에서 '문화번역'은 인문학 전반에서 공동의 관심사로 대두한 것으로 보인다. 이러한 관점에서 문화의 한 요소로 인정되는 '언어'의 접경지대인 이개어사전은 문화번역의 문제를 고찰할 수 있는 대상으로 가치가 있다고 본다.

이 글에서는 『한불자전』이 한국어 어휘지식을 기술하는 사전임과 동시에 번역의 결과이며, 한국어로 실천되는 문화를 번역한 결과라는 인식을 출발점으로 삼고자 한다. 따라서 '문화번역'의 개념도 이러한 맥락에서 쓰고자 한다.

---

1 『한불자전』에 대한 자세한 소개는 윤애선(2009)과 이은령(2010)을 참고.

2 김현미(2001 : 131~133).

이개어사전에서 번역은 다양한 층위의 기호학적 요소로 구성되는데, 특히 소리의 번역, 형태 및 문법의 번역, 그리고 의미의 번역 등으로 볼 수 있겠다. 이 글에서는 특히 의미를 번역한 뜻풀이 구역의 정보가 분석의 대상이 될 것이며, 또한 일련의 의미정보로 이루어진 뜻풀이를 우리는 '담론'이라는 언어적 단위로 보고자 한다. 이것은 담론이 사회적 공간에서 생성되고, 생산자와 수용자를 전제하며 담론의 생산자는 담론의 장르와 기능이 구속하는 제약을 따름과 동시에, 그 자체가 의미를 구축하고 획득하게 됨을 인정하는 것이라고 하겠다.

어떠한 언어도, 종교나 국가, 지리적 소속도 문화를 정의하는데 충분하지 않다고 하는 Thouard의 주장을[3] 따른다면, 우리는 선불리 언어 간 번역을 문화의 번역이라고 도식화할 수는 없을 것이다. 그러나 '단어야말로 사회 가장 기초적인 문화적 산물'이라는 Wierzbicka의 논의를 받아들인다면,[4] 우리는 이개어사전의 '문화번역'이 갖는 기본적 전제를 분명하게 할 수 있을 것이며 적어도 언어를 통한 번역 행위는 문화를 횡단하는 '문화적 번역의 실천'[5]으로 더욱 명확히 설명될 수 있을 것이다.

---

3 "Ni les langues, ni les religions, ni les appartenances étatiques ou géographiques ne suffisent à définir une culture, car elles transcendent joyeusement de telles formations d'identité(언어나 종교, 종족과 지역적 소속으로 문화를 정의하기에는 불충분하다. 왜냐하면, 이러한 것들은 그러한 정체성의 형성을 기꺼이 초월해버리기 때문이다)." Thouard, Denis(2007 : 30).

4 Wierzbicka에 따르면 단어를 정의하는 것은 "다른 문화를 이해하기 위한 도구로써 필요하기 때문"이라고 생각한다. 왜냐하면, 단어야말로 사회의 가장 기초적인 문화적 산물이기 때문이고 이를 제대로 이해한다면 어떤 문화의 가치와 전제를 이해할 수 있는 키워드를 제공할 것이기 때문이다. 그러나 그릇된 이해를 피하려면 정의문은 자민족 중심적인 편견에서 해방되어야 하며, 이는 범주적인 어휘, 특정 문화가 없는 원초적 개념으로만 정의되어야 함을 의미한다." Wierzbicka(1996 : 237).

5 Dodson(2009 : 133).

2. 이개어사전과 번역

번역의 문제는 언어학 및 사전학과 관련하여 주로 출발언어의 텍스트가 도착언어의 텍스트로 번역되었을 때의 ① **의미적 등가관계**를 중심으로 논의됐다. 이러한 논의는 언어학의 기본개념을 차용할 수밖에 없었던 번역학(실용번역)의 형성기에 특히 집중되었다. 출발언어의 텍스트가 도착언어의 텍스트로 번역되었을 때 번역의 투명성(transparence), 원전과 번역 텍스트의 의미상의 등가성, 그리고 '다시 쓰기(réécriture)'라는 '조작적 행위(manipulation)'로서의 번역[6] 등과 같은 다양한 논의와 함께 '완벽한 번역은 불가능'이라는 비교적 보편성을 획득한 명제에 이르기까지 수없이 많은 실천적, 이론적 번복 속에서도 단일어사전, 이개어사전의 정의문에 대한 사전학적 고찰은 꾸준하게 진행되었다.[7]

적어도 사전 편찬학적 입장에서 사전과 관련한 번역의 문제는 주로 ② **이개어사전의 기능과 효율성에 대한 논의로 집중**되었다. 주지하다시피, 이개어사전은 두 개의 다른 언어로 된 사전이기 때문에 번역에서 필수적인 도구로 이해됐다. 그럼에도, 번역의 과정에서 이개어사전은 출발언어의 어휘의미를 충분히 반영한 대응어를 제공하지 못하거나, 제시된 대응어를 그대로 쓸 수 없는 예도 있어서 비판의 대상이 되었고, 또

6 Edwin Gentzler에게 헌사한 Susan Bassnett와 André Alphons Lefevere(*Contemporary translation theory*(2001 : Ⅱ))의 서문, Oustinoff(2007 : 25)에서 재인용.

7 Zgusta는 사전적 정의는 정의되는 어휘에서 다른 어휘와 구별될 수 있는 가장 중요한 의미적 특질을 열거할 뿐이라고 주장했으며, 사전은 정의하기 위해서가 아니라 사람들이 의미를 포착할 수 있도록 도와줄 뿐이라고 주장한 Bolinger(1965 : 527)는 사전이 이미 알려진 어떤 것과 알려지지 않은 것을 연계시킬 수 있는 일련의 힌트와 결합정보를 제공해야 함을 주장했다. Zgusta, L. et al.(1971).

한 잘 활용하여 번역에 쓸 수 있도록 하려면 학습을 해야 하는 대상이 되기도 했다. 그 밖에도 이개어사전은 출발언어와 도착언어의 어휘 간의 형태범주와 문법범주의 비대칭, 의미장의 불일치 등의 문제를 안고 있으며, 경우에 따라서 이개어사전보다 단일어사전이 번역에 더 유용하다는 달갑지 않은 평가를 얻는 것도 사실이다.

국내에서는 번역과 이개어사전이라는 관계에서, ③ **이개어사전은 과연 그 자체로 번역물인가**에 대한 물음과 출발언어의 어휘의미를 도착언어의 어휘로[8] 기술하는 과정에서의 언어 간 권력문제가 제기되었다. 이와 함께 이개어사전은 번역의 도구이면서, 번역의 결과물, 그리고 번역을 실천한 행위자로서의 이개어사전을 모두 포함하는 개념으로 등장했다. 특히 근대 시기의 이개어사전을 번역으로 보는 견해는 주로 ① 신조어와 관련하여, 당시 한국에는 없었던 새로운 서구 문물의 개념을 나타낼 수 있는 어휘를 찾거나, 그 조어 과정과 등재의 방식, 그리고 ② 한국어 어휘의 의미를 표상하거나, 대체할 수 있는 서구어의 어휘를 찾아가는 과정에 주목한다. 그러나 정작 번역학에서는 이러한 인식이 처음부터 당연시된 것은 아니었다. 특히 Delisle(1988 : 46~48)에서 이개어사전은 단순히 어휘만을 대응하는 대역사전이 아님을 강조하고 있다. 즉, 유사한 의미가 있는 단어들을 사상하여 언어적 층위에서 대등함을 만들어 내는 것이라는 점에서, 그리고 이개어사전은 '코드[9] 넘나들기(trans-coding)'인데 반

8 여기서 말하는 출발언어와 도착언어는 반드시 '한국어 → 외국어'의 일방적인 것이 아니라 '한국어 ↔ 외국어'의 번역을 말한다. 서구문화의 유입 시기에 주로 외국인에 의해 편찬되었던 이개어사전에서 언어 간 권력의 문제라 함은 한국어에 있는 개념을 서구어로 표상하는 것과 서구의 신개념을 한국어 어휘로 표상하는 행위에서 서구의 인식 틀이 주요 프레임으로 작동했다는 지적과 맞물린다.

9 코드는 기호체계로서의 개별언어를 의미하는 것이다. 따라서 코드 넘나들기란 다른 언어로

해, 번역은 어떤 상황에서 사용되는, 즉 맥락을 가진 언어 간의 대등을 만들어 내는 것이기 때문에 엄밀한 의미에서 코드 넘나들기는 아니라는 것이 그러한 주장의 근거가 되었다. 다시 말해, 이개어사전은 언어 코드 간의 대등한 표현을 제시하는 것이지 맥락상의 대등함을 제시하는 것이 아니기 때문이며, 이는 번역이 어휘나 문장의 차원을 넘어서 메시지의 의미를 대등하게 옮김을 전제하는 것이다. 그러나 이개어사전은 번역이 아니라는 Delisle의 주장은 사실상 번역의 과정이 필요한 사전 편찬의 현실을 반영하기에는 미흡하다. Roberts(1992 : 51)가 지적한 대로, 말뭉치를 기반으로 하는 이개어사전인 경우, 어휘의미의 빈도가 높은 것의 대응어를 제시할 뿐만 아니라 말뭉치에서 얻은 다양한 맥락 속, 다시 말해 사회 속에서 실제 사용되는 맥락상의 어휘의미를 보여주며, 이개어사전은 이러한 출발언어의 어휘용법을 도착언어로 기술해야 하며, 경우에 따라서는 용법과 속담 및 다양한 용례도 선택적으로 제시해야 하기 때문이다. 이러한 의미에서 '번역이라는 목적을 위해 두 언어를 만나게 하는 사전을 이개어사전으로 불러야 한다'는 Marello(2003 : 325)의[10] 지적은 매우 적확하다고 본다. 결국, 두 언어가 접촉하는 상황에서 번역의 행위가 이루어진다면, 번역은 이개어사전의 존재 이유가 될 것이다.

바꾸기와 같은 의미이다.

10 "bilingual dictionaries only as those dictionaries which places the two languages in contact for purpose of translation."

1) 『한불자전』 표제어의 다중적 번역

사전은 일반적으로 한 언어사회에서 통용되는 어휘의 의미를 기술하는 것이며, 그러한 어휘의미의 기술을 구현하는 방법은 다양하게 나타날 수 있다. ① 대응되는 어휘를 나열하는 방식에서부터 ② 실제 어휘의 의미적 특질을 제시할 수도 있으며, ③ 해당 어휘의 쓰임을 보여주는 용례로 대신하는 예도 있다. 따라서 의미정보에 해당하는 텍스트 부분은 해당 어휘의 의미를 기술한 어휘, 어구, 문장(뜻풀이, 용례 포함) 등의 이질적인 언어 단위들이 체계적으로 담론(discourse)을 구성하게 된다. 단일어사전인 경우, 해당 언어는 기술대상이 됨과 동시에 기술언어(descriptive language)이며 메타언어(metalanguage)의 역할을 한다.

『한불자전』에서 관찰할 수 있는 어휘의미의 기술은 우선, 중국어에 능통한 집필자가 표제어와 대응하는 한자어를 프랑스어로 번역하고, 한편으로는 정보원의 구술과 용례에 근거하여 한국어 어휘지식을 프랑스어로 기술한 형태라고 할 것이다. 이는 사실상 [《한국어－〈한자》(T1)－프랑스어〉(T2)－**프랑스어**](T3)의 겹구조의 삼중적 번역을 보여주고 있다. 여기서 프랑스어는 한자의 번역과 한국어의 번역을 동시에 수행하고 있으며, 한자에 대응하는 프랑스어 번역은 한국어 표제어 의미의 번역과는 다르게 나타난다. 결국, 한국어와 한자, 한자와 프랑스어, 한국어와 프랑스어라는 세 방향의 번역이 결집한 형태를 띠게 된다(우리는 이를 흔히 다국어사전이라고 부르기도 한다). 따라서 한불자전은 세 개의 코드를 넘나드는(trans-coding, 또는 code switching) 번역의 결과물이며 여기서 번역의 대상은 결국 한자와 한국어 표제어 둘을 모두 포함한다. 이러한 코드 넘나들기의 다양한 양상은 아래의 예문에서 번역을 세 가지 방식, 즉 T1(한국어-한자), T2(한자-프랑스어), T3(한국어-프랑스어)로 나누어 고찰해 볼 수 있다.

① 《[동치서주 〈 東馳西走](T1) s'enfuir à l'est et à l'ouest〉(T2); *aller dans toutes les directions.*》(T3)

(T2) 동쪽과 서쪽으로 도망가다 : (T3) 사방으로 가다.

② 《[동트다 〈 開東](T1) litt.; l'orient s'ouvre, se déchire.〉(T2) *l'orient blanchit. se lever (le soleil) commencer, se faire, apparaître (l'aurore, le jour)*》(T3)

(T2) 직역 : 동방이 열리다. 찢어지다. (T3) 동방이 하얗게 되다. (태양이) 떠오르다. (여명, 낮) 시작되다. 이루어지다. 나타나다.

③ 《[동틀 〈 形具](T1) ∅〉(T2) *Esp. de fauteuil dans lequel est assis le patient pendant les tortures; chevalet, instrument de supplice.*》(T3)

(T2) ∅ (T3) 고문 당하는 이가 고문받는 동안 앉아 있는 팔걸이의자의 일종. 고문대, 형벌도구.

④ 《[ᄯᅩᆼᄯᅩᆼᄯᅩᆼ 〈 擊鼓聲](T1) ∅〉(T2) *battre du tambour (peu de coups et lentement)*》(T3)

(T2) ∅ (T3) 북을 치다(간간이 그리고 천천히)

⑤ 《[근시ᄒᆞ다 〈 近視](T1) proche, voir.〉(T2) *Vue myope. Etre myope; avoir la vue courte; voir de près.*》(T3)

(T2) 가깝다, 보다. (T3)근시안. 근시이다. 근시를 가지다. 가까이 가서 보다

위의 예문 ①에서는 '東馳西走'로 표기하는 〈한자어—프랑스어의 번역〉(T2), 그리고 ['동치서주'—프랑스어](T3) 번역이 눈에 띈다. 〈東馳西

走 s'enfuir à l'est et à l'ouest〉(T2)는 '東馳西走'을 이루는 한자의 '훈(訓)'을 병치시킨 것처럼 보이나, 사실상 한자의 의미를 프랑스어로 번역한 것이다. '도망치다(s'enfuir)'와 '동(l'est)'의 관계를 만드는 전치사(à)가 각각 동쪽과 서쪽(l'ouest)이라는 어휘 앞에 개입되어 있다. 반면, 반점을 사이에 두고, 표제어의 의미를 다룬 다른 번역 '사방으로 가다(흩어지다, 도망가다)'가 제시되어 있으며, T1—T2—T3의 번역이 모두 의미상으로 일치를 보이고 있다.

예문 ②와 ⑤의 경우, T2(한자어-프랑스어)에 해당하는 부분에는 ①의 예에서와는 달리 자간의 의미관계가 설정되지 않았다. 따라서, T2의 수준에서는 한국어 표제어의 의미를 완전히 파악할 수 없거나 중의적인 상태이며, T3의 수준에서만 표제어 의미의 번역이 완성되었다고 볼 수 있다.

예문 ③의 경우는, T1에서 표제어의 상위어에 해당하는 한자로 대체하였고, T2의 과정은 생략되었다. T3에서 제시된 프랑스어의 번역은 표제어의 백과사전적 지식에 해당하는 지시 대상(referent)의 용도를 기술하고서, 프랑스어 문화에서 '동틀'과 유사한 용도를 가진 어휘 'chevalet'로 대체되었다.

예문 ④의 표제어는 북소리를 흉내 내는 의성어에 해당하는 것으로서, T1에서는 북을 치는 소리를 의미하는 '擊鼓聲'으로 번역되었고, T2에서는 번역어가 제시되지 않았다. 그러나 T3에서는 '(간격을 두고 천천히) 북을 치다'라는 의미로 번역되었는데, 여기서 우리는 T1에서와는 다른 어의가 제시되었음을 볼 수 있다. ④에서 나타나는 T1과 T3 사이의 의미적 불일치에 대한 이유는 알 수 없으나, T1과 T3의 번역은 동일한 편찬자의 결과물이 아니라는 것은 분명히 드러난다.

이렇게 다언어를 바탕으로 한 다중적 번역의 과정에서, 당시 중국어 어휘와 한국어 어휘를 사상해 놓은 유해(類解)를 사용했는지는 아직 명백히 밝혀진 바 없으나, 한자-프랑스어 번역이 한국어 표제어의 의미를 번역해 내는 과정에서 중요한 역할을 하는 것임은 분명해 보인다. '한국어 표제어—한자'의 대응에 놓인 한자는 중국어 어휘가 아니라 한국어 표제어에 대한 의미에 대응하는 것인데, 『한불자전』에 나타나는 한자는 한국어 어휘에 대해 유해류에서 보이는 중국어의 한자와 다른 경우가 많다.[11] 이미 프랑스에서 중국어 학습을 통해 한자를 배운 선교사들에게 있어서 『한불자전』의 한자 정보는 사실상, 한국어 어휘의미에 접근할 수 있는 중간언어(pivot language)의 역할과 — 위의 예에서는 드러나지 않지만 — , 의미의 중의성을 해결할 수 있는 역할을[12] 겸하고 있다고 볼 수 있을 것이다.

2) 번역과 담론의 공간(discursive space)으로서 이개어사전

이개어사전에서의 번역은 표제어의 의미에 즉각적으로 접근할 수 있도록 어휘의 언어적 지식을 뜻풀이 영역에서 번역하되[13] 가장 중요하고

11 예컨대, '파발'에 해당하는 중국어 어휘는 '塘報'이나(역어유해) 『한불자전』에서는 '驛', 또는 '擺撥'을 제시하고 있다. 무지개에 해당하는 한자는 『한불자전』에서는 '虹霓', 역어유해에서는 '天江'으로 쓰고 있다. 유해류와 한불자전 사이의 직접적인 관계가 증명되지 않음은 이미 이지영(2009)에서 연구된 바 있다.

12 『한불자전』은 동음이의어와 다의어를 비교적 일관적으로 구분하고 있다. 동음이의어는 한자어가 다른 것으로 각각의 표제어로 제시한 반면, 다의어는 하나의 표제어 항목 속에서 의미를 세분화하였다.

13 사전의 종류에 따라 뜻풀이에서 그림을 제시할 수가 있는데, 이는 넓은 의미에서 야콥슨(R.

핵심적인 의미 특질을 추출하여 집약적으로 표현하면서도, 형태, 통사, 화용적 측면에서도 어휘의 특징을 제시해야 하는 제약을 안고 있다. 뜻풀이 영역에서, 어휘의 의미를 다른 언어로 번역하려면 일련의 전략적 선택, 혹은 기준이 필요한데, 위의 예문 ①~⑤를 통해 언어 간 교차에 근거한 번역의 담론적 전략과[14] 번역 방식을 발견할 수 있었다.

현대에 와서는 이개어사전이 언어학습과 번역을 목표로 하는 사용자의 환경에 적합한 의미정보를 최대한 제공하고자, 화자로서의 사전 편찬자의 주관적 개입을 의미기술에서 최대한 배제하고 있다. 그럼에도, 예문이나, 속담 등의 선택이나 이들의 번역의 과정에서 중립적이지 못한 경우가 있는데, 특히 편찬자의 직관에 의존하지 않고자 선택한 말뭉치의 예문이라 할지라도 문화적 개별성에 대한 존중이 모자라는 경우가 있기 때문이다. 따라서 단일어사전에서는 무리 없이 쓰이는 말뭉치 기반의 예문이라도, 이개어사전에서는 쓸 수 없는 것들이 있는데 이러한 실천적 제약과 조건들은 작금이나, 19세기 사전 편찬에서나 다 같이 대면해야 하거나 대면했던 문제들이다. 그러나 사전 편찬의 목적에 따라 그러한 문제를 해결하는 방식과 전략은 다르게 나타날 수 있겠다. 특히, 종교 및 문명화의 사명은 인식하되, 문화적 다양성에 대한 자각이 부족했던 당시의 『한불자전』 편찬자는 제한된 의미정보와 용례, 그리고 때로는 한국의 사회문화에 대한 개인적 경험을 한국어 어휘지식을 번역함으로써 의미의 변용과 왜곡을[15] 가져왔기도 했다.

Jacobson)이 지적한 '기호 간 번역'의 일종으로 볼 수 있겠다.

14 사전 편찬학적 입장에서 뜻풀이의 전략이라 함은 어휘의 의미를 설명하는 방법적 전략, 즉 뜻풀이를 구성하는 문장 패턴을 쓰는 전략을 말한다. 그러나 이 글에서 대상이 되는 이개어사전의 담론적 전략은 번역으로 구축되는 뜻풀이에서 사전 편찬자의 담론적 전략(discursive strategy)을 의미한다.

결국, 『한불자전』과 같은 이개어사전의 뜻풀이를 다문화주의와 탈근대적 정치적 관점이 경쟁적으로 공존하는 문화번역의 틀에서 논의하는 것은, 문화번역의 해체주의적 개념 기반을 인정하면서도, 문화 간 소통의 양상으로 나타난 『한불자전』의 텍스트를 담화의 공간으로 재배치하여, 편찬자의 사회문화적 후경(後景) 또한 고려함을 의미한다. 이러한 맥락에서, 사전의 편찬자는 한국어 어휘로 나타나는 문화적 실체를 프랑스어로 옮기는 번역자이자, 번역을 통해 담론을 구축하는 화자로 자리매김하게 되는 것이다.

담론의 생산자인 화자 — 여기서는 번역자 — 는 담론의 공간이 놓인 사회적, 언어적 환경에 영향을 받기 때문에, 번역의 형태를 빈 담론 형성의 주체로서 흔적을 남기게 된다. 따라서 우리는 '어떠한 문화번역자도 자신의 문화에서 벗어날 수 없고, 두 문화 간의 '거래 조건들'에 관여하는 권력으로부터 초연할 수 없다'라는[16] 논의를 받아들이면서 뜻풀이의 영역에서 화자로서의 편찬자, 발화행위의 산물인 담론의 영역으로서 뜻풀이를 인식하고자 한다.[17]

15 이은령(2010)에서 부분적으로 논의가 되었다.

16 김현미(2001 : 133).

17 Wierzbicka와 같은 의미론자는 언어보편적인 성격을 지니는 의미원소(semantic primitives)를 통해서는 어떠한 문화적 개념도 명료하게 정의될 수 있다고 본다. Wierzbicka(1996 : 237) 참고.

3. 뜻풀이 담론의 구성 방식과 문화번역

사전학적 관점에서 보자면 뜻풀이는 한 언어가 지닌 어휘들의 의미 체계와 사용에 관한 정보를 싣고, 표제어로 제시된 어휘의 의미적 특질을 분석하여 기술한 것이다. 이러한 의미적 특질의 분석과 기술 방법에 대한 논의는 일반적으로 언어사전적 뜻풀이와 백과사전적 뜻풀이로 나누어 볼 수 있는데, 언어사전적 뜻풀이는 실제 언어 사용 속의 의미에 집중하여 기술하며, 백과사전적 뜻풀이는 전문적인 정보와 상식 등의 다양한 정보로 구축된다. 이렇게 표제어가 지시하는 지시대상에 대한 지식을 표상하는 기능과 어휘의 용법과 맥락 속의 의미를 기술하는 이질적 방식을 융합하여 뜻풀이로 제시하기란 매우 어렵다. 따라서 백과사전과 어휘사전 등으로 아예 기능적으로 분리시켜 놓거나, 경우에 따라서 사전의 미시구조 속에 개별적으로 정의하여 제시하기도 한다. 그런데 이개어사전은 번역, 학습 등의 여러 기능 때문에 단어의 의미적 등가어를 제시하거나 의미적 특질을 분석 기술함과 동시에 단어가 지시하는 사물에 대한 지식의 표상이 함께 공존하는 형태를 띠는 경우가 있다. 바로 『한불자전』 의미기술 중 상당 부분이 그러한 방식을 취하고 있는데, 이렇게 이질적 정보가 공존하는 방식을 채택한 담론의 구성으로 통해, 『한불자전』이 당시 한국의 '문화적 정체성'을[18] 규정해 나간 모

18 여기서 '문화적 정체성'이라는 함은 타 문화와 뚜렷하게 구별되는 한국의 문화를 규명할 수 있다거나, 그것을 구성하는 특질이 확정되어 있음을 의미하는 것이 아니라, 『한불자전』의 뜻풀이 담론에서 화자가 한국, 한국인, 한국적인 것을 타자화 함으로서 표상하게 되는 일련의 이미지를 말하는 것이다.

습을 확인할 수 있어서 의미정보의 제시 방식에 대한 더욱 상세한 고찰이 필요하다.

1) 대응과 번역, 새로운 의미 획득

용법에 따른 어휘의미와 일치하는 대응어를 제시하는 경우는 번역에서 즉시 사용될 수 있다는 이점을 지니고 있고, 어의를 분석적으로 기술하는 방법과는 달리 매우 단순하고 손쉬운 번역 방법으로 보인다. 다음은 한국어 표제어와 프랑스어 뜻풀이를 제시한 예이다.

⑥ 돈　錢　sapèque, monnaie, argent

엽전,　돈,　금전

⑦ 됴션　朝鮮　la Corée

라 꼬레(조선)

⑧ 근　斤　une livre(poids)　16냥　nyang ou onces; (…중략…) (la livre pèse 120 sapèques coréennes)

리브르(무게)　16냥　냥 또는 온스; (중략) (1 리르브르는 한국돈 120전의 무게가 나간다)

⑨ 고진감릐　苦塵甘來　amer, passé, doux, vient. Après la pluie vient le beau temps; après la douleur, la joie; après l'amer, le doux.

쓴, 지나감, 부드러움, 오다. 비 온 후에 좋은 날씨가 온다. 고통 뒤에 기쁨, 쓴 것 뒤에 부드러운 것

⑥은 동일한 의미, 혹은 유사한 의미가 있는 어휘의 나열함으로써 표제어가 갖는 의미를 보여주고 있다. 한국어의 '돈'은 'sapèque(엽전)', 'monnaie(동전, 잔돈, 지폐)', 'argent(돈, 금전)' 등의 어휘로 대응되었는데, '돈'의 의미는 대응어들의 교집합적 의미가 아니라, 합집합적 의미로 이해된다. ⑦은 동일한 지시대상을 가진 어휘로 대응한 예인데, '됴션(조선)'의 의미가 'la Corée'임이 아니라, '됴션'이 지시하는 물리적 대상이 'la Corée'라고 불리는 대상과 같음을 의미한다. ⑧은 '근'에 정확히 들어맞는 무게단위가 프랑스어에는 없으므로, 유사한 의미적 범주에 속하지만, 그 종류에서는 차이가 있는 어휘(동종어)로 대응한 예이다. 반면, ⑨는 한자 어구의 의미를 같은 언어적, 문맥적 기능을 하는 어휘(어구)로 대체하고 있는데, 특히 성구의 표현이나, 속담의 번역에서 자주 쓰이는 방법이기도 하다. 즉, 유사한 의미의 속담 '비온 후에는 날씨가 좋다'로 대체하여 제시하는 것이다.[19]

위의 ⑥~⑨의 예에서 보이는 의미상 등가를 제시하는 방법과 그 선택은 전적으로 사전 편찬의 목적과 편찬원칙, 바꾸어 말하면 이개어사전이라는 담론의 생산 규칙과 제약 조건으로 작용하게 된다. 이개어사전에서의 담론 생산 규칙과 제약 조건은 출발언어의 언어사회에서 보편적으로 인정된 어휘의미를 도착언어로 바꾸되, 담론의 수용자를 고려

19 이것은 Nida가 '역동적 등가'라는 용어로 지칭했던 번역의 양상이기도 하다.

하면서, 가능한 화자의 주관을 배제하여(개입을 최소화하여) 객관적으로, 그리고 효율적으로 기술해야 하는 것으로 바꾸어 말할 수 있겠다. 이러한 맥락에서 ⑥~⑨가 보여주는 예는 그러한 담론의 생산 규칙과 제약을 크게 벗어나지 않으며, 치환을 통한 의미의 번역이 불가능한 측면은 보이지 않는다. 그러나 다음의 예는 위의 예와는 사뭇 다른 어휘 대응의 양상을 보이고 있다.

⑩ 문필효힝　文筆孝行　caractère, écriture, piété filiale, action. homme parfait.

문자, 쓰기, 자식이 가진 경애심, 행동, 완벽한 사람.

⑪ 문무　文武　la littérature et les armes; le civil et le militaire.

문학과 무기 : 시민과 군인.

⑩의 '문필효힝'은 '글, 글씨, 효도, 실천'이라는 〈프랑스어-한자〉의 자의(字義)의 번역에서 '완벽한 인간'으로 그 의미가 번역, 기술되었다. 예컨대, 이 경우는 어휘가 쓰이는 문맥적 의미를 풀이한 번역으로 볼 수 있을 것이나, 의미에 대한 분석적 기술의 단계가 모자란 채 문맥적 의미로 뛰어넘어 번역한 ⑩의 예에서는 어휘가 내포한 뜻을 표면화하는, 일종의 '조정의 기술(Technique of Adjustment)'[20]로 볼 수 있겠다. 그러나 문필효행의 은유적 의미인 '완벽한 인간'과 프랑스어에서의 'homme parfait'의 기호적 특질은 일치하지 않는다. ⑩이 문필효행의 문맥상 의

20 Nida(2003 : 216).

미를 기술했다고 하더라도, 실제 번역에서 'homme parfait'로 번역되지는 않는다. 따라서 문화번역의 논의에서 종종 언급되는 '문맥상의 의미를 반영해야 한다'는 것을 단순하게 '문화번역의 언어적 실천'으로 간주해서는 안 될 것으로 보인다.

⑪에서는 〈한자-프랑스어〉 간의 자의(字義) 번역에서 '문학과 무기'의 의미이던 것이, 〈한국어-프랑스어〉 간의 어의 번역에서는 '시민과 군인'의 개념으로 바뀌었다는 점이다. 그러나 당시의 프랑스어에서 'civil'의 의미는 '군'과 대립되는 것으로서, 오히려 현재의 '시민(市民)'의 개념과 유사한 '도시에 사는 사람들(citoyen)의'라는 개념으로 쓰였던 어휘이다, 따라서 '문무'의 개념에서 '문'은 '군'과는 대립한다는 의미에서 'civil'과는 넓은 의미에서 공통점을 발견할 수는 있겠으나, '도시 사람들'이라는 개념은 없었다. 더구나 'civil'의 의미는 '군(軍)'뿐만 아니라 '죄(罪)' 또는 '형(刑)'의 개념을 지닌 'criminel'의 개념과 대립되는 지점에서도 그 의미적 특질이 있다. 따라서 ⑪의 뜻풀이에서 우리는 원래의 '문무'가 가진 의미적 특질과 영역을 넘어서 사회적, 역사적 계보가 다른 이질적인 개념어로 번역됨으로써 새로운 의미가 덧붙여지고 있음을 확인할 수 있다. 결국, 번역을 통한 담론에서 '문무'는 '문관과 무관'의 개념을 넘어 '시민과 군'이라는 새로운 의미를 획득하게 됨으로써, 이후 '문(文)'이 '민(民)'을 의미하기도 하는 '문무'의 의미 정립에 직접적인 영향을 미치게 되었다.[21]

---

21 프랑스어 'civil'에 해당하는 라틴어 'de civis'는 『한불자전』보다 11년 후에 출판된 *Parvum Vocalbularium Lation-Coreanum*(『나한사전』)에서 '읍인' 또는 '읍내사람'의 의미로 번역되었다. 반대로 『한불자전』의 영향을 직접적으로 받은 게일의 『한영자전』(1897 · 1911)에서 '문무'는 『한불자전』의 번역과 마찬가지로 'civil and military'로 번역되어 있다. 또한 최근의 한국외대 『새한불사전』(2007)에서도 문무에 대응하는 어휘로 제시된 것은 'littérature et armes' 이며

2) 어휘지식 기술과 번역

『한불자전』은 대응 어휘를 제시하는 방법뿐만 아니라 한국어 어의를 쉽게 이해할 수 있도록 직접 프랑스어 풀이말로 기술하는 방식도[22] 취했다. 그러나 당시의 사용자들이 한국어로 된 문장을 생성하거나 번역을 보조하는 기능적인 측면은 그리 만족할 만한 수준은 아니었다. 현대의 이개어사전과는 달리 프랑스어 문장을 생성하기보다는 한국어 문장 내에서 단어의 의미나 사용 맥락을 설명하는데 더 치중했기 때문이며, 이러한 이유로 이개어사전이면서도 『한불자전』은 어의의 직접 기술에 치중하는 단일어사전의 뜻풀이와 유사한 점이 있다.

⑫ 나락 穀植[23] riz non écossé. toute esp. de céréales non écossées.

껍질을 까지 않은 쌀, 껍질을 까지 않은 모든 종류의 곡식

⑬ 보살 菩薩 espèce de bonzesse du tiers-ordre qui ne coupe pas ses cheveux. ‖ idole des temples païens. divinité femelle des bonzes.

제3 수도회에 속하며 머리를 깎지 않는 일종의 여승 ‖ 이교도 사찰의 우상, 승려들의 여성신

'문무양반'도 "noblesse civile et noblesse militaire"로 제시되었다.

22 따라서 『한불자전』은 한국인이 프랑스어를 배우기 위함이 아니라, 프랑스어를 모국어로 하는 학습자를 위한 수동사전 혹은 이해 사전으로서의 기능을 갖고 있다고 하겠다.

23 '나락'의 의미를 한자어로 옮긴 '穀植'에서 '植'은 '食'의 잘못된 표기로 보인다(2011.8.17 한국어학회 전국학술대회에서 조언해 주신 이유기 선생님께 감사드린다).

⑭ 팔진도 八陣圖 les huit manières de ranger les soldats en bataille. (terme de tactique militaire qui s'applique aussi au jeu d'échecs)

전쟁에서 병사들을 배치하는 여덟 가지 방법.(장기놀이에도 적용되는 군사 전술 용어)

⑮ 경낙 經絡 système des nerfs, des artères, etc., suivant la médecine coréene (système faux et sans fondement, qui ne dénote aucune connaissance de l'anatomie) ‖ aiguille fine et plate pour l'acuponcture.

한국의술에서 말하는 신경과 동맥 등의 체계(틀린 체계이며 근거가 없는 것으로 해부학적 지식이 없음) ‖ 침술에 쓰는 가늘고 납작한 바늘.

위의 예 ⑫~⑮는 대응 어휘를 직접 제시하지 않는 유(類, genus)와 종차(種差, differentia)를 활용한 어의 기술의 형태를 보인다. 유와 종차의 개념은 어휘가 속한 사물의 종류(유개념)에 따라 정의하되, 그 종류 가운데에서 다른 어휘의 개념과는 차별화(종차 개념)되어야 한다는 분류의 방식을 따르는 것으로, 사전에서 어휘를 분류하는 전통적 방법으로 널리 쓰이고 있다. 『한불자전』에서 유개념은 다양하게 나타나는데, 대표적으로 공간 및 장소, 시간, 사람, 사물 또는, 것, 상태), 방법, 소리, 단어, 이름, 행위 등이 있다.

그런데 이렇게 어휘의미를 기술하는 유개념의 분류와 하위체계는 의미를 기술하는 언어와 사회의 시, 공간적 제약을 받게 된다는 번역 담론의 특징과 함께, 유개념으로 쓰인 어휘의 중의성 문제를 내포한다. 이를테면, ⑫의 '나락'은 'riz'로 분류되었는데, 'riz'는 프랑스어에서 '벼',

'쌀', '밥', '양식'을 모두 의미하는 것으로서, 유개념으로 쓰인 어휘의 중의성 문제가 있는데, 이것은 종차의 개념으로도 해결되지 않기 때문에 사실상 번역을 통한 분류의 문제점을 드러내고 있다.

⑬의 '보살'은 'bonzesse(여승)'의 개념과 'idole(우상)', 'divinité femelle(여신)'과 같이 다의어로 분류되었다. 우선, 유개념으로 번역 제시된 어휘는 '여승–여신'이라는 모순된 개념으로 '보살'을 분류하는데, 문화적 배경 지식이나 실제 용법을 제시하지 않아서 의미 분석의 근거를 알기가 어렵다.[24] 한편 ⑭의 '팔진도'에서는, '圖'를 핵심 의미로 분류하지 않고 '(전쟁에서 군대 배치의 8가지) 방법'을 핵심적 의미로 파악하는가 하면, 전술용어로 분류했음을 볼 수 있다.

⑮의 '경낙'은 두 가지 의미로 풀이되었는데, 첫 번째 의미는 '신경과 동맥의 체계'로, 두 번째 의미는 '바늘 / 침'으로 분류, 번역되었으나, 부가적으로는 '전혀 근거가 없는 허위 체계'로 기술하는 등, 자문화 중심적인 화자의 태도를 드러내고 있다. 이러한 뜻풀이 담론의 구축은 사전학적 관점에서는 어휘의 의미를 사용된 그대로 기술해야 하는 사전 뜻풀이 담론의 구조적 제약이 있었음에도, 화자의 언어가 조건 짓는 사회적, 문화적 관점이 투영된 분류와 번역에 화자의 주관적 개입의 흔적이 남아서, 결과적으로는 어의를 왜곡하는 결과를 낳았다. 다음의 ⑯과 ⑰ 역시 뜻풀이에 화자의 주관적 의도가 개입되어 있다.

24 이중적 분류의 근원에는 어휘의 용법과 당시 불교문화에 대한 정확한 지식이 부족했기 때문으로 보인다. '보살'의 의미에 대해서는 자료에 입각한 상세한 검토가 필요한 부분이다. 현재 표준국어대사전에서는 '대승 불교의 이상적 수행자의 상(像)'과 '여자 신도', '보살승'의 의미로 기술되어 있으며, 여자다움을 가진 신적 존재로는 규정되지 않았다.

⑯ 아귀 餓鬼[25] Nom d'un génie honoré superstitieusement.

미신에서 숭배하는 정령의 이름

⑰ 악귀 惡鬼 Mauvais génie, génie méchant.

나쁜 정령, 고약한 정령

위의 ⑯과 ⑰은 모두 뜻풀이에서 '정령, 귀신'으로 분류되었기는 했으나, '아귀'는 미신적으로 숭배를 받는 정령으로, 악귀는 몹쓸 정령으로 기술되었다. 이러한 분류의 비일관성은 뜻풀이 담론이 갖는 본질적 문제를 드러낸다. 즉, 뜻풀이는 사회, 문화적 시공간에 영향을 받는다는 특징을 갖고 있는데, 종차의 기술에 화자의 특정관점이 개입되고, 이는 뜻풀이 담론의 단언적 양태를 통해 객관적 사실처럼 제시되는 현상이다. 이는 비단 『한불자전』뿐만 아니라 19~20세기 초의 이개어사전에서 나타나는데, 이러한 현상을 통해, 우리는 두 언어가 접촉하는 소통의 공간에서 기술대상 언어와 기술언어 간, 번역 대상의 언어와 번역의 언어 사이 불균형의 지점을 목도하게 된다. 이것은 당시 사전 편찬의 한계라기보다는 사전의 뜻풀이 담론에 내재한 문제이며, 사전 편찬학의 발달과 더불어 편파적인 뜻풀이와 어휘의미의 분류가 사라지거나 개선되어도 여전히 논란의 대상으로 남아 있는 문제다.

25 아귀에 대한 한자어 '餓鬼'는 『한불자전』에 제시되지 않았다. 그러나 여기에서 餓鬼로 제시한 이유는 『국한회어』와 『표준국어대사전』에 같은 의미로 제시된 '아귀'의 한자어 표기를 참고하기 위함이다.

3) 지식표상으로서의 하위범주화,[26] 혹은 번역할 수 없는 것 번역하기

의미를 기술언어로 표상하는 과정에 필수적이라고 할 수 있는 분류는 사전에서 유(類, genus)개념과 동일 의미부류에 속하는 어의 간의 차별화로 이루어진다. 이것은 상위범주와 하위범주를 통해 결정되는 개념분류와 크게 다르지 않다. 그런데 전술한 바와 같이 이러한 분류는 담론을 통해 구축되기 때문에, 한국어 어휘지식을 프랑스어로 번역하여 표상하는 과정에서 한국어의 개념체계를 형성하게 된다.

특히, 『한불자전』에서는 한국의 문물을 접하지 않은 사용자를 위해 한국문화의 고유한 사물, 개념 등을 상세히 기술하고 있는데, 어휘의 음운, 형태, 통사 및 화용에 관련된 어휘지식이라기보다는, 흔히 백과사전적 지식이라고 불리는 것이다. 이 경우 프랑스어에는 직접적으로 대응하는 어휘가 없으므로 'X는 Y의 이름이다'와 'X는 Y의 일종이다' 등의 문구로 기술된다. 특히, Y가 X의 상위어가 되는 'X는 Y의 일종이다'는 두 언어가 접촉하는 과정에서 상대 언어에는 어휘화되지 않은 특정 문화적 대상인 'realia(실재물)'를 기술하는 방식으로 활용된다. De Surmont(2010)에 따르자면, 'realia'는 한 언어 내에서도, 언어 간 기술에서도 문제가 되는 것으로서, 언어 간 기술에서 번역 불가능한 지점에 있는 대상을 말한다.

단일어사전에서도 해당 언어에 존재하지 않는 realia에 대한 기술은 담론적 전략의 다양성을 보여주는 공간이기도 하다. 예컨대 프랑스어 사전에 'café(커피)'가 처음 등재되었을 때와 'café'가 프랑스에 정착된 후

26 『한불자전』에 나타나는 한국어 어휘에 대한 범주화는 실제 『한불자전』이 한국어-프랑스어의 어휘 바꿈의 단순한 목록이 아님을 보여주고 있다.

의 사전 뜻풀이가 같지 않음은 이러한 어휘지식의 표상에서 드러나는 화자의 인식적 틈새를 드러낸다. 프랑스 아카데미 사전(Dictionnaire de l'Académie Française)의 4판에서 커피는 '잠두콩의 형상을 띤 열매의 일종(Espèce de fruit en forme de fève)'으로[27] 규정되었으나, 6판에서는 '아라비아 원산지의 나무 종자(Graine d'un arbre originaire de l'Arabie,)'로 규정되고 있다. 전자에서 'café'는 그 형태와 종류에 대한 기술이 우선적이었으나, 6판에서는 형태에 대한 논의는 사라지고 나무의 종자로, 4판에서는 열매였던 것이 6판에서는 종자의 개념으로 재분류되었음을 볼 수 있다.

> ***café*** s.m. Espèce de fruit en forme de féve, qui vient originairement d'Arabie, que l'on rôtit et que l'on réduit en poudre, pour en faire un breuvage que l'on appelle aussi "Café", le lieu où l'on va prendre le café. Il y a beacoupe de Cafés à Paris et à Londres.
>
> —*DAF*(1792, 4ed)[28]

> ***café*** s.m. Graine d'un arbre originaire de l'Arabie, que l'on rôtit, et que l'on réduit en poudre, pour en faire un breuvage, auquel on donne le même nom. Café Moka ou de Moka. Café Bourbon. Balle de café.
>
> —*DAF* 6ème, 1835[29]

---

27 사전에서 féve라고 되어 있는 철자 오류는 이 글에서 fève로 고쳐 쓴다.

28 *Dictionnaire de l'Académie Française*, 4ème, Académie Française, 1792.

29 위의 책, 6판(1835).

다음의 ⑱의 예는 프랑스어에는 어휘화되지 않은 한국어 표제어의 의미를 번역하면서도, 상위어의 개념에 기대지 않은 방식을 보여준다.

⑱ 극낙세계 極樂世界 elysée des coréens. Lieu de délices où vont les âmes des hommes vertueux qui honorent bien Fo. Paradis des bonzes. C'est le Nirvana de Bouddha.

한국인들의 극락, 부처를 잘 숭상하는 덕 있는 사람들의 영혼이 가는 열락의 장소, 승려의 천국, 부다의 니르바나.

⑲ 지게 負# crochet, sorte de châssis en bois dont les portefaix se servent pour porter les fardeaux sur le dos.

지게. 짐을 등에 지려고 짐꾼들이 사용하던 일종의 나무로 된 틀.

⑳ 골패 骨牌 (os, jeton) jeu de dominos. Domino.

(뼈, 패) 도미노 게임. 도미노.

realia를 번역하는 방식은 유개념이나 상위개념뿐만 아니라 동종(同種)의 어휘로 대응하되, 종차의 개념을 함께 제시하는 것으로도 실현되었다. 특히 ⑱의 '극락세계'는 그리스신화에서 명부(冥府)의 개념을 프랑스어로 번역한 'elysée'로 분류하되, 한국인들의 'elysée'이면서 불교에서는 덕을 쌓은 사람들의 영혼이 갈 수 있는 장소로 번역하였다. ⑲의 '지게' 또한 동종어인 'crochet'로 번역하고 있는데, 프랑스어의 'crochet'는 그 형태나 구조가 한국의 '지게'와는 다르지만, 기능적인 측면의 유사성을 근거로 제시되었으며, ⑳의 '골패'에 대해서는 프랑스어의 동종어 'dominos'로 번역했다. 그런데 ⑱~⑳의 동종어는 사실상 또 다른 realia이며, 이는 결국 realia를 realia로 대체하는 번역의 양상을 띤다.

이렇듯 동종어를 제시하면서 한국어 표제어가 갖는 의미의 개별성을 부연하여 기술하는 방식은 두 언어 사이에 어휘 대체로는 번역할 수 없는 realia에 대해서, 공통적 의미 자질을 부분적으로 공유한 개념을 이용하여 번역할 수 있음을 보여주고 있다. 그러나 realia가 직접 경험하지 않은 사람들에게는 이해되기 어려운 것이고, 또한 어휘 대체를 통한 직접적 언어횡단이 불가능한 지점을 보여주는 것이라면, 위의 (18)~(20)의 예에서처럼 어휘차용을 하지 않는 한, 번역할 수 없는 것을 번역 가능함으로 바꾸는 것은 언어에 의한 언어 포섭의 또 다른 모습은 아니었을까?

4. 결론을 갈음하며

다문화주의 관점에서 보자면 번역을 통한 지식표상은 두 문화의 지평을 확장하여, 경험과 지식을 공유하게 한다. 그런데 이러한 지식과 경험을 공유할 수 있게 하는 번역의 실천과 이를 통해 구축된 담론은 결코 중립적일 수 없음이 한불자전의 뜻풀이에서 잘 드러나고 있다. 『한불자전』이 구축한 뜻풀이 담론은 한국어 어휘의미 지식을 프랑스어로 번역하면서 부수적으로는 한국어 어휘의 분류체계를 구축한 결과를 낳았다. 그러나 이러한 분류체계는 프랑스어라는 메타언어의 사회, 문화적 맥락으로부터 독립적이지 않아서 한국어 어휘의 의미를 왜곡하거나, 새로운 의미를 창출하는 결과를 낳기도 했다. 이러한 의미에서 이개어사전에서 문화번역은 번역 대상의 문화를 있는 그대로 기술할 수 없으며, 번역 담론의 의미장에서 변형과 재편을 통해 새로운 의미를 획득해 나가는 과정으로 이해할 수 있을 것이다.

참고문헌

1. 1차 자료

이은령 외, 『웹으로 보는 한불자뎐 : 1880 v.1.0』, 데이터베이스 제작자 권리등록 제D-2008-000026 호, 저작권위원회, 2008(http://corpus.fr.pusan.ac.kr/dicSearch/).

Dictionnaire Coréen-Françcais, Les Missionnaires de Corée de la Société des Missions Etrangères de Paris (Yokohama : Levy, 1880).

Gale, J. S., 『한영자전(韓英字典, *A Korean-English Dictionary*)』, Yokohama : Kelly · Walsh, 1897.

________, 『한영자전(韓英字典, *A Korean-English Dictionary*)』, Yokohama : Fukuin Printing Co., 1911.

________, 『한영대자전(韓英大字典, *The Unabrided Korean-English Dictionary*)』, The Christian Literature society of Korea(서울 : 조선야소교서회), 1931.

Parvum Vocabularium Latino-Coreanum Ad Usum Studiosæ Juventutis Coreanæ, HongKong : Typis Societatis Missionum Ad Exteros, 1891.

2. 2차 자료

김현미, 「문화번역 : 근대적 성찰의 비판적 작업」, 『문학과학』 27, 문학과학사, 2001.

윤애선, 「지식베이스 구축을 위한 『한불ᄌᆞ뎐』(1880) 어휘부의 미시구조 분석」, 『불어불문학연구』, 한국불어불문학회, 2009.

이은령, 「19세기 이어사전 『한불자전』(1880)과 『한영자전』(1911) 비교연구」, 『한국프랑스학논집』 72, 한국프랑스학회, 2010.

이지영, 「사전 편찬사의 관점에서 본 『韓佛字典』의 특징 : 근대국어의 유해류 및 19세기의 『國漢會語』, 『韓英字典』과의 비교를 중심으로」, 『한국문화』 48, 서울대 규장각 한국학연구원, 2009.

전성기, 「『한불사전』에서의 표제어의 번역」, 『불어불문학연구』 32(2), 한국불어불문학회, 1996.

조재룡, 「번역문학의 정치성에 관한 고찰 : 직역과 의역의 이분법을 넘어서」, 『비교한국학』 17(1), 국제비교한국학회, 2009.

Apresjan, J., "Theoretical foundation of production dictionaries", *Herarld of the Russiona Academy of Science* 78(3), Pleiades Publishing, 2008.

Barnbrook, G., "Lexis and lexicographers: The vocabulary of dictionary defintions", *Corpus Linguistics : Critical Concepts in Linguistics* III, Routeldge, 2007.

Boudon, P., "Propriétés sémantiques et re-présenatation des connaissances", *Cahiers de Lexicologie* 83, Institut de Linguistique Française, 2003.

Bowker, G. and Star, S. L. *Sorting Things Out: Classification and Its Consequences*, MIT Press, 1999.

De Surmont, J. N., "Aux frontières de la pragmatique et de la linguistique", *Babel* 56 : 1, Fédération des Traducteurs(FIT), 2010.

Dodson, M. S., "Translating science, translating empire. The power of language in colonial North India", *Translation Studies, Critical Concepts in Linguistics* IV, Routledge, 2009.

Goddard, C., "The lexical semantics of culture", *Language Sciences* 27, Elsevier Science B.V., 2005.

L'Homme, M. C., "Acquisition de liens conceptuels entre termes à partir de leur définition", *Cahiers de*

Lexicologie 83, Institut de Linguistique Française, 2003.
Marello, C., "The bilingual dictionary: definition, history, bidirectionality", *Lexicography-Critical Concepts* Ⅱ, Routeldge, 2003.
Nida, E. A., *Toward A Science Of Translating*, Brill, 2003.
Oustinoff, M., "Les *TRANSLATION STUDIES* et le tournant traductologie", *Hermès* 49, CNRS, 2007.
Roberts, R. P., "Translation pedagogy : Strategies for improving dictionary use", *TTR : Traduction, Terminologie, Rédaction* 5(Number 1), Érudit, 1992.
Papoff, G., "Identité culturelle et stéréotype du turc dans la lexicographie française", dans *Orient-Occident : Croisement lexicaux et culturels, Actes des Journées Italiennes des Dictionnaires*, Schena Editore, Albin Baudry et Cie, 2009.
Saab, D. · Fonseca, F., "Ontological complexity and human culture", *Philosophy's Relevance in Information Science*, Paderbor, 2008.
Thouard, D. "Points de passage: diversité des langues, traduction et compréhension", *Hermès* 49, CNRS, 2007.
Wierzbicka, A., *Semantics : Primes and Universal*, Oxford University Press, 1996.
Zgusta, L. et al., *Manual of lexicography*, Academia / Mouton, 1971.